高等职业教育财务会计类专业新形态教材

# 业财一体会计信息化应用教程

## ——财务链

（用友ERP-U8V10.1版）

主　编◎刘振威　雷　曼
副主编◎梁士旗　申荷珺

·上海·

## 内容提要

本书通过深入分析会计职业工作岗位，依托用友 ERP-U8V10.1 软件，以"项目导向、任务驱动"为原则进行编写，阐述了会计信息化基础知识、业务流程及基本操作技能。全书共八个项目，主要包括系统管理、基础档案设置与维护、总账管理、固定资产管理、薪资管理、应收款管理、应付款管理和财务报表编制。

本书既可作为高等职业教育财务会计类专业的课程教材，也可作为从事会计工作的专业人士及相关领域社会人士的参考用书。

### 图书在版编目(CIP)数据

业财一体会计信息化应用教程.财务链：用友 ERP-U8V10.1 版 / 刘振威，雷曼主编；梁士旗，申荷珺副主编. —上海：同济大学出版社，2023.10
ISBN 978-7-5765-0966-3

Ⅰ.①业… Ⅱ.①刘…②雷…③梁…④申… Ⅲ.①会计信息－财务管理系统－教材 Ⅳ.①F232

中国国家版本馆 CIP 数据核字(2023)第 209896 号

---

### 业财一体会计信息化应用教程——财务链(用友 ERP-U8V10.1 版)

刘振威 雷 曼 主编　　梁士旗 申荷珺 副主编

**责任编辑** 杨 艳　　**助理编辑** 张瀚文　　**责任校对** 徐逢乔　　**封面设计** 渲彩轩

| | | |
|---|---|---|
| 出版发行 | 同济大学出版社　www.tongjipress.com.cn | |
| | (地址：上海市四平路 1239 号　邮编：200092　电话：021-65985622) | |
| 经　销 | 全国各地新华书店 | |
| 排　版 | 南京文脉图文设计制作有限公司 | |
| 印　刷 | 苏州市古得堡数码印刷有限公司 | |
| 开　本 | 787mm×1092mm　1/16 | |
| 印　张 | 23 | |
| 字　数 | 574 000 | |
| 版　次 | 2023 年 10 月第 1 版 | |
| 印　次 | 2023 年 10 月第 1 次印刷 | |
| 书　号 | ISBN 978-7-5765-0966-3 | |
| 定　价 | 75.80 元 | |

本书若有印装质量问题，请向本社发行部调换　　版权所有　侵权必究

随着大数据时代的到来及各种新技术的应用和普及,企业经营管理的数字化进程正在逐步加快。尤其是在当前业财深度融合的背景下,企业利用业财一体信息化平台进行精准数字化管理的需求也越来越强烈,企业经营管理的模式与架构也发生了重大变化。业财一体信息化处理模式为企业决策提供了有力的支持,但同时也对数据收集、整理、分析提出了更高要求。企业必须利用高效的工具和平台来收集、处理经营数据,并借助业财一体信息化平台对企业的每一个经营环节都了如指掌,从而做到科学精准决策,提高决策能力。目前全国已有成千上万家企业实施了业财一体信息化处理模式,未来急需大量具备业财一体化思维、熟练掌握相关知识与操作技能的复合型高技能人才。

"业财一体信息化应用"是高等职业教育会计类专业的核心技能课程,在实现专业人才培养目标的过程中发挥着重要作用。随着中国特色高水平高职学校和专业建设计划(简称"双高计划")的逐步深入,先进的职业教育理念逐渐深入人心。突出职业能力的培养已经成为高职院校专业建设的核心内容。本书作者深度参与了国家双高院校建设过程,在教材编写中应用了双高院校建设的理念和成果。本书在充分分析职业教育会计类专业学生学情特点的基础上,强调业财一体信息化应用能力和专业知识的结合,基本知识以"必需""够用"为度,重点突出企业业财一体信息化的应用过程,培养学生的实践动手能力,本书具有科学性、先进性、系统性和实用性的特点。具体来说,本书具有以下特点:

**1. 巧妙设计教学任务,适应高职学生认知水平和特点**

本书遵循基于工作过程的课程开发理念,以"项目导向、任务驱动"原则来组织编写内容。在进行职业岗位工作分析的基础上,结合职业资格标准,按照主要工作流程设计了8个递进式项目,并分解出多个典型递进式工作任务,根据企业工作过程由易到难设计工作场景、提出工作任务、分解和实施任务、拓展知识、强化技能训练,着力培养学生的职业能力和职业素养。

**2. 采用理实一体、工学结合新模式,教、学、练、做、创一体化**

本书基于业财一体信息化应用过程进行教材内容设计,将"教、学、练、做、创"融为一体,既可作为专业核心课程教材,又可作为工作指导手册,真正实现了"做中学、学中做"的理实一体教学模式,符合职业教育重点培养学生技能的教学特点。本书中的每个任务均按以下模式编写:

(1)任务场景:根据企业实际工作内容设计任务场景,提出问题,在真实工作场景中激发学生学习兴趣。

(2)任务目标:结合工作任务,确定学生需要达成的知识目标、能力目标和素质目标。

(3)任务内容:导入企业真实工作任务,并按照工作步骤进行逐层分解,融入相关知识和技能。

（4）任务实施：按照企业工作流程，逐步完成工作任务，使学生熟练掌握工作中涉及的知识和技能。

（5）知识拓展：讲述与本任务有关的理论知识及延伸知识，为学生理解概念和后续学习奠定基础，同时便于学生进行拓展学习，开拓视野。

（6）技能训练：为巩固学习效果，由学生自行训练，这样既便于学生自测，也便于教师评价学习效果。

### 3. 突出课程思政，强化学生职业素养的培育

本书全面贯彻党的二十大精神，坚持立德树人根本任务。本书根据每个项目工作任务的内容和特点，巧妙融入课程思政内容，在帮助学生掌握知识和能力的同时，注重学生职业素养的培育，做到知识、能力和素养"三位一体"综合培养。

### 4. 图文并茂，教学直观，突出实用性

本书内容按照典型工作任务实施流程逐步展开，图文结合，简洁明了。项目前后衔接紧密，由易到难，逐层深入，易学易用。本书的案例都经过精挑细选，范例典型，针对性强，对操作过程进行了详细的示范、分析、讲解，有助于学生快速掌握相关知识并融会贯通。

本书既可作为高等职业教育会计类或经济管理类相关专业的教材，也可作为企业财务人员或相关人员学习参考用书。

本书由黄河水利职业技术学院刘振威、雷曼任主编，负责全书大纲的制定及统稿工作，黄河水利职业技术学院梁士旗、申荷珺任副主编。具体编写分工如下：刘振威编写项目一、项目二、项目三，雷曼编写项目四、项目五，申荷珺编写项目六，梁士旗编写项目七、项目八。本书作为校企合作共编教材，是校企深度合作的成果，在教材编写过程中，新道科技股份有限公司李莉、安阳钢铁集团有限公司王志勇、中联集团教育科技有限公司赵飞鹏在本书体例设计及案例收集、整理过程中作出了极大贡献，在此表示深深感谢。

本书在编写过程中参阅了诸多文献资料，在此一并表示诚挚的感谢。由于作者水平有限，书中难免存在疏漏和不足之处，恳请读者多提宝贵意见，以便本书进一步修订和完善。

编 者

2023 年 6 月

前言

## 项目一 系统管理 ·········· 001
    任务一 用户管理 ·········· 003
    任务二 账套管理及权限设置 ·········· 008
    任务三 账套的备份及恢复 ·········· 026
    任务四 视图管理 ·········· 033

## 项目二 基础档案设置与维护 ·········· 038
    任务一 基本信息设置 ·········· 039
    任务二 基础档案设置 ·········· 046
    任务三 标准单据设置 ·········· 096

## 项目三 总账管理 ·········· 102
    任务一 总账管理系统初始化 ·········· 105
    任务二 凭证处理 ·········· 121
    任务三 出纳管理 ·········· 146
    任务四 账簿管理 ·········· 158
    任务五 期末处理 ·········· 169

## 项目四 固定资产管理 ·········· 184
    任务一 固定资产管理系统启用与建账 ·········· 185
    任务二 固定资产管理系统设置 ·········· 191
    任务三 固定资产管理系统日常业务处理 ·········· 202
    任务四 固定资产管理系统期末业务处理 ·········· 207

## 项目五 薪资管理 ·········· 214
    任务一 薪资管理系统启用与建账 ·········· 216
    任务二 薪资管理系统设置 ·········· 220
    任务三 薪资管理系统日常业务处理 ·········· 232
    任务四 薪资管理系统期末业务处理 ·········· 241

## 项目六 应收款管理 ... 250
### 任务一 应收款管理系统初始设置 ... 252
### 任务二 应收款管理系统日常业务处理 ... 264
### 任务三 应收款管理系统期末业务处理 ... 294

## 项目七 应付款管理 ... 297
### 任务一 应付款管理系统初始设置 ... 299
### 任务二 应付款管理系统日常业务处理 ... 312
### 任务三 应付款管理系统期末业务处理 ... 332

## 项目八 财务报表编制 ... 335
### 任务一 自定义报表 ... 337
### 任务二 报表模板 ... 348
### 任务三 会计数据备份及档案管理 ... 356

## 参考文献 ... 361

# 系统管理

## 项目综述

用友 ERP-U8V10.1 软件由多个模块组成,各模块分别用来处理企业不同领域的业务,模块与模块之间相互联系、共享数据。这些模块有共同的特点:共用基础信息,拥有相同的账套和年度账,用户和操作权限集中管理并且进行角色的集中权限管理,业务数据共用一个数据库。为此,用友软件公司开发了一个针对该软件的各个模块进行统一操作管理和数据维护的公用平台——系统管理,其主要功能如下:

1. 对账套进行管理。对账套的统一管理,包括账套的建立、修改、引入和输出等。

2. 对年度账进行管理。在用友 ERP-U8V10.1 软件中,一个账套包含了企业所有的数据,把企业数据按年度划分,称为年度账。用户以账套主管身份注册登录系统管理,可以进行年度账的引入、输出和结转上年数据、清空年度数据等操作。

3. 对系统用户及操作权限进行管理。为了保证系统及数据的安全与保密,系统管理提供了用户及功能权限的集中管理功能。通过对系统操作分工和权限的管理,一方面可以避免与业务无关的人员进入系统,另一方面可以对系统包含的各个模块的操作进行协调,以保证各负其责,使流程顺利进行。操作权限的集中管理包括定义角色、设定系统用户和设置功能权限。

4. 设立统一的安全机制。对企业来说,系统运行安全、数据存储安全是非常重要的,为此,用友 ERP-U8V10.1 软件设立了强有力的安全保障机制。系统安全管理可以监控并记录整个系统的运行过程,设置数据自动备份,清除系统运行过程中的异常任务等。

## 职业能力培养

通过项目的实施及运营,了解账套管理、年度账管理、用户及权限管理、视图管理的相关知识。熟练掌握账套的建立、修改、引入和输出等操作;熟练进行用户管理及权限设置;熟练使用视图管理等功能清除异常任务并保障系统的安全稳定运行。在项目实施过程中培养学生严谨认真、一丝不苟、廉洁奉公、保守财务机密等职业素养,财务会计和软件应用等职业技能,以及注重数据安全的意识。

请大家思考并讨论如何在系统管理中做好口令管理和保密工作,确保用户口令安全,确保会计信息化平台在网络和计算机环境下的安全稳定运行。想一想,如果口令

外泄会造成什么后果？

系统管理员和用户口令要注意保密，经常更换，防止因口令外泄造成企业数据泄露，给企业、社会、国家造成损失和危害。

2019年7月，某境外APT（Advanced Persistent Threat，高级持久性威胁）组织仿冒我国某军工领域重点单位邮件登录界面，专门搭建钓鱼攻击平台，冒用"系统管理员"身份向该单位多名人员发送钓鱼攻击邮件。该单位职工王某点击了钓鱼攻击邮件，输入了个人邮箱账号和登录密码，导致其电子邮箱被秘密控制。之后，该APT组织定期远程登录王某电子邮箱收取王某邮箱内文件资料，并利用该邮箱向王某的同事、下级单位人员发送数百封木马钓鱼邮件，导致十余人下载点击了木马程序，相关人员工作计算机被控制。

我们应当坚持总体国家安全观，树立正确的网络安全意识，多层次、多维度地防范和抵御网络安全的风险与挑战。要压实各岗位数据安全防范、安全保密工作主体责任，确保各环节网络安全保密工作职责清晰、责任到人、可究可查。要把数据保密工作上升到国家安全高度，提升网络安全敌情意识和防范技能。建立保护会计数据安全、保护国家信息安全的责任意识。

 **典型工作任务**

1. 用户及角色的增加、删除、修改和注销等操作，用户密码管理。
2. 账套的建立、修改、引入和输出等操作。
3. 用户及角色的权限分配及管理。
4. 年度账的建立、引入和输出，年度数据结转。
5. 系统安全运营维护，包括初始化及升级数据库、设置备份计划、清除异常任务、清除单据锁定、清除指定任务、管理上机日志等。

系统管理的具体工作流程如图1-1所示。

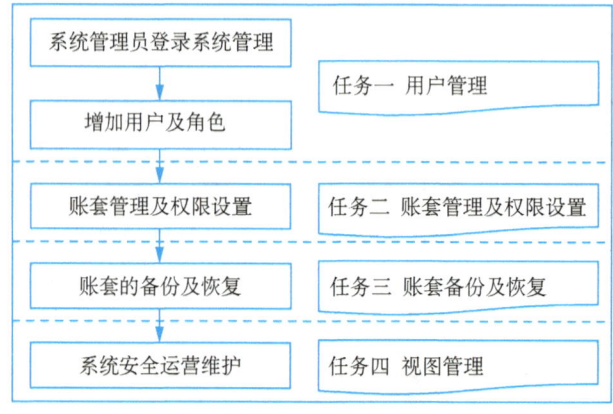

图1-1 系统管理工作流程

## 任务一　用户管理

### 【任务场景】

会计信息往往包含着一些商业秘密,企业一般不会让所有员工都接触并掌握大量的财务数据。因此,为了使会计信息化工作能顺利进行,企业必须指定某些特定的岗位和人员来进行软件的操作,这些人员就是软件的用户。那么,如何才能让软件识别并接受这些用户呢?这就需要通过在用友 ERP-U8V10.1 软件的系统管理中增加用户和授权来实现。因此,企业实施业财一体信息化应用的时候,必须由系统管理员先在系统管理模块中将本企业相关部门的员工添加到软件平台中,员工通过"用户名+口令"的方式登录财务软件才能进行相应的会计处理操作。

### 【任务目标】

1. 掌握用户的增加、删除、修改和注销等操作;
2. 能设置或重置用户口令,确保用户能够正常登录财务系统,加强对用户口令的管理及保密工作,具备安全意识和保密意识;
3. 理解用户和角色的不同。

### 【任务内容】

天泽机械设备公司用户信息见表 1-1。

表 1-1　用户信息表

| 用户编号 | 用户姓名 | 所属部门 | 所属角色 |
| --- | --- | --- | --- |
| 01 | 李芳 | 财务部 | 账套主管 |
| 02 | 陈红 | 财务部 | |
| 03 | 刘明 | 财务部 | |
| g01 | 赵杰 | 采购部 | |
| x01 | 朱玲 | 销售部 | |
| c01 | 王晶 | 仓储部 | |

### 【任务实施】

#### 一、用户管理

用户是指有权登录系统并对系统进行操作的人员。每次注册登录系统,都要进行用户身份的合法性检查。因此,企业在使用用友 ERP-U8V10.1 软件之前就要指定各子系统的用户,并对用户的使用权限进行明确规定,以避免无关人员对系统进行非法操作。同时也可以对系统所包含的各个功能模块的操作进行协调,从而保证整个系统和会计数据的安全性和保密性。增加用户的具体操作步骤如下:

1. 打开系统管理。选择"开始"|"程序"|"用友 ERP-U8V10.1"|"系统服务"|"系统管理",或者双击桌面上的"系统管理"图标打开系统管理模块。执行"系统"|"注册"命令,系统会显示登录界面。

2. 进行注册登录。在"登录到"框中选择正确的数据库服务器名称,也可以输入"127.0.0.1"选择默认服务器。"操作员"框中默认输入"admin"。初始密码默认为空,可以单击选中后面的"修改密码"复选框添加和修改系统管理员的登录密码。在"账套"框中选择"(default)"。"语言区域"框默认为"简体中文",如图 1-2 所示。单击"登录"按钮进入系统管理。

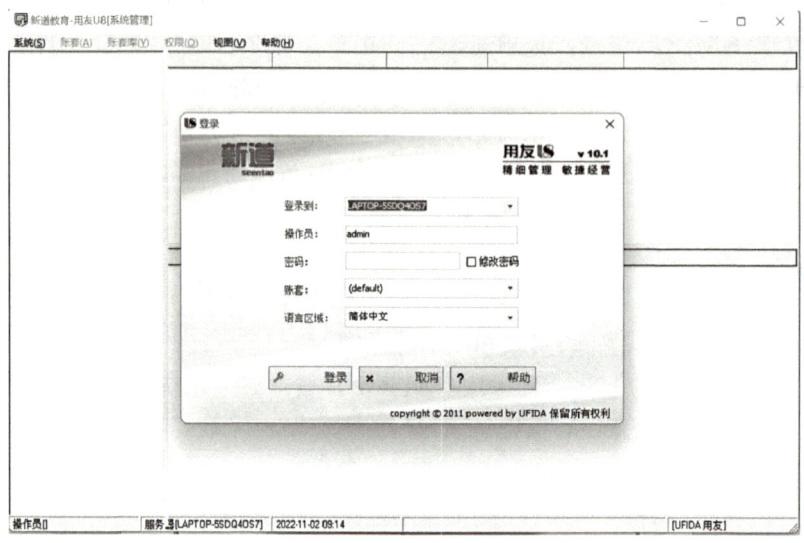

图 1-2  系统登录管理

3. 打开用户管理。执行"权限"|"用户"命令,打开"用户管理"对话框,如图 1-3 所示。对话框中会显示之前添加的用户及系统预置的用户信息,如图 1-4 所示。

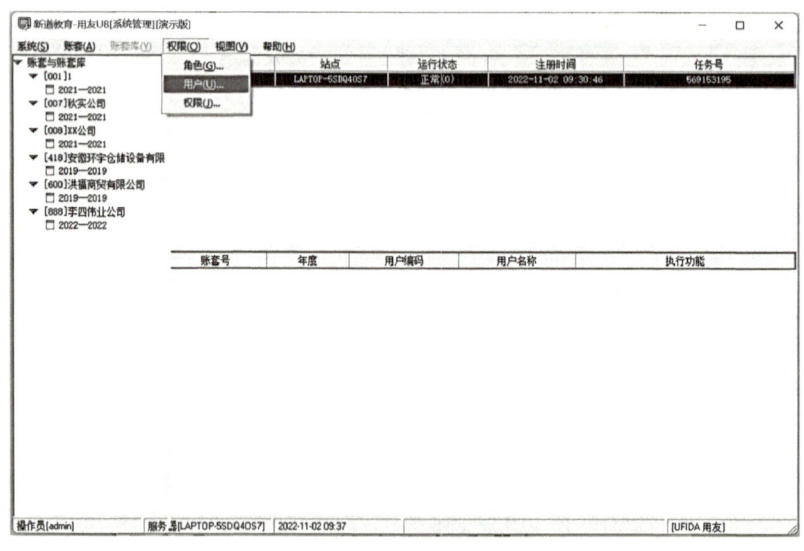

图 1-3  打开"用户管理"

图 1-4 "用户管理"界面

4. 新增用户。单击"增加"按钮,打开"操作员详细情况"对话框,根据实际需要录入编号、姓名、口令、所属部门等内容,此处系统管理员可以先为用户设置一个默认口令,用户登录企业应用平台后可自行修改口令。可在所属角色中选中归属的角色,如果未使用角色管理功能,则可不选择,如图 1-5 所示。单击"增加"按钮,保存新增用户信息,同时系统自动进入下一个用户的输入界面,可依次增加其他用户,单击"取消"按钮则可退出新增用户界面。

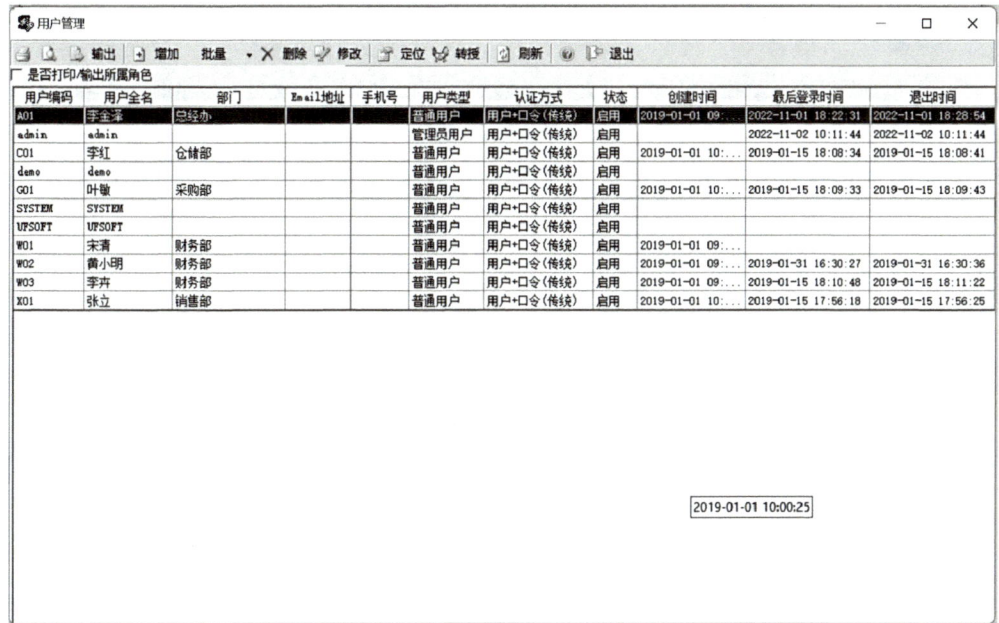

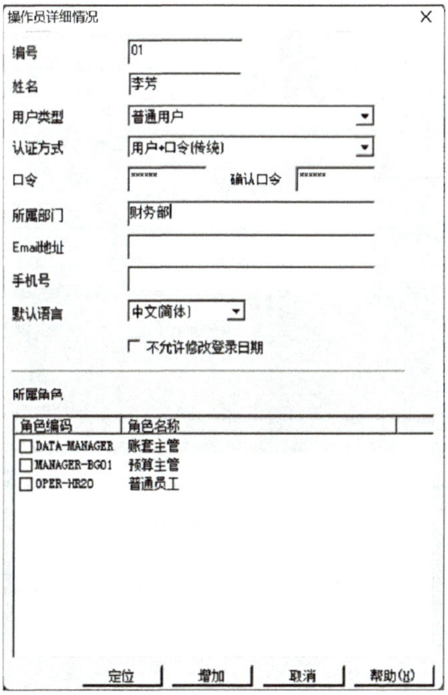

图 1-5 新增用户

> 注意：
> 
> （1）编号：必须输入，不能为空，最大不能超过20位，不能输入数字、字母、汉字之外的非法字符。
> （2）姓名：必须输入，不能为空，最大不能超过20位，不能输入数字、字母、汉字之外的非法字符。
> （3）口令：可以为空，最长不能超过20位。
> （4）确认口令：不能输入非法字符。必须与前面输入的口令完全一致，否则不允许进行下一项内容的输入，也不允许保存该用户信息。
> （5）所属部门：可以为空，最大不能超过20位，不能输入非法字符。
> （6）所属角色：选择用户所属的角色。

5. 修改用户。选中要修改的用户，然后单击功能菜单中的"修改"按钮进入用户修改界面，可根据实际需要修改相关栏目的内容。如果用户忘记口令，系统管理员可以在此处为用户重置口令。注意：用户编号无法修改，如果此时发现编号不正确，只能删除后重新增加。修改完毕后，单击"确定"按钮保存修改结果，也可单击"取消"按钮放弃本次修改，如图1-6所示。

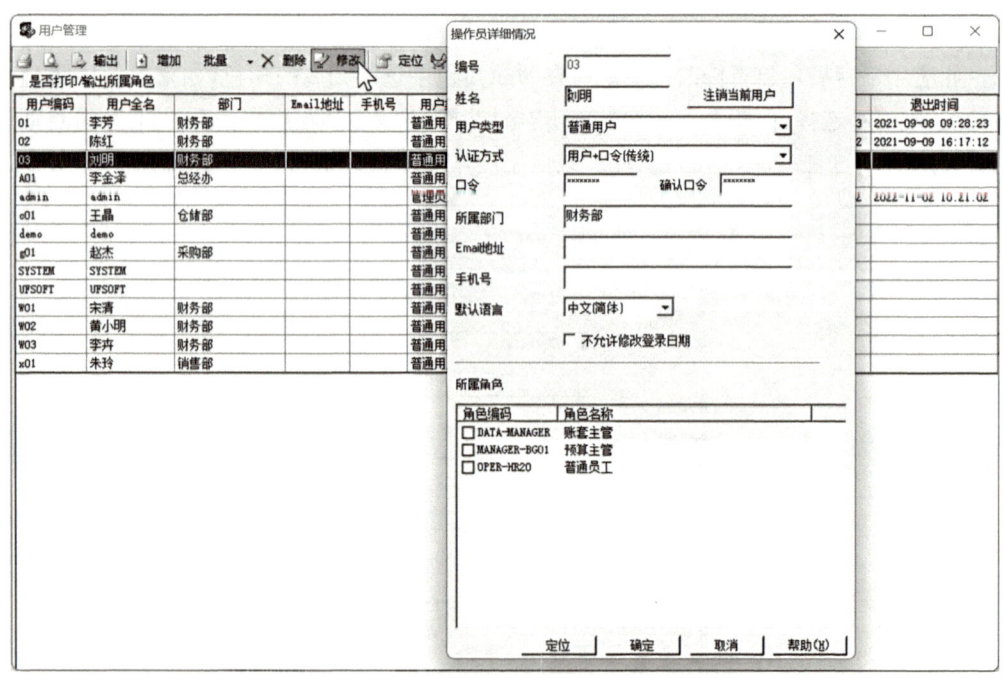

图1-6 修改用户

6. 删除用户。选中要删除的用户，单击"删除"按钮即可删除用户。已启用的用户不能删除，如图1-7所示。

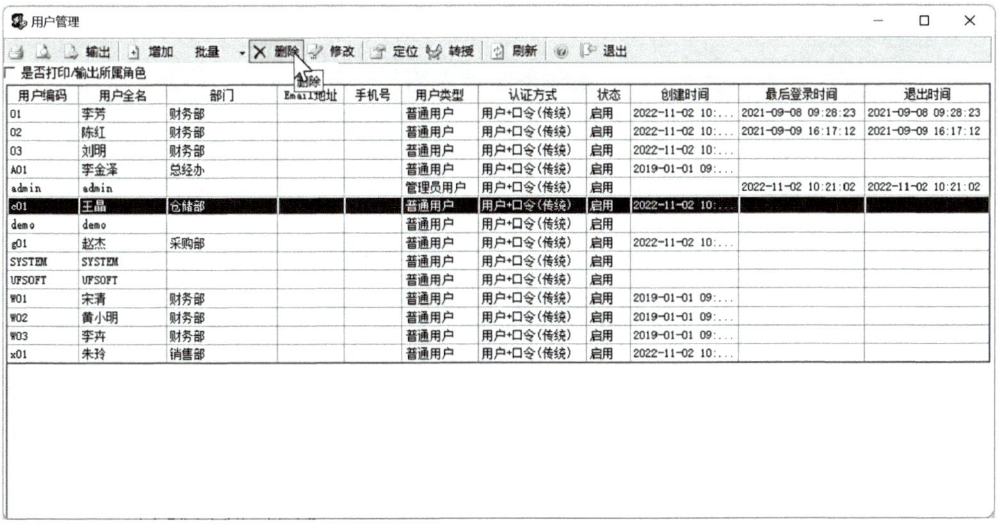

图 1-7 删除用户

### 二、角色管理

角色是指在企业管理中拥有某一类职能的组织,这个角色组织可以是实际的部门,也可以是由拥有同一类职能的人构成的虚拟组织。例如,实际工作中最常见的会计和出纳两个角色,他们可以是同一个部门的人员,也可以是不同部门但工作职能一样的角色的统称。系统管理员在设置角色后可以定义角色的权限,如果用户归属此角色则自动拥有角色的权限。角色管理功能的好处是可以依据职能统一进行权限的划分和设置。

只有系统管理员有权限进行角色的设置。角色管理包括角色的增加、删除、修改等操作。具体操作步骤参照前述用户管理相关步骤。

> **注意:**
> (1) 用户和角色设置不分先后顺序。但对于自动传递权限来说,应该首先设定角色,然后分配权限,最后进行用户的设置。这样在设置用户的时候,如果选择其归属哪一个角色,则用户将自动具备该角色的权限。
> (2) 一个角色可以拥有多个用户,一个用户也可以分属于多个不同的角色。
> (3) 若角色已经设置过,系统会将所有角色名称自动显示在角色设置中的名称列表中。用户将自动拥有所属角色的所有权限,同时可以额外增加角色中没有包含的权限。
> (4) 若修改了用户的所属角色,则该用户对应的权限也随着角色的改变而相应地改变。
> (5) 角色是具有同样职能的一类人的统称,其无法直接登录企业应用平台进行账务处理,只有用户才能登录系统进行相应操作。因此,在增加操作员的时候一定要注意区分角色和用户。

【知识拓展】

### 操作员类型说明

1. 普通用户：登录企业应用平台、进行各种业务处理的一般用户。系统中大部分用户属于此类型。

2. 管理员用户：进行账套管理、协助系统维护的用户。他们只能登录系统管理进行操作，其主要任务包括账套库备份、升级、用户/角色管理、权限管理、任务管理等。

### 注销用户

在修改用户的界面中，系统会在"姓名"后出现"注销当前用户"的按钮，如果需要暂时停止该用户的相应操作权限，则可单击此按钮。注销后，此按钮会变为"启用当前用户"，可以单击该按钮，重新启用该用户的对应操作权限。

### 用户批量处理

单击"权限"菜单中的"用户"命令，进入"用户管理"界面，单击"批量"按钮，可以选择"生成""修改"或"导入域账户"功能。

选择"批量"|"生成"，可以从人员档案中批量生成操作员。单击"批量"|"生成"后进入账套年度区间的选择界面，选定需要从哪个账套的哪个年度区间（账套库）中生成操作员，然后在"批量生成操作员"的界面上显示所选账套库中还未关联操作员的人员列表，逐个勾选或者通过"全选""全消"按钮选择人员进行生成，将所选人员在当前系统中设定为操作员。

如果已有相同编码的操作员，则只把该人员与这个操作员进行关联，不新增操作员。

如果勾选选项"如果存在相同编码操作员，则更新操作员档案"，则按照"修改用户"的规则更新操作员档案，同时把该人员档案和操作员建立关联关系；否则只建立关联关系而不修改已存在的操作员档案。

在用户列表界面，拖拽选择多个用户，选择"批量"|"修改"可以批量修改所选操作员的一些共有属性。

### 定位用户

使用定位功能可以在用户列表中查找相关用户，也可以在角色列表中查找所属角色。

## 任务二　账套管理及权限设置

【任务场景】

天泽机械设备公司是一家工业企业，是经国家税务部门核定的一般纳税人，此前一直用其他方式进行会计核算。该公司经过大量的前期准备工作，决定从2022年1月开始使用用友ERP-U8V10.1软件进行账务处理。因此，现在需要在ERP-U8V10.1软件的管理系统中建立公司账套并进行用户的权限分配设置,以便下一步正常开展会计核算工作。

## 【任务目标】

1. 掌握创建账套、修改和删除账套、备份和恢复账套的操作方法;
2. 理解账套的含义和建账的意义;
3. 同时养成保守财务秘密、注重数据安全的职业道德和踏实认真,一丝不苟的职业习惯。

## 【任务内容】

1. 建账

(1) 账套号:001。

(2) 账套名称:天泽机械设备公司。

(3) 账套启用日期:2022年1月1日。

(4) 账套主管:李芳。

(5) 单位全称:天泽机械设备公司。

(6) 单位简称:天泽公司。

(7) 单位基本情况:天泽机械设备公司是一家工业企业,是一般纳税人,主要从事机械加工业务,职工人数15人。单位地址:华兴市新街358号。法人代表:张建。纳税人识别号:71110105665627265X。记账本位币:人民币。

(8) 企业类型:工业。

(9) 行业性质:2007年新会计制度科目,按行业性质预置会计科目。存货、客户、供应商均分类管理。有外币核算业务。编码方案见表1-2,其余项目采用系统默认方案。

(10) 数据精度:存货数量、存货单价、开票单价、件数及换算率的小数位均为2。

(11) 系统启用:启用总账、应收款管理、应付款管理、固定资产、薪资管理。根据需要选择启动采购管理、销售管理、库存管理、存货核算等模块。

表1-2 编码方案表

| 编码项目 | 级次 |
| --- | --- |
| 会计科目编码 | 422222 |
| 客户分类编码 | 223 |
| 供应商分类编码 | 223 |
| 存货分类编码 | 1223 |
| 部门编码 | 122 |
| 地区分类编码 | 12 |
| 收发类别编码 | 12 |
| 结算方式编码 | 12 |

2. 操作员权限设置

天泽机械设备公司操作员权限分工见表1-3。

表 1-3　操作员权限分工表

| 编码 | 姓名 | 所属部门 | 岗位 | 权限分工 |
| --- | --- | --- | --- | --- |
| 01 | 李芳 | 财务部 | 财务部经理 | 账套主管 |
| 02 | 陈红 | 财务部 | 出纳 | 应收款管理和应付款管理中收款、付款单据处理中的卡片编辑、修改、删除、查询，选择收款和选择付款，票据管理，总账中的出纳签字、出纳 |
| 03 | 刘明 | 财务部 | 会计 | 总账：填制凭证、查询凭证、账表、期末、记账，应收款管理和应付款管理中除出纳权限之外的其他所有权限，固定资产、薪资管理、存货核算的所有权限 |
| g01 | 赵杰 | 采购部 | 采购员 | 采购管理系统所有权限 |
| x01 | 朱玲 | 销售部 | 销售员 | 销售管理系统所有权限 |
| c01 | 王晶 | 仓储部 | 仓管员 | 公共单据、公共目录设置，库存管理系统所有权限 |

## 【任务实施】

账套是指在用友 ERP-U8V10.1 软件中为每一个独立核算的单位所建立的一套完整的账务体系，其作用相当于手工操作条件下明确会计核算的主体。在运行软件其他系统模块之前，需要为使用该系统的核算单位建立一个新的账套，以明确当前会计主体的核算要求，确定核算过程中应遵循的规则，并在系统中录入企业的业务背景资料。

### 一、新建账套

企业需要先在用友 ERP-U8V10.1 软件中建立自己企业的账套，然后才能进行相应的会计核算，新建账套的具体操作步骤如下：

1. 以 admin 的身份注册登录系统管理，然后单击"账套"菜单下的"建立"命令，如图 1-8 所示。进入"创建账套"的"建账方式"界面，选择"新建空白账套"，如图 1-9 所示。如果系统中已存在其他账套，也可以选择"参照已有账套"选项并选择具体参照的账套和会计年度进行建账。

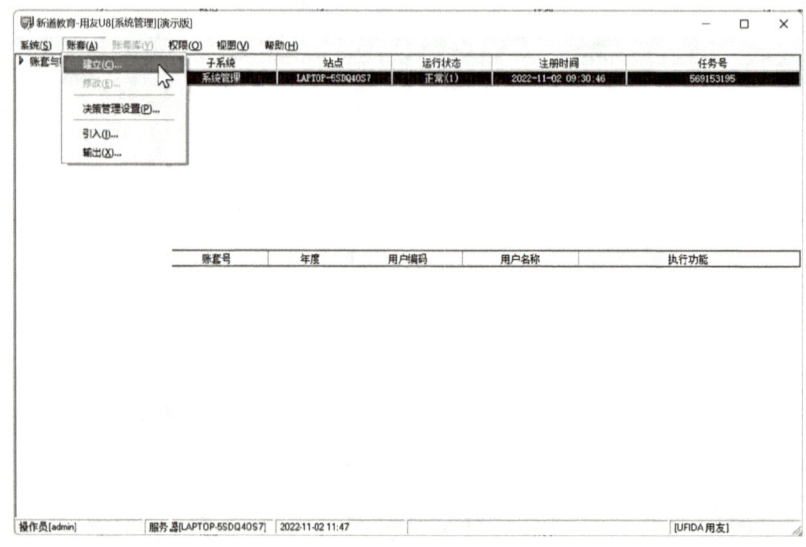

图 1-8　建立账套

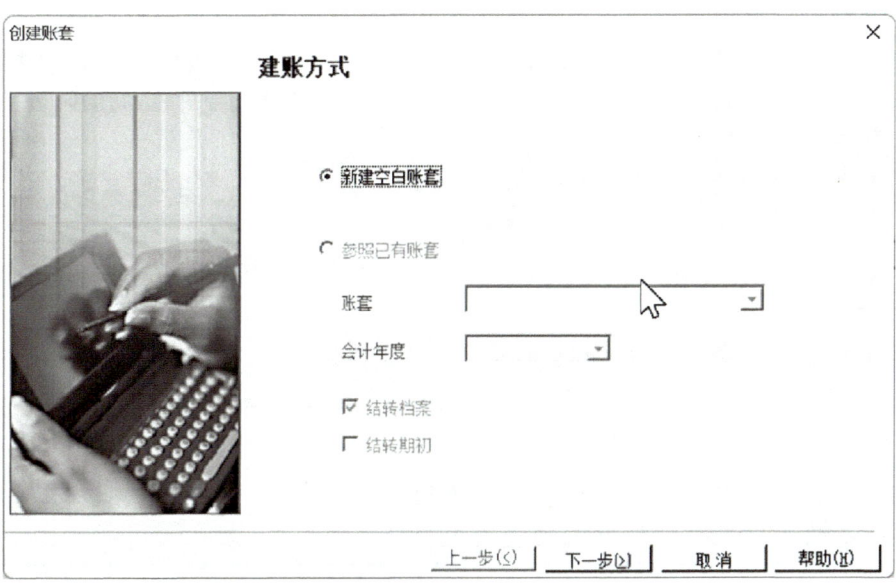

图 1-9 创建账套——建账方式

2. 单击"下一步"按钮,进入"创建账套"的"账套信息"界面,根据企业情况输入相关账套信息,如图 1-10 所示。

图 1-10 创建账套——账套信息

> **注意：**
>
> (1) 已存账套：系统将现有的账套以下拉框的形式在此栏目中表示出来，只能参照，不能输入或修改。其作用是在建立新账套时可以明确已经存在的账套，避免在新建账套时重复建立。
>
> (2) 账套号：用来输入新建账套的编号，必须输入。可输入 3 个字符（只能是 001～999 之间的数字，而且不能是已存账套中的账套号）。
>
> (3) 账套名称：用来输入新建账套的名称，必须输入。其作用是标识新账套的信息。
>
> (4) 账套路径：用来输入新建账套所要保存的路径，必须输入。可以使用系统默认的路径，也可以人工更改，还可以利用按钮进行参照输入，但不能是网络路径中的磁盘。
>
> (5) 启用会计期：用来输入新建账套的启用时间，具体到"月"，必须输入。它是启用财务软件处理会计业务的日期，不能晚于计算机系统日期。

3. 单击"下一步"按钮，进入"创建账套"的"单位信息"界面，输入本单位的基本信息，其中单位名称必须输入，如图 1-11 所示。

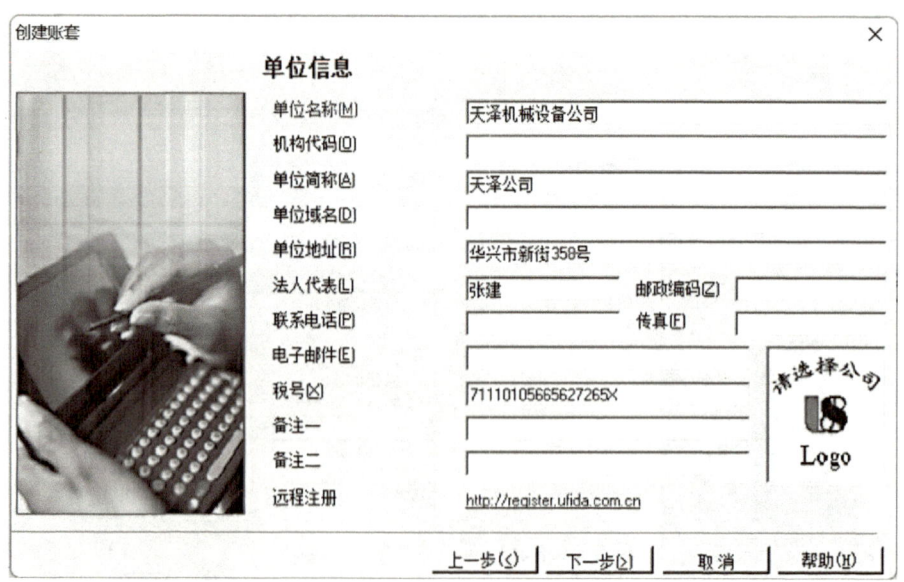

图 1-11　创建账套——单位信息

4. 单击"下一步"按钮，进入"创建账套"的"核算类型"界面，在"本币代码"中输入"RMB"，"本币名称"中输入"人民币"，"企业类型"下拉框中选择"工业"，"行业性质"下拉框中选择"2007 年新会计制度科目"，"账套主管"下拉框中选择"[01]李芳"，单击选中"按行业性质预置科目"选项，如图 1-12 所示。

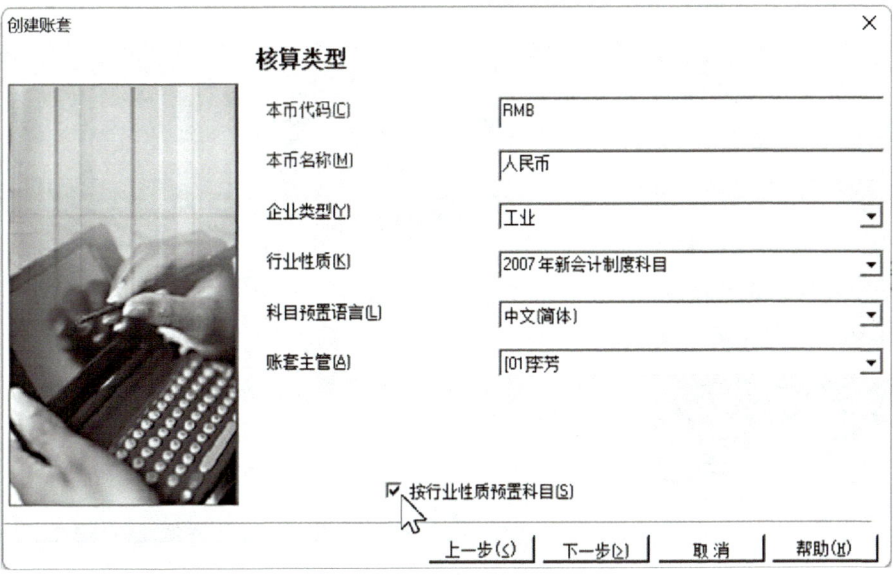

图 1-12 创建账套——核算类型

> 注意：
> (1) 本币代码：用来输入新建账套所用的记账本位币的代码，系统默认的是人民币的代码"RMB"。
> (2) 本币名称：用来输入新建账套所用的本位币的名称。系统默认的是"人民币"，此项为必填项。
> (3) 企业类型：用户必须从下拉框中选择与自己企业类型相同或相近的类型。系统提供工业、商业和医药流通三种类型。
> (4) 行业性质：用户必须根据企业会计科目的需要选择对应的行业。
> (5) 账套主管：用来确认新建账套的账套主管，只能从下拉框中选择输入。账套主管可以在此确定，也可以在用户权限设置功能中修改。
> (6) 按行业性质预置科目：如果用户希望采用系统预置所属行业的标准一级科目，则选中该选项，进入系统后会计科目由系统自动设置；如果不选，则需自己设置会计科目。

5. 单击"下一步"按钮，进入"创建账套"的"基础信息"界面，确认存货、客户、供应商是否分类及有无外币核算，如图 1-13 所示。

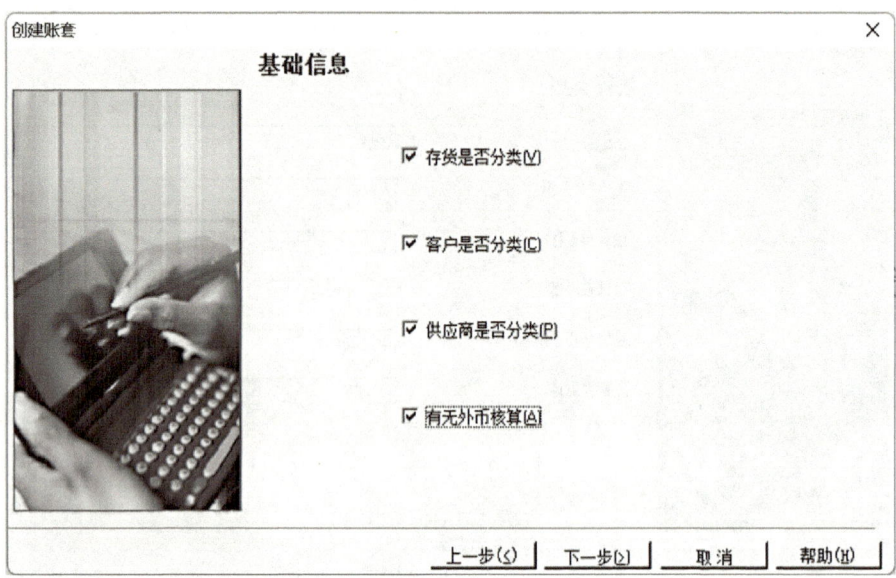

图 1-13　创建账套——基础信息

> 注意：
> (1) 是否对存货、客户、供应商分类将会影响到其基础档案的设置。
> (2) 如果此处基础信息设置错误，可以由账套主管在"系统管理"|"账套"|"修改"中进行修改。

6. 单击"下一步"按钮，进入"开始"建账界面。确认无误后单击"完成"按钮。在弹出的"可以创建账套了么？"对话框中，单击"是"按钮，系统开始创建账套，如图 1-14 所示。

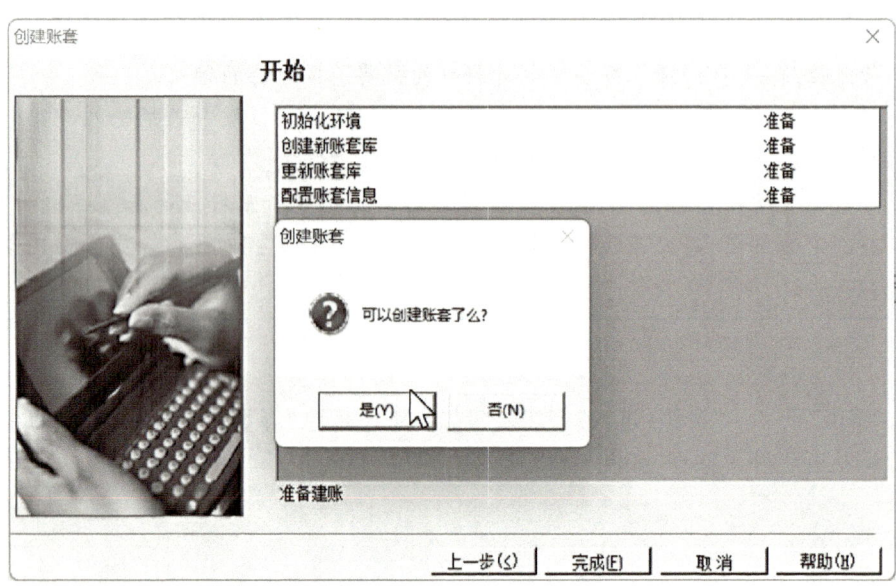

图 1-14　开始创建账套

系统在创建账套过程中会依次进行初始化环境、创建新账套库、更新账套库、配置账套信息等几个步骤，可以在右侧查看各步骤完成情况。

7. 建账完成后，系统会弹出"编码方案"对话框，根据企业会计核算及管理要求修改完善分类编码方案。如科目编码级次设置为"4-2-2-2-2-2"，科目编码级次中第1级科目编码长度根据建账时所选行业性质自动确定，此处显示为灰色，不能修改，只能设定第1级之后的科目编码长度。依次录入"2-2-2-2-2"，如图1-15所示。其他项目的编码方案可以按照要求从头修改和完善。

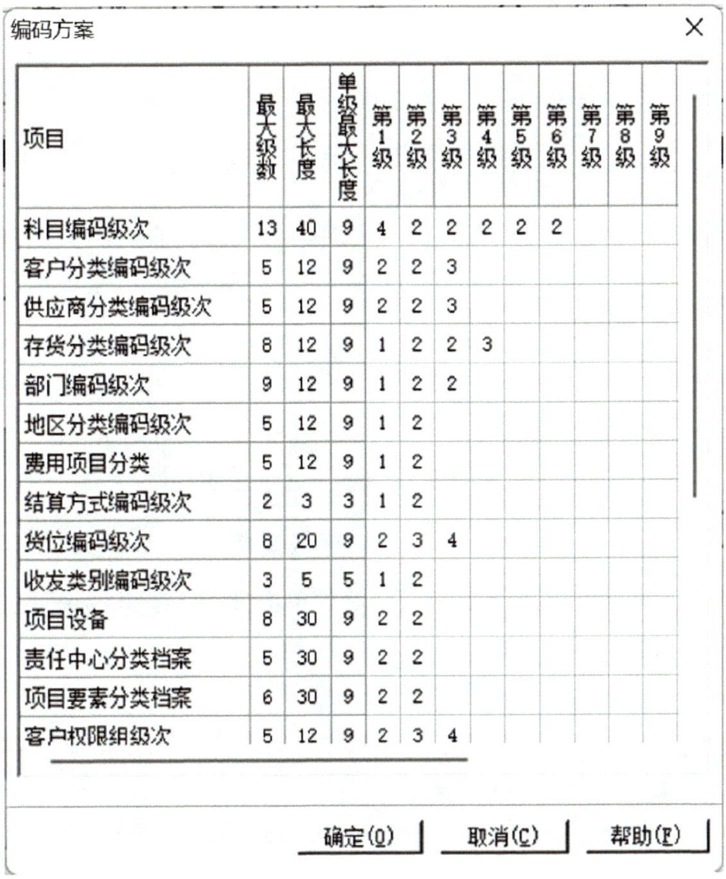

| 项目 | 最大级数 | 最大长度 | 单级最大长度 | 第1级 | 第2级 | 第3级 | 第4级 | 第5级 | 第6级 | 第7级 | 第8级 | 第9级 |
|---|---|---|---|---|---|---|---|---|---|---|---|---|
| 科目编码级次 | 13 | 40 | 9 | 4 | 2 | 2 | 2 | 2 | 2 | | | |
| 客户分类编码级次 | 5 | 12 | 9 | 2 | 2 | 3 | | | | | | |
| 供应商分类编码级次 | 5 | 12 | 9 | 2 | 2 | 3 | | | | | | |
| 存货分类编码级次 | 8 | 12 | 9 | 1 | 2 | 2 | 3 | | | | | |
| 部门编码级次 | 9 | 12 | 9 | 1 | 2 | 2 | | | | | | |
| 地区分类编码级次 | 5 | 12 | 9 | 1 | 2 | | | | | | | |
| 费用项目分类 | 5 | 12 | 9 | 1 | 2 | | | | | | | |
| 结算方式编码级次 | 2 | 3 | 9 | 1 | 2 | | | | | | | |
| 货位编码级次 | 8 | 20 | 9 | 2 | 3 | 4 | | | | | | |
| 收发类别编码级次 | 3 | 5 | 5 | 1 | 2 | | | | | | | |
| 项目设备 | 8 | 30 | 9 | 2 | 2 | | | | | | | |
| 责任中心分类档案 | 5 | 30 | 9 | 2 | 2 | | | | | | | |
| 项目要素分类档案 | 6 | 30 | 9 | 2 | 2 | | | | | | | |
| 客户权限组级次 | 5 | 12 | 9 | 2 | 3 | 4 | | | | | | |

图1-15 "编码方案"设置

> **注意：**
> (1) 科目编码级次：在此设定企业会计科目的编码级次和各级长度。例如，天泽机械设备公司采用2007年新会计制度，将科目编码级次依次设为"4-2-2-2-2-2"，其含义是：会计科目采用六级分类核算，一级科目编码为4位长，二级科目编码为2位长，三级科目编码为2位长，以此类推。
> (2) 编码级次和各级编码长度的设置将决定单位如何编制基础数据的编号，进而构成分级核算、统计和管理的基础。各项编码级次的设置应遵从系统定义和管理要求。

(3) 此处编码方案设置好之后,该界面就会被关闭,只能通过修改账套再次将该界面调出来,或者由账套主管进入企业应用平台,在"基础设置"|"基本信息"|"编码方案"中进行修改。

(4) 相关信息一旦在基础档案设置中输入了分类内容,对应的编码方案将无法修改,删除相应的分类内容后才能进行修改。

8. "编码方案"设置好之后,单击"确定"按钮保存相关设置,再单击"取消"按钮退出"编码方案"设置界面,进入"数据精度"设置界面,如图1-16所示。

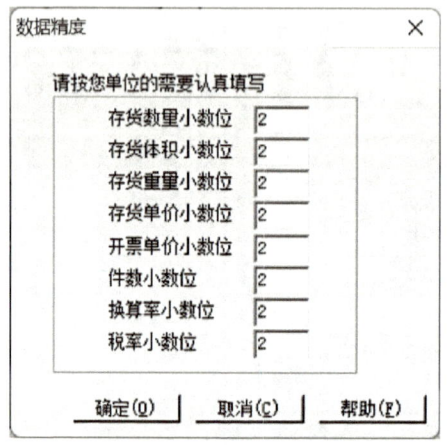

图1-16 "数据精度"设置

9. 根据企业核算要求设置"数据精度",然后单击"确定"按钮,系统开始更新相关单据。更新完成后弹出系统启用提示框,如图1-17所示。

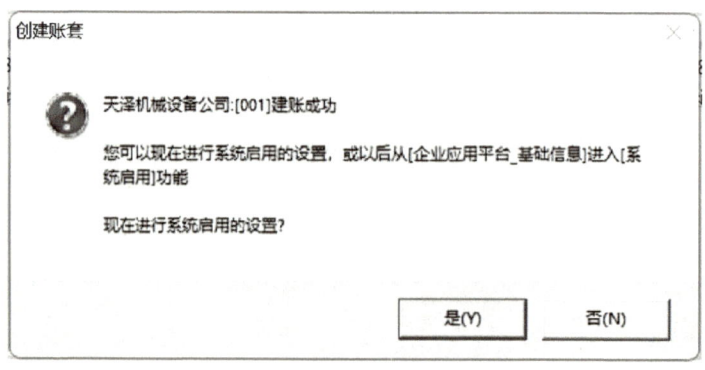

图1-17 建账完成,系统启用

注意:

此时可以启用系统,也可进入企业应用平台,在"基础设置"|"基本信息"|"系统启用"中由账套主管进行启用。

10. 单击"是",弹出"系统启用"窗口。

11. 根据企业会计核算要求启用相关系统。选中"总账"的系统编码"GL"前面的复选框,弹出"日历"对话框,选择启用日期"2022年1月1日",如图1-18所示。

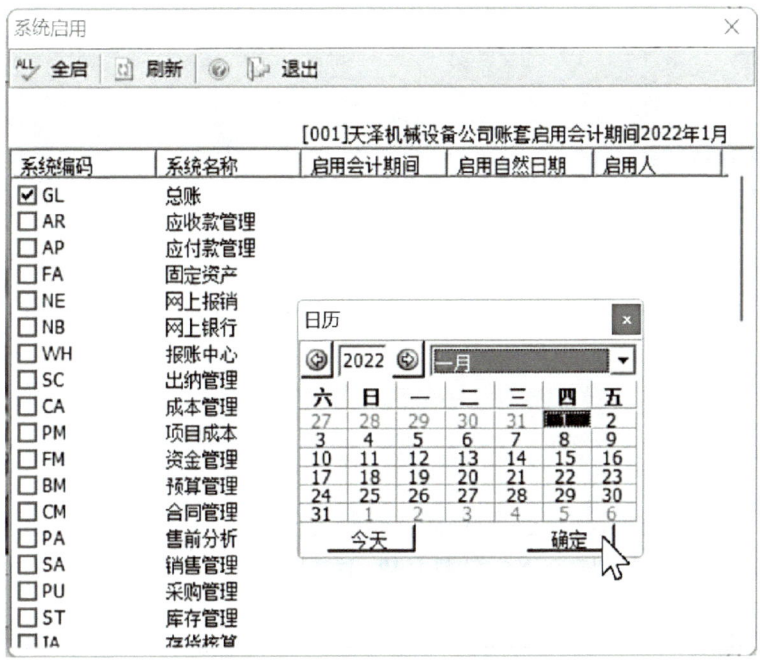

图1-18 "系统启用"设置

> 注意:
> (1) 系统启用是指设定在用友ERP-U8V10.1软件的应用系统中的各个子系统开始使用的日期。
> (2) 只有子系统启用后,用户才能登录进行账务处理。

12. 单击"确定"按钮,显示提示信息"确实要启用当前系统吗?",单击"是"则可成功启用总账系统。可根据核算和管理需要依次启用固定资产、薪资管理、应收款管理、应付款管理等系统。

13. 启用完毕后,单击右上角的"退出"按钮退出系统启用窗口。此时系统弹出提示框"请进入企业应用平台进行业务操作!",单击"确定"按钮返回建账界面。单击下面的"退出"按钮返回"系统管理"界面。

二、修改账套

当系统管理员建完账后,在未进行后续操作的情况下,如果需要对某些信息进行修改,可通过修改账套重新设置。只有账套主管可以修改其具有权限的账套中的某些信息,系统管理员无权修改。

1. 如果已经以系统管理员身份进入了系统管理,需要执行"系统"|"注销"命令注销当前用户,如图1-19所示。

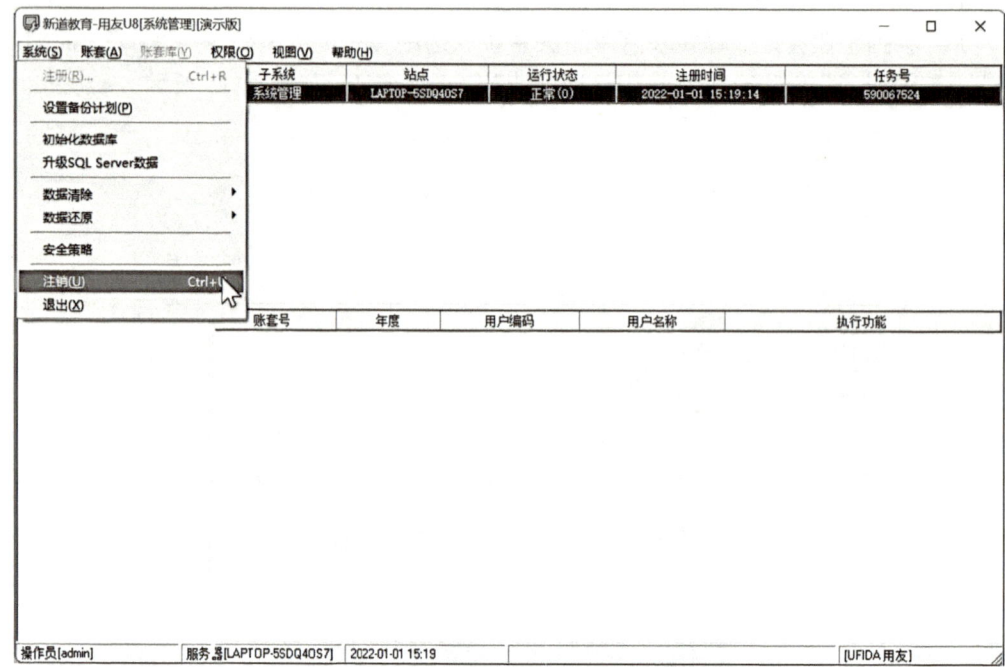

图 1-19　注销

2. 重新单击"系统"|"注册"命令,打开"登录"界面。在"操作员"框中输入账套主管的编号或者姓名,在"密码"框中输入账套主管的口令,选择需要修改的账套,单击"登录"按钮,以账套主管的身份登录系统管理,如图 1-20 所示。

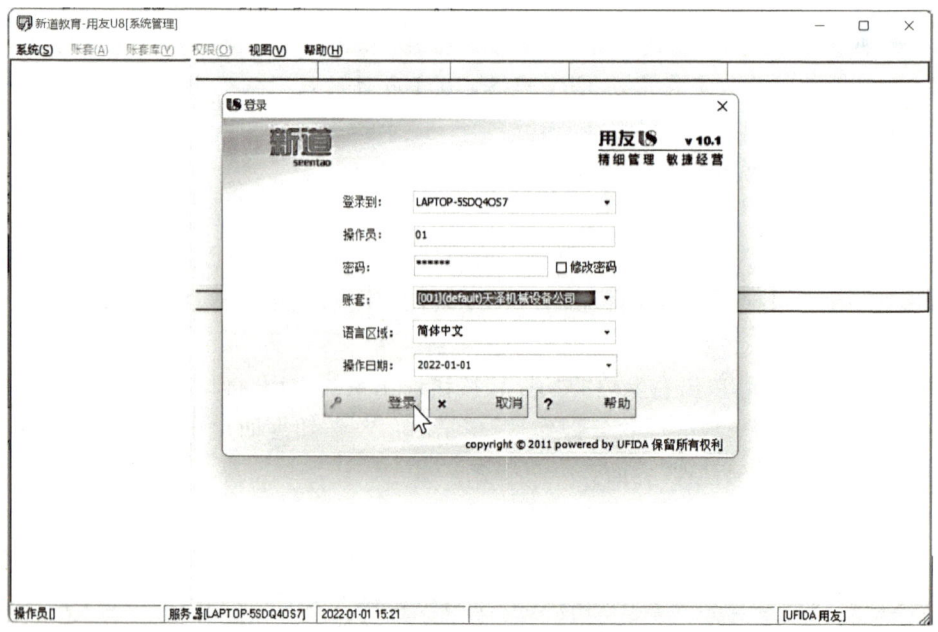

图 1-20　账套主管注册进入系统管理

3. 单击"账套"|"修改"命令,进入"修改账套"界面,如图 1-21 所示。

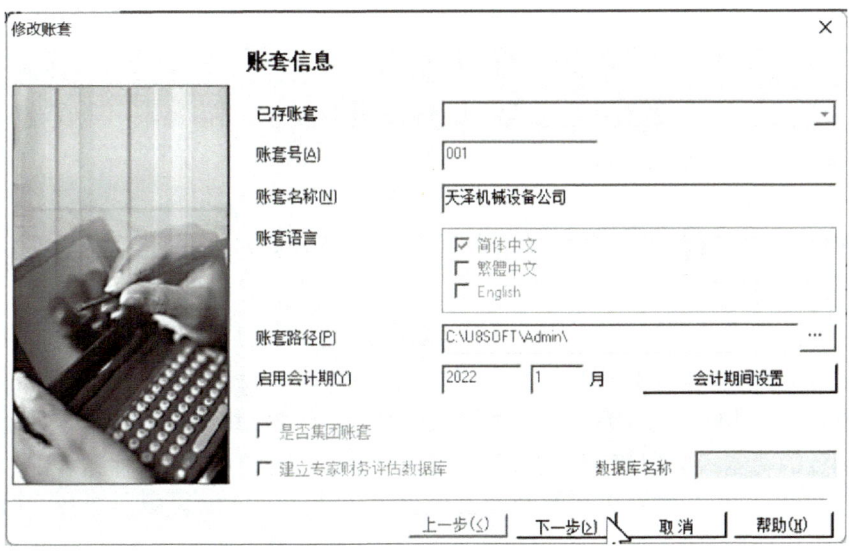

图 1-21 修改账套

4.根据需要,一步步修改账套信息。相关操作步骤和建账一样,不再赘述,但是只能修改部分信息。

> ∅ 注意:
> (1)编码方案、数据精度、系统启用项目也可以由账套主管在"企业应用平台"|"基础设置"|"基本信息"中进行修改。
> (2)账套中的很多参数不能修改。若这些参数错误,则只能删除此账套后,再重新建立。因此,建立账套时,参数设置一定要小心。

### 三、删除账套

此功能的作用是根据企业的要求,将目标账套从系统中删除,可以将该账套下的所有数据彻底删除。

需要删除账套时,首先以系统管理员的身份注册登录"系统管理",然后单击"账套"菜单中的"输出"命令。选择需要输出的账套并指定输出文件位置后,选中"删除当前输出账套"复选框,单击"确认"按钮进行输出,如图 1-22 所示。此时系统提示:"真要删除该账套么?",确认后系统将删除该账套。

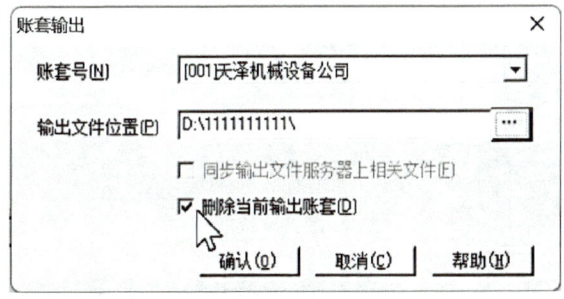

图 1-22 删除账套

如果是正在使用的账套,此时系统的"删除当前输出账套"是置灰的,即不允许选中。删除完成后,系统自动将系统管理员注销,若还需继续操作,则需要重新注册"系统管理"。需要注意的是,账套删除和账套输出备份的操作基本一样,区别只是在输出选择界面选中删除操作和完成备份后的删除确认。

### 四、权限设置

随着经济的发展,企业的管理要求不断变化、提高,越来越多的信息都表明权限管理必须向更细、更深的方向发展。用友 ERP-U8V10.1 软件提供集中权限管理功能,除了提供用户对各模块操作的权限之外,还相应地提供了金额的管理权限和对于数据的字段级和记录级的控制权限,不同的组合方式为企业的权限控制提供了有效的方法。用友 ERP-U8V10.1 软件可以实现三个层次的权限管理:①功能级权限管理。该权限提供划分更为细致的功能级权限管理功能,包括各功能模块相关业务的查看和分配权限。例如,赋予用户陈红 001 账套中总账和工资管理系统的全部功能权限。②数据级权限管理。该权限可以通过两个方面进行权限控制,一个是字段级权限控制,另一个是记录级权限控制。例如,设定用户刘明只能录入某一类型的凭证或者只能审核某一特定用户填写的单据。③金额级权限管理。该权限主要用于完善内部金额控制,实现对具体金额数量划分的权限控制,对不同岗位和职位的用户进行金额级权限控制,限制他们制单时可以使用的金额上限。例如,设定用户刘明只能录入金额在 20 000 元以下的凭证。

功能权限的分配在系统管理中的权限菜单设置,数据权限和金额权限在"企业应用平台"|"系统服务"|"权限"中进行分配,如图 1-23 所示。数据权限和金额权限的设置必须在系统管理的功能权限分配之后进行。

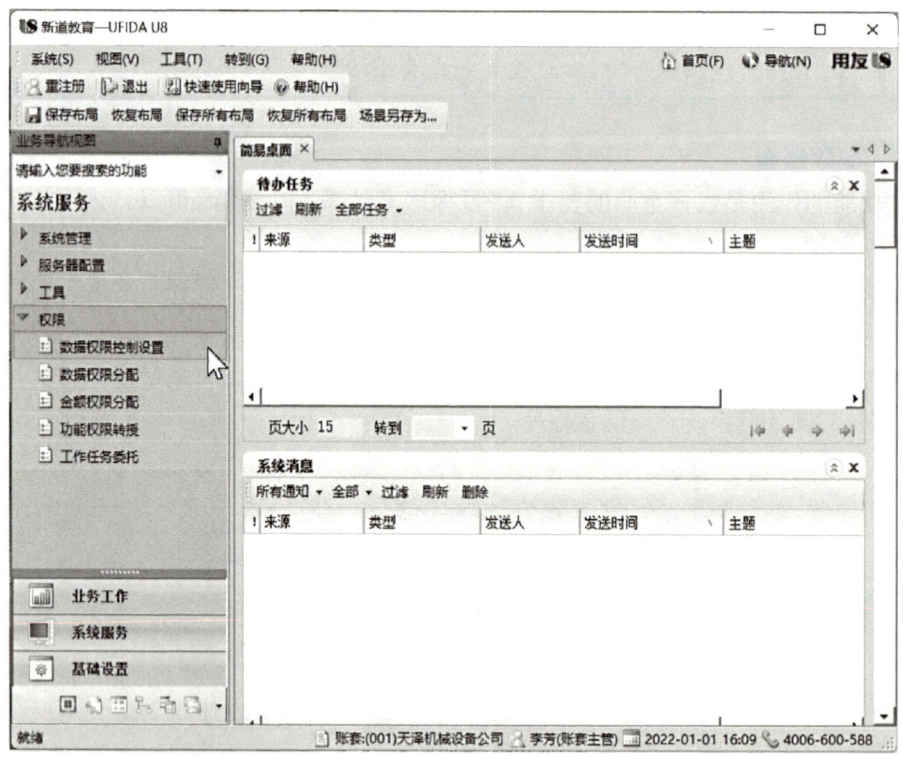

图 1-23 数据权限和金额权限设置

功能权限设置的主要操作步骤如下：

（一）增加（修改）用户权限

在设置用户刘明时，如果没有给他指明所属的角色，则刘明不会拥有任何角色的权限。这种情况下可以直接给用户授权，具体操作步骤如下：

1. 以系统管理员身份登录系统管理，执行"权限"菜单下的"权限"命令，打开"操作员权限"对话框。

2. 从账套下拉列表框中选择"[001]天泽机械设备公司"账套，单击右侧下拉列表框选择相应的会计年度。单击选中左侧用户列表中的"03 刘明"用户，单击"修改"按钮，如图 1-24 所示。

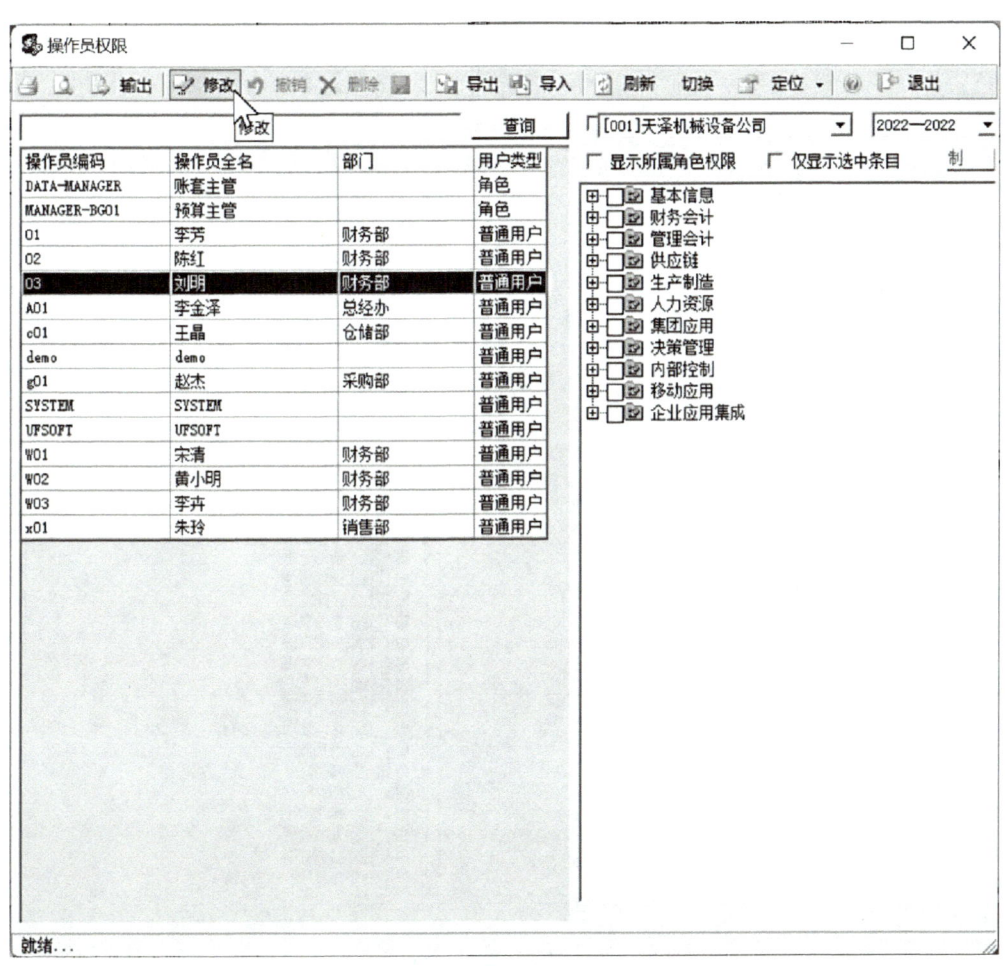

图 1-24　用户授权

3. 在右侧权限列表中依次选中对应权限前面的复选框，如图 1-25 所示。

选择权限时，可以单击权限列表前面的加号按钮，展开具体的明细权限，然后依次单击选中相应的权限。某一项权限选择完毕后，可以单击上一级分类前面的减号按钮，将该分类下的权限折叠起来，方便后面权限的选择。

选择过程中，如果需要选择的权限比较多，只有个别的权限不需选，那么这时候可以使用反向选择的思路进行操作，即先单击上级分类前面的复选框，选中该分类下的所有权限，然后再去掉该分类下不需要的明细权限。

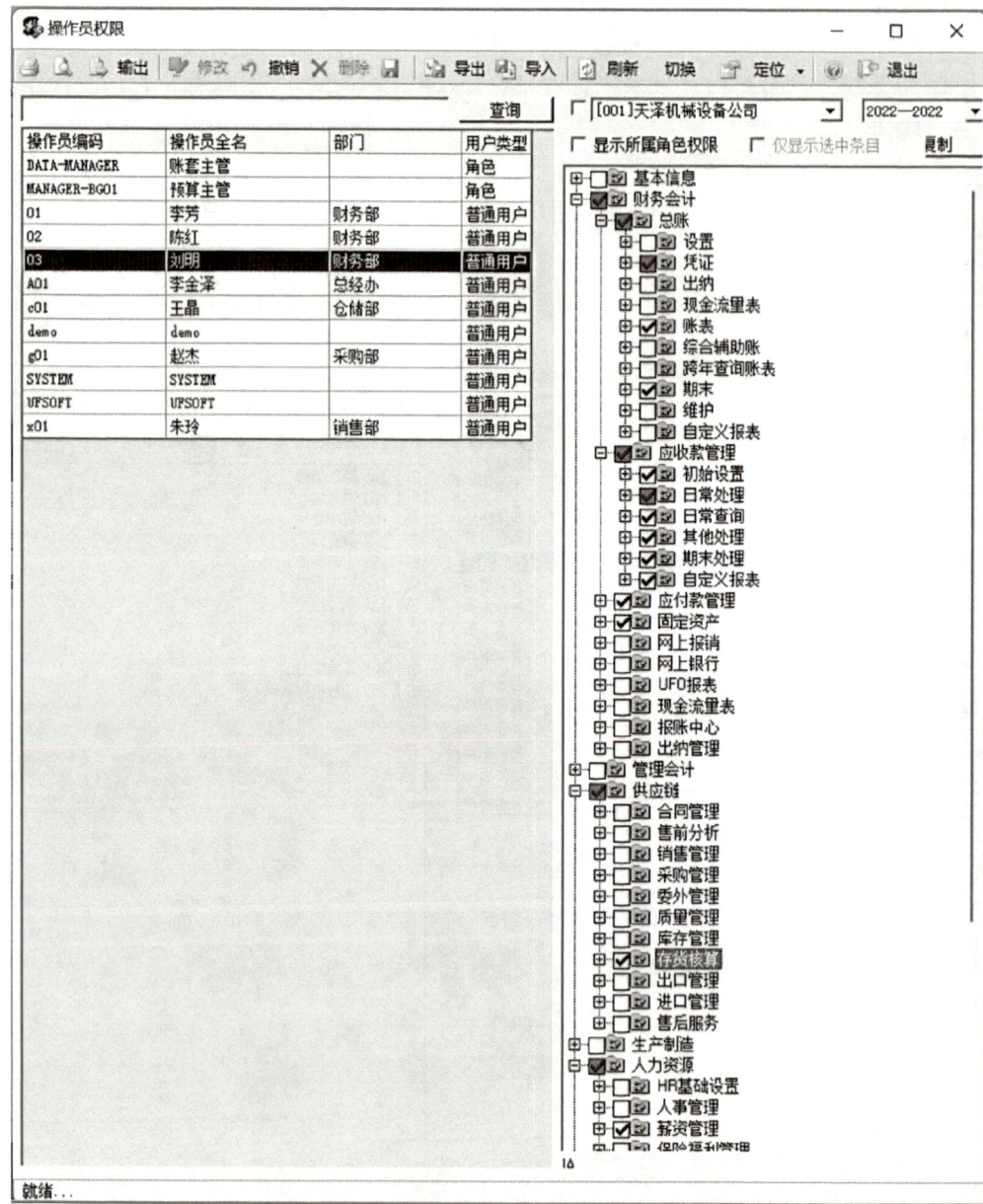

图 1-25　选择权限

4. 权限选择完毕后，单击"保存"按钮，完成权限的增加，如图 1-26 所示。
按照此方法依次设置其他操作员的权限。

项目一　系统管理

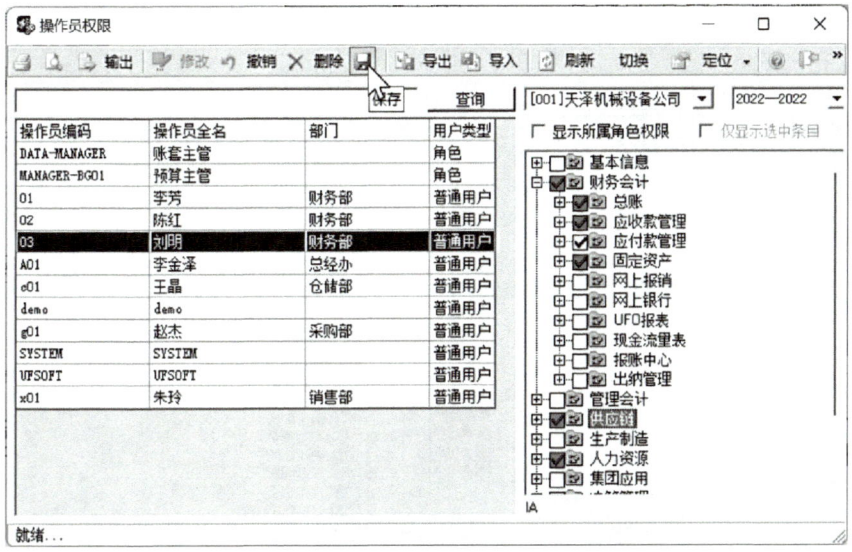

图 1-26　保存授权

（二）设置和取消账套主管的权限

账套主管默认拥有账套的所有权限，可以在建立账套时指定，也可以在"操作员权限"界面中设定或取消。例如，可以取消并重新设置用户"01 李芳"的账套主管权限，具体操作步骤如下：

1. 由系统管理员在"操作员权限"界面中，从账套下拉列表框中选择"[001]天泽机械设备公司"账套，单击右侧下拉列表框选择相应的会计年度。单击选中左侧用户列表中的"[01]李芳"用户，单击"账套主管"前面的复选框，系统弹出提示"取消普通用户：[01]账套主管权限吗？"，如图 1-27 所示。

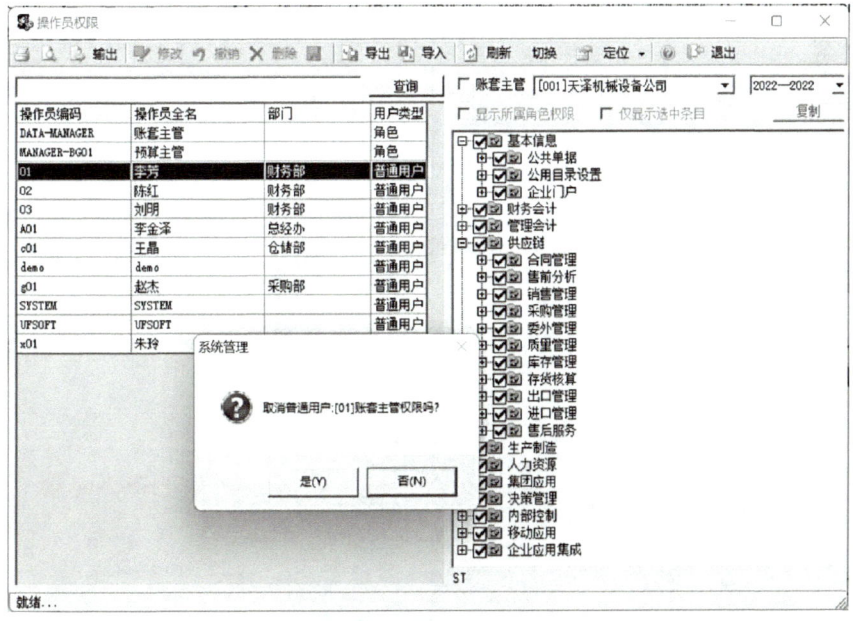

图 1-27　取消账套主管

023

2. 单击"是"按钮，就取消了李芳拥有的账套主管权限，右边的权限列表将显示为空，如图 1-28 所示。

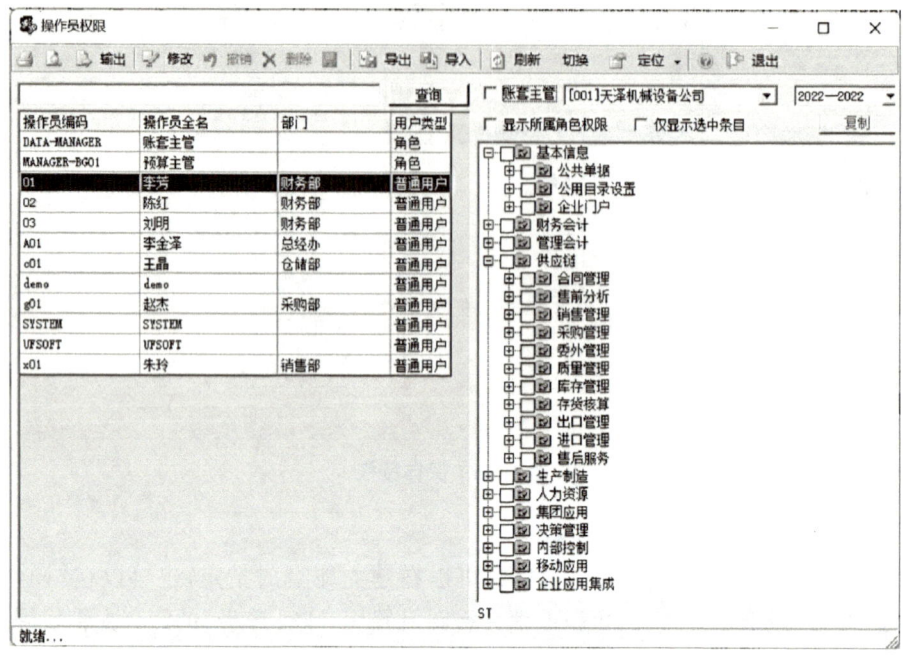

图 1-28　取消后的空白权限列表

3. 再次单击"账套主管"复选框，系统将提示"设置普通用户：[01]账套主管权限吗？"，如图 1-29 所示。

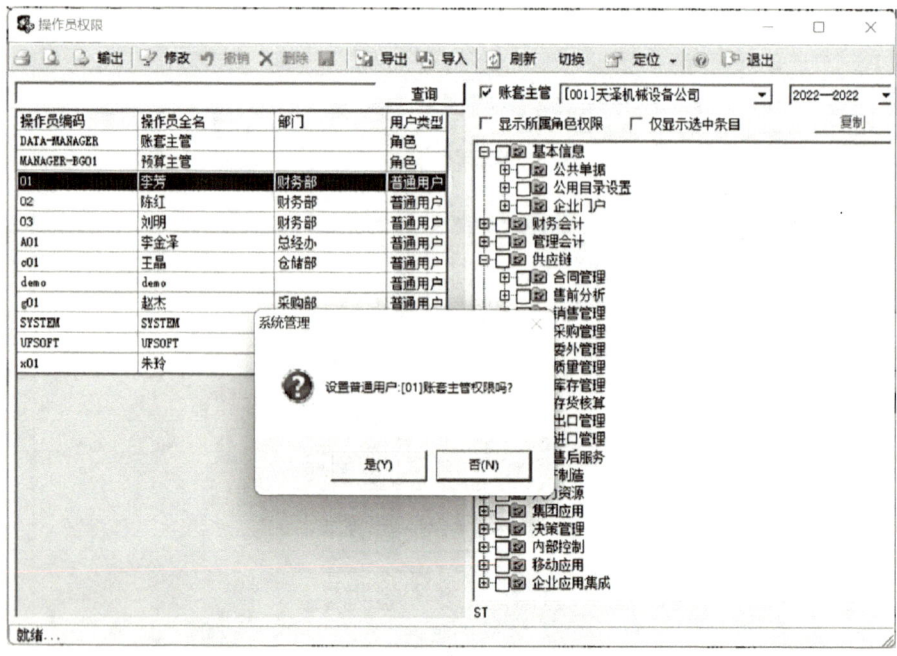

图 1-29　设置账套主管

4. 单击"是"按钮,重新将李芳设置为"01"账套的账套主管。

### (三)删除用户权限

根据实际需求,如果想对已经赋权的用户权限进行删减,可以利用操作员权限界面中的"删除"功能实现。选中所属账套和用户后,单击"删除"按钮,完成用户权限的删除,如图 1-30 所示。

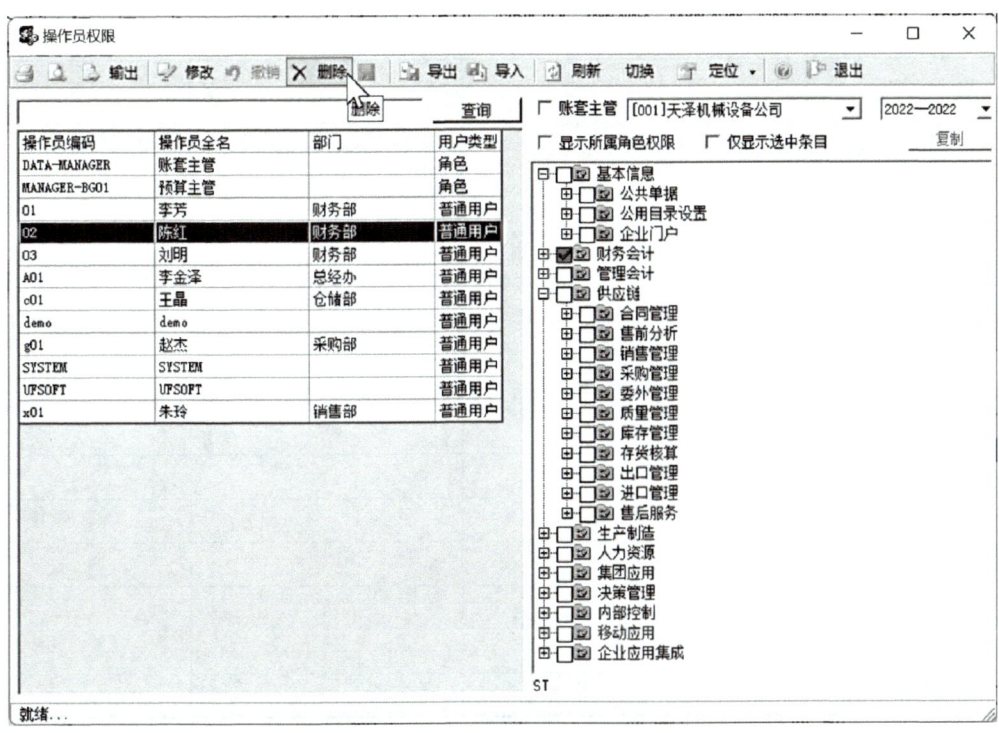

图 1-30  删除用户权限

## 【知识拓展】

### 系统管理员和账套主管的权限区别

系统管理员和账套主管都可以登录系统管理,但登录后的操作权限是不一样的,其区别见表 1-4。

表 1-4  系统管理员和账套主管登录系统管理后的权限区别

| 主要功能 | 详细功能 | 系统管理员(Admin) | 账套主管 |
|---|---|---|---|
| 账套操作 | 新账套建立 | Y | |
| | 年度账建立 | | Y |
| 账套修改 | 账套修改 | | Y |
| 数据删除 | 账套数据删除 | Y | |
| | 年度账数据删除 | | Y |

续表

| 主要功能 | 详细功能 | 系统管理员(Admin) | 账套主管 |
|---|---|---|---|
| 账套备份 | 账套输出 | Y | |
| | 年度账输出 | | Y |
| 设置备份计划 | 设置账套备份计划 | Y | |
| | 设置年度账备份计划 | Y | Y |
| 账套数据恢复 | 账套数据引入 | Y | |
| | 年度账引入 | | Y |
| | 升级 SQL Server 数据 | Y | Y |
| | 清空年度数据 | | Y |
| | 结转上年数据 | | Y |
| 操作员、权限 | 设置角色操作 | Y | |
| | 设置用户 | Y | |
| | 分配权限 | | Y |
| 其他操作 | 清除异常任务 | Y | |
| | 清除所有任务 | Y | |
| | 清除选定任务 | Y | |
| | 清退站点 | Y | |
| | 清除单据锁定 | Y | |
| | 上机日志 | Y | |
| | 视图 | Y | Y |

**权限分工及内部控制**

由于会计信息具有保密性,必须由专人来操作会计核算软件。此外,会计工作中有一些不相容岗位,因此必须对用户进行权限分工,以此在管理上形成一定的内部牵制。

严格遵守会计信息化有关制度,主要包括:开停机制度和上下岗操作记录制度;操作过程中发现障碍应及时报告系统管理员,并做好故障记录;会计数据、会计信息检查审核制度和安全保密制度等。

## 任务三　账套的备份及恢复

**【任务场景】**

企业实际运营中,存在很多不可预知的不安全因素,这些因素的存在有可能对系统安全造成致命的损害。因此,对于企业系统管理员来讲,应该及时地将企业的数据存储到不同的介质上,做好数据备份。同时,财务部门更换相关工作设备之后或者有其他管理需要时，也需要及时将账套数据恢复到新的设备中，以保证账务处理工作能正常连续进行。用友 ERP-U8V10.1 软件对财务数据的存储备份功能是通过软件的输出功能来实现的。对于异地管理的公司，财务数据的备份和恢复有利于解决审计和数据汇总的问题。

## 【任务目标】

1. 掌握账套的备份(输出)和恢复(引入)等专业知识，并能理解数据备份的意义；

2. 在掌握专业知识的基础上能够熟练地进行账套的引入、输出等操作，确保账套数据的安全；

3. 养成细心谨慎、严格认真的职业素养，注重数据安全，具备保密意识。

## 【任务内容】

在计算机上建立备份文件夹，对账套数据进行输出备份，同时设置备份计划，确保账套数据的安全。

## 【任务实施】

### 一、账套备份

账套备份就是将系统中的账套数据备份到硬盘或其他存储介质上。如果系统内的账套已经不需要再保留，也可以使用账套备份中的删除账套功能进行账套删除。

现将 001 账套备份到"D:\2022 年 1 月"文件中，具体操作步骤如下：

1. 在"我的电脑"D 盘中建立名为"2022 年 1 月"的文件夹。

2. 以系统管理员身份登录系统管理，执行"账套"|"输出"命令，如图 1-31 所示。打开"账套输出"对话框。从"账套号"下拉列表中选择要输出的账套"[001]天泽机械设备公司"，单击"输出文件位置"框右侧的参照按钮 ⋯ ，如图 1-32 所示。

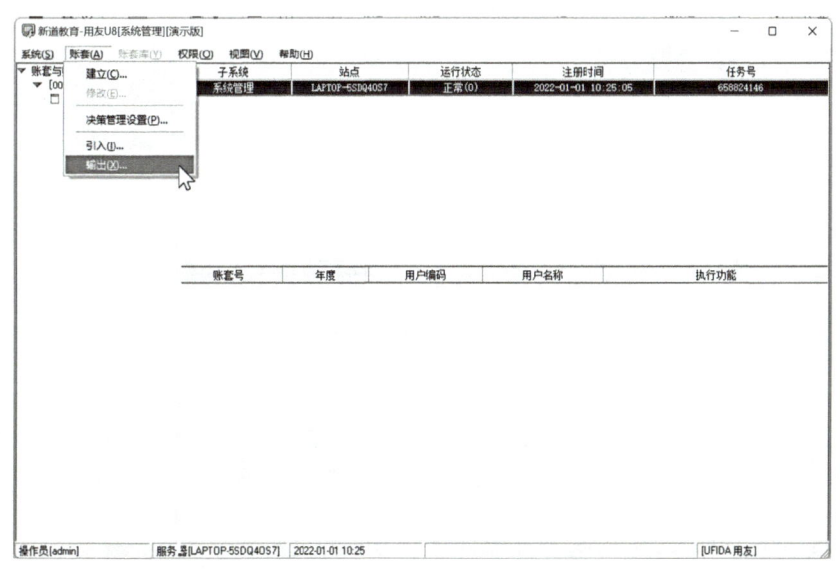

图 1-31 账套输出

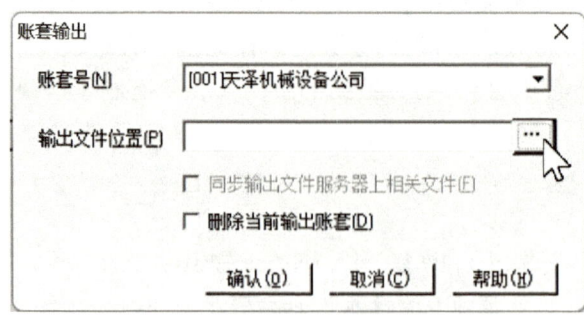

图1-32 选择输出账套及保存位置

3. 在弹出的对话框中双击选中D盘中的"2022年1月"文件夹,单击"确定"按钮,如图1-33所示。

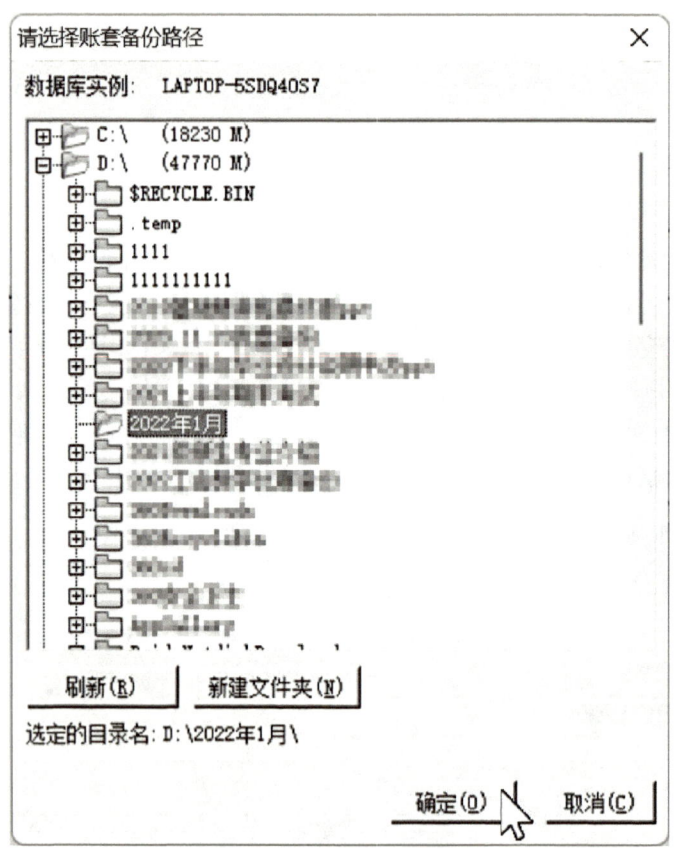

图1-33 选择输出账套路径

4. 选择完要输出的账套和输出文件位置之后,如果不想在系统中保留此账套的数据,可选中"删除当前输出账套"复选框。如果仅仅是备份,系统中不需要删除该账套,则无需选择此项。单击"确认"按钮,系统自动对所选账套数据进行备份,备份完成后弹出"输出成功"的提示,单击"确定"按钮完成账套备份。

5. 打开D盘中的"2022年1月"文件夹,可以看到输出后的账套数据文件,如图

1-34 所示。请注意认真查看备份文件的大小和文件名是否正确，如果有异常，可删除后重新输出备份。

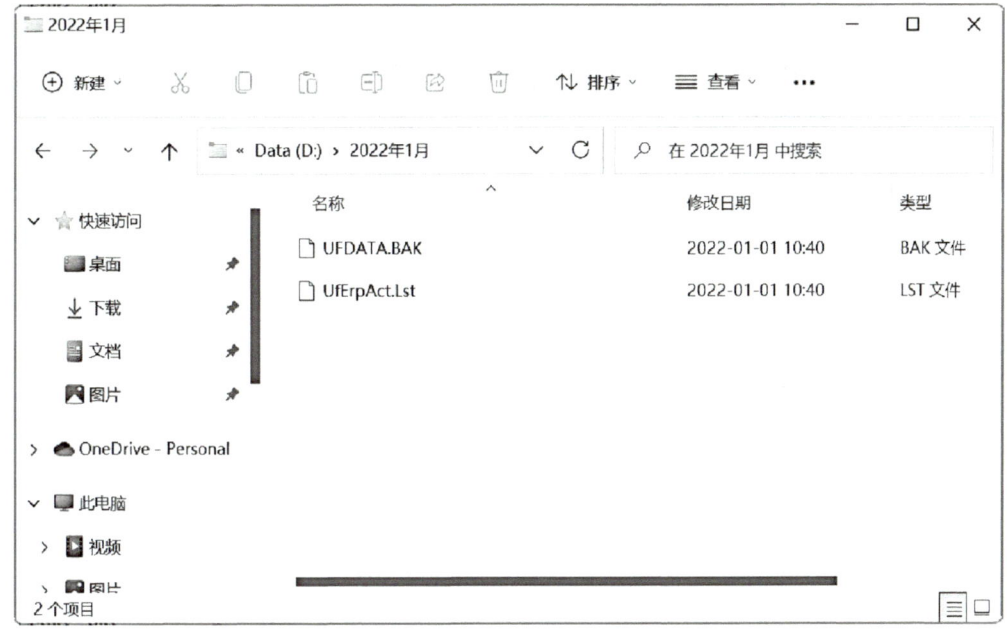

图 1-34　账套备份文件

> 注意：
> (1) 备份路径下有两个文件：UFDATA.BAK 和 UfErpAct.Lst，这两个备份文件只能通过账套引入的功能还原到用友 ERP-U8V10.1 软件的系统中。
> (2) 备份账套前应关闭正在运行的所有子系统。
> (3) 如果在账套输出界面选中"删除当前输出账套"复选框，则可以删除当前账套。
> (4) 账套输出和年度账的输出是不一样的，输出后形成的备份文件也各不相同。只有系统管理员才有权进行账套的输出，账套主管只能进行年度账的输出。

## 二、账套恢复

账套恢复是将硬盘或其他存储介质的账套备份数据恢复到财务软件系统中。以将"D:\2022 年 1 月"文件夹中的 001 账套备份数据恢复到软件平台中为例，具体操作步骤如下：

1. 以系统管理员身份注册进入系统管理，执行"账套"|"引入"命令，打开"请选择账套备份文件"对话框，选中 D 盘"2022 年 1 月"文件夹中的"UfErpAct.Lst"文件，如图 1-35 所示。

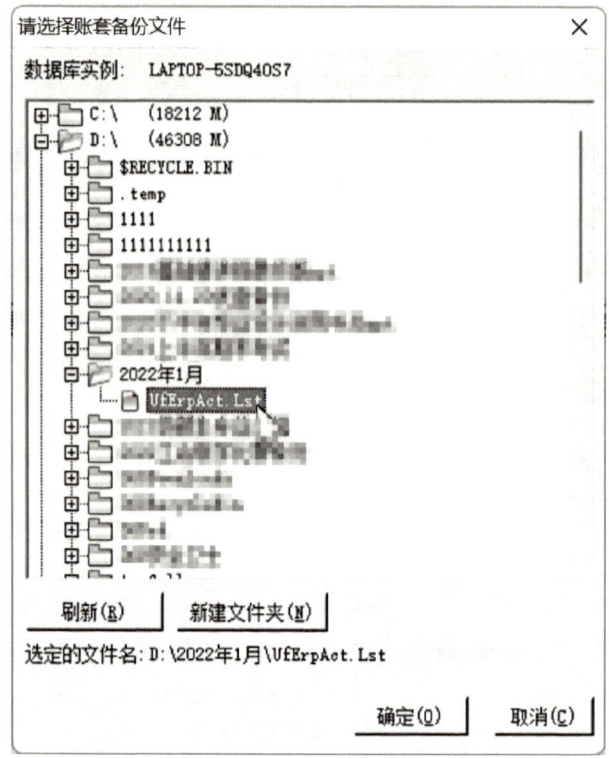

图 1-35　选择引入账套

2. 单击"确定"按钮,系统弹出"请选择账套引入的目录"提示框,如图 1-36 所示。

图 1-36　确认引入路径

3. 单击"确定"按钮,弹出选择路径对话框,如图 1-37 所示。系统默认路径为"C:\U8SOFT",此处根据实际情况和需要可以更改引入路径。

图 1-37 账套引入路径设置

4. 引入路径设置好之后，单击"确定"按钮，如果系统中存在 001 账套的信息，则会弹出"此项操作将覆盖[001]账套当前的所有信息，继续吗?"提示框，如图 1-38 所示。如果要覆盖，则单击"是"按钮完成引入，也可单击"否"按钮取消账套引入。

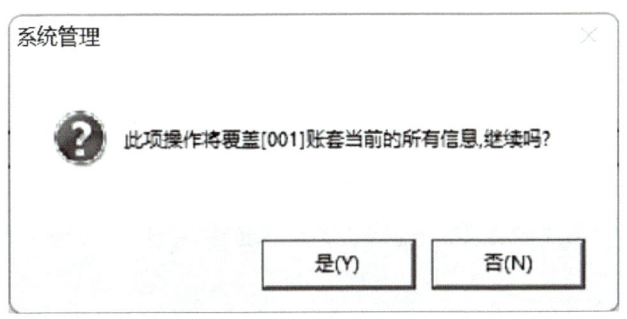

图 1-38 覆盖当前账套提示框

5. 单击"是"按钮之后，系统会自动进行账套数据的引入，引入完成后提示"账套[001]引入成功!"，单击"确定"按钮完成账套引入工作。

### 三、年度账管理

年度账管理主要包括建立年度账、年度账的备份和恢复、结转上年数据、清空年度账等操作。对年度账的管理只能由账套主管进行。

1. 建立年度账

对于以前已经使用用友 ERP-U8V10.1 软件进行会计核算的企业，新年度到来时应首先建立新年度核算体系，即建立年度账，再进行与年度账相关的账务处理。

2. 年度账的备份和恢复

年度账操作中的备份和恢复与账套中的备份和恢复的目的基本一致，都是对数据的备份与恢复。但两者的数据范围不同，年度账操作中备份和恢复的不是整个账套的全部数据，而是账套中某一年度的数据。为了区分这两种不同类型的备份文件，系统会用特定的文件名称或扩展名来进行标识。

3. 结转上年数据

一般情况下，企业是持续经营的，因此企业的会计工作是一个连续性的工作。每到年末启用新年度账时，就需要将上年度相关账户的余额及其他信息结转到新年度账中。如果企业管理信息系统涵盖了财务、业务等多个模块，进行年度数据结转时还要注意先后顺序。第一次使用软件进行账务处理时不存在上年数据，所以结转上年数据的功能不能使用。

4. 清空年度数据

如果年度数据中错误太多，或不希望将上年度的余额或其他信息全部转到下一年度，这时候便可使用清空年度数据的功能。"清空"并不是指将年度账的数据全部删除，而是还要保留一些信息，如账套基础信息、系统预置的科目报表等。保留这些信息主要是为了方便使用清空后的年度账重新做账。

## 【知识拓展】

除了可以人工进行数据的备份和恢复外，用友 ERP-U8V10.1 软件还提供了设置自动备份计划的功能，其作用是自动定时对设置的账套或年度账进行备份和输出。利用该功能可以实现定时、自动输出多个账套，有效减轻了系统管理员的工作量，保障了系统数据的安全。

设置备份计划的工作由系统管理员在系统管理中通过"系统"|"设置备份计划"来完成，具体操作步骤如下：

1. 在 D 盘中新建"账套备份"文件夹。
2. 以系统管理员身份在"系统管理"窗口中运行"系统"|"设置备份计划"功能。
3. 单击"增加"按钮，打开"增加备份计划"窗口。
4. 录入计划编号、计划名称、发生频率、开始时间等信息，单击上方的"增加"按钮设置备份路径，单击"[001]天泽机械设备公司"前的复选框选择需要自动备份的账套，如图 1-39 所示。

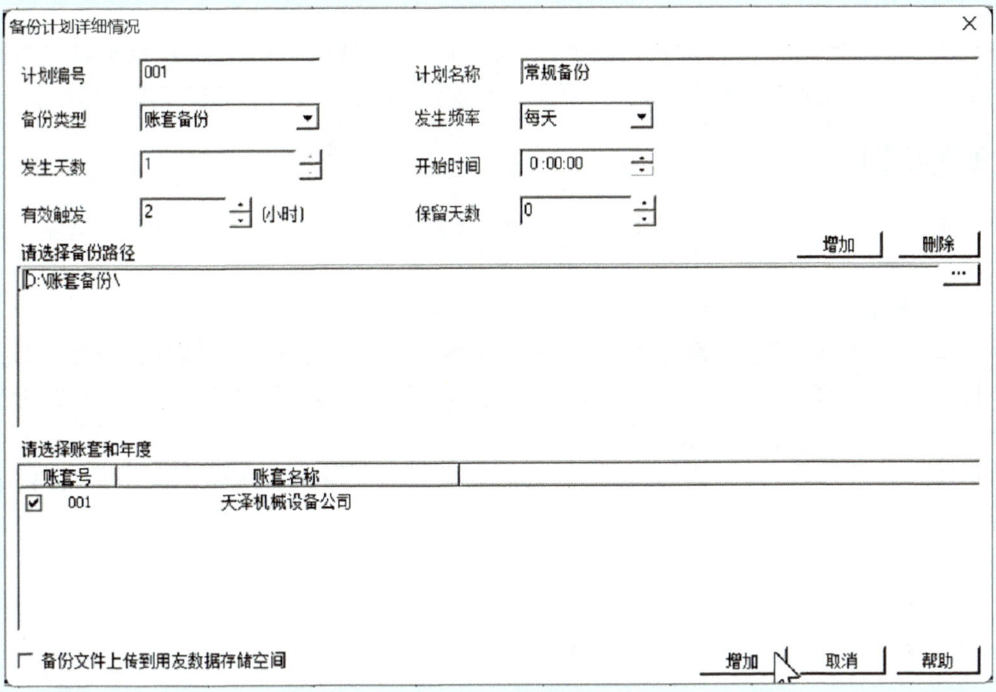

图 1-39　设置自动备份计划

5. 单击下方的"增加"按钮,完成自动备份计划的设置。

## 任务四　视图管理

### 【任务场景】

企业在使用用友 ERP-U8V10.1 软件进行账务处理的过程中,一些不可预见的原因可能会导致财务软件系统运行异常。为了确保财务核算工作的正常进行,系统管理员需要使用相关的功能清除这些异常任务,以确保系统安全稳定运行。

### 【任务目标】

1. 掌握清除异常任务、清除单据锁定的专业知识;
2. 理解刷新功能和上机日志的意义;
3. 在掌握专业知识的基础上能够熟练解决由于突发原因造成财务系统运行异常的问题,确保用友 ERP-U8V10.1 软件系统能够安全稳定地运行。

## 【任务内容】

完成清除异常任务、清除选定任务、清除所有任务、清退站点、清除单据锁定等功能的操作。查看和使用上机日志记录软件的运行情况，做好上机日志的输出备份工作。

## 【任务实施】

用友 ERP-U8V10.1 软件在运行过程中，计算机硬件或软件的问题可能导致财务系统运行异常，此时可利用视图管理功能清除异常业务。

### 一、刷新

系统管理一个很重要的用途就是对各个子系统的运行情况进行适时的监控。为此，系统将正在登录的子系统及其正在执行的功能在系统管理界面上列示出来，以便系统管理员或账套主管进行查看和监控。

从图 1-40 的"系统管理"界面可以看出，系统管理的功能列表分为上、下两部分，上面列示的是曾登录到软件的子系统，下面列示的是子系统中正在执行的功能。查看时可在上面选中一个子系统，下面将自动列示出该子系统中正在执行的功能。这两部分的内容都是动态的，它们都将根据系统的执行情况而自动变化，如果想看最新的情况，就需要使用刷新功能来实时更新列表中的内容。

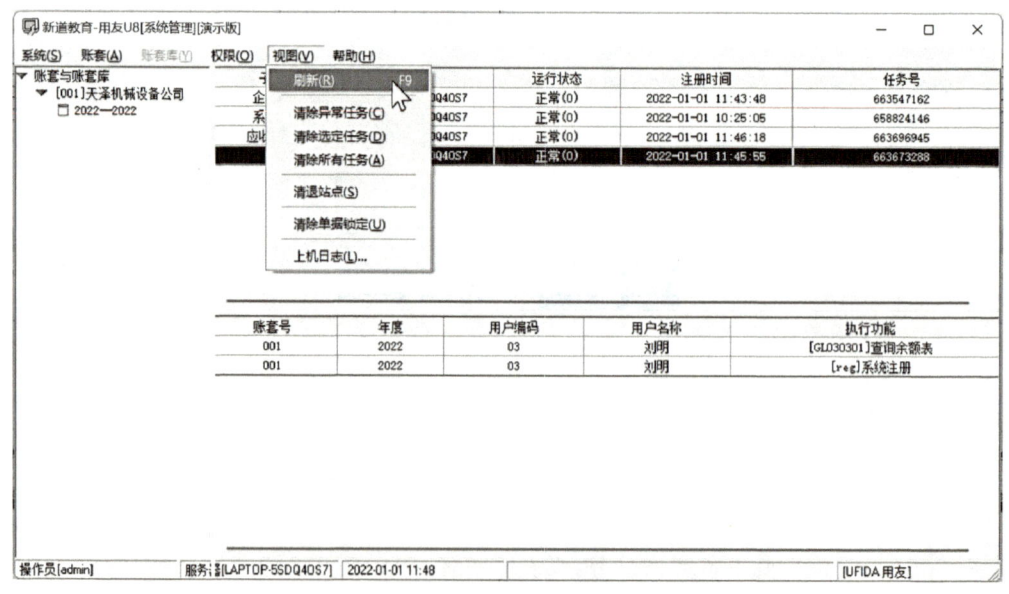

图 1-40　刷新系统管理界面

 注意：

　　此功能在进行"清除异常操作"和"清除单据锁定"后尤为有效，通过刷新可以将异常情况更新为正常状态。

## 二、清除异常任务、清除所有任务、清除选定任务

1. 用友 ERP-U8V10.1 软件除了提供手动清除异常任务的功能之外,还提供了自动处理异常任务的功能,不用每次必须由系统管理员登录系统管理后手工清除。

在使用过程中,可在用友 ERP-U8V10.1 软件的服务管理器中设置服务端异常和服务端失效的时间,提高使用过程中的安全性和效率。如果服务端超过异常限制时间未工作或由于不可预见的原因非法退出某系统,则视此为异常任务,在系统管理主界面显示"运行状态异常",系统会在到达服务端失效时间时自动清除异常任务。在等待时间内,也可单击"视图"菜单中的"清除异常任务"命令,自动删除异常任务。任务的运行情况都被记录在上机日志中。

2. 用友 ERP-U8V10.1 软件提供清除当前界面所有任务的功能。单击"清除所有任务"命令,即可清除当前的所有任务。

3. 用友 ERP-U8V10.1 软件提供手动清除特定任务的功能。选择要清除的任务,单击"清除选定任务"命令,可以强制结束该任务。

## 三、清退站点

系统管理员可以使用"清退站点"的功能选定客户端手动清除任务,同时释放该客户端占用的所有产品许可,具体操作步骤如下:

1. 由系统管理员登录系统管理,单击"视图"菜单下的"清退站点"命令。弹出"清退站点"对话框,对话框中列出了目前占用加密点的客户端,同时列示了这些客户端上正在执行的产品功能。

2. 单击客户端前面的复选框选择要清退的客户端,单击"确定"按钮,如图 1-41 所示。系统弹出确认提示框,单击"确定"按钮结束客户端门户并释放许可。

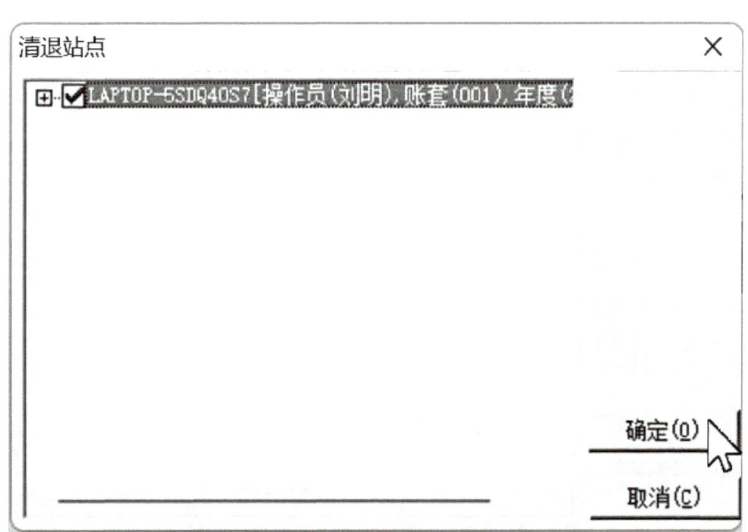

图 1-41 "清退站点"对话框

3. 被清退客户端上弹出提示,等待 15 秒后强制结束客户端的门户进程。

## 四、清除单据锁定

用友 ERP-U8V10.1 软件在使用过程中,一些不可预见的原因可能会造成单据

锁定，此时单据将不能正常操作，可以使用"清除单据锁定"的功能恢复单据的正常使用。

以系统管理员身份注册进入系统管理，单击"视图"菜单下的"清除单据锁定"命令，在弹出的"删除工作站的所有锁定"对话框中，单击选中需要清除的内容。单击"确定"按钮完成单据锁定的清除，如图1-42所示。

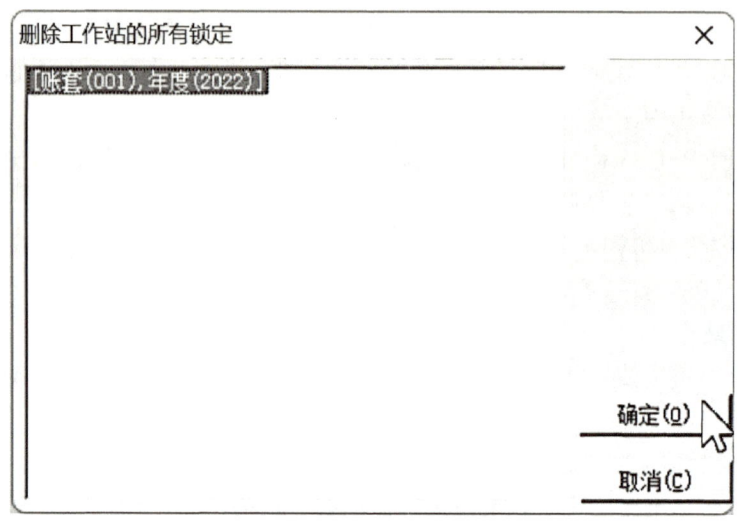

图1-42　清除单据锁定

### 五、上机日志

为了保证系统的安全运行，系统随时对各个产品或模块的每个用户的上下机时间、操作的具体功能等情况进行登记，形成上机日志，使所有的操作都有所记录、有迹可循。上机日志可以进行输出、过滤、排序、刷新等操作，具体操作步骤如下：

1. 以系统管理员身份注册进入系统管理。
2. 单击"视图"菜单中的"上机日志"命令，弹出"日志过滤"对话框，如图1-43所示。

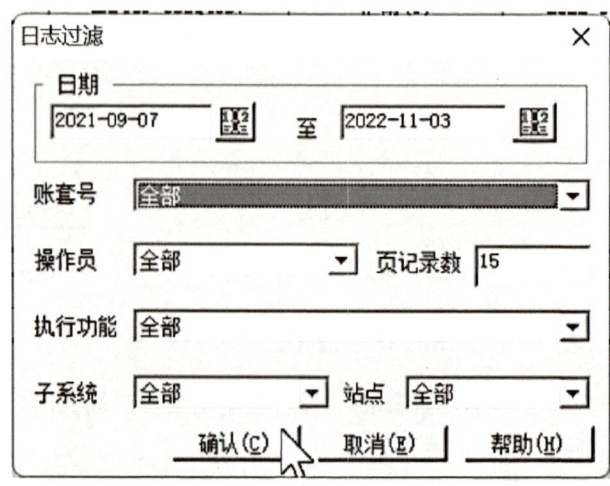

图1-43　"日志过滤"对话框

3. 设置好相关过滤条件后，单击“确认”按钮进入“上机日志”，如图 1-44 所示。

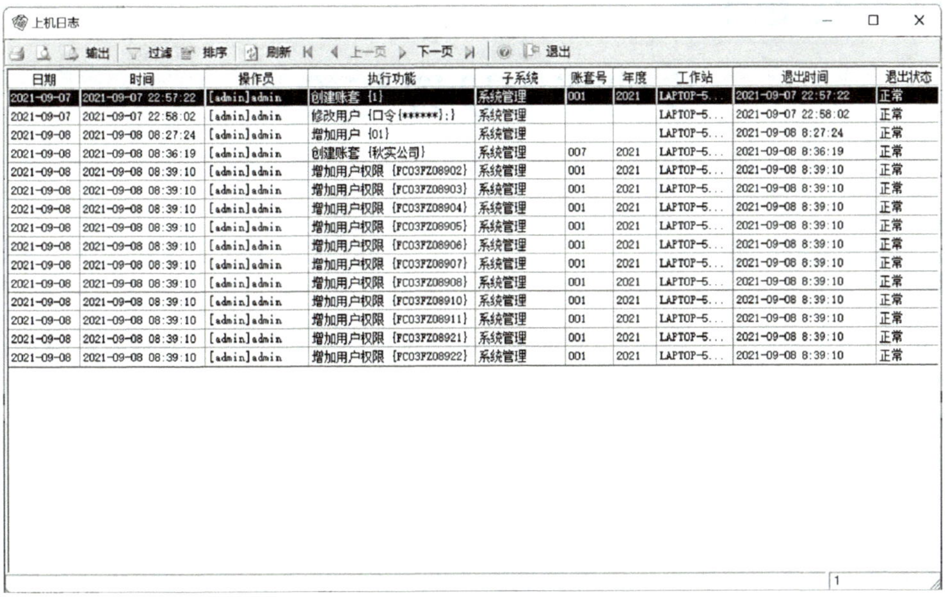


| 日期 | 时间 | 操作员 | 执行功能 | 子系统 | 账套号 | 年度 | 工作站 | 退出时间 | 退出状态 |
|---|---|---|---|---|---|---|---|---|---|
| 2021-09-07 | 2021-09-07 22:57:22 | [admin]admin | 创建账套 {1} | 系统管理 | 001 | 2021 | LAPTOP-5... | 2021-09-07 22:57:22 | 正常 |
| 2021-09-07 | 2021-09-07 22:58:02 | [admin]admin | 修改用户 {口令{******}:} | 系统管理 | | | LAPTOP-5... | 2021-09-07 22:58:02 | 正常 |
| 2021-09-08 | 2021-09-08 08:27:24 | [admin]admin | 增加用户 {01} | 系统管理 | | | LAPTOP-5... | 2021-09-08 8:27:24 | 正常 |
| 2021-09-08 | 2021-09-08 08:36:19 | [admin]admin | 创建账套 {秋实公司} | 系统管理 | 007 | 2021 | LAPTOP-5... | 2021-09-08 8:36:19 | 正常 |
| 2021-09-08 | 2021-09-08 08:39:10 | [admin]admin | 增加用户权限 {FC03FZ08902} | 系统管理 | 001 | 2021 | LAPTOP-5... | 2021-09-08 8:39:10 | 正常 |
| 2021-09-08 | 2021-09-08 08:39:10 | [admin]admin | 增加用户权限 {FC03FZ08903} | 系统管理 | 001 | 2021 | LAPTOP-5... | 2021-09-08 8:39:10 | 正常 |
| 2021-09-08 | 2021-09-08 08:39:10 | [admin]admin | 增加用户权限 {FC03FZ08904} | 系统管理 | 001 | 2021 | LAPTOP-5... | 2021-09-08 8:39:10 | 正常 |
| 2021-09-08 | 2021-09-08 08:39:10 | [admin]admin | 增加用户权限 {FC03FZ08905} | 系统管理 | 001 | 2021 | LAPTOP-5... | 2021-09-08 8:39:10 | 正常 |
| 2021-09-08 | 2021-09-08 08:39:10 | [admin]admin | 增加用户权限 {FC03FZ08906} | 系统管理 | 001 | 2021 | LAPTOP-5... | 2021-09-08 8:39:10 | 正常 |
| 2021-09-08 | 2021-09-08 08:39:10 | [admin]admin | 增加用户权限 {FC03FZ08907} | 系统管理 | 001 | 2021 | LAPTOP-5... | 2021-09-08 8:39:10 | 正常 |
| 2021-09-08 | 2021-09-08 08:39:10 | [admin]admin | 增加用户权限 {FC03FZ08908} | 系统管理 | 001 | 2021 | LAPTOP-5... | 2021-09-08 8:39:10 | 正常 |
| 2021-09-08 | 2021-09-08 08:39:10 | [admin]admin | 增加用户权限 {FC03FZ08910} | 系统管理 | 001 | 2021 | LAPTOP-5... | 2021-09-08 8:39:10 | 正常 |
| 2021-09-08 | 2021-09-08 08:39:10 | [admin]admin | 增加用户权限 {FC03FZ08911} | 系统管理 | 001 | 2021 | LAPTOP-5... | 2021-09-08 8:39:10 | 正常 |
| 2021-09-08 | 2021-09-08 08:39:10 | [admin]admin | 增加用户权限 {FC03FZ08921} | 系统管理 | 001 | 2021 | LAPTOP-5... | 2021-09-08 8:39:10 | 正常 |
| 2021-09-08 | 2021-09-08 08:39:10 | [admin]admin | 增加用户权限 {FC03FZ08922} | 系统管理 | 001 | 2021 | LAPTOP-5... | 2021-09-08 8:39:10 | 正常 |

图 1-44　“上机日志”界面

4. 为了方便查看上机日志，系统提供过滤功能来过滤上机日志的内容。单击工具栏上的“过滤”按钮，在界面中根据自己的需要输入过滤条件，单击“确认”按钮，系统将自动按照设定的过滤条件来对上机日志的内容进行重新过滤，并将过滤后的内容显示出来；如果想放弃，可单击“放弃”按钮。

5. 为了方便查看上机日志，系统还提供了“排序”的功能，选择要进行排序的列，然后单击“排序”按钮。

6. 上机日志是动态的，它随着系统的使用情况不断发生变化，因此要想看到最新的上机日志，就要实时刷新上机日志的内容，即单击“刷新”按钮。

## 【知识拓展】

### 如何删除上机日志？

系统管理员可以输出、查看、过滤上机日志，或者根据需要对上机日志进行排序和刷新。但不能删除上机日志。如果需要管理上机日志，执行备份删除、恢复日志等操作，则需要以安全管理员“SAdmin”的身份登录后在“系统”菜单下的“数据清除”“数据还原”中进行。

### 账套数据备份

在电脑中建立一个文件夹并按日期命名，然后将账套输出备份到这个文件夹中。在账套的备份和使用过程中，要养成良好的数据安全和保密意识。

# 基础档案设置与维护

 **项目综述**

用友 ERP-U8V10.1 软件中,系统各模块的正常使用和顺利实施,都要依赖于企业基础档案的精细设计和精准设置。同时,根据企业经营的变化情况,加强对企业基础档案的维护也必不可少。企业基础档案设置与维护的主要功能如下:

1. 设置基本信息。该功能可以进行系统启用、编码方案设置、数据精度设置等。
2. 设置基础档案。该功能可以进行机构人员设置、客商信息设置、存货设置、财务档案设置、收付结算设置和业务档案设置等。
3. 设置与维护标准单据。该功能可以对单据格式和单据编号方式进行设置和维护。

 **职业能力培养**

通过项目的实施及运营,了解企业基本信息和基础档案设置的相关知识。根据企业实际经营情况,熟练进行编码方案设置和数据精度设置;熟练进行企业基础档案的设置;熟练掌握标准单据设置与维护等操作。在项目实施过程中培养学生严谨认真、一丝不苟的职业习惯,强化规则意识和服务精神,注重原则性和灵活性的有机融合。

 **思政园地**

请大家思考并讨论企业基础档案在用友系统应用中的地位和意义,如何才能确保企业基础档案设置够用、实用?如果基础档案设置不恰当会造成什么后果?企业基本信息如果设置得不合适,会对后续的使用产生什么影响?

新型冠状病毒感染疫情暴发后,为了满足防控治疗的需要,2020年1月23日,中国建筑三局(以下简称"中建三局")临危受命承建武汉火神山、雷神山医院。在项目建设过程中,中国建筑三局建设团队事先做好顶层设计,明确质量标准,组建13支青年突击队,制定"小时制"作业地图,搭建工程"大数据",穿插提效施工工艺,并分专业、片区24小时轮班作业,科学组织40 000余名现场人员、3 500余台套大型设备昼夜兼程,在亿万"云监工"的注视下展现"中国速度",先后10余个昼夜高质量完成了面积近11.4万平方米、病床2 600张的"两山医院"项目。为决胜武汉新型冠状病毒感染疫情防控立下了汗马功劳。

2020年4月,中建三局武汉火神山、雷神山医院建设团队获得第24届"中国青年五四奖章集体"。2020年12月,中建三局被国资委党委授予第五届"央企楷模"称号。

中建三局在筹建"两山医院"的过程中,充分发挥团队协作的精神,做好顶层设计,树立系统观念,强化规则意识,精巧组织,严密监控,保证质量,有序推进,最终按期交付项目,实现了预定目标。在服务社会、建设国家的过程中,公司本身也实现了高质量发展。

我们应当拥有系统思维,强化规则意识,做好顶层设计,把基础工作做实做好,才能为后续的工作打下良好的基础。

### 典型工作任务

1. 基本信息设置,包括系统启用、编码方案设置、数据精度设置等操作。
2. 基础档案设置,包括机构人员设置、客商信息设置、存货设置、财务档案设置、收付结算设置和业务档案设置等。
3. 单据格式设置。
4. 单据编号设置。

企业基础档案设置与维护具体工作流程如图2-1所示。

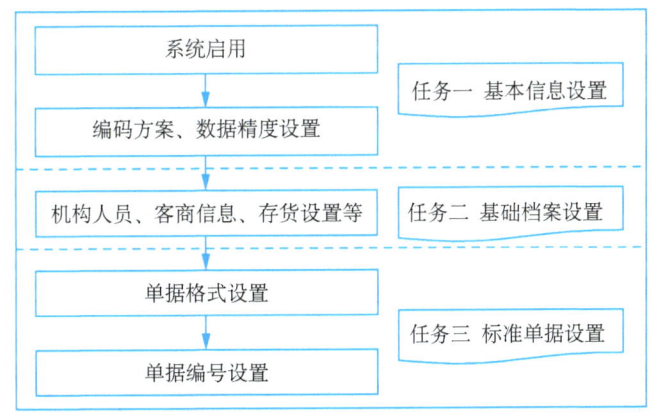

图2-1 企业基础档案设置与维护工作流程

## 任务一 基本信息设置

【任务场景】

为了使企业会计信息化工作能顺利进行,企业首先要根据运营的需要启用相应的功能模块系统和设置数据精度要求。

天泽机械设备公司是一家工业企业，为了提质增效，计划推进和加强会计信息化工作。李芳作为账套主管，需要考虑启用哪些功能模板系统，同时，为了达到数据结构化标准，她还需要设置数据精度要求。

## 【任务目标】

1. 掌握系统启用、设置数据精度等操作方法；
2. 能够根据企业实际情况启用相应的系统，设置合理的数据精度要求；
3. 具备规则意识和系统观念，理解设置数据精度要求的意义。

## 【任务内容】

建账信息

(1) 账套号：001。
(2) 账套名称：天泽机械设备公司。
(3) 账套启用日期：2022年1月1日。
(4) 账套主管：李芳。
(5) 单位全称：天泽机械设备公司。
(6) 单位简称：天泽公司。
(7) 单位基本情况：天泽机械设备公司是一家工业企业，是一般纳税人，主要从事机械加工业务，职工人数15人。单位地址：华兴市新街358号。法人代表：张建。纳税人识别号：71110105665627265X。记账本位币：人民币。
(8) 企业类型：工业。
(9) 行业性质：2007年新会计制度科目，按行业性质预置会计科目。存货、客户、供应商均分类管理。有外币核算业务。

## 【任务实施】

### 一、系统启用

企业在使用用友ERP-U8V10.1软件时需要启用指定的子系统，只有事先启用对应的各子系统，后续才能正常使用相应的功能。启用哪些子系统需要根据企业的实际需要来进行选择，按需启用。

系统启用的具体操作步骤如下：

1. 打开企业应用平台。选择"开始"|"程序"|"用友ERP-U8V10.1"|"企业应用平台"，或者双击桌面上的"企业应用平台"图标打开企业应用平台。

2. 注册登录。在"登录到"框中选择正确的数据库服务器名称，也可以输入"127.0.01"选择默认服务器。"操作员"框中默认输入"01"。初始密码默认为空，在"账套"框中选择"[001]"，"语言区域"框默认为"简体中文"，在"操作日期"框中输入"2022-01-01"，如图2-2所示。单击"登录"按钮。

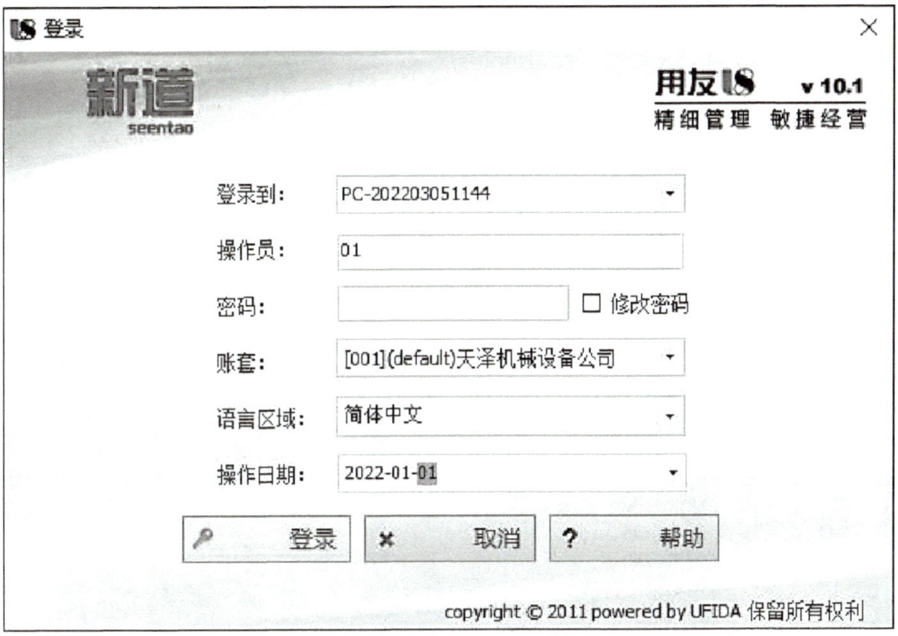

图 2-2 登录企业应用平台

3. 系统启用。登录企业应用平台后,执行"基础设置"|"基本信息"|"系统启用"命令,打开"系统启用"对话框,勾选"总账",启用会计期间为"2022-01",启用自然日期为"2022-01-01",完成对总账系统的启用。同理,启用应收款管理、应付款管理、固定资产、薪资管理等系统,如图 2-3、图 2-4 所示。

图 2-3 启用系统

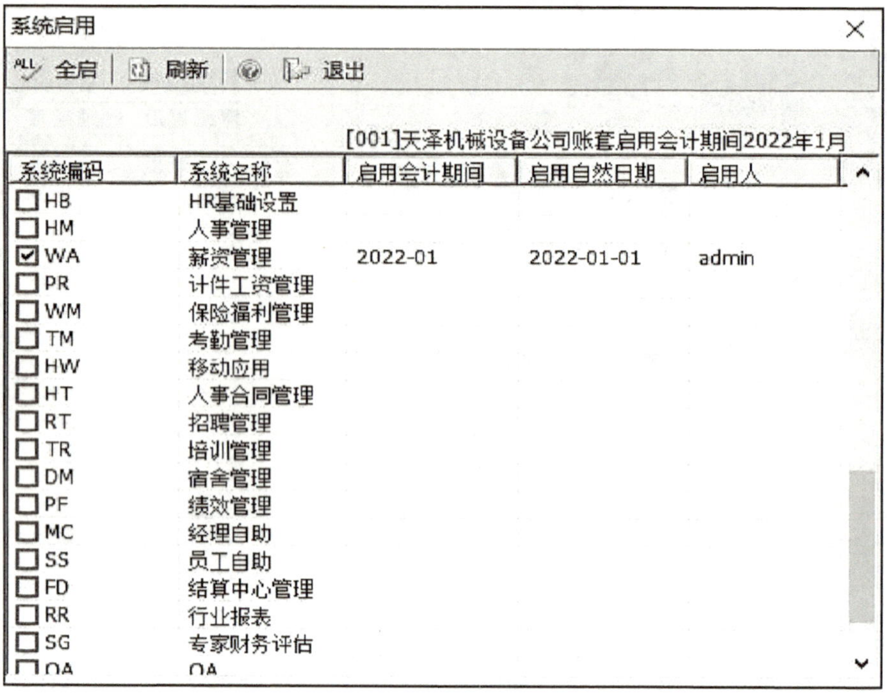

图 2-4　启用薪资管理系统

### 二、编码方案设置

编码方案见表 2-1，其余项目采用系统默认方案。

表 2-1　编码方案

| 编码项目 | 级次 |
| --- | --- |
| 会计科目编码 | 422222 |
| 客户分类编码 | 223 |
| 供应商分类编码 | 223 |
| 存货分类编码 | 1223 |
| 部门编码 | 122 |
| 地区分类编码 | 12 |
| 收发类别编码 | 12 |
| 结算方式编码 | 12 |

编码方案设置的具体操作步骤如下：

1. 打开编码方案设置窗口。在"基础设置"选项卡中，执行"基本信息"|"编码方案"命令，打开"编码方案"设置窗口，如图 2-5 所示。

项目二 基础档案设置与维护

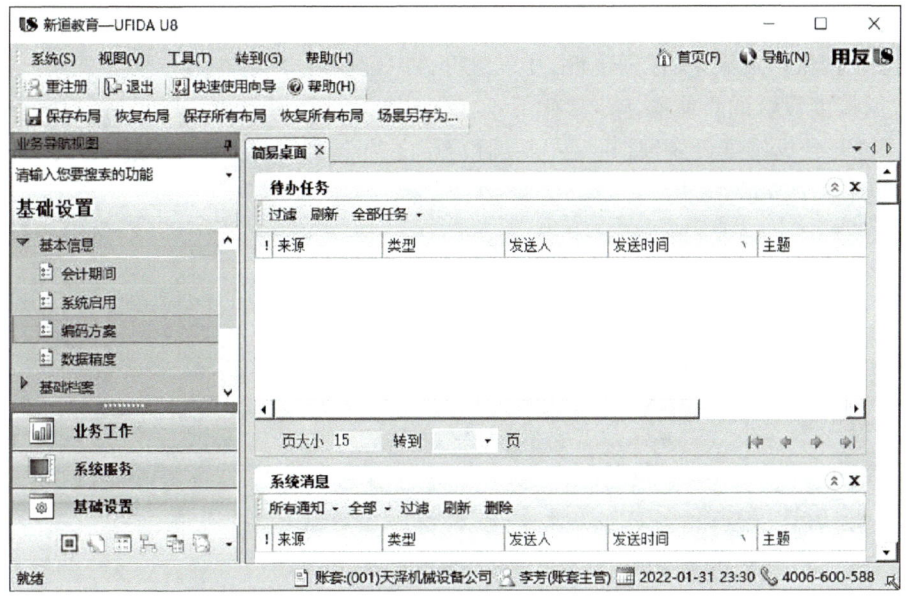

图 2-5 打开"编码方案"

2. 进行具体设置。按照要求,设置科目编码级次分别为"4-2-2-2-2-2",设置客户分类编码级次为"2-2-3",设置供应商分类编码级次为"2-2-3",设置存货分类编码级次为"1-2-2-3",部门编码级次为"1-2-2",地区分类编码级次为"1-2",结算方式编码级次为"1-2",收发类别编码级次为"1-2",其余项目采用系统默认方案,如图 2-6 所示。单击"确定"按钮。

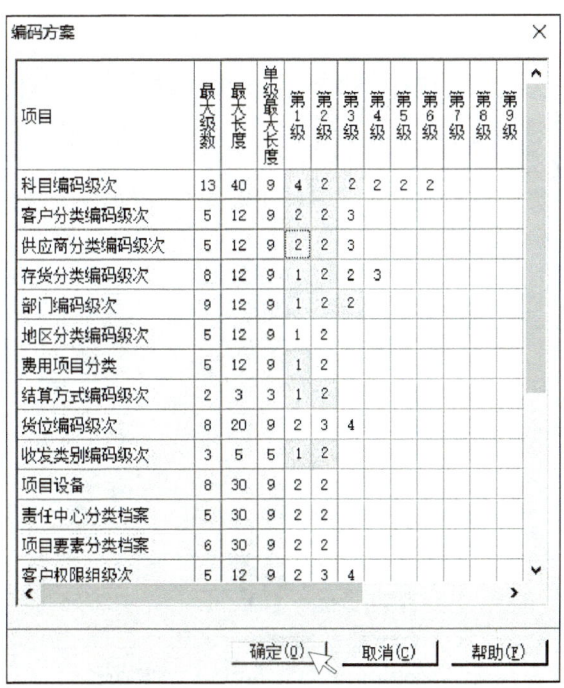

图 2-6 "编码方案"界面

### 三、数据精度设置

数据精度：存货数量、存货单价、开票单价、件数及换算率的小数位均为2。

数据精度设置的具体操作步骤如下：

1. 打开数据精度设置窗口。在"基础设置"选项卡中，执行"基本信息"|"数据精度"命令，如图2-7所示。

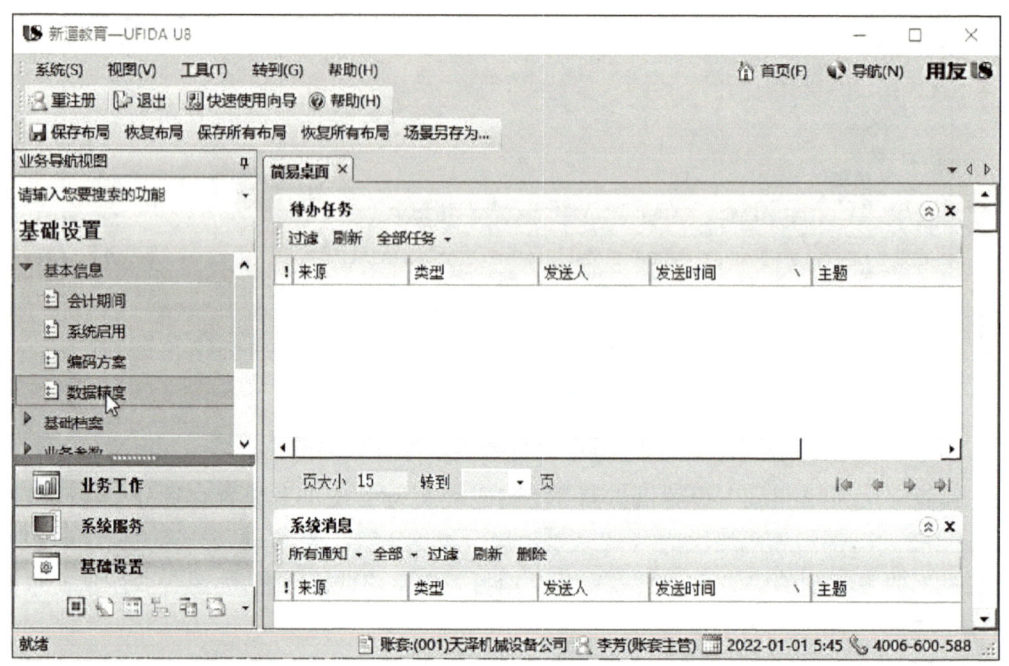

图2-7 打开"数据精度"

2. 设置数据精度。打开数据精度设置窗口，选中要修改的项目，将存货数量、存货单价、开票单价、件数、换算率的小数位均设置为2，其他项目采用系统默认方案，如图2-8所示。单击"确定"按钮。

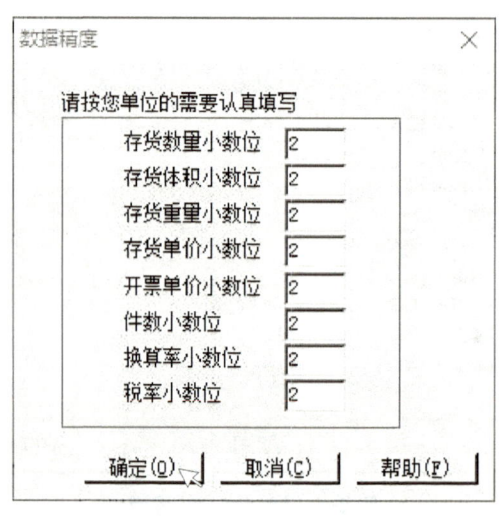

图2-8 "数据精度"界面

# 【知识拓展】

## 数据权限控制设置

在系统管理中,可以对用户进行系统权限分配,赋予用户操作相应系统的权限。在另一个入口处,即系统服务,也可以对用户进行权限分配,在这里主要可以对用户进行数据权限的分配,而且权限分配得更细致。在对数据权限分配之前,首先要进行数据权限控制分配。

在企业应用平台中,执行"系统服务"|"权限"|"数据权限控制设置"命令,进入"数据权限控制设置"界面。可以对指定用户设置"记录级"和"字段级"两个级次的数据权限控制,如图2-9所示。

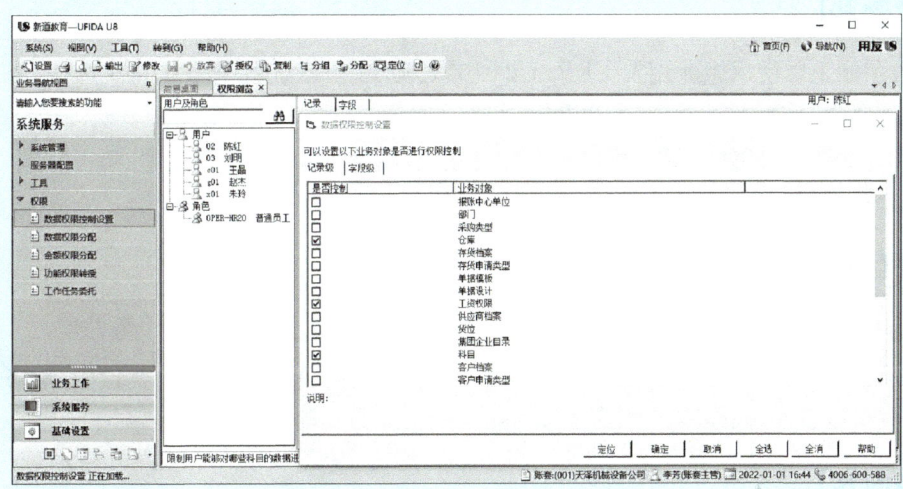

图2-9 "数据权限控制设置"界面

单击"记录级"选项卡,可以对业务对象和维度对象进行权限控制,维度对象启用后可以在"管理维度控制"中针对各个业务对象再调整启用信息,进行精细控制。系统将自动根据"数据权限控制设置"和"管理维度控制"中的选择在数据权限设置中显示所选对象。

数据权限控制设置的具体操作步骤如下:

1. 执行"系统服务"|"权限"|"数据权限控制设置"命令,进入"数据权限控制设置"界面。

2. 单击"记录级"选项卡,对业务对象进行勾选或者取消勾选,可以控制或取消控制对应的业务对象数据权限。

3. 单击"确定"按钮。

在操作过程中,如果我们也想看到其他用户录入的单据,可以将业务对象"全消",取消所有业务对象的数据权限控制,这样所有用户都有查看全部录入单据的权限。

业务对象，就是受权限控制的目标对象，可以分为普通业务对象和维度控制对象。普通业务对象，指具体记录进行权限分配和控制的对象，如存货档案、科目、仓库、用户等。普通业务对象启用权限控制后，在"数据权限分配"中直接按记录或字段进行精细授权，在使用这些对象时，按分配的权限进行控制。

## 任务二　基础档案设置

### 【任务场景】

为了能正常使用企业用友 ERP-U8V10.1 软件中，系统各子系统，需要进行基础档案设置。

在基础档案设置中，要进行机构人员设置、客商信息设置、存货设置、财务档案设置、收付结算设置和业务档案设置，构建各子系统的基础档案公共信息。

### 【任务目标】

1. 掌握基础档案设置的操作方法；
2. 能够根据企业实际情况，进行机构人员设置、客商信息设置、存货设置、财务档案设置、收付结算设置和业务档案设置，构建各子系统的基础档案公共信息。

### 【任务内容】

天泽机械设备公司的部门档案、人员类别、职员档案、客户分类、客户档案、供应商分类等相关资料见表2-2～表2-11。

表2-2　部门档案

| 编号 | 名称 | 部门属性 | 电话 | 地址 | 编号 | 名称 | 部门属性 | 电话 | 地址 |
| --- | --- | --- | --- | --- | --- | --- | --- | --- | --- |
| 1 | 行政部门 | 管理 | 100 | 厂内 | 203 | 供汽车间 | 辅助生产 | 203 | 厂内 |
| 101 | 厂办公室 | 管理 | 101 | 厂内 | 204 | 机修车间 | 辅助生产 | 204 | 厂内 |
| 102 | 财务部 | 管理 | 102 | 厂内 | 3 | 仓储部 | 生产管理 | 300 | 厂内 |
| 103 | 人事部 | 管理 | 103 | 厂内 | 4 | 业务部门 | 业务 | 400 | 厂内 |
| 104 | 培训教育部 | 管理 | 104 | 厂内 | 401 | 销售部 | 销售业务 | 401 | 厂内 |
| 105 | 后勤部 | 后勤 | 105 | 厂内 | 40101 | 本地销售部 | 销售业务 | 401 | 厂内 |
| 2 | 生产部门 | 生产 | 200 | 厂内 | 40102 | 外地销售部 | 销售业务 | 401 | 厂内 |
| 201 | 金工车间 | 基本生产 | 201 | 厂内 | 402 | 采购部 | 采购业务 | 402 | 厂内 |
| 202 | 装配车间 | 基本生产 | 202 | 厂内 | | | | | |

表 2-3 人员类别

| 编号 | 人员类别 |
|---|---|
| 1 | 企业管理人员 |
| 2 | 车间管理人员 |
| 3 | 基本生产人员 |
| 4 | 辅助生产人员 |
| 5 | 销售人员 |

表 2-4 职员档案

| 职员编号 | 职员名称 | 性别 | 所属部门 | 职员属性 |
|---|---|---|---|---|
| 1001 | 林同 | 男 | 厂办公室 | 企业管理人员 |
| 1002 | 李钢 | 男 | 厂办公室 | 企业管理人员 |
| 1003 | 李芳 | 女 | 财务部 | 企业管理人员 |
| 1004 | 刘明 | 男 | 财务部 | 企业管理人员 |
| 1005 | 张晨 | 男 | 人事部 | 企业管理人员 |
| 1006 | 薛明 | 男 | 培训教育部 | 企业管理人员 |
| 1007 | 张仪 | 男 | 后勤部 | 企业管理人员 |
| 1009 | 何年 | 男 | 后勤部 | 企业管理人员 |
| 1010 | 向强 | 男 | 后勤部 | 企业管理人员 |
| 2001 | 沈宏 | 男 | 金工车间 | 车间管理人员 |
| 2002 | 刘华 | 男 | 装配车间 | 车间管理人员 |
| 2003 | 周红 | 女 | 供汽车间 | 辅助生产人员 |
| 2004 | 王虎 | 男 | 机修车间 | 辅助生产人员 |
| 2005 | 张贤 | 男 | 金工车间 | 基本生产人员 |
| 2006 | 张群 | 男 | 金工车间 | 基本生产人员 |
| 2007 | 李明 | 男 | 金工车间 | 基本生产人员 |
| 2008 | 王小林 | 男 | 金工车间 | 基本生产人员 |
| 2009 | 杜华 | 男 | 装配车间 | 基本生产人员 |
| 2010 | 付强 | 男 | 装配车间 | 基本生产人员 |
| 2011 | 李更生 | 男 | 装配车间 | 基本生产人员 |
| 2012 | 张小红 | 女 | 供汽车间 | 辅助生产人员 |
| 2013 | 张道山 | 男 | 机修车间 | 辅助生产人员 |
| 2014 | 郑华三 | 男 | 机修车间 | 辅助生产人员 |

续表

| 职员编号 | 职员名称 | 性别 | 所属部门 | 职员属性 |
|---|---|---|---|---|
| 2015 | 张占英 | 女 | 金工车间 | 基本生产人员 |
| 2016 | 李天一 | 男 | 供汽车间 | 辅助生产人员 |
| 2017 | 赵一岚 | 女 | 金工车间 | 基本生产人员 |
| 3001 | 赵飞 | 男 | 仓储部 | 企业管理人员 |
| 3002 | 陈正卿 | 男 | 仓储部 | 企业管理人员 |
| 4001 | 马敏 | 女 | 本地销售部 | 销售人员 |
| 4002 | 郭芳 | 女 | 外地销售部 | 销售人员 |
| 4003 | 高洁 | 女 | 采购部 | 企业管理人员 |
| 4033 | 高惠荣 | 女 | 外地销售部 | 销售人员 |

表 2-5　客户分类

| 客户分类编码 | 客户分类名称 | 客户分类编码 | 客户分类名称 |
|---|---|---|---|
| 01 | 工业企业 | 0201 | 零售商业企业 |
| 0101 | 重工业企业 | 0202 | 批发商业企业 |
| 0102 | 轻工业企业 | 03 | 其他企业 |
| 02 | 商业企业 | | |

表 2-6　客户档案

| 客户编号 | 客户名称 | 客户简称 | 所属分类码 | 税号 | 开户银行 | 账号 |
|---|---|---|---|---|---|---|
| 001 | 沈阳飞机制造厂 | 沈飞 | 0101 | 7474467741 | 工行沈阳分行 | 360001244 |
| 002 | 武汉造船厂 | 武汉造船 | 0101 | 7324464642 | 工行武汉分行 | 383977946 |
| 003 | 江西水泥制造厂 | 江西水泥 | 0102 | 5167741331 | 建行南昌分行 | 8456172 |
| 004 | 广东机贸公司 | 广东机贸 | 0202 | 3464310461 | 中行深圳分行 | 3674187 |
| 005 | 北京扬泽公司 | 北京扬泽 | 03 | 1779984767 | 华夏北京分行 | 253579874 |
| 006 | 福州工贸公司 | 福州工贸 | 03 | 2105977654 | 建行福州分行 | 1478547 |

表 2-7　供应商分类

| 供应商分类编码 | 供应商分类名称 | 供应商分类编码 | 供应商分类名称 |
|---|---|---|---|
| 01 | 工业企业 | 0201 | 零售商业企业 |
| 0101 | 重工业企业 | 0202 | 批发商业企业 |
| 0102 | 轻工业企业 | 03 | 其他企业 |
| 02 | 商业企业 | | |

表 2-8 供应商档案

| 供应商编号 | 供应商名称 | 供应商简称 | 所属分类码 | 税号 | 开户银行 | 账号 |
|---|---|---|---|---|---|---|
| 001 | 沈阳铁合金厂 | 沈铁 | 0101 | 5499746410 | 工行沈阳分行 | 7415251244 |
| 002 | 南京商贸总公司 | 南商贸 | 0201 | 6544055896 | 工行南京分行 | 520077946 |
| 003 | 洛阳轴承厂 | 洛轴 | 0102 | 1055723987 | 工行洛阳分行 | 144454798 |
| 004 | 沈阳机械加工厂 | 沈机 | 0102 | 6277104954 | 中行沈阳分行 | 64464879 |
| 005 | 黑龙江木器加工厂 | 黑木 | 0102 | 4036981152 | 建行哈尔滨分行 | 92104143 |
| 006 | 南京钢铁集团 | 南钢 | 0101 | 9344254401 | 建行南京分行 | 64434186 |
| 007 | 南京华丰电子元器件厂 | 南京华丰 | 03 | 8211041331 | 建行南京分行 | 877116172 |
| 008 | 浙江机械器械加工厂 | 浙机器 | 03 | 3460797461 | 中行杭州分行 | 649704777 |
| 009 | 北京海淀交化批发市场 | 京海淀交化 | 0202 | 1803644767 | 华夏北京分行 | 3541179874 |
| 010 | 南京工具厂 | 南工具 | 03 | 6025447654 | 交行南京分行 | 9455448547 |

表 2-9 存货分类

| 存货分类编码 | 存货分类名称 | 存货分类编码 | 存货分类名称 |
|---|---|---|---|
| 1 | 原材料 | 2 | 周转材料 |
| 101 | 原料及主要材料 | 201 | 包装物 |
| 102 | 辅助材料 | 202 | 低值易耗品 |
| 103 | 外购半成品 | 3 | 库存商品 |
| 104 | 自制半成品 | 4 | 应税劳务 |
| 105 | 燃料 | 5 | 其他劳务 |

表 2-10 计量单位

| 分组 | 组名 | 主计量单位名称 | 计量单位 |
|---|---|---|---|
| 01 | 无换算组 |  | 台、套、个、把 |
| 02 | 重量 | 吨 | 克、千克、吨 |
| 03 | 面积 | 平方千米 | 平方米、平方千米 |
| 04 | 容积 | 立方米 | 立方分米、立方米 |
| 05 | 长度 | 千米 | 米、千米 |
| 06 | 时间 | 小时 | 秒、分、小时 |

表 2-11 存货档案

| 存货编号 | 所属分类 | 存货名称 | 计量单位 | 属性 | 计划成本(元) | 参考成本(元) | 参考售价(元) | 最新成本(元) | 最低售价(元) | 税率(%) |
|---|---|---|---|---|---|---|---|---|---|---|
| 001 | 101 | 铸铁件 | 吨 | 外购、生产耗用、内销、外销 | 3 000 | 3 100 | 3 600 | 2 900 | 3 500 | 13 |
| 002 | 101 | 铸铝件 | 吨 | 外购、生产耗用、内销、外销 | 32 000 | 32 000 | 40 000 | 31 000 | 32 500 | 13 |
| 003 | 101 | 钢材 | 吨 | 外购、生产耗用、内销、外销 | 8 000 | 7 800 | 8 800 | 7 900 | 8 600 | 13 |
| 004 | 102 | 润滑油 | 千克 | 外购、生产耗用、内销、外销 | 3.9 | 4 | 3.8 | 4 | 4.6 | 13 |
| 005 | 102 | 油漆 | 千克 | 外购、生产耗用、内销、外销 | 10 | 11 | 17 | 10 | 16 | 13 |
| 006 | 103 | 电动机 | 台 | 外购、生产耗用、内销、外销 | 800 | 810 | 880 | 810 | 860 | 13 |
| 007 | 103 | 轴承 | 套 | 外购、生产耗用、内销、外销 | 350 | 360 | 450 | 240 | 430 | 13 |
| 008 | 103 | 电器元件 | 个 | 外购、生产耗用、内销、外销 | 20 | 22 | 30 | 21 | 28 | 13 |
| 009 | 201 | 木箱 | 个 | 外购、生产耗用、内销、外销 | 400 | 410 | 490 | 400 | 480 | 13 |
| 010 | 105 | 原煤 | 吨 | 外购、生产耗用、内销、外销 | 280 | 290 | 380 | 290 | 360 | 13 |
| 011 | 202 | 劳动保护用品 | 套 | 外购、生产耗用 | 68 | 70 | 90 | 70 | 85 | 13 |
| 012 | 202 | 专用工具 | 把 | 外购、生产耗用 | 45 | 46 | 60 | 47 | 55 | 13 |
| 013 | 104 | LY125半成品 | 台 | 自制、在制、生产耗用、内销、外销 | 29 680 | 19 500 | 42 000 | 28 000 | 40 000 | 13 |
| 014 | 104 | LY126半成品 | 台 | 自制、在制、生产耗用、内销、外销 | 14 960 | 14 500 | 21 000 | 14 000 | 20 000 | 13 |
| 015 | 3 | LY125库存商品 | 台 | 自制、内销、外销 | 30 640 | 31 000 | 30 000 | 30 500 | 37 500 | 13 |
| 016 | 3 | LY126库存商品 | 台 | 自制、内销、外销 | 15 000 | 16 000 | 28 000 | 16 500 | 27 500 | 13 |
| 017 | 4 | 运输费 | 千米 | 应税劳务 | 480 | 200 | | 200 | | 9 |
| 018 | 5 | 整理挑选费 | 小时 | 应税劳务 | 360 | 100 | | 100 | | |

天泽机械设备公司的结算方式、付款条件、开户银行、仓库档案、收发类别、产品结构、销售类型等见表 2-12～表 2-20。系统中凭证类别为记账凭证；采购类型编码为 1，代表生产采购，入库为生产采购入库，默认值；发运方式编码 01 代表公路运输方式，编码

02代表铁路运输方式。

表 2-12 结算方式

| 编码 | 结算方式 | 票据管理标志 | 编码 | 结算方式 | 票据管理标志 |
| --- | --- | --- | --- | --- | --- |
| 1 | 现金结算 | | 4 | 汇兑 | |
| 2 | 支票 | 选中 | 401 | 电汇 | |
| 201 | 现金支票 | 选中 | 402 | 信汇 | |
| 202 | 转账支票 | 选中 | 5 | 委托收款 | |
| 3 | 商业汇票 | | 6 | 银行汇票 | |
| 301 | 商业承兑汇票 | | 7 | 托收承付 | |
| 302 | 银行承兑汇票 | | 8 | 其他 | |

表 2-13 付款条件

| 编码 | 信用天数 | 优惠天数1（天） | 优惠率1（%） | 优惠天数2（天） | 优惠率2（%） | 优惠天数3（天） | 优惠率3（%） |
| --- | --- | --- | --- | --- | --- | --- | --- |
| 1 | 30 | 5 | 2 | | | | |
| 2 | 60 | 5 | 4 | 15 | 2 | 30 | 1 |
| 3 | 90 | 5 | 4 | 20 | 2 | 45 | 1 |

表 2-14 开户银行

| 编号 | 开户银行 | 银行账号 | 暂付标志 |
| --- | --- | --- | --- |
| 01 | 工行城东分行 | 60-12489894268564699 | 否 |
| 02 | 工行城东分行(外币专户) | 61-39875610023768542 | 否 |

表 2-15 仓库档案

| 仓库编码 | 仓库名称 | 所属部门 | 仓库地址 | 电话 | 负责人 | 计价方式 |
| --- | --- | --- | --- | --- | --- | --- |
| 1 | 材料库 | 仓储部 | 厂内 | 104 | 赵飞 | 移动平均 |
| 2 | 燃料库 | 仓储部 | 厂内 | 104 | 沈宏 | 移动平均 |
| 3 | 成品库 | 仓储部 | 厂内 | 104 | 刘华 | 移动平均 |

注：为所有操作员赋予所有仓库的权限，并且均显示金额。

表 2-16 收发类别

| 收发类别编码 | 收发类别名称 | 收发标志 | 收发类别编码 | 收发类别名称 | 收发标志 |
| --- | --- | --- | --- | --- | --- |
| 1 | 入库 | | 2 | 出库 | |
| 101 | 生产采购入库 | 收 | 201 | 销售出库 | 发 |
| 102 | 产成品入库 | 收 | 202 | 生产领用出库 | 发 |
| 103 | 退料入库 | 收 | 205 | 其他出库 | 发 |
| 104 | 其他入库 | 收 | | | |

表 2-17　产品结构

| 母项编码 | 母项名称 | 生产部门 | 子项编码 | 子项名称 | 计量单位 | 存放仓库 | 基本用量 | 基础数量 | 使用数量 |
|---|---|---|---|---|---|---|---|---|---|
| 013 | LY125半成品 | 金工车间（201） | 002 | 铸铝件 | 吨 | 材料库 | 5 | 50 | 0.1 |
|  |  |  | 003 | 钢材 | 吨 | 材料库 | 5 | 2.5 | 2 |
| 015 | LY125库存商品 | 装配车间（202） | 004 | 润滑油 | 千克 | 材料库 | 5 | 5 | 1 |
|  |  |  | 005 | 油漆 | 千克 | 材料库 | 20 | 1 | 20 |
|  |  |  | 006 | 电动机 | 台 | 材料库 | 1 | 1 | 1 |
|  |  |  | 007 | 轴承 | 套 | 材料库 | 4 | 1 | 4 |
|  |  |  | 008 | 电器元件 | 个 | 材料库 | 20 | 1 | 20 |
|  |  |  | 013 | LY125半成品 | 台 | 成品库 | 1 | 1 | 1 |
|  |  |  | 009 | 木箱 | 个 | 材料库 | 1 | 1 | 1 |
| 014 | LY126半成品 | 金工车间（201） | 001 | 铸铁件 | 吨 | 材料库 | 5 | 25 | 0.2 |
|  |  |  | 003 | 钢材 | 吨 | 材料库 | 5 | 5 | 1 |
| 016 | LY126库存商品 | 装配车间（202） | 004 | 润滑油 | 千克 | 材料库 | 5 | 6.25 | 0.8 |
|  |  |  | 005 | 油漆 | 千克 | 材料库 | 15 | 1 | 15 |
|  |  |  | 006 | 电动机 | 台 | 材料库 | 1 | 1 | 1 |
|  |  |  | 007 | 轴承 | 套 | 材料库 | 3 | 1 | 3 |
|  |  |  | 008 | 电器元件 | 个 | 材料库 | 15 | 1 | 15 |
|  |  |  | 014 | LY126半成品 | 台 | 成品库 | 1 | 1 | 1 |
|  |  |  | 009 | 木箱 | 个 | 材料库 | 1 | 1 | 1 |

表 2-18　销售类型

| 销售类型编码 | 销售类型名称 | 出库类别 | 是否默认值 |
|---|---|---|---|
| 1 | 产品销售 | 销售出库 | 是 |
| 2 | 材料销售 | 销售出库 | 否 |

表 2-19　费用分类

| 费用分类编码 | 费用分类名称 |
|---|---|
| 1 | 销售费用 |
| 2 | 财务费用 |
| 3 | 管理费用 |
| 4 | 采购费用 |

表 2-20　费用项目

| 费用项目编号 | 费用项目名称 | 费用项目编号 | 费用项目名称 |
| --- | --- | --- | --- |
| 01 | 材料采购费用 | 06 | 装卸费 |
| 02 | 材料整理费用 | 07 | 包装费 |
| 03 | 销售招待费用 | 08 | 保险费 |
| 04 | 广告宣传费用 | 09 | 仓库保管费用 |
| 05 | 运输费 | | |

天泽机械设备公司项目档案见表 2-21。

表 2-21　项目档案

| 项目 | 工程名称 | |
| --- | --- | --- |
| 项目大类 | 在建工程 | |
| 项目分类 | 自营工程 | 出包工程 |
| 具体项目 | 设备安装工程 | 厂房改扩建工程 |
| 核算科目 | 1604 在建工程 | |
| | 160401 工程物资 | |
| | 160402 工程水电费 | |
| | 160403 工程其他费用 | |
| | 160404 预付工程款 | |
| | 160405 在建工程转出 | |

天泽机械设备公司 2022 年年初各相关科目的科目代码、科目名称见表 2-22。

表 2-22　相关总账科目、明细科目

| 科目代码 | 科目名称 | 方向 | 辅助核算 |
| --- | --- | --- | --- |
| 1001 | 库存现金（修改科目） | 借 | 日记账，现金科目 |
| 1002 | 银行存款（修改科目） | 借 | 日记账、银行账、银行科目 |
| 100201 | 工行存款（增加科目，修改科目） | 借 | 日记账、银行账、银行科目 |
| 100202 | 工行美元专户（增加科目，修改科目） | 借 | 日记账、银行账、银行科目 |
| 1012 | 其他货币资金 | 借 | |
| 101202 | 银行本票（增加科目） | 借 | |
| 101203 | 银行汇票（增加科目） | 借 | |
| 1101 | 交易性金融资产 | 借 | |
| 1121 | 应收票据（修改科目） | 借 | 客户往来 |
| 112101 | 商业承兑汇票（增加科目，修改科目） | 借 | 客户往来 |
| 112102 | 银行承兑汇票（增加科目，修改科目） | 借 | 客户往来 |
| 1122 | 应收账款（修改科目） | 借 | 客户往来 |

续表

| 科目代码 | 科目名称 | 方向 | 辅助核算 |
|---|---|---|---|
| 1123 | 预付账款(修改科目) | 借 | 供应商往来 |
| 1131 | 应收股利 | 借 | |
| 1132 | 应收利息 | 借 | |
| 1221 | 其他应收款 | 借 | |
| 122101 | 备用金(增加科目,修改科目) | 借 | 部门核算 |
| 122102 | 应收个人款(增加科目,修改科目) | 借 | 个人往来 |
| 1231 | 坏账准备 | 贷 | |
| 1401 | 物资采购 | 借 | |
| 1402 | 在途物资 | 借 | |
| 1403 | 原材料 | 借 | |
| 140301 | 原料及主要材料(增加科目) | 借 | |
| 140302 | 辅助材料(增加科目) | 借 | |
| 140303 | 外购半成品(增加科目) | 借 | |
| 140304 | 自制半成品(增加科目) | 借 | |
| 140305 | 燃料(增加科目) | 借 | |
| 1404 | 材料成本差异 | 借 | |
| 1405 | 库存商品 | 借 | |
| 1406 | 发出商品 | 借 | |
| 1408 | 委托加工物资 | 借 | |
| 1411 | 周转材料 | 借 | |
| 141101 | 包装物(增加科目) | 借 | |
| 141102 | 低值易耗品(增加科目) | 借 | |
| 1511 | 长期股权投资 | 借 | |
| 1601 | 固定资产 | 借 | |
| 1602 | 累计折旧 | 贷 | |
| 1604 | 在建工程(修改科目) | 借 | 项目核算 |
| 160401 | 工程物资(增加科目,修改科目) | 借 | 项目核算 |
| 160402 | 工程水电费(增加科目,修改科目) | 借 | 项目核算 |
| 160403 | 工程其他费用(增加科目,修改科目) | 借 | 项目核算 |
| 160404 | 预付工程款(增加科目,修改科目) | 借 | 项目核算 |
| 160405 | 在建工程转出(增加科目,修改科目) | 借 | 项目核算 |
| 1605 | 工程物资 | 借 | |
| 1606 | 固定资产清理 | 借 | |
| 1701 | 无形资产 | 借 | |
| 1801 | 长期待摊费用 | 借 | |

续表

| 科目代码 | 科目名称 | 方向 | 辅助核算 |
|---|---|---|---|
| 1901 | 待处理财产损溢 | 借 | |
| 2001 | 短期借款 | 贷 | |
| 2201 | 应付票据(修改科目) | 贷 | 供应商往来 |
| 220101 | 商业承兑汇票(增加科目,修改科目) | 贷 | 供应商往来 |
| 220102 | 银行承兑汇票(增加科目,修改科目) | 贷 | 供应商往来 |
| 2202 | 应付账款(修改科目) | 贷 | 供应商往来 |
| 2203 | 预收账款(修改科目) | 贷 | 客户往来 |
| 2211 | 应付职工薪酬 | 贷 | |
| 221101 | 工资(增加科目) | 贷 | |
| 221102 | 职工福利(增加科目) | 贷 | |
| 221103 | 社会保险(增加科目) | 贷 | |
| 221104 | 住房公积金(增加科目) | 贷 | |
| 221105 | 工会经费(增加科目) | 贷 | |
| 221106 | 职工教育经费(增加科目) | 贷 | |
| 2221 | 应交税费 | 贷 | |
| 222101 | 应交增值税(增加科目) | 贷 | |
| 22210101 | 进项税额(增加科目) | 贷 | |
| 22210102 | 已交税金(增加科目) | 贷 | |
| 22210103 | 转出未交增值税(增加科目) | 贷 | |
| 22210105 | 销项税额(增加科目) | 贷 | |
| 22210107 | 进项税额转出(增加科目) | 贷 | |
| 22210109 | 转出多交增值税(增加科目) | 贷 | |
| 222102 | 未交增值税(增加科目) | 贷 | |
| 222103 | 应交消费税(增加科目) | 贷 | |
| 222105 | 应交所得税(增加科目) | 贷 | |
| 222108 | 应交城市维护建设税(增加科目) | 贷 | |
| 222109 | 应交个人所得税(增加科目) | 贷 | |
| 222110 | 其他应交款(增加科目) | 贷 | |
| 222111 | 应交教育费附加(增加科目) | 贷 | |
| 2232 | 应付股利 | 贷 | |
| 2241 | 其他应付款 | 贷 | |
| 224101 | 应付个人款(增加科目) | 贷 | |
| 224102 | 应付单位款(增加科目) | 贷 | |
| 2501 | 长期借款 | 贷 | |
| 2502 | 应付债券 | 贷 | |

续表

| 科目代码 | 科目名称 | 方向 | 辅助核算 |
|---|---|---|---|
| 4001 | 实收资本 | 贷 | |
| 4002 | 资本公积 | 贷 | |
| 400201 | 资本溢价 | 贷 | |
| 4101 | 盈余公积 | 贷 | |
| 410101 | 法定盈余公积(增加科目) | 贷 | |
| 410102 | 任意盈余公积(增加科目) | 贷 | |
| 4103 | 本年利润 | 贷 | |
| 4104 | 利润分配 | 贷 | |
| 410401 | 提取法定盈余公积(增加科目) | 贷 | |
| 410402 | 提取任意盈余公积(增加科目) | 贷 | |
| 410406 | 未分配利润 | 贷 | |
| 5001 | 生产成本 | 借 | |
| 500101 | 基本生产成本(增加科目,修改科目) | 借 | 部门核算 |
| 500102 | 辅助生产成本(增加科目,修改科目) | 借 | 部门核算 |
| 5101 | 制造费用 | 借 | |
| 510101 | 折旧(增加科目,修改科目) | 借 | 部门核算 |
| 510102 | 管理人员工资(增加科目,修改科目) | 借 | 部门核算 |
| 510103 | 其他费用(增加科目,修改科目) | 借 | 部门核算 |
| 5201 | 劳务成本 | 借 | |
| 6001 | 主营业务收入 | 贷 | |
| 6051 | 其他业务收入 | 贷 | |
| 6111 | 投资收益 | 贷 | |
| 6301 | 营业外收入 | 贷 | |
| 6401 | 主营业务成本 | 借 | |
| 6402 | 其他业务成本 | 借 | |
| 6403 | 税金及附加 | 借 | |
| 6411 | 利息支出 | 借 | |
| 6601 | 销售费用 | 借 | |
| 660101 | 工资(增加科目) | 借 | |
| 660102 | 福利费(增加科目) | 借 | |
| 660103 | 业务招待费(增加科目,修改科目) | 借 | 部门核算 |
| 6602 | 管理费用 | 借 | |
| 660201 | 工资(增加科目) | 借 | |
| 660202 | 福利费(增加科目) | 借 | |
| 660203 | 办公费(增加科目,修改科目) | 借 | 部门核算 |

续表

| 科目代码 | 科目名称 | 方向 | 辅助核算 |
| --- | --- | --- | --- |
| 660204 | 差旅费(增加科目,修改科目) | 借 | 部门核算 |
| 660205 | 折旧费(增加科目) | 借 | |
| 660206 | 其他(增加科目) | 借 | |
| 6603 | 财务费用 | 借 | |
| 6711 | 营业外支出 | 借 | |
| 6801 | 所得税 | 借 | |

## 【任务实施】

### 一、机构人员设置

将平台日期设置为2022年1月1日,以"01李芳"的身份登录企业应用平台,增加部门档案、人员类别以及人员档案,相关信息见表2-2～表2-4。

#### (一)部门档案

设置部门档案的具体操作步骤如下:

1. 登录企业应用平台后,执行"基础设置"|"基础档案"|"机构人员"|"部门档案"命令,进入"部门档案"界面,如图2-10所示。

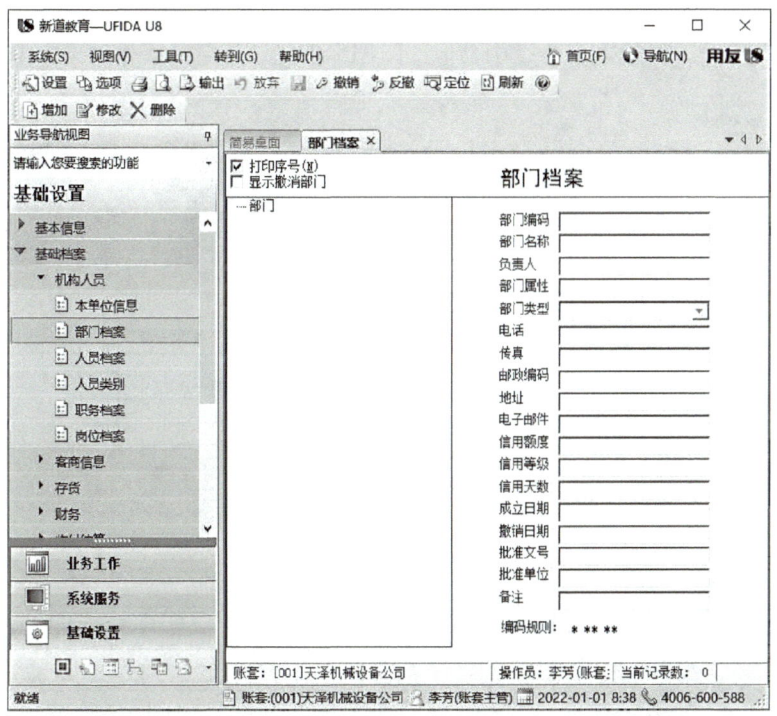

图2-10 "部门档案"界面

2. 单击"增加"按钮,输入部门编码"01",部门属性"管理",电话"100",地址"厂内",如图2-11所示。

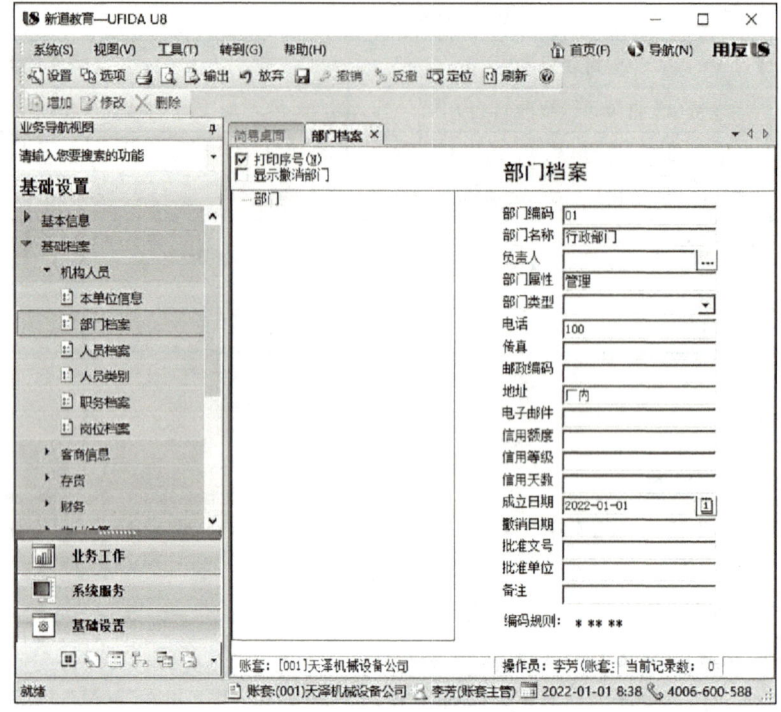

图 2-11 增加"部门档案"

3. 单击"保存"按钮。
4. 重复上述步骤，输入表 2-2 中其他部门档案信息。最后的操作结果如图 2-12 所示。

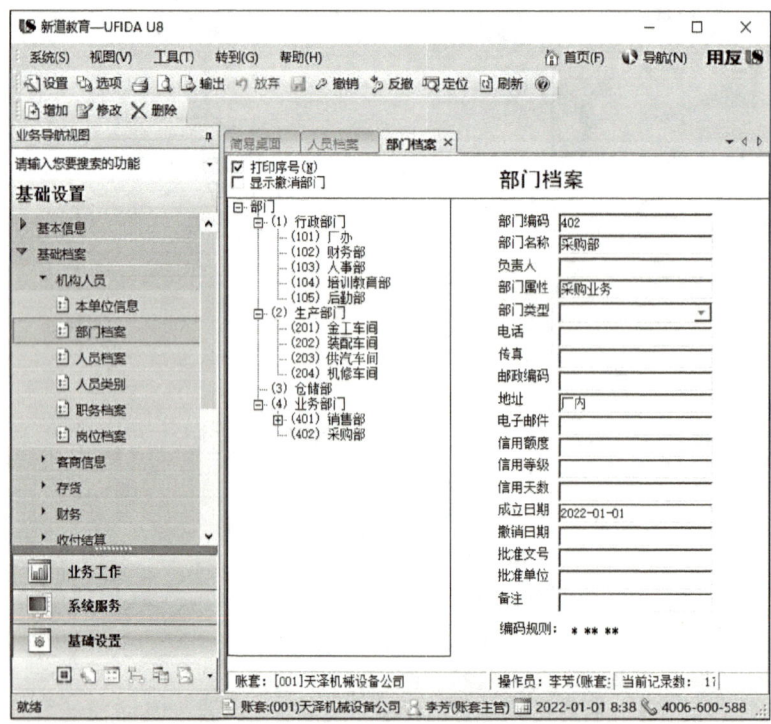

图 2-12 设置"部门档案"

(二)人员类别

设置人员类别的具体操作步骤如下:

1. 执行"基础设置"|"基础档案"|"机构人员"|"人员类别"命令,进入"人员类别"界面,如图2-13所示。

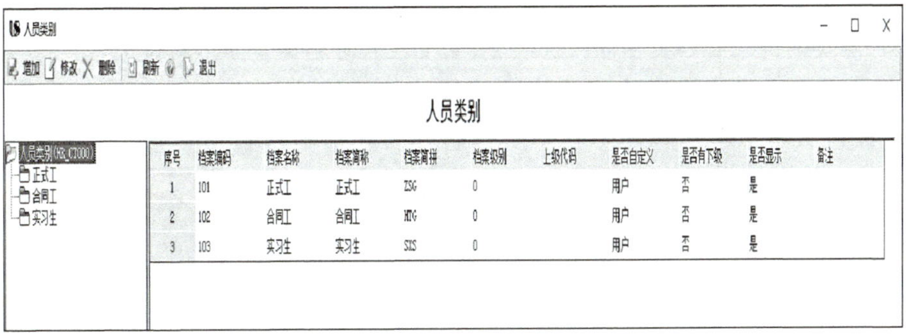

图2-13 "人员类别"界面

2. 单击"正式工"选项,单击"增加"按钮,打开"增加档案项"界面,输入档案编码"1011",档案名称"企业管理人员",如图2-14所示。

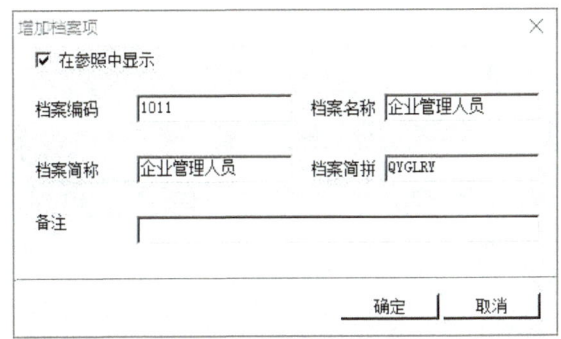

图2-14 "增加档案项"界面

3. 单击"确定"按钮。

4. 重复上述步骤,输入表2-3中其他人员类别信息。最后的操作结果如图2-15所示。单击"退出"按钮退出编辑。

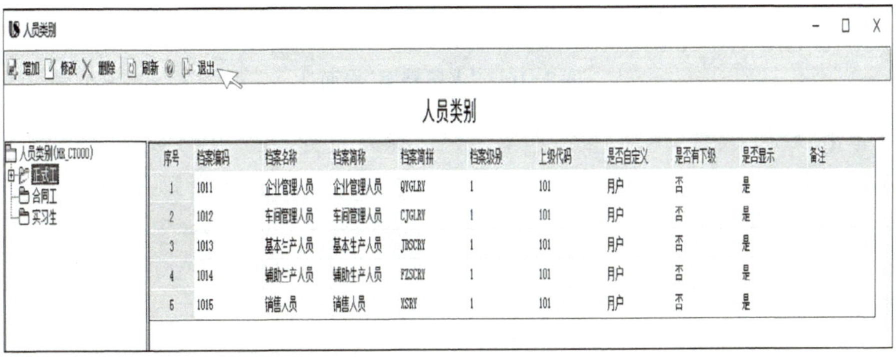

图2-15 设置"人员类别"

> **注意：**
> （1）人员类别的划分与工资费用的分配、分摊有关，工资费用的分配及分摊是薪资管理系统的一项重要功能。设置人员类别的目的是设置相应的入账科目，为生成工资分摊凭证做准备，可以按入账科目需要设置不同的人员类别。
> （2）人员类别是人员档案中的必选项目，需要在人员档案建立之前设置。
> （3）人员类别名称可以修改，已使用的人员类别名称不能删除。

### （三）人员档案

设置人员档案的具体操作步骤如下：

1. 执行"基础设置"|"基础档案"|"机构人员"|"人员档案"命令，进入"人员档案"界面，如图2-16所示。

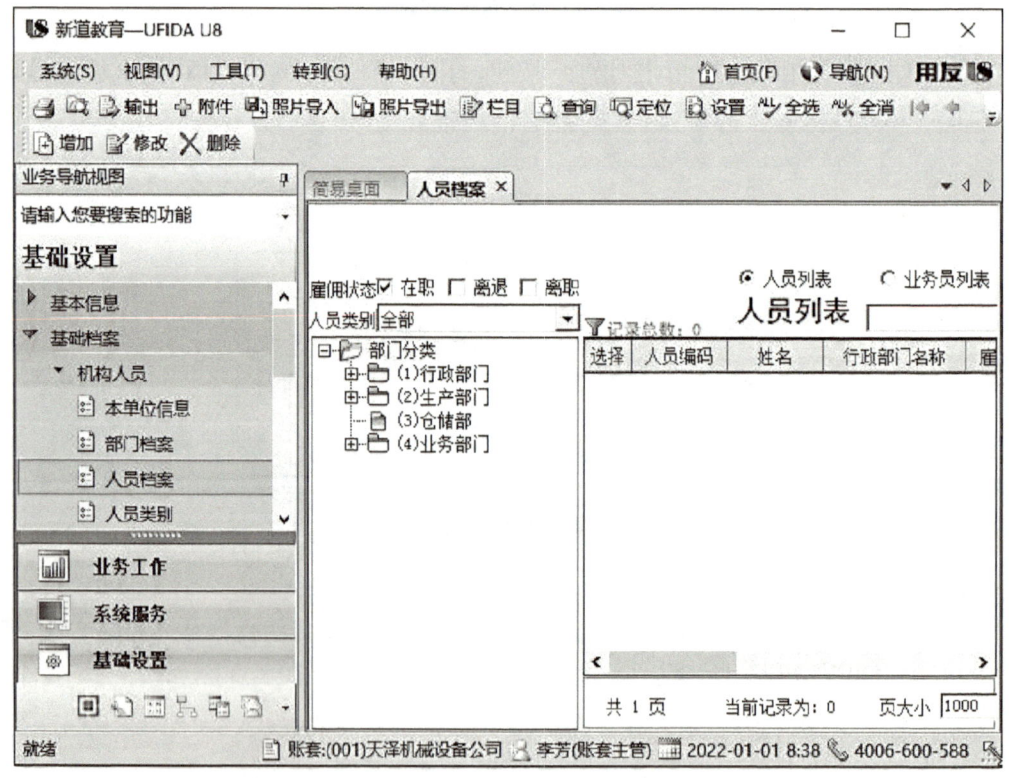

图2-16 "人员档案"界面

2. 单击"增加"按钮，增加"人员档案"信息，输入人员编码"1001"，人员姓名"林同"，性别"男"，行政部门"厂办"，雇佣状态"在职"，人员类别"企业管理人员"，如图2-17所示。

项目二 基础档案设置与维护

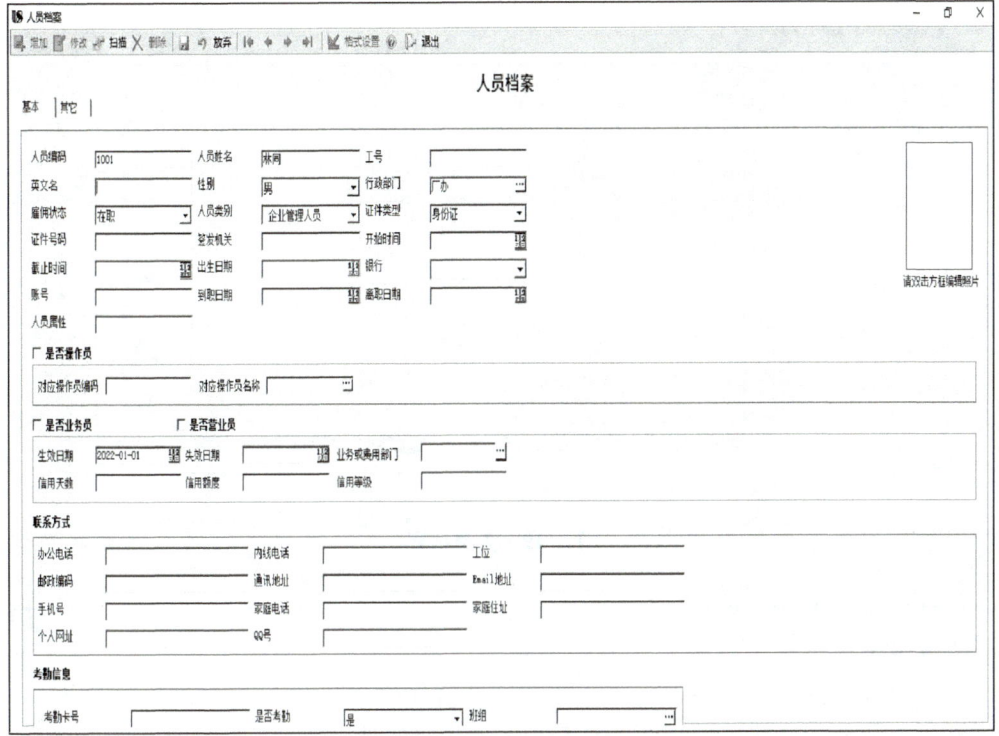

图 2-17 增加"人员档案"

3. 单击"保存"按钮。

4. 单击"退出"按钮,打开"人事信息管理"界面,单击"是"按钮退出编辑,如图 2-18 所示。

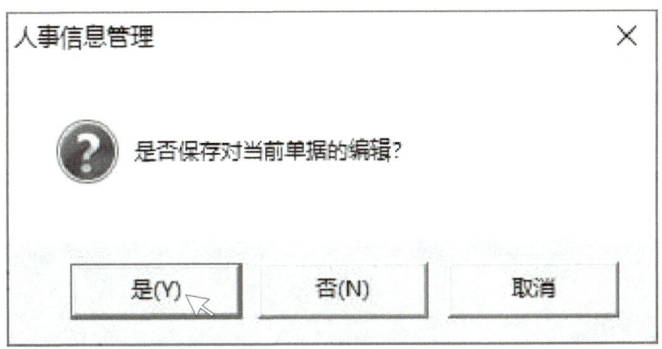

图 2-18 退出"人员档案"编辑

5. 重复上述步骤,输入表 2-4 中其他人员档案信息。最后的操作结果如图 2-19 所示。

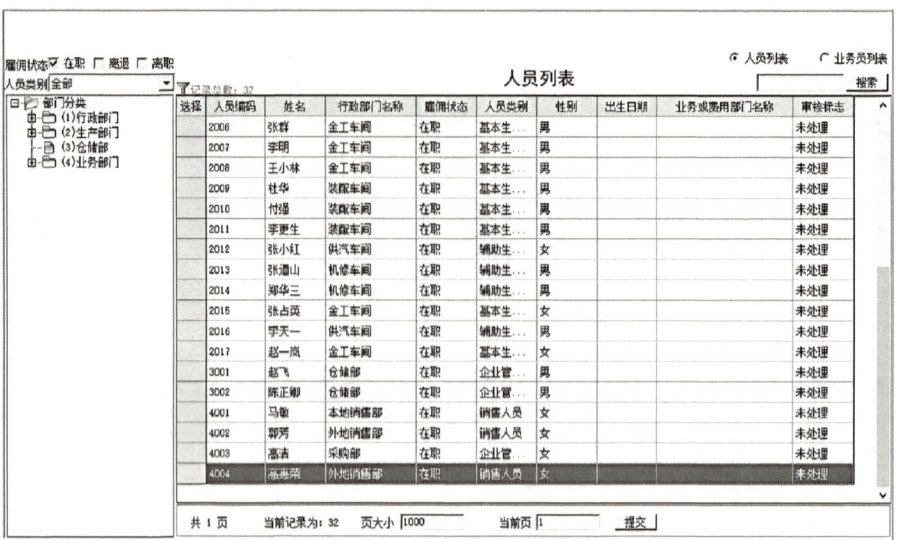

图 2-19 人员档案

注意:

(1) 人员编码必须唯一,行政部门只能是末级部门。
(2) 如果该员工需要在其他档案或者其他单据的"业务员"项目中被参照,需要选择"是否业务员"选项。

## 二、客商信息设置

客商信息见表 2-5~表 2-8。

(一) 客户分类

客户分类的具体操作步骤如下:

1. 执行"基础设置"|"基础档案"|"客商信息"|"客户分类"命令,打开"客户分类"界面,如图 2-20 所示。

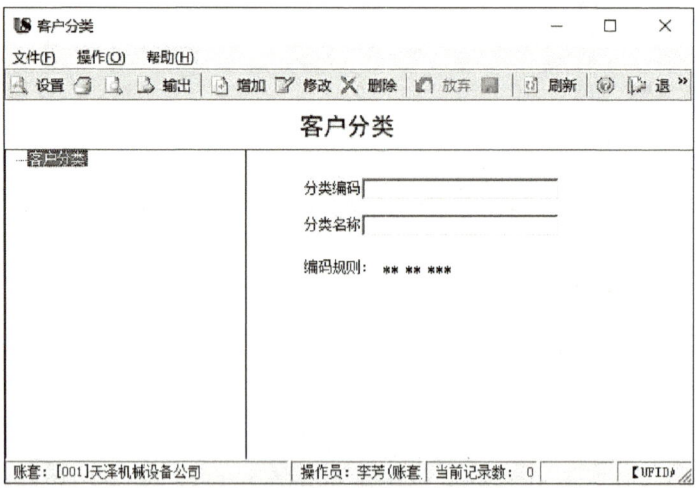

图 2-20 "客户分类"界面

2. 单击"增加"按钮,输入分类编码"01",分类名称"工业企业",如图 2-21 所示。

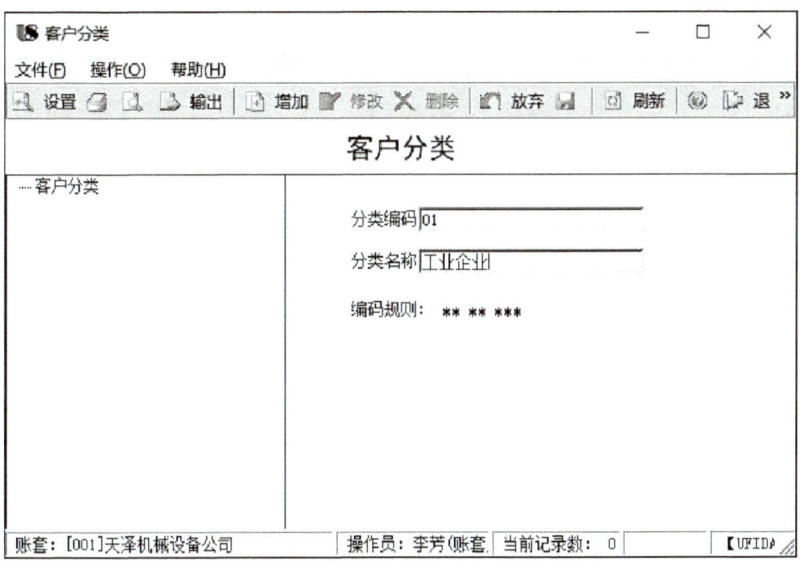

图 2-21 增加"客户分类"

3. 单击"保存"按钮。
4. 重复上述步骤,输入表 2-5 中其他客户分类信息。最后的操作结果如图 2-22 所示。

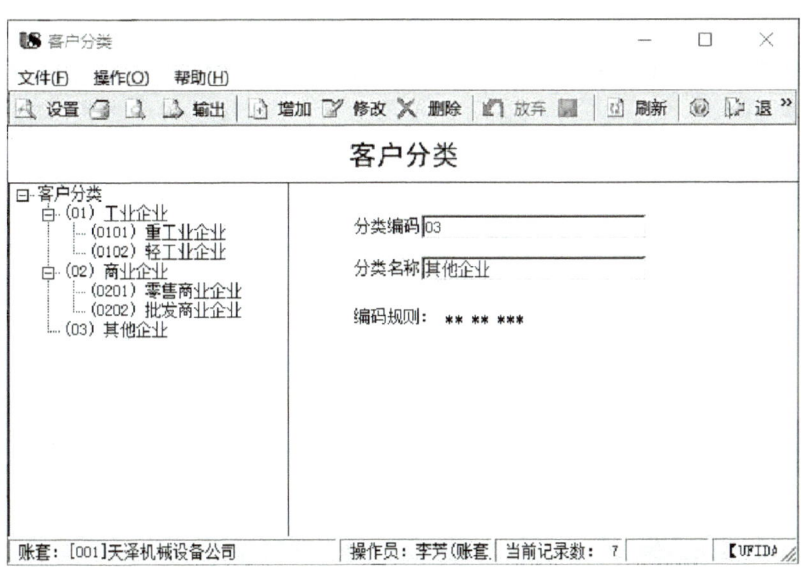

图 2-22 设置"客户分类"

(二)客户档案

设置客户档案的具体操作步骤如下:

1. 执行"基础设置"|"基础档案"|"客商信息"|"客户档案"命令,打开"客户档案"界面,如图 2-23 所示。

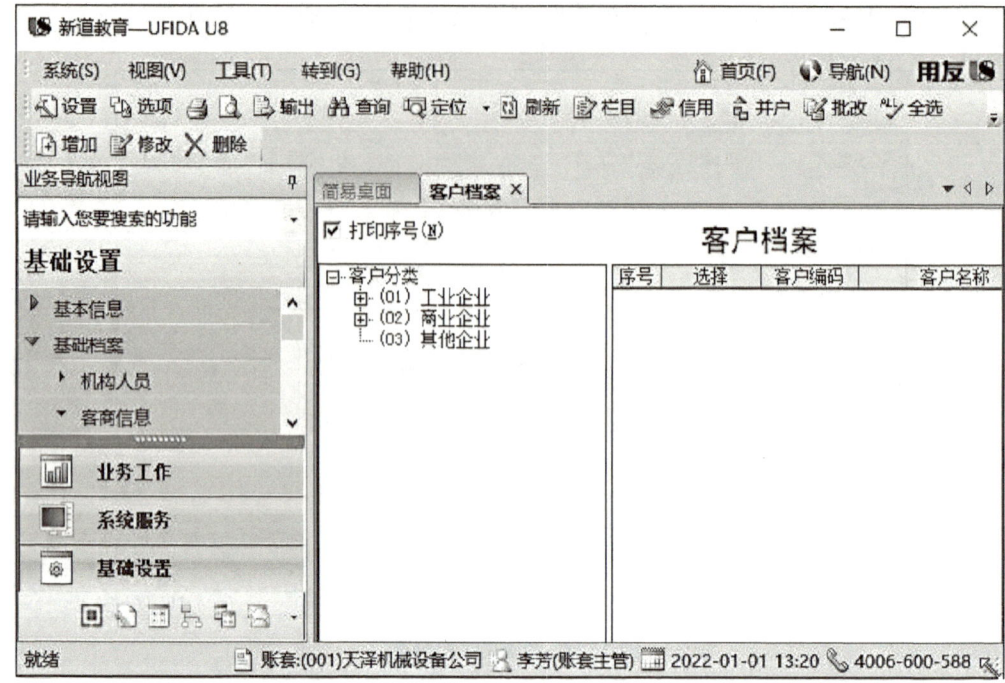

图 2-23 "客户档案"界面

2. 单击"增加"按钮,打开"增加客户档案"界面,界面包括"基本""联系""信用""其它"四个选项卡,用于对客户不同的属性分别归类记录。单击"基本"选项卡,输入客户编码"001",客户名称"沈阳飞机制造厂",客户简称"沈飞",所属分类码"0101",税号"7474467741",如图 2-24 所示。

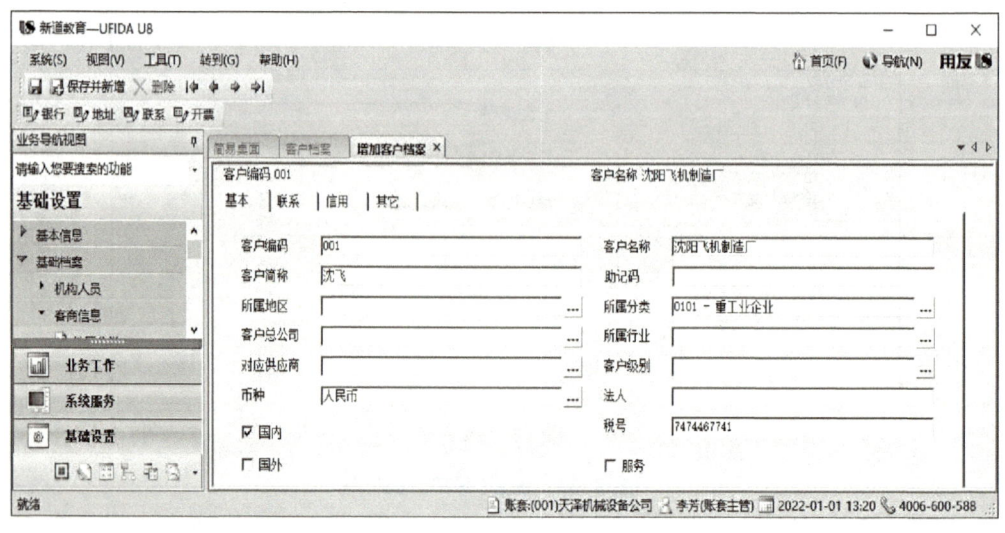

图 2-24 "增加客户档案"界面

3. 单击"银行"按钮,打开"客户银行档案"界面,单击"增加"按钮,输入所属银行"中国工商银行",开户银行"工行沈阳分行",银行账号"360001244",默认值"是",如图 2-25 所示。

项目二 基础档案设置与维护

图 2-25 设置"客户银行档案"

4. 单击"保存"按钮,单击"退出"按钮退出编辑。

5. 重复上述步骤,输入表 2-6 中其他客户档案信息。最后的操作结果如图 2-26 所示。

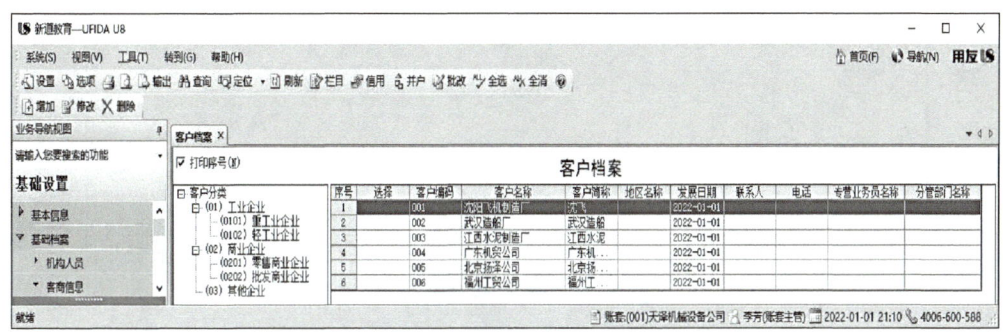

图 2-26 设置"客户档案"

(三)供应商分类

设置供应商分类的具体操作步骤如下:

1. 执行"基础设置"|"基础档案"|"客商信息"|"供应商分类"命令,打开"供应商分类"界面,如图 2-27 所示。

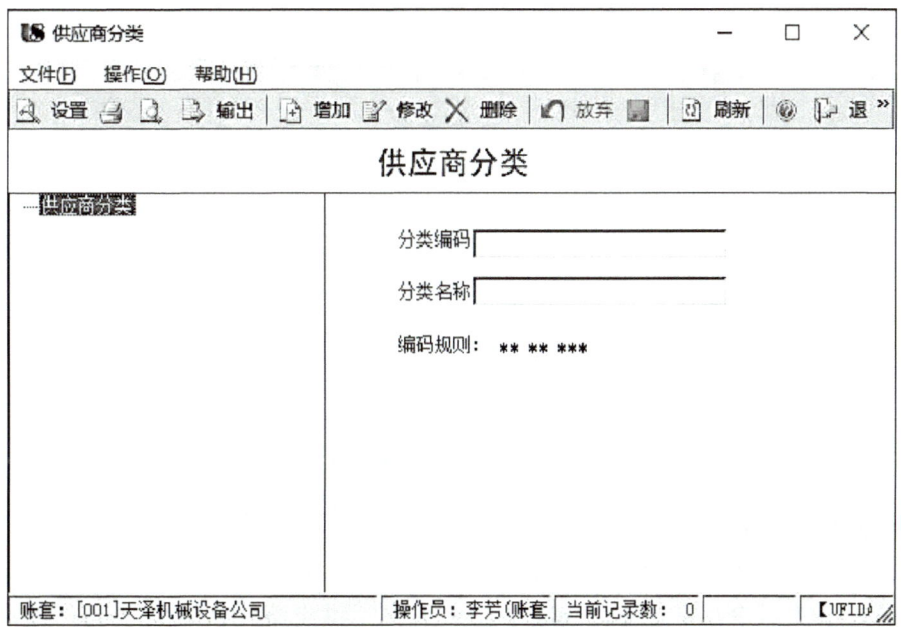

图 2-27 "供应商分类"界面

065

2. 单击"增加"按钮,输入分类编码"01",分类名称"工业企业",如图2-28所示。

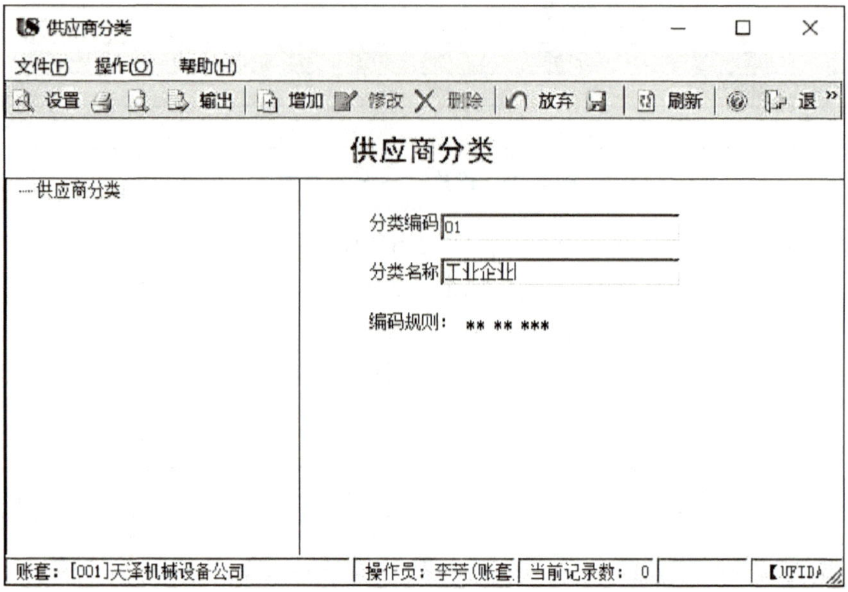

图 2-28 增加"供应商分类"

3. 单击"保存"按钮。
4. 重复上述步骤,输入表2-7中其他供应商分类信息。最后的操作结果如图2-29所示。

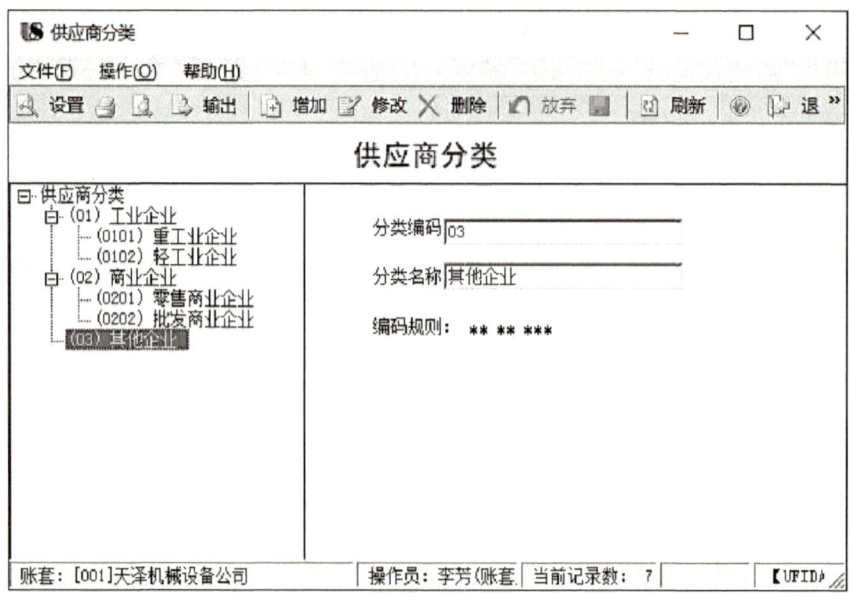

图 2-29 设置"供应商分类"

(四)供应商档案

设置供应商档案的具体操作步骤如下:

1. 执行"基础设置"|"基础档案"|"客商信息"|"供应商档案"命令,打开"供应商档案"界面,如图2-30所示。

项目二 基础档案设置与维护

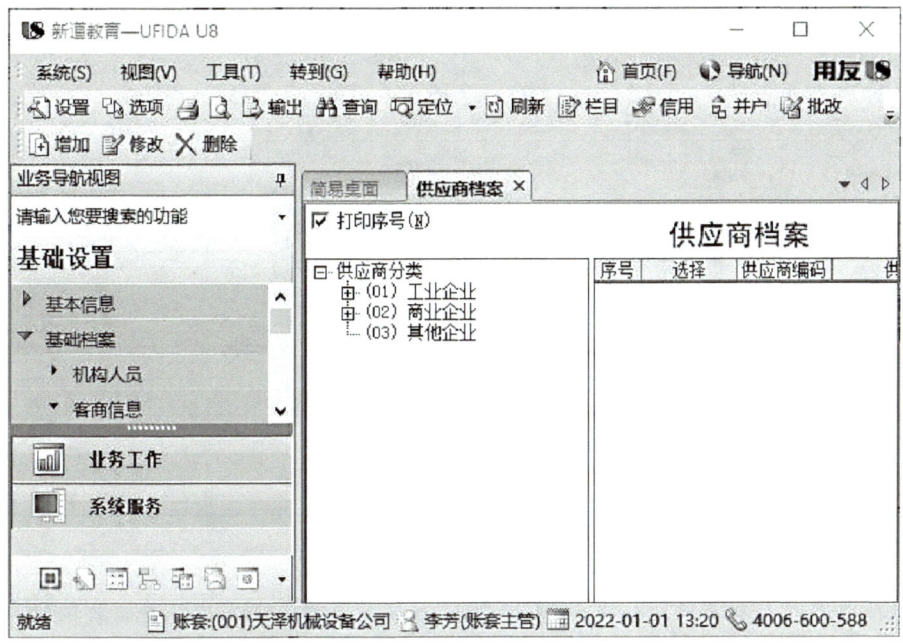

图 2-30 "供应商档案"界面

2. 单击"增加"按钮,打开"增加供应商档案"界面,界面包括"基本""联系""信用""其它"四个选项卡,用于对供应商不同的属性分别归类记录。单击"基本"选项卡,输入供应商编码"001",供应商名称"沈阳铁合金厂",供应商简称"沈铁",所属分类码"0101",税号"3499746410",开户银行"工行沈阳分行",银行账号"7415251244",如图 2-31 所示。

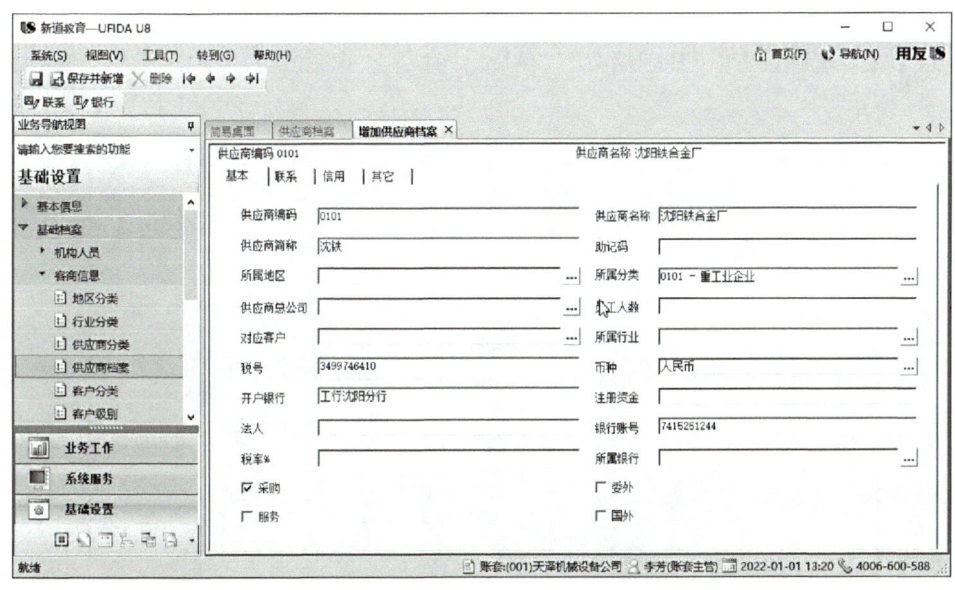

图 2-31 "增加供应商档案"界面

3. 单击"保存"按钮。
4. 重复上述步骤,输入表 2-8 中其他供应商档案信息。最后的操作结果如图 2-32 所示。

067

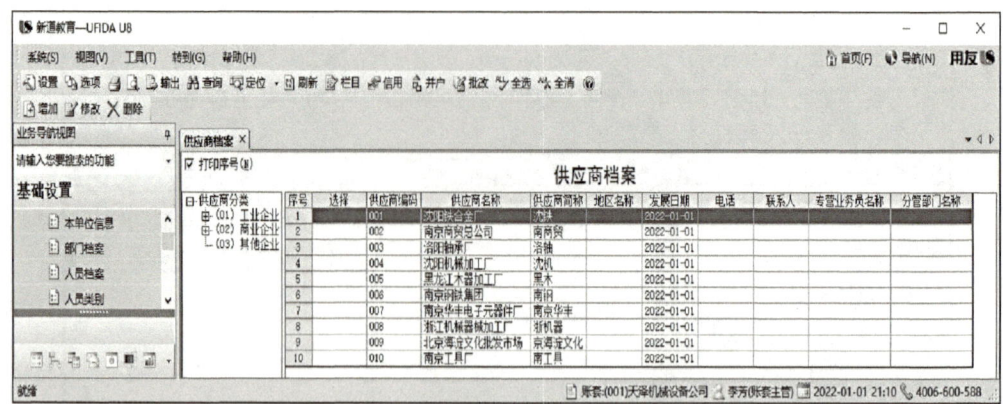

图 2-32 设置"供应商档案"

> **注意:**
> (1) 在录入客户和供应商档案时,客户编码及客户简称必须录入,供应商编码及供应商简称必须录入,客户和供应商编码必须唯一。
> (2) 客户与供应商是否要分类,应根据企业的实际经营情况而定。需要分类时必须进行分类设置,其他情况下则可以省略分类的设置步骤。

### 三、存货设置

#### (一)存货分类

设置存货分类的具体操作步骤如下:

1. 执行"基础设置"|"基础档案"|"存货"|"存货分类"命令,打开"存货分类"界面,如图 2-33 所示。

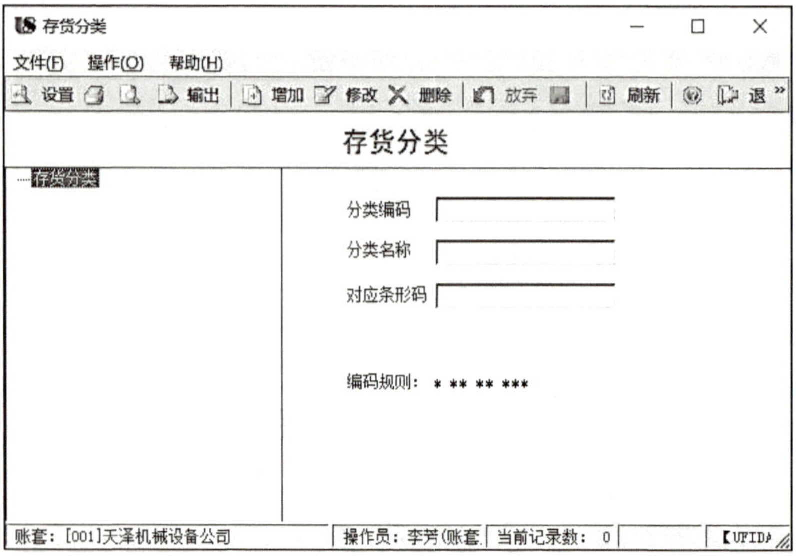

图 2-33 "存货分类"界面

2. 单击"增加"按钮,输入分类编码"1",分类名称"原材料",如图 2-34 所示。

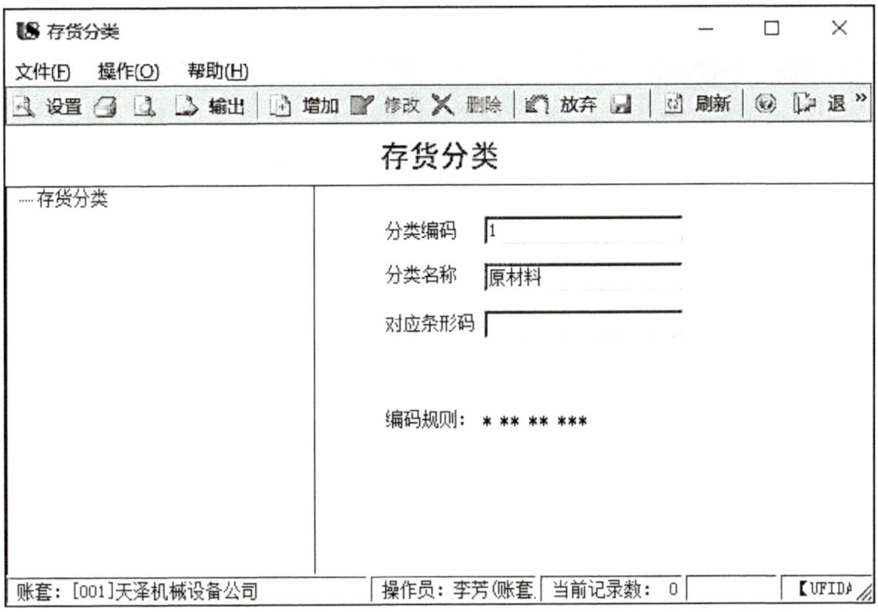

图 2-34 增加"存货分类"

3. 单击"保存"按钮。
4. 重复上述步骤,输入表 2-9 中其他存货分类信息。最后的操作结果如图 2-35 所示。

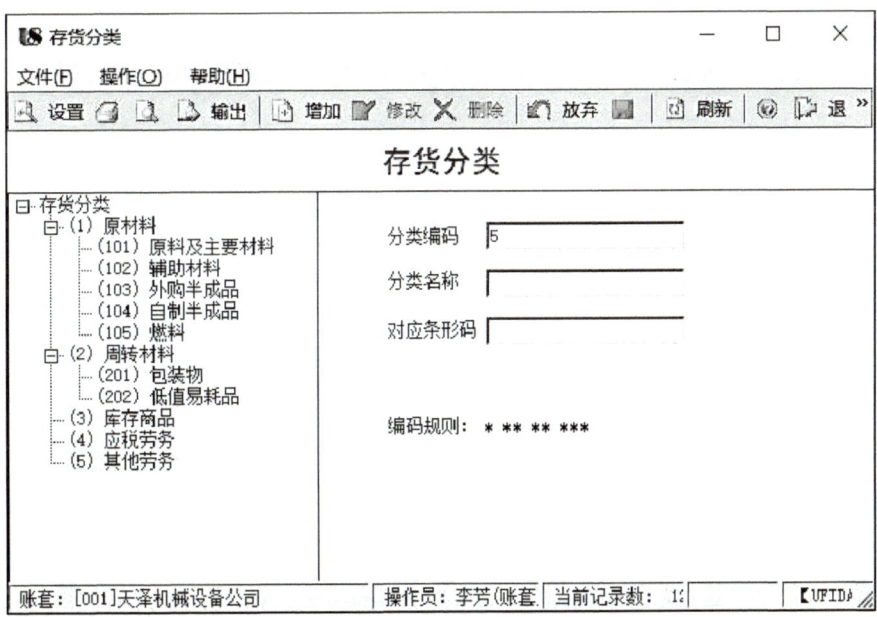

图 2-35 设置"存货分类"

(二)计量单位

计量单位的设置需要分为两个阶段,先设置计量单位组,再设置计量单位。
设置计量单位的具体操作步骤如下:

1. 执行"基础设置"|"基础档案"|"存货"|"计量单位"命令,打开"计量单位-计量单位组"界面,如图 2-36 所示。

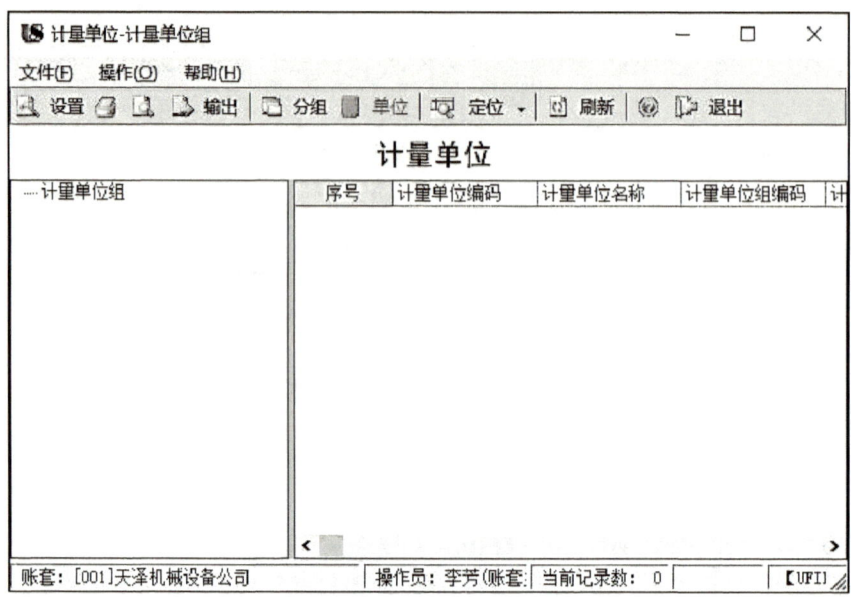

图 2-36 "计量单位-计量单位组"界面

2. 单击"分组"按钮,打开"计量单位组"界面,单击"增加"按钮,输入计量单位组编码"01",计量单位组名称"无换算组",计量单位组类别"无换算率",如图 2-37 所示。

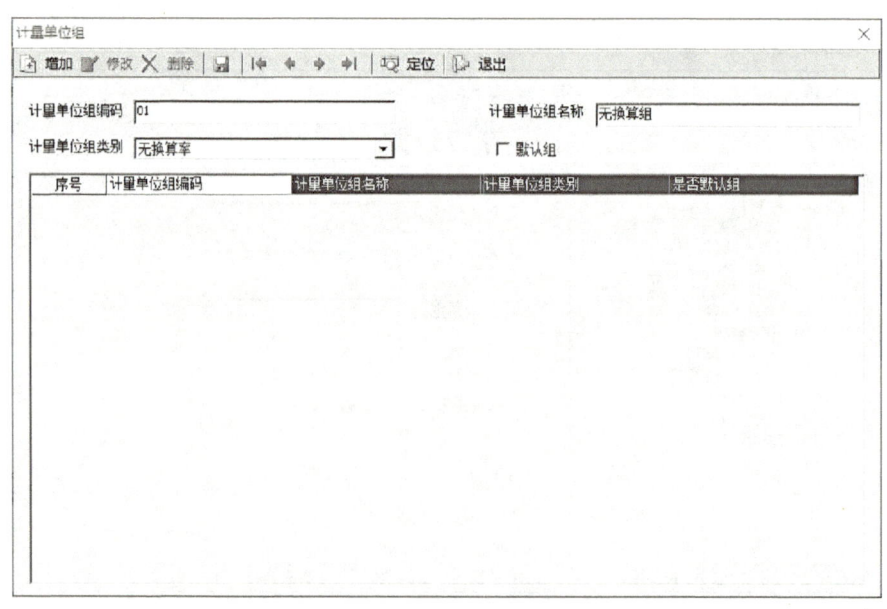

图 2-37 增加"计量单位组"

3. 单击"保存"按钮。
4. 重复上述步骤,输入表 2-10 中其他计量单位组的信息。最后的操作结果如图 2-38 所示。

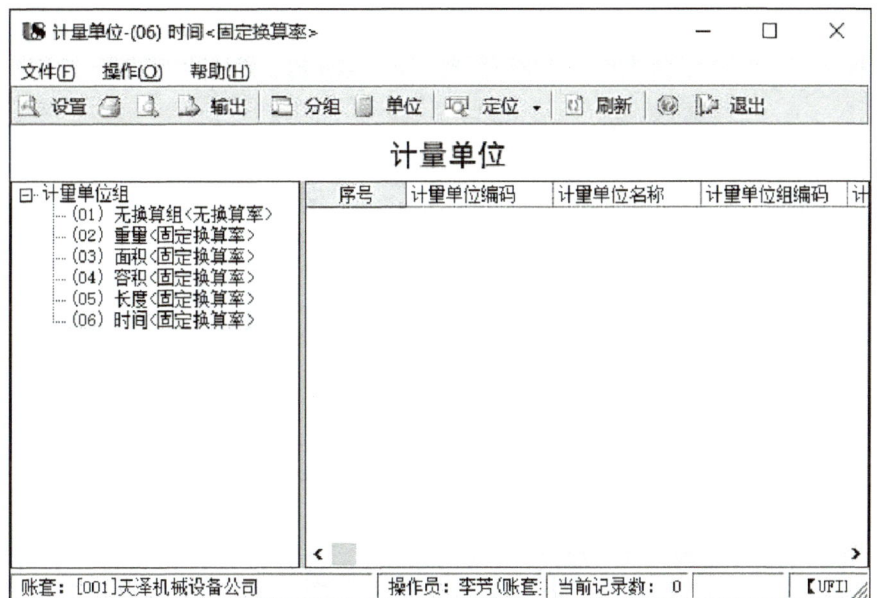

图2-38 设置"计量单位组"

5. 单击"计量单位组"|"(02)重量〈固定换算率〉",单击"单位"按钮,打开"计量单位"界面,单击"增加"按钮,输入计量单位编码"0201",计量单位名称"吨",计量单位组编码"02",换算率"1",勾选"主计量单位标志"前的复选框,如图2-39所示。单击"保存"按钮。

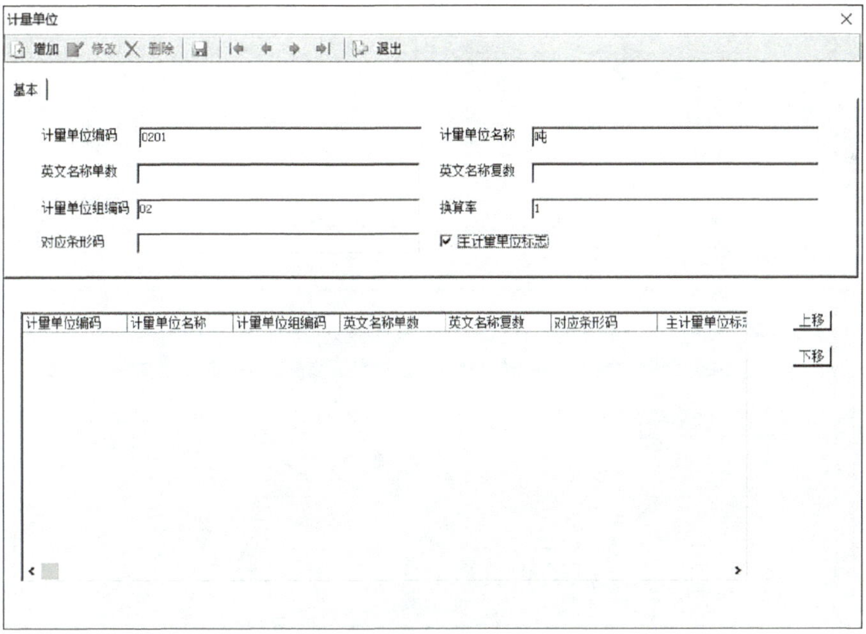

图2-39 增加固定换算率计量单位1

6. 单击"计量单位组"|"(02)重量〈固定换算率〉",单击"单位"按钮,打开"计量单位"界面,单击"增加"按钮,输入计量单位编码"0202",计量单位名称"千克",换算率"1000",不勾选"主计量单位标志"前的复选框,如图2-40所示。单击"保存"按钮。

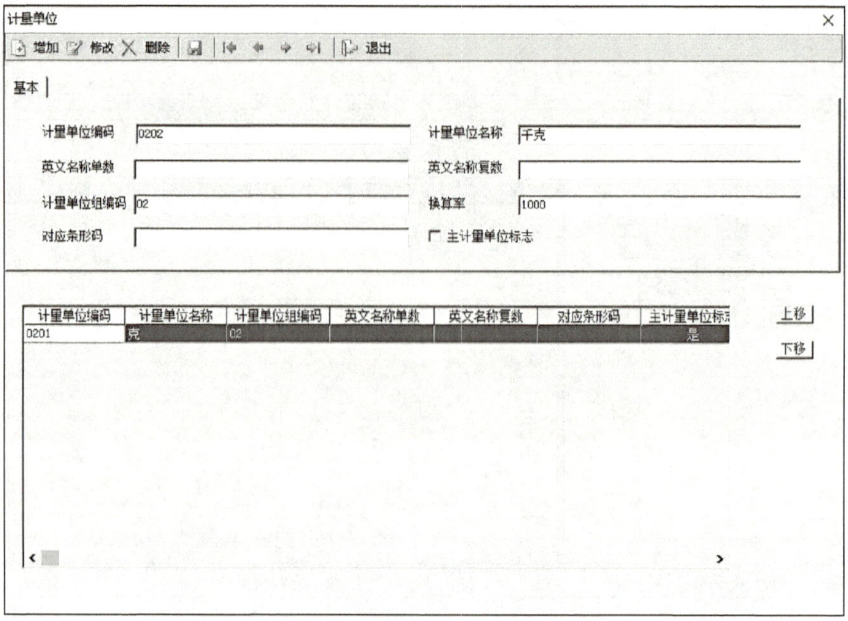

图 2-40　增加固定换算率计量单位 2

7. 单击"计量单位组"|"（02）重量〈固定换算率〉"，单击"单位"按钮，打开"计量单位"界面，单击"增加"按钮，输入计量单位编码"0203"，计量单位名称"克"，换算率"1000000"，不勾选"主计量单位标志"前的复选框，如图 2-41 所示。单击"保存"按钮。

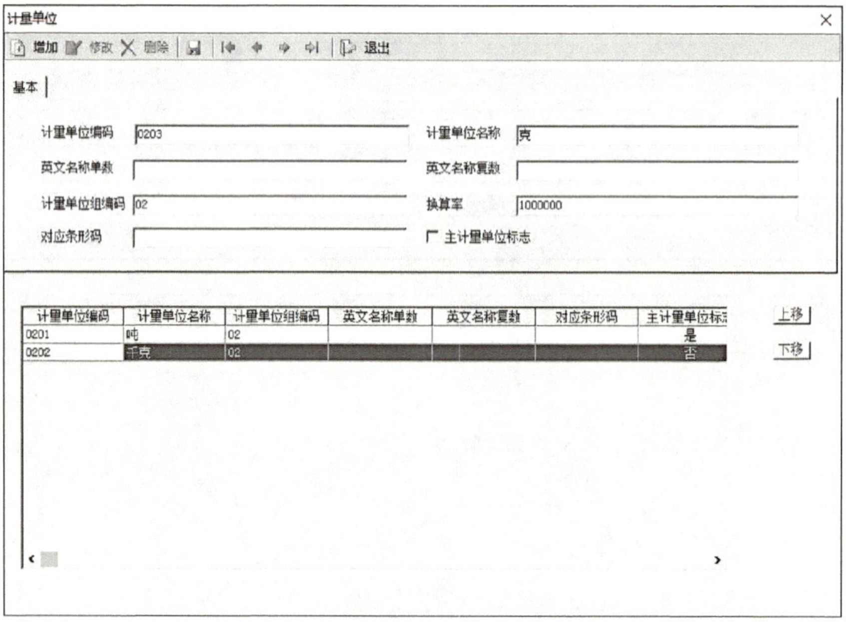

图 2-41　增加固定换算率计量单位 3

8. 单击"计量单位组"|"（01）无换算组〈无换算率〉"，单击"单位"按钮，打开"计量单位"界面，单击"增加"按钮，输入计量单位编码"0101"，计量单位名称"台"，如图 2-42 所示。单击"保存"按钮。

项目二 基础档案设置与维护

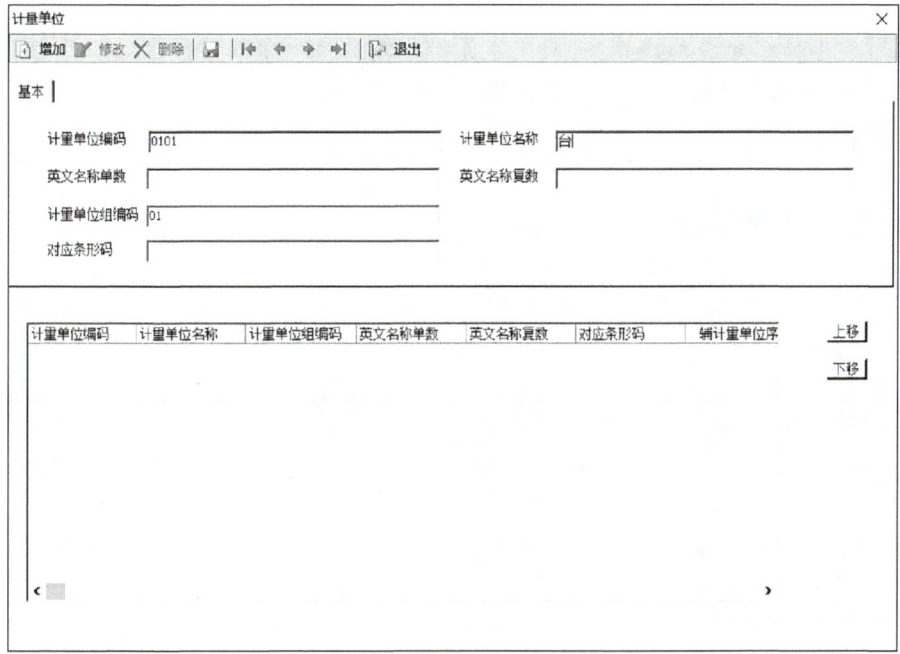

图 2-42 增加无换算率计量单位 4

9. 重复上述步骤，输入表 2-10 中其他固定换算率组和无换算率组计量单位信息。最后的操作结果如图 2-43 所示。

图 2-43 设置"计量单位"

10. 单击"退出"按钮退出编辑。

注意：

(1) 在设置存货档案之前必须先到企业应用平台的基础档案中设置计量单位，没有被选计量单位的存货档案不能保存。
(2) 在设置计量单位时需要先设置计量单位分组，再设置各个计量单位组中的计量单位。

073

(3) 计量单位组分为无换算率、固定换算率和浮动换算率三种类型。如果需要换算,一般将最小计量单位作为主计量单位。
(4) 计量单位可以根据需要随时增加。

(三) 存货档案

设置存货档案的具体操作步骤如下:

1. 执行"基础设置"|"基础档案"|"存货"|"存货档案"命令,打开"存货档案"界面,如图2-44所示。

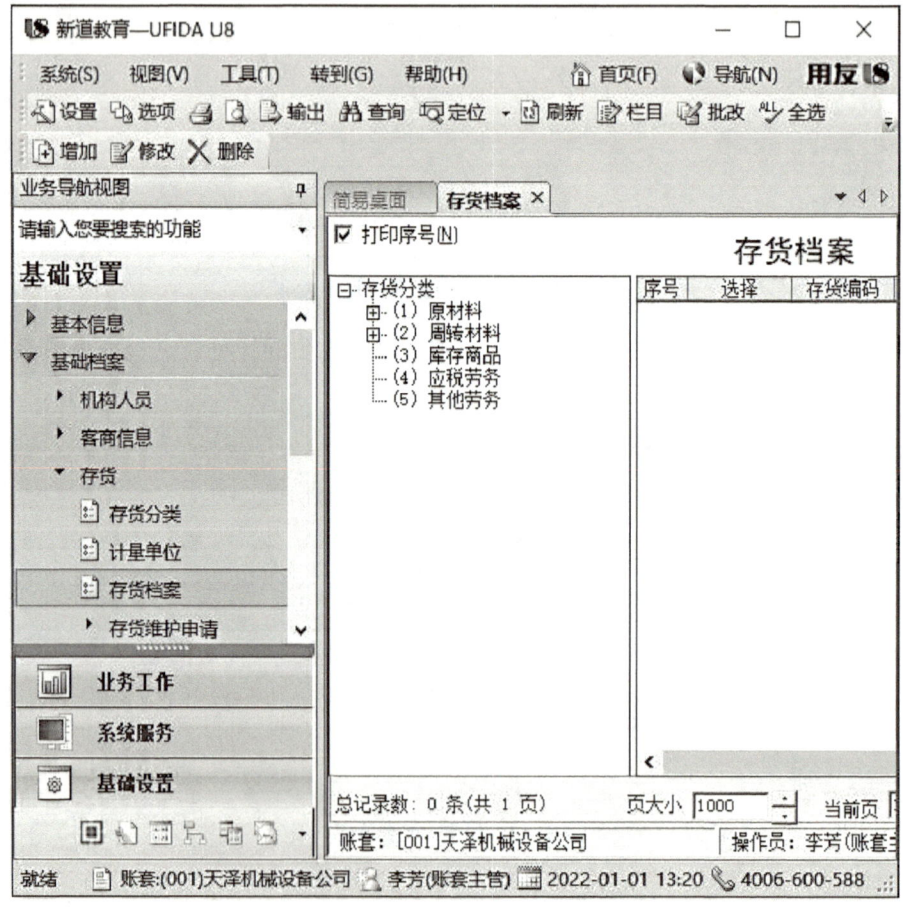

图 2-44 "存货档案"界面

2. 单击"增加"按钮,打开"增加存货档案"界面,单击"基本"选项卡,输入存货编码"001",存货名称"铸铁件",计量单位组参照输入"02-重量",销项税率修改为"13.00",进项税率修改为"13.00",存货属性勾选"内销""外销""外购""生产耗用",如图 2-45 所示。

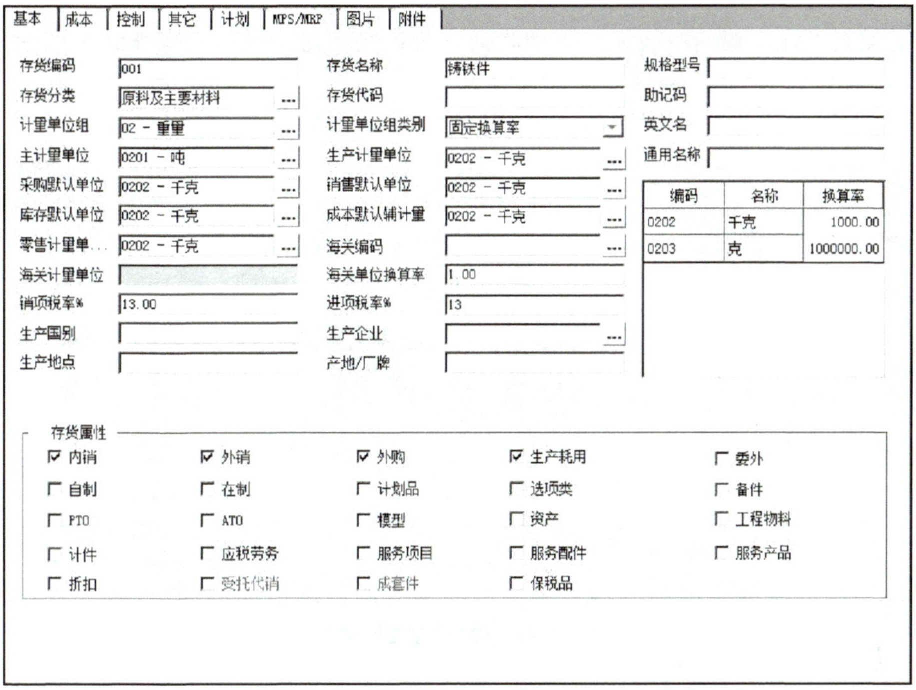

图 2-45 "存货档案—基本"选项卡

3. 单击"成本"选项卡,输入计划价/售价"3000.00",参考成本"3100.00",最新成本"2900.00",最低售价"3500.00",参考售价"3600.00",如图 2-46 所示。

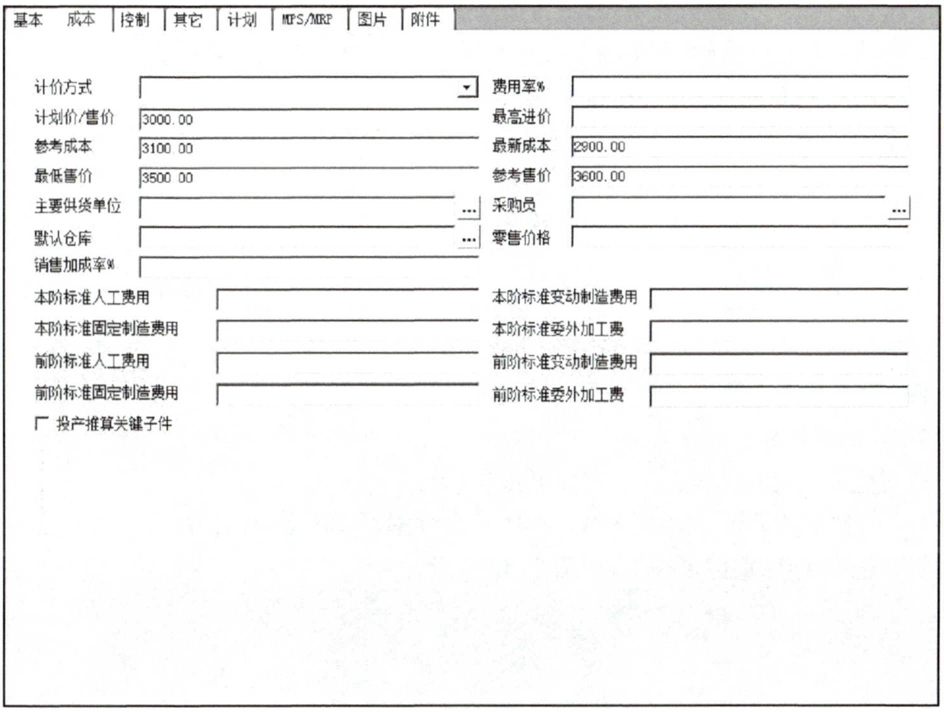

图 2-46 "存货档案—成本"选项卡

4. 单击"保存"按钮。

5. 重复上述步骤，输入表 2-11 中其他存货档案信息。最后的操作结果如图 2-47 所示。

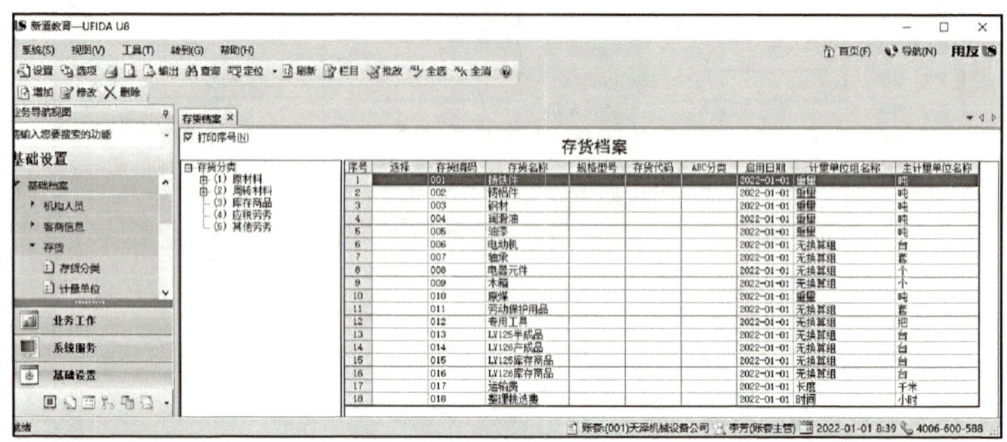

图 2-47 设置"存货档案"

> 注意：
> (1) 存货档案需要在企业应用平台中录入。如果只启用财务系统且并不需要在应收、应付系统中填制发票，则不需要设置存货档案。
> (2) 在录入存货档案时，如果存货类别不符合要求，应重新进行选择。
> (3) 在录入存货档案时，如果直接列示的计量单位不符合要求，应先将不符合要求的计量单位删除，再单击"参照"按钮，在计量单位表中重新选择计量单位。
> (4) 存货档案中的存货属性必须选择正确，否则，在填制相应单据时存货不会在存货列表中出现。

### 四、财务档案设置

(一) 凭证类别

设置凭证类别的具体操作步骤如下：

1. 执行"基础设置"|"基础档案"|"财务"|"凭证类别"命令，打开"凭证类别预置"界面，单击"记账凭证"前的单选框，如图 2-48 所示。

项目二 基础档案设置与维护

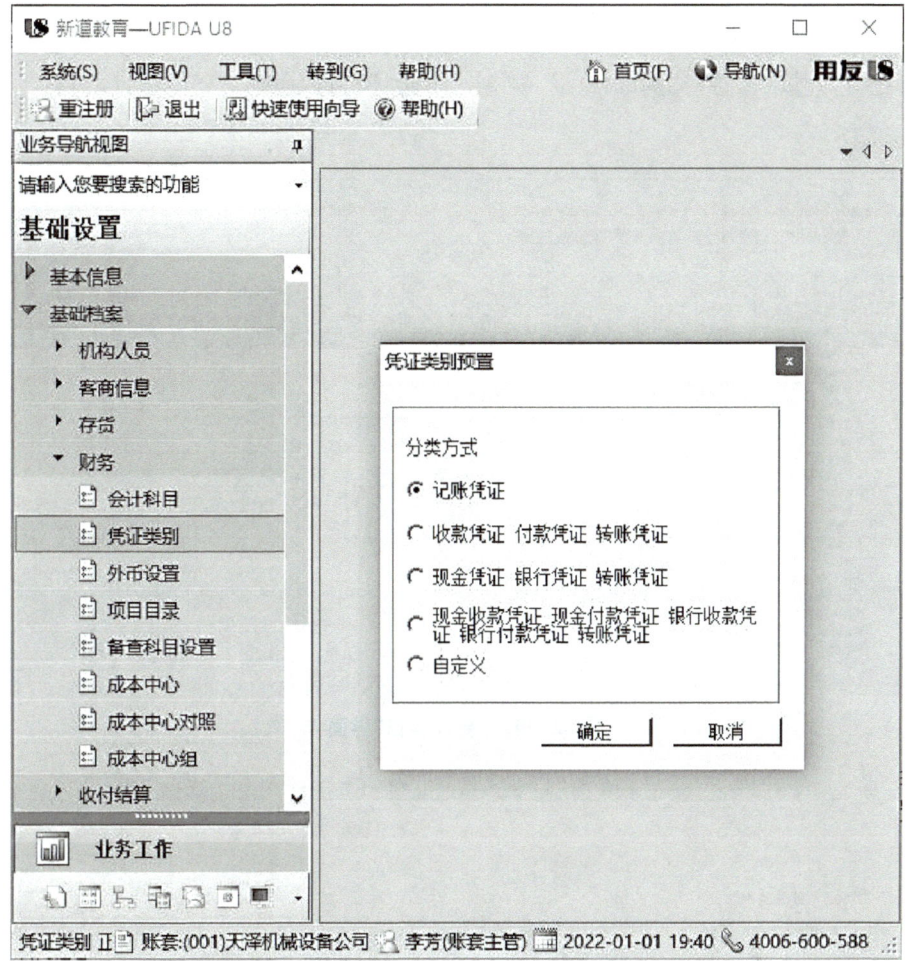

图 2-48 "凭证类别预置"界面

2. 单击"确定"按钮。最后的操作结果如图 2-49 所示。

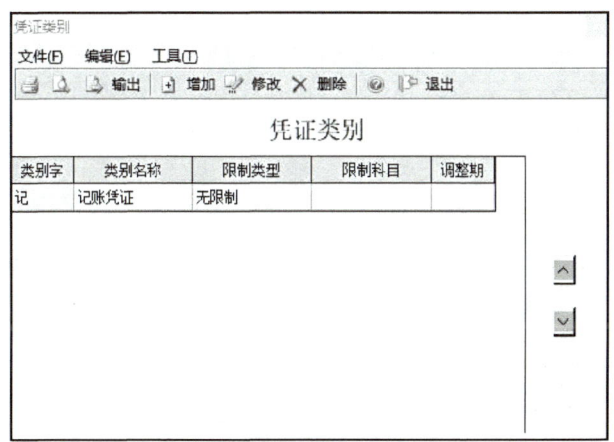

图 2-49 设置"凭证类别"

### (二)修改会计科目

以把"库存现金"科目的辅助核算设置为日记账为例,修改会计科目的具体操作步骤如下:

1. 执行"基础设置"|"基础档案"|"财务"|"会计科目"命令,打开"会计科目"界面,如图 2-50 所示。

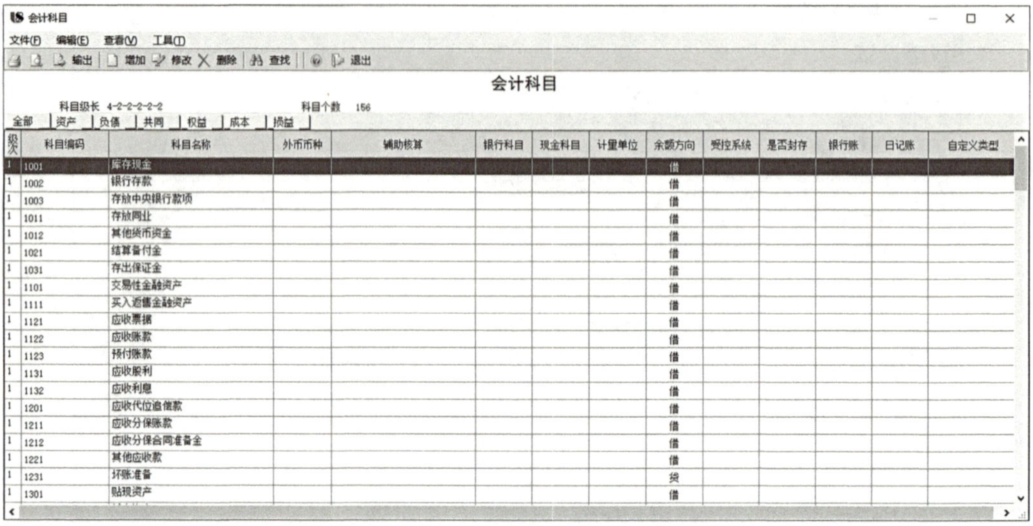

图 2-50 "会计科目"界面

2. 单击"库存现金"科目,单击"修改"按钮,打开"会计科目_修改"界面,如图 2-51 所示。

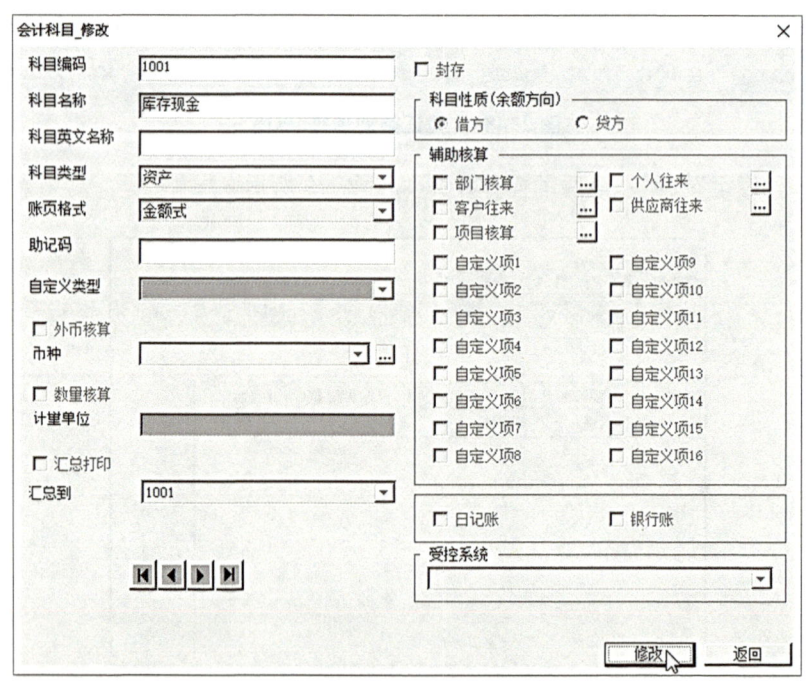

图 2-51 "会计科目_修改"界面

3. 单击"修改"按钮。单击"日记账"前的复选框,如图2-52所示。

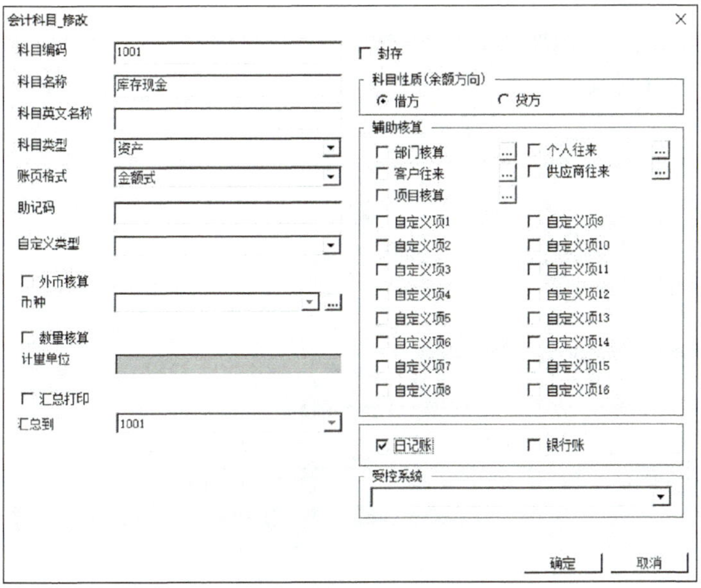

图 2-52 修改会计科目

4. 单击"确定"按钮。

(三)增加会计科目

以在"银行存款"科目下增加两个会计科目"100201　工行存款"和"100202　工行美元专户"为例。增加会计科目的具体操作步骤如下:

1. 执行"基础设置"|"基础档案"|"财务"|"会计科目"命令,打开"会计科目"界面,单击"银行存款"科目,单击"银行存款"科目,单击"增加"按钮,打开"新增会计科目"界面。

2. 输入科目编码"100201",科目名称"工行存款",如图2-53所示。

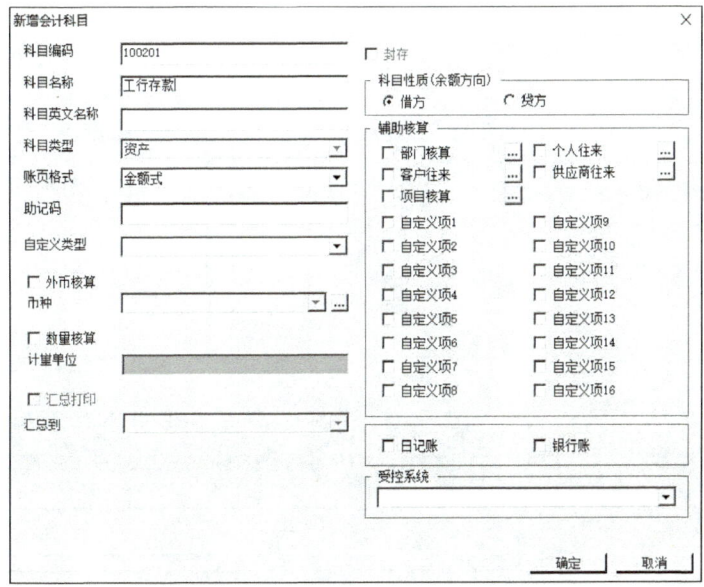

图 2-53 "新增会计科目"界面

3. 单击"确定"按钮。

4. 重复上述步骤,增加会计科目"100202　工行美元专户"。

同理,可以用此方法增加表 2-22 中其他会计科目信息。

（四）指定会计科目

以指定"库存现金"为现金总账科目,指定"银行存款"为银行存款总账科目为例,指定会计科目的具体操作步骤如下：

1. 执行"基础设置"|"基础档案"|"财务"|"会计科目"命令,打开"会计科目"界面,单击"编辑"按钮,执行"指定科目"命令,如图 2-54 所示。

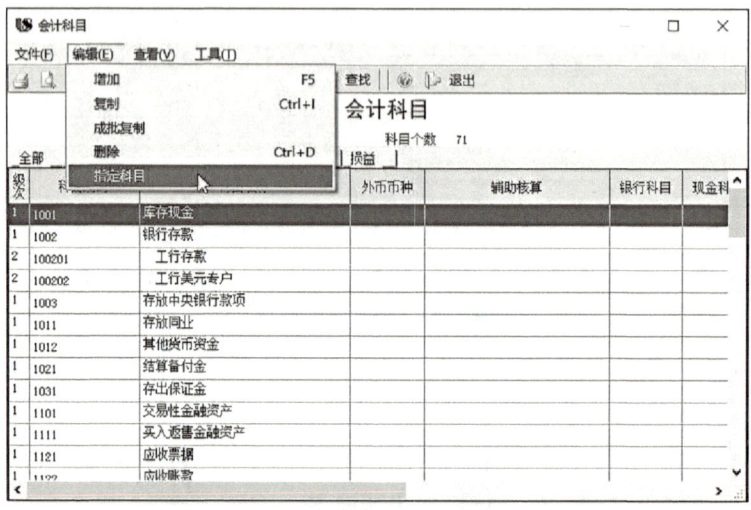

图 2-54　"指定科目"命令

2. 单击选择"现金科目"选项,单击" > "按钮,将"1001　库存现金"从"待选科目"窗口选入"已选科目"窗口,如图 2-55 所示。

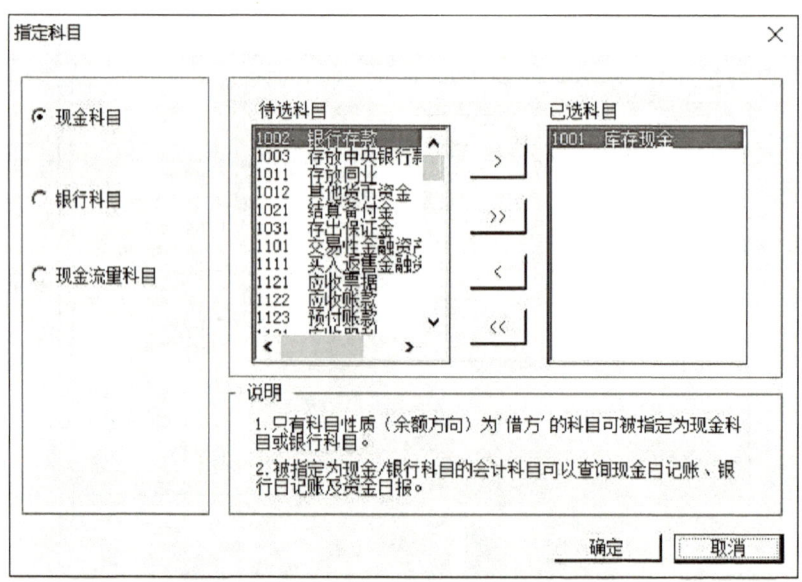

图 2-55　指定现金科目

3. 单击选择"银行科目"选项,单击" > "按钮,将"1002 银行存款"从"待选科目"窗口选入"已选科目"窗口,如图 2-56 所示。

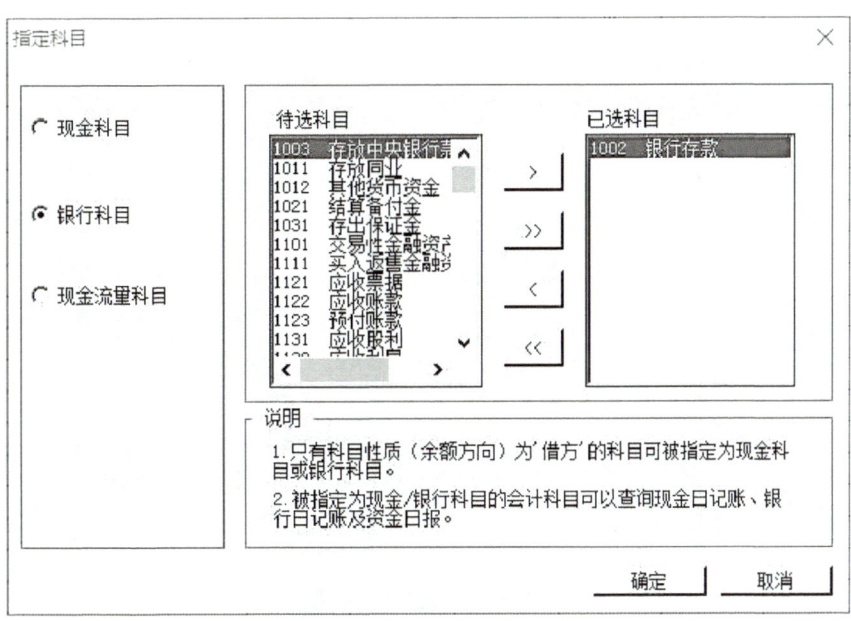

图 2-56 指定银行科目

4. 单击"确定"按钮。

(五) 外币设置

以将美元设定为固定汇率 1 美元＝6.80 人民币为例,外币设置的具体操作步骤如下:

1. 执行"基础设置"|"基础档案"|"财务"|"外币设置"命令,打开"外币设置"界面,如图 2-57 所示。

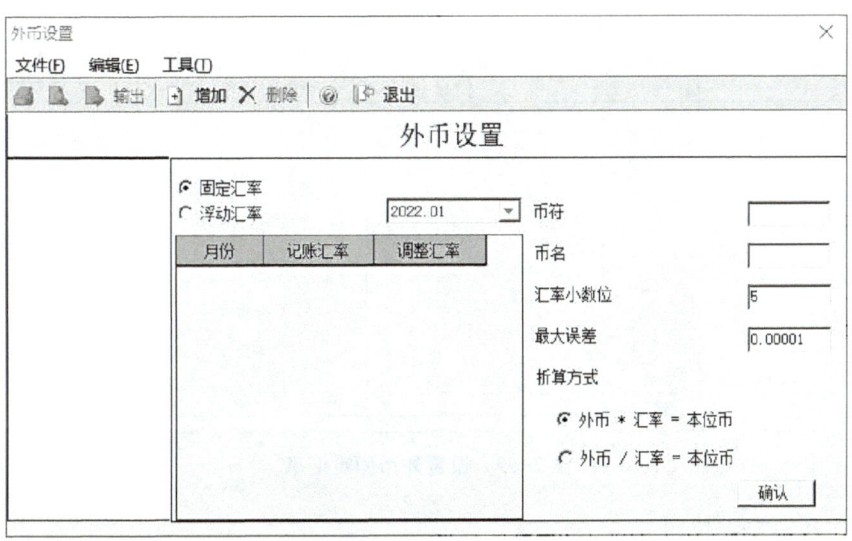

图 2-57 "外币设置"界面

2. 单击"增加"按钮,输入币符"＄",币名"美元",汇率小数位"5",最大误差"0.00001",如图2-58所示。

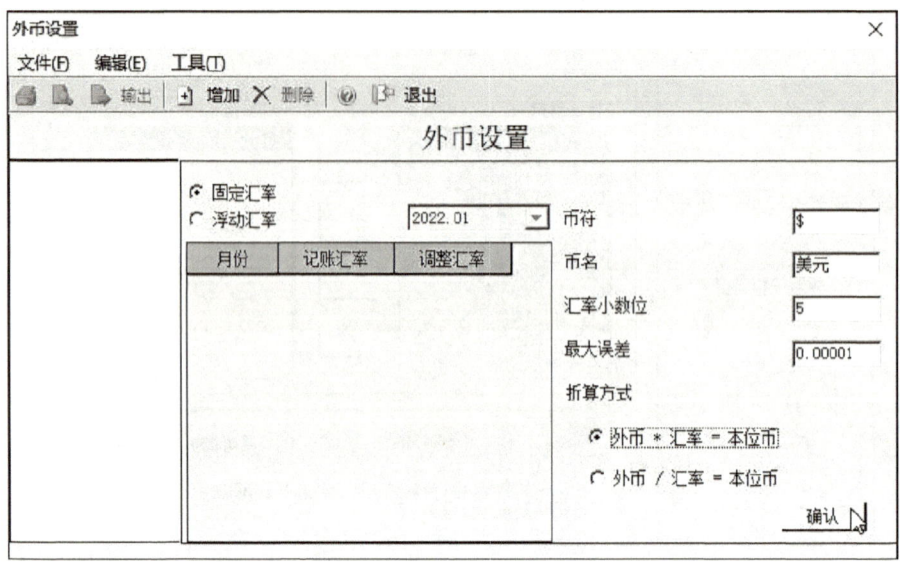

图2-58 增加"外币设置"

3. 单击"确认"按钮。
4. 在"外币设置"界面,将2022年1月的记账汇率设置为"6.80000",如图2-59所示。

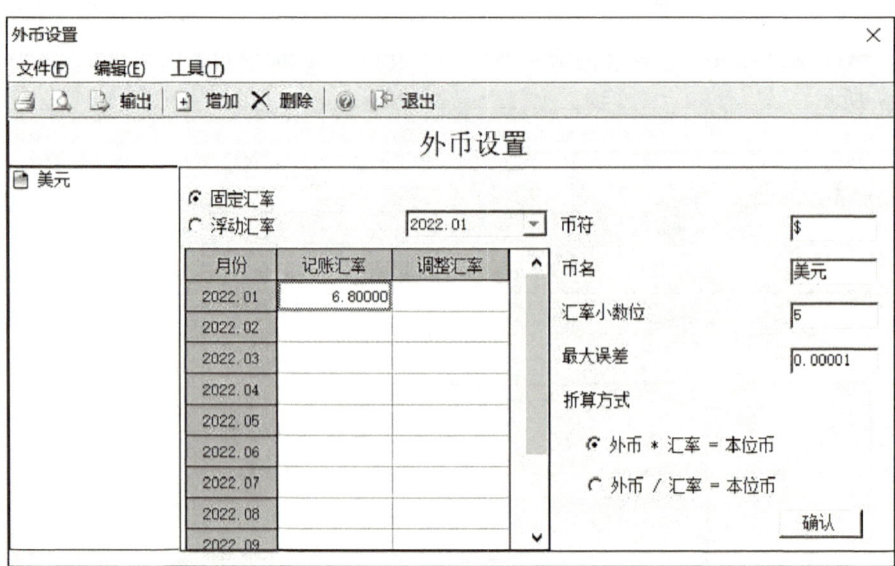

图2-59 设置外币固定汇率

5. 单击"确认"按钮。
6. 单击"退出"按钮。
7. 单击"是"按钮。

### (六)项目目录

按照表2-21的项目档案进行项目目录设置。设置项目目录的具体操作步骤如下:

1. 执行"基础设置"|"基础档案"|"财务"|"项目目录"命令,打开"项目目录"界面。
2. 单击"增加"按钮,打开"项目大类定义_增加"界面。
3. 录入新项目大类名称"在建工程",如图2-60所示。

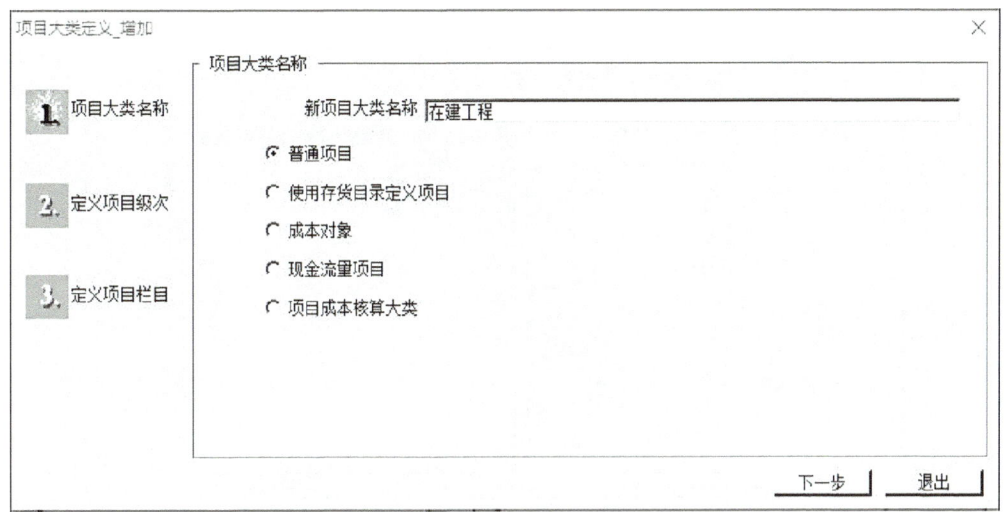

图2-60 增加"项目大类定义"

4. 单击"下一步"按钮,打开"定义项目级次"界面。单击"下一步"按钮,打开"定义项目栏目"界面,如图2-61所示。

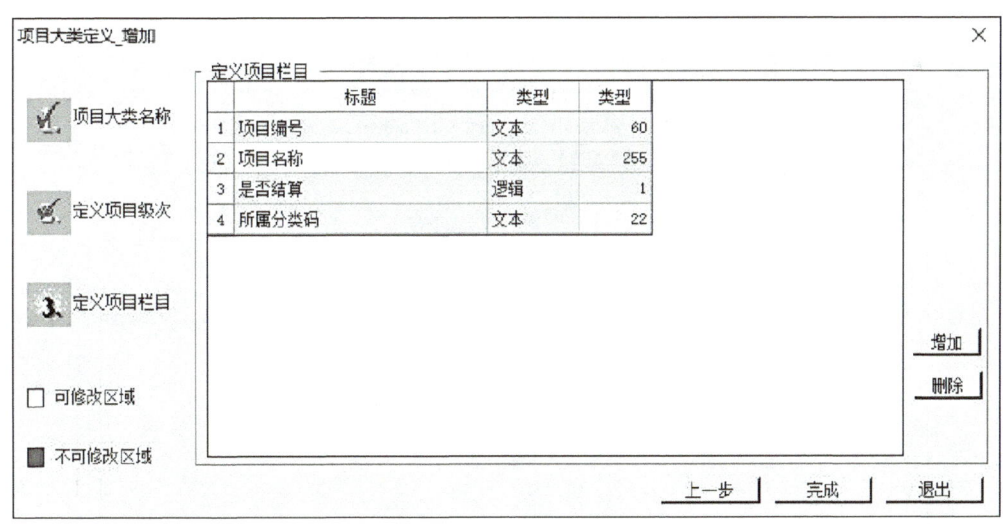

图2-61 "定义项目栏目"界面

5. 单击"完成"按钮,返回"项目档案"界面。
6. 单击"项目大类"栏的下三角按钮,选择"在建工程"项目大类。
7. 单击"核算科目"选项卡,单击" 》 "按钮,将在建工程、工程物资、工程水电费、工程其他费用、预付工程款、在建工程转出等科目从"待选科目"列表中选入"已选科目"列表,如图 2-62 所示。

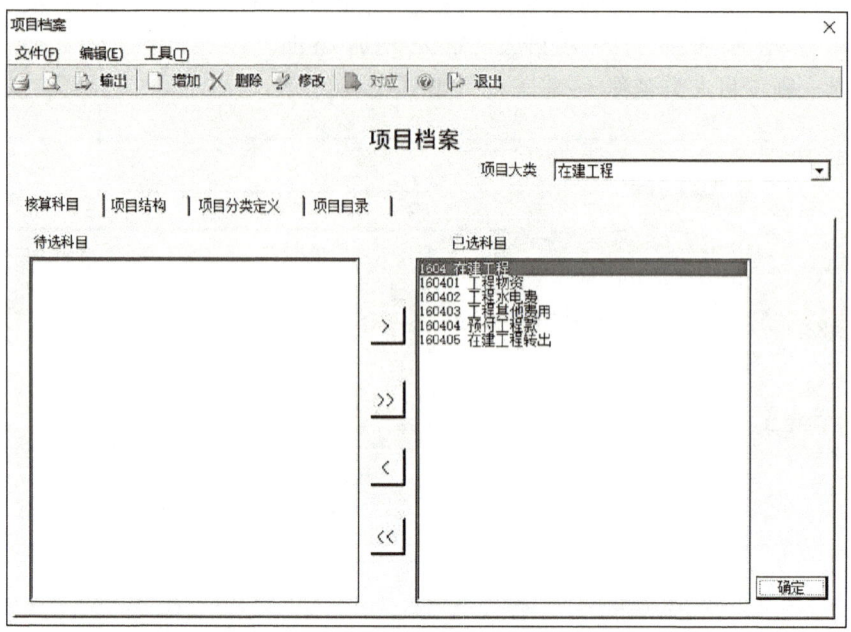

图 2-62 指定"核算科目"

8. 单击"确定"按钮。

9. 单击"项目分类定义"选项卡。

10. 单击"增加"按钮,输入分类编码"1",分类名称"自营工程",单击"确定"按钮,如图 2-63 所示。

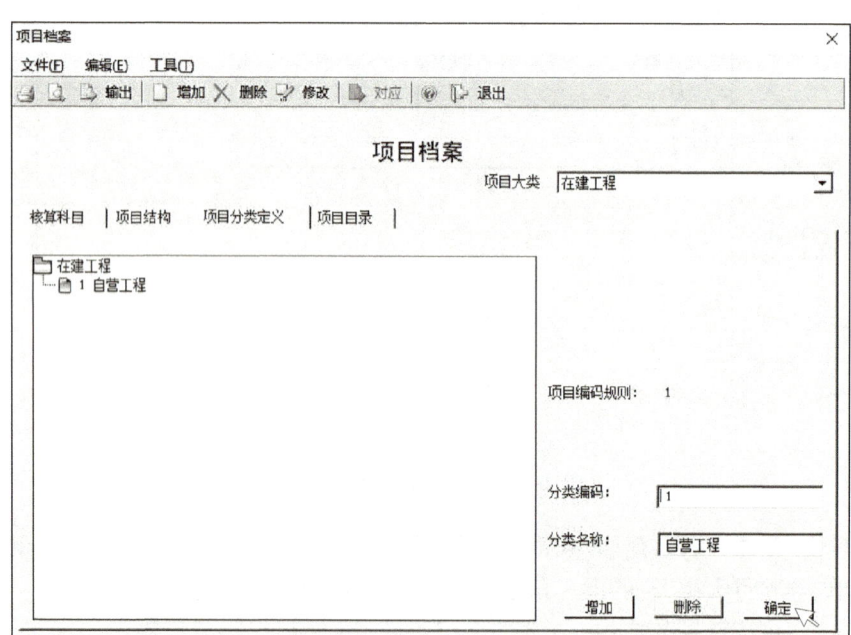

图 2-63 增加"项目分类定义"

11. 单击"项目目录"选项卡,单击"维护"按钮,打开"项目目录维护"界面。

12. 单击"增加"按钮,输入项目编号"1",项目名称"设备安装工程",单击"所属分类码"栏目"参加"按钮,选择"自营工程",如图 2-64 所示。重复上述步骤,增加表 2-21 中其他项目信息。

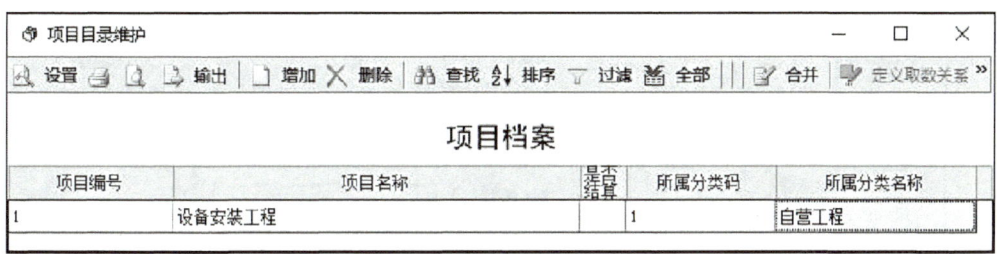

图 2-64 "项目目录维护"界面

13. 单击"退出"按钮。

**五、收付结算设置**

按照表 2-12 相关信息设置结算方式,按照表 2-13 相关信息设置付款条件,按照表 2-14 相关信息设置开户银行。

（一）结算方式

设置结算方式的具体操作步骤如下:

1. 执行"基础设置"|"基础档案"|"收付结算"|"结算方式"命令,打开"结算方式"界面。

2. 单击"增加"按钮,输入结算方式编码"1",结算方式名称"现金结算",单击"保存"按钮,如图 2-65 所示。

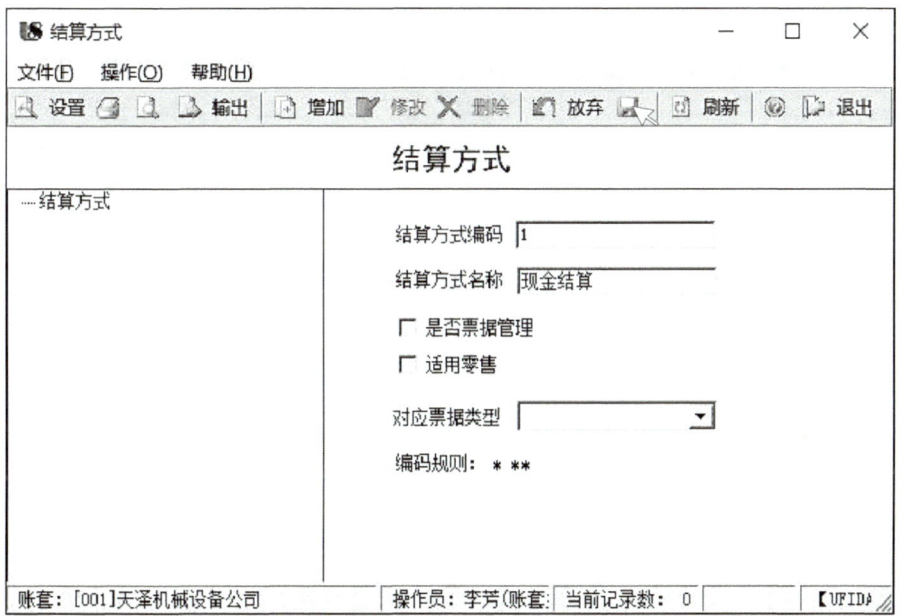

图 2-65 增加"结算方式"

3. 重复上述步骤,输入表2-12中其他结算方式信息。最后的操作结果如图2-66所示。

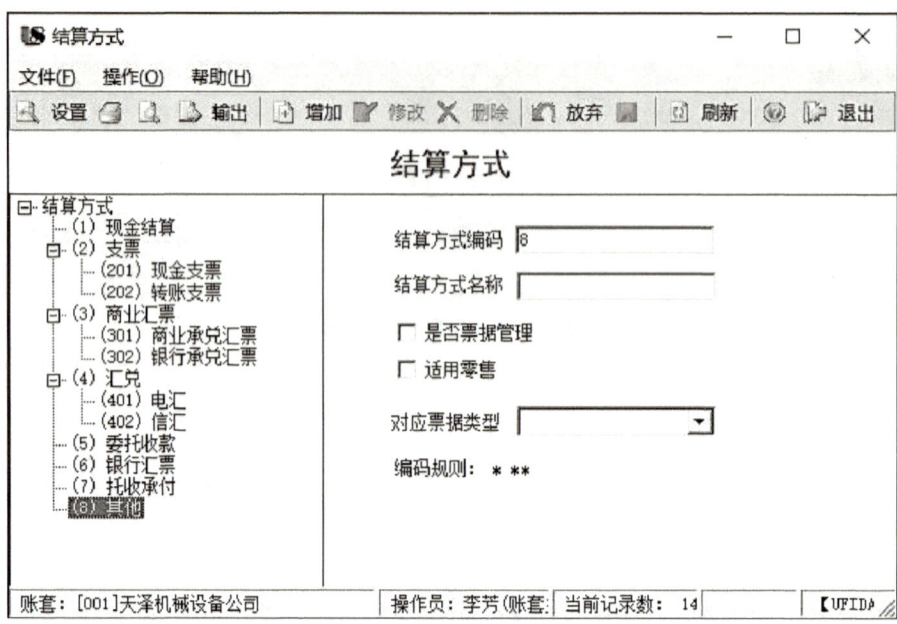

图2-66 设置"结算方式"

4. 单击"退出"按钮。

 注意：

在总账系统中,结算方式将在填制"银行账"类科目凭证时使用,并可作为银行对账的一个参数。

(二) 付款条件

设置付款条件的具体操作步骤如下：

1. 执行"基础设置"|"基础档案"|"收付结算"|"付款条件"命令,打开"付款条件"界面。

2. 单击"增加"按钮,输入付款条件编码"1",信用天数"30",优惠天数1"5",优惠率1"2.0000"。

3. 单击"保存"按钮。

4. 重复上述步骤,输入表2-13中其他付款条件信息。最后的操作结果如图2-67所示。

项目二 基础档案设置与维护

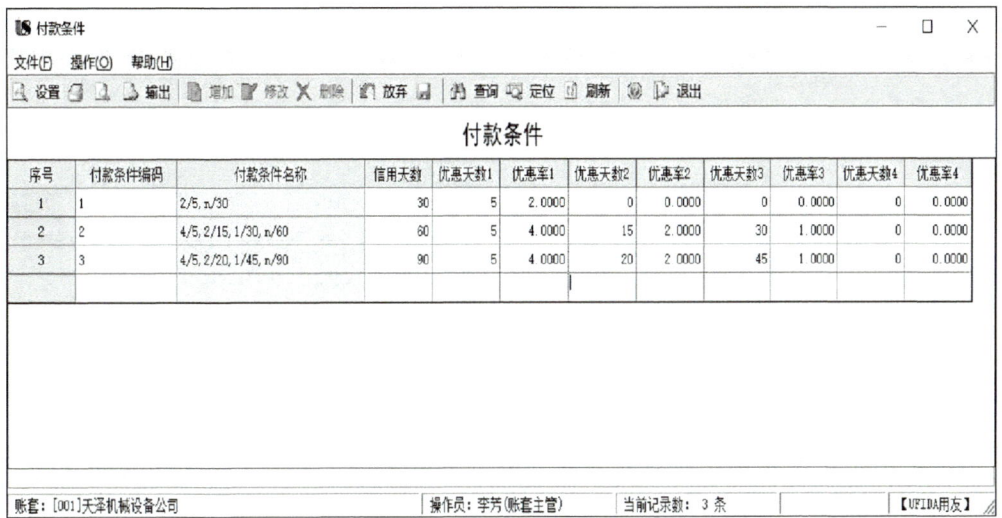

图 2-67 设置"付款条件"

5. 单击"退出"按钮。

(三) 开户银行

设置开户银行的具体操作步骤如下：

1. 执行"基础设置"|"基础档案"|"收付结算"|"银行档案"命令,打开"银行档案"界面,如图 2-68 所示。

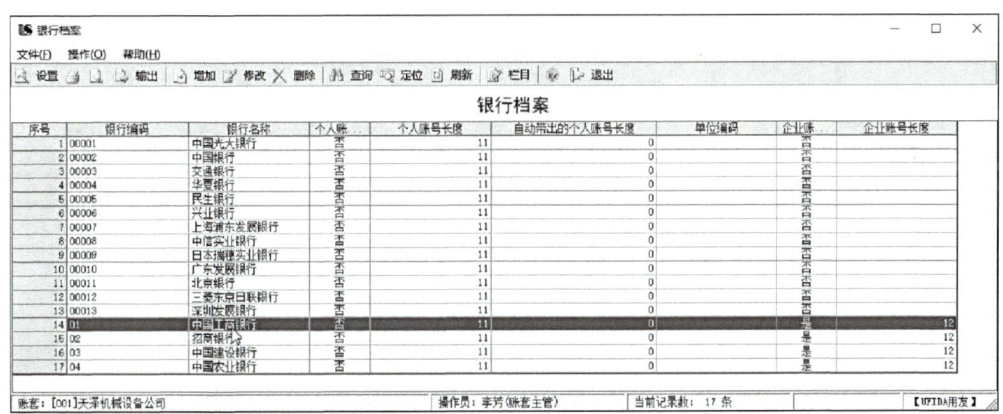

图 2-68 "银行档案"界面

2. 选中"中国工商银行",单击"修改"按钮,打开"修改银行档案"界面,如图 2-69 所示。

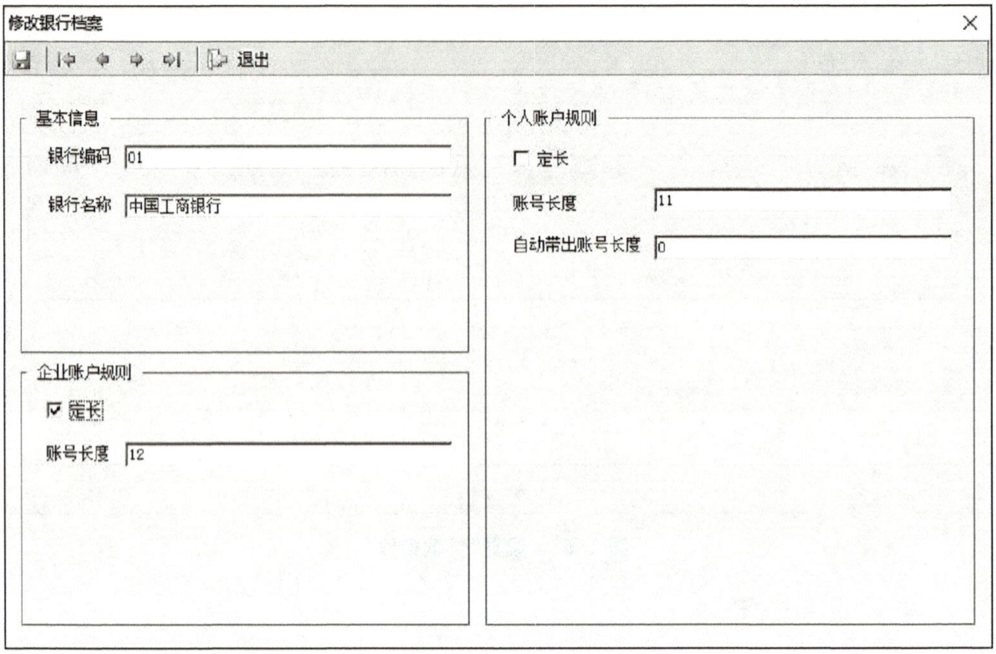

图 2-69  修改银行档案

3. 取消勾选"定长"规则的复选框,单击"保存"按钮,如图 2-70 所示。

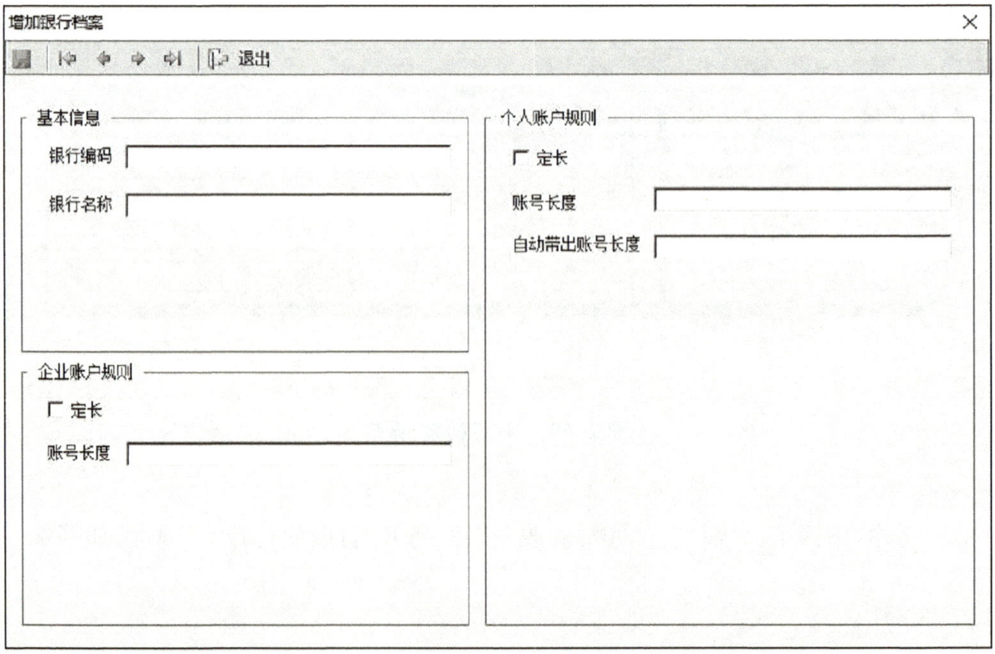

图 2-70  增加银行档案

4. 执行"基础设置"|"基础档案"|"收付结算"|"本单位开户银行"命令,打开"本单位开户银行"界面,按表 2-14 中的资料输入开户银行信息,操作结果如图 2-71 所示。

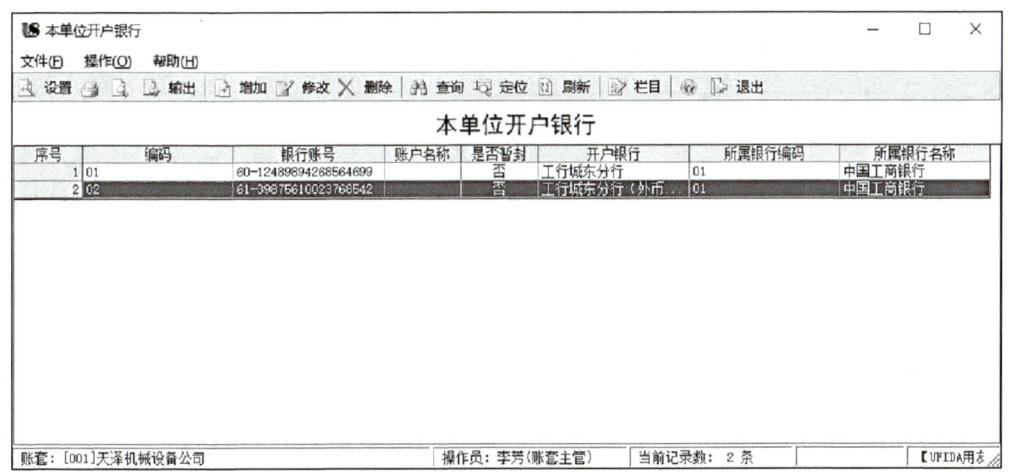

图 2-71　设置"本单位开户银行"

5. 单击"退出"按钮。

### 六、业务档案设置

按表 2-15 相关信息设置仓库档案,按表 2-16 相关信息设置收发类别,按表 2-17 相关信息设置产品结构,按表 2-18 设置销售类型,按表 2-19 及表 2-20 设置费用分类及费用项目。

（一）仓库档案

设置仓库档案的具体操作步骤如下：

1. 执行"基础设置"|"基础档案"|"业务"|"仓库档案"命令,打开"仓库档案"界面,如图 2-72 所示。

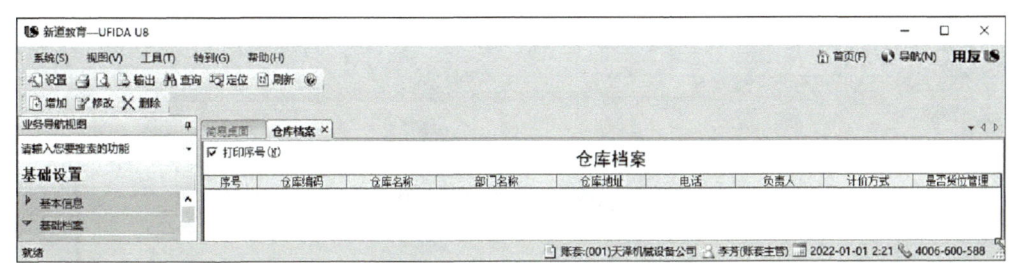

图 2-72　"仓库档案"界面

2. 单击"增加"按钮,输入仓库编码"1",仓库名称"材料库",部门编码"3-仓储部",负责人"赵飞",电话"104",仓库地址"厂内",计价方式"移动平均法",如图 2-73 所示。

图 2-73 增加"仓库档案"

3. 单击"保存"按钮。

4. 重复上述步骤，输入表 2-15 中其他仓库档案信息。最后的操作结果如图 2-74 所示。

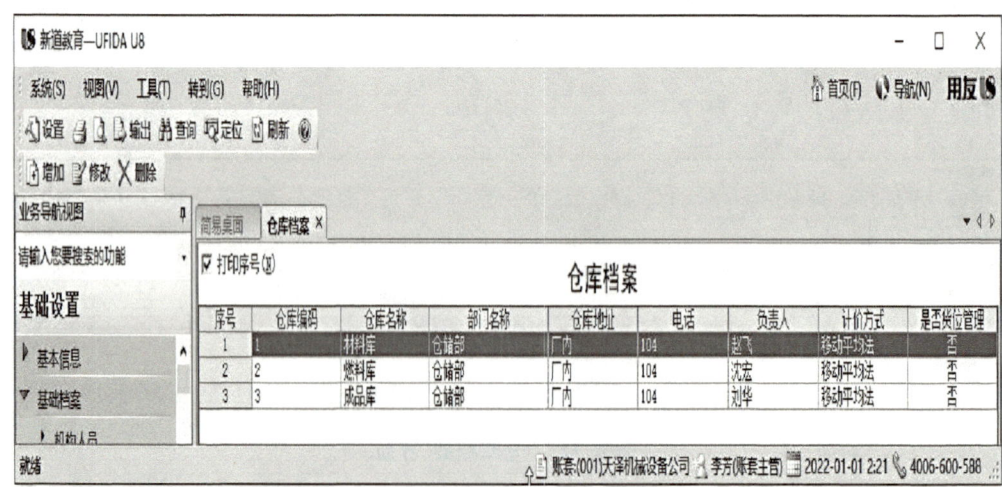

图 2-74 设置"仓库档案"

> **注意：**
> (1) 在仓库档案设置过程中要注意仓库属性的设置，"代管仓"和"保税仓"的复选框一般要取消勾选，否则，会影响供应链模块的后续操作，尤其是发货单的填制。
> (2) 每个仓库必须要选择一种计价方式。系统提供五种计价方式：工业企业为计划价法、全月平均法、移动平均法、先进先出法和个别计价法；商业企业为销售价法、全月平均法、移动平均法、先进先出法和个别计价法。

### （二）收发类别

设置收发类别的具体操作步骤如下：

1. 执行"基础设置"|"基础档案"|"业务"|"收发类别"命令，打开"收发类别"界面。
2. 单击"增加"按钮，输入收发类别编码"1"，收发类别名称"入库"，收发标志"收"，如图 2-75 所示。

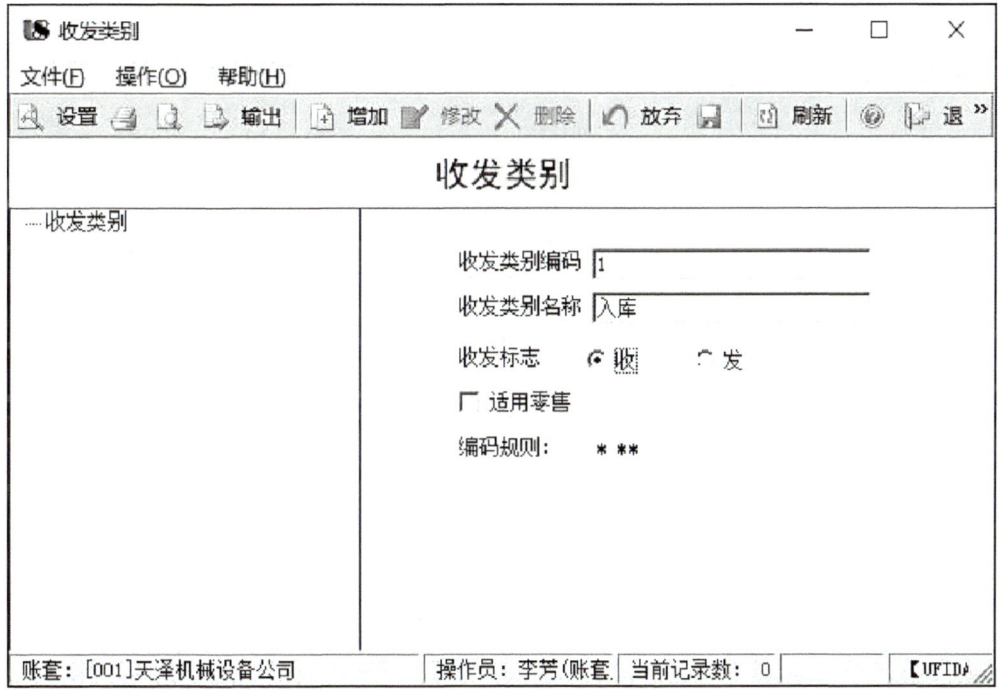

图 2-75　增加"收发类别"

3. 单击"保存"按钮。
4. 重复上述步骤，输入表 2-16 中其他收发类别信息。最后的操作结果如图 2-76 所示。

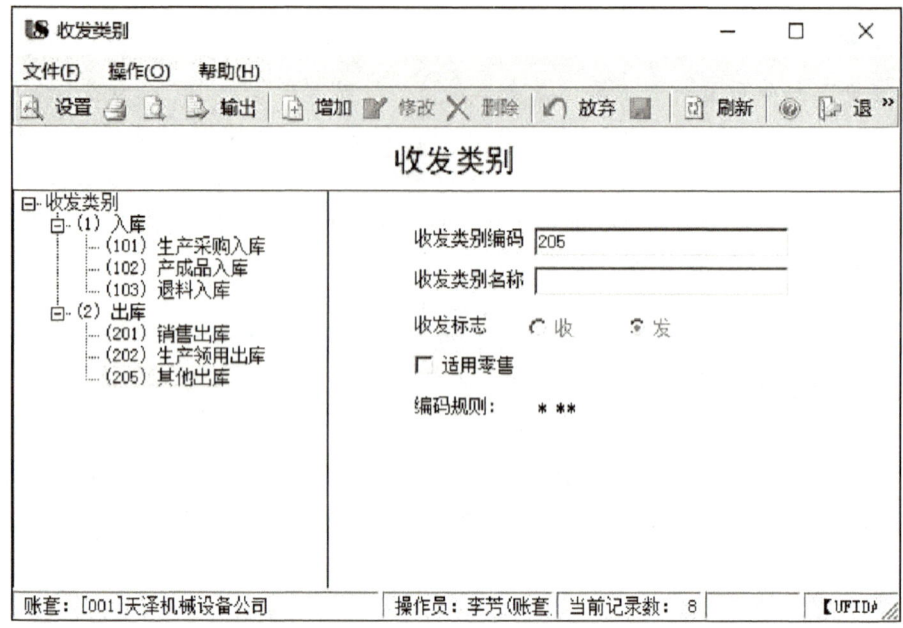

图 2-76 设置"收发类别"

（三）产品结构

设置产品结构的具体操作步骤如下：

1. 执行"基础设置"|"基础档案"|"业务"|"产品结构"命令，打开"产品结构"界面。

2. 单击"增加"按钮，在表头处输入母件编码"013"，版本说明"第 10 版本"。在表体中第一行输入子件编码"002"，基本用量"5.00"，基础用量"50.00"，固定用量"是"，仓库编码"1"，领料部门"201"；第二行中输入子件编码"003"，基本用量"5.00"，基础用量"2.50"，固定用量"是"，仓库编码"1"，领料部门"201"，如图 2-77 所示。

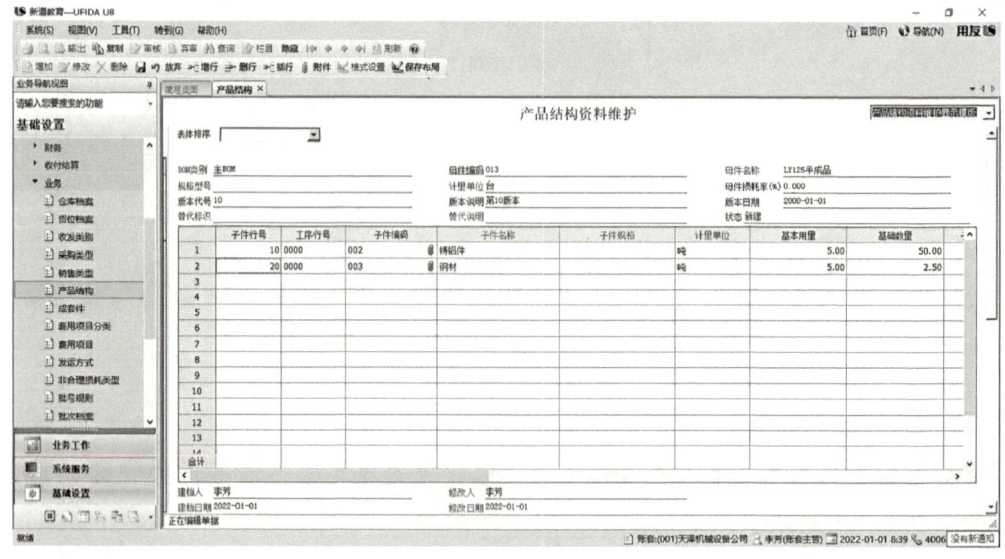

图 2-77 增加"产品结构"

3. 单击"保存"按钮。

4. 重复上述步骤,输入表 2-17 中其他产品结构信息。最后的操作结果如图 2-78 所示。

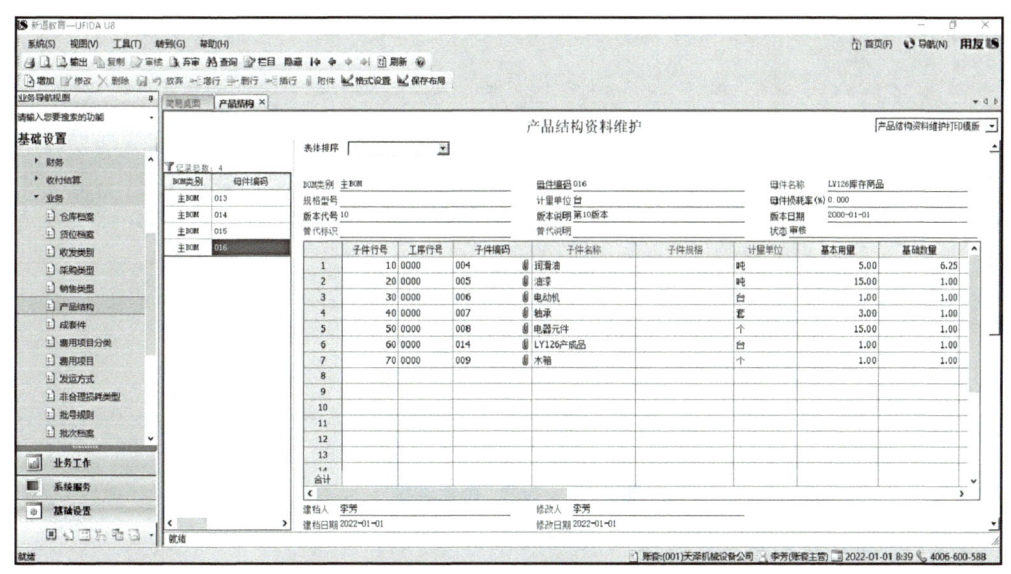

图 2-78　设置"产品结构"

> **注意:**
> (1) 同一母件产品在表体中第一行子件物料的"基本用量"的设置很重要,它往往是 5 的倍数。其他行的基本用量不受限制。
> (2) 应确保一个母件下属所有的子件物料档案全部输入完毕后,再单击"保存"按 钮。首次保存后,系统将自动进行审核。
> (3) 子件物料的基本用量、基础数量必须要手动输入,不可缺省。
> (4) 需要修改保存好的产品结构档案时,先执行"弃审"|"修改"命令,修改具体内容 后,再单击"审核"按钮。默认修改成功。
> (5) 产品结构档案全部输入完毕后,执行"基础设置"|"基础档案"|"业务"|"产品结 构"命令,进入"产品结构"设置界面,单击"查询"按钮,就可以看到之前设置好 的产品结构档案。

### (四) 销售类型

设置销售类型的具体操作步骤如下:

1. 执行"基础设置"|"基础档案"|"业务"|"销售类型"命令,打开"销售类型"界面。

2. 单击"增加"按钮,输入销售类型编码"1",销售类型名称"产品销售",出库类别"销 售出库",是否默认值"是"。

3. 单击"保存"按钮。

4. 单击"增加"按钮,输入销售类型编码"2",销售类型名称"材料销售",出库类别"销售出库",是否默认值"否"。

5. 单击"保存"按钮,如图 2-79 所示。

6. 单击"退出"按钮。

图 2-79 设置"销售类型"

（五）费用项目分类

设置费用项目分类的具体操作步骤如下：

1. 执行"基础设置"|"基础档案"|"业务"|"费用项目分类"命令,打开"费用项目分类"界面。

2. 单击"增加"按钮,输入分类编码"1",分类名称"销售费用",如图 2-80 所示。

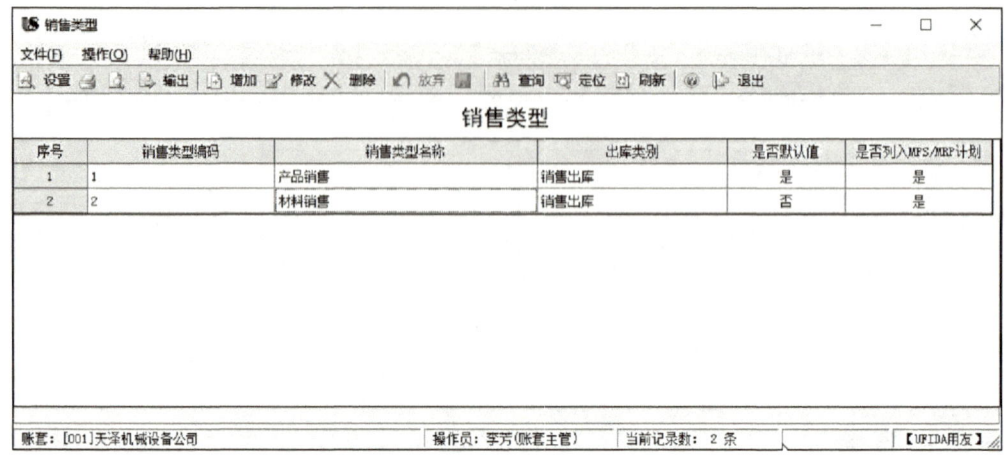

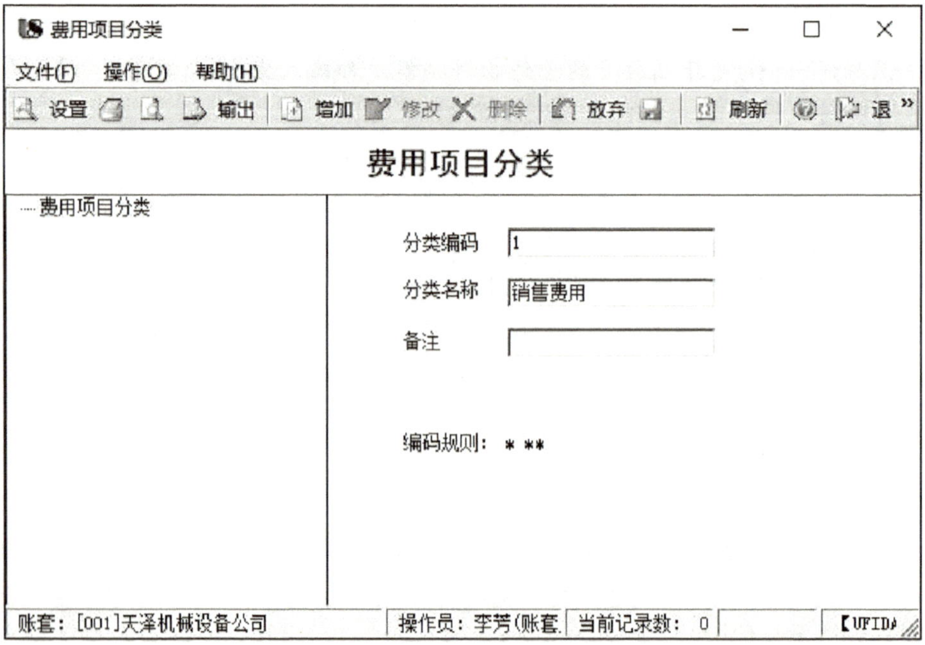

图 2-80 增加"费用项目分类"

3. 单击"保存"按钮。

4. 重复上述步骤,输入表 2-19 中其他费用项目分类信息。最后的操作结果如图 2-81 所示。

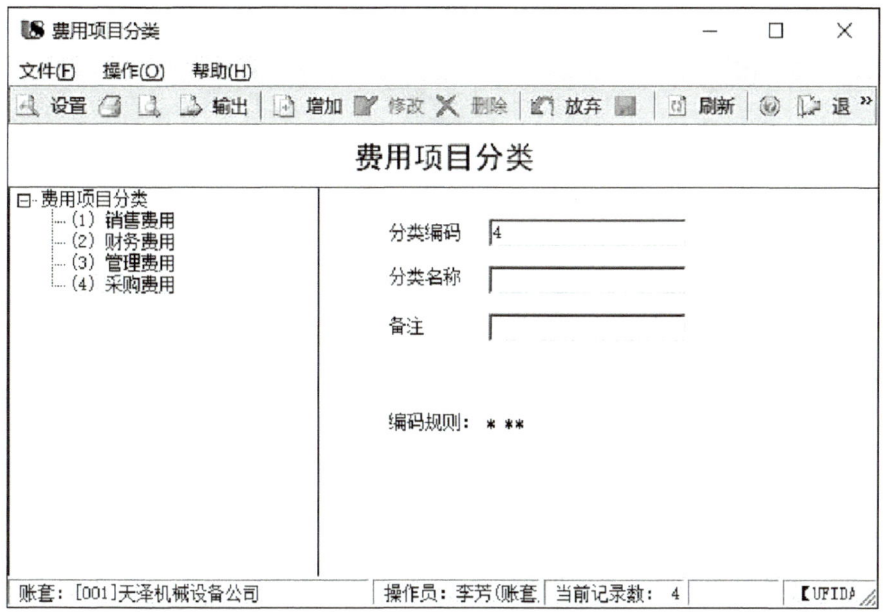

图 2-81 设置"费用项目分类"

(六)费用项目

设置费用项目的具体操作步骤如下:

1. 执行"基础设置"|"基础档案"|"业务"|"费用项目"命令,打开"费用项目"界面。

2. 单击"增加"按钮,输入费用项目编码"01",费用项目名称"材料采购费用",费用项目分类"采购费用",如图 2-82 所示。

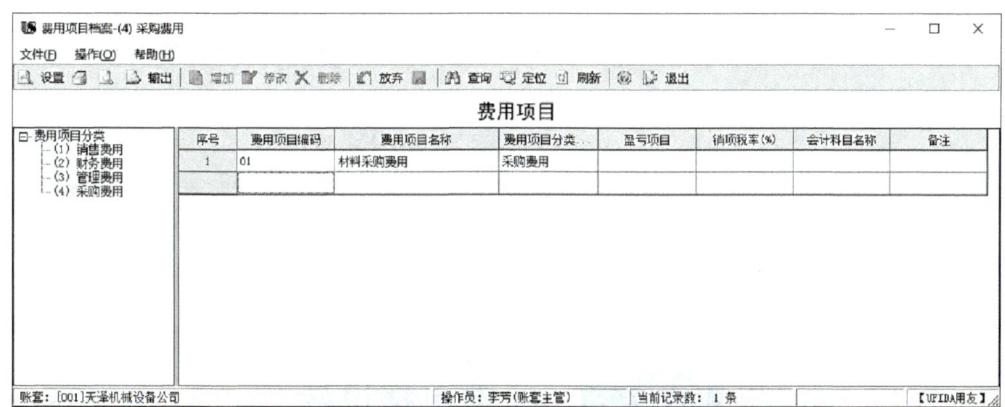

图 2-82 增加"费用项目"

3. 单击"保存"按钮。

4. 重复上述步骤,输入表 2-20 中其他费用项目信息。最后的操作结果如图 2-83 所示。

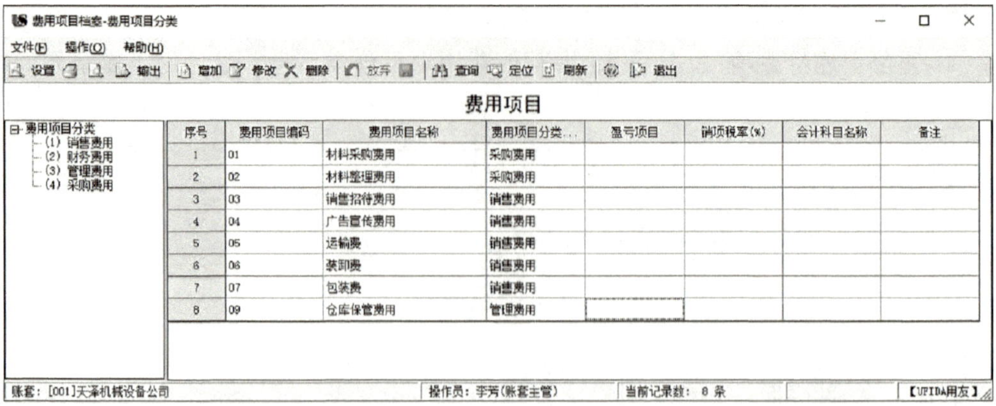

图 2-83 设置"费用项目"

## 【知识拓展】

**产 品 结 构**

产品结构指产品的组成成分及其数量,又称为物料清单(Bill of Material),简称BOM,即企业生产的产品由哪些材料组成。正确使用与维护BOM信息的准确性是系统运行期间十分重要的工作,企业必须对此足够重视。

未启用生产制造产品时,进行产品结构设置的操作菜单为:"基础设置"|"基础档案"|"业务"|"产品结构"。启用生产制造产品后,产品结构在物料清单产品中录入。在进行产品结构设置时,我们可以增加结构层级,包括母项产品、子项物料内容,可以定义"是否展开"。同时,还可以对产品结构进行修改、删除、复制、审核、弃审等操作。

设置产品结构时需要注意以下事项:

1. 产品结构中引用的物料必须首先在存货档案中定义,然后才能在产品结构中引用。

2. 母项可以是最终完成的产成品,也可以是生产装配过程中形成的半成品,或者由不同材料构成的部件,也可以是经过加工过的半成品、外购部件等。

3. 有多级结构的产品需要一级一级输入,采用从上到下的顺序层层构建。

4. 基础档案中的产品结构不支持多版本、替代BOM和公共BOM的功能。

5. 基础档案中的产品结构支持格式设置的功能,同物料清单一样提供单据设计的功能。

6. 基础档案中的产品结构目前不能支持左树右表的表现形式,用户只能通过定位功能查询BOM。

## 任务三 标准单据设置

### 【任务场景】

天泽机械设备公司是一家工业企业,在生产经营的过程中,为了加强内部控制,需要对内部自制单据进行统一格式设置,要求单据编号设置方面既要严格遵循一定的编码规律,又要具有一定的灵活性。

## 【任务目标】

掌握单据格式设置和编号设置的操作方法。

## 【任务内容】

1. 进行单据格式设置。
2. 进行单据编号设置。

## 【任务实施】

### 一、单据格式设置

删除销售专用发票和销售普通发票上的"销售类型"项目,对销售类型不做过细的划分。

单据格式设置的具体操作步骤如下:

1. 执行"基础设置"|"基础档案"|"单据设置"|"单据格式设置"命令,打开"单据格式设置"界面。

2. 执行"模板夹"|"单据类型"|"销售管理"|"销售专用发票"|"显示"|"销售专用发票显示模板"命令,如图 2-84 所示。在销售专用发票的票头上单击"销售类型"选项,如图 2-85 所示,点击"删除"按钮。在出现的系统提示界面点击"是",如图 2-86 所示。

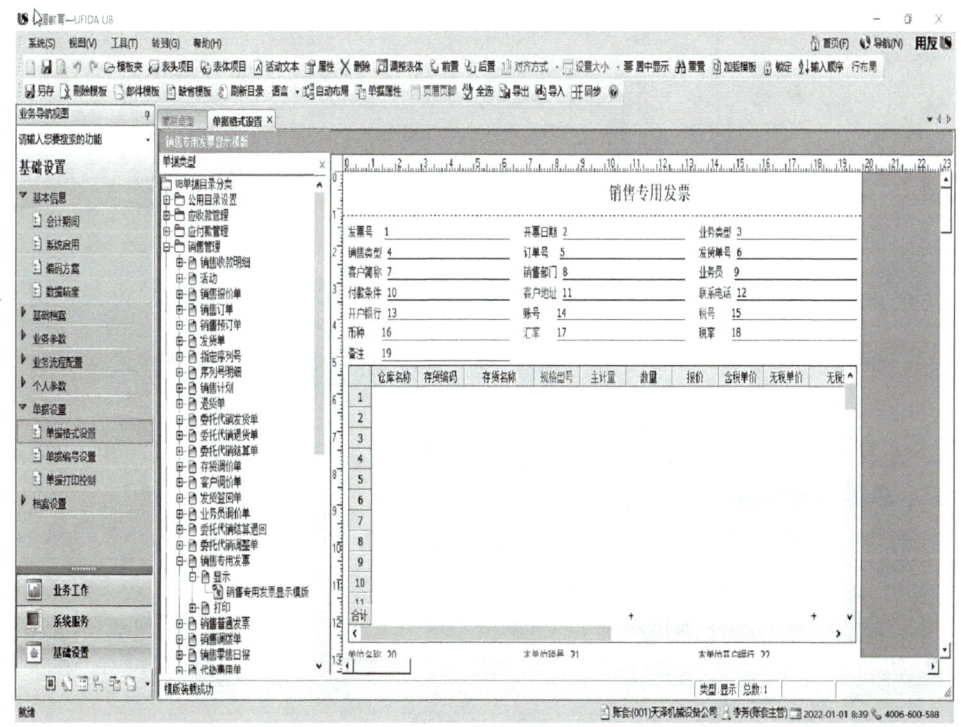

图 2-84　销售专用发票格式设置 1

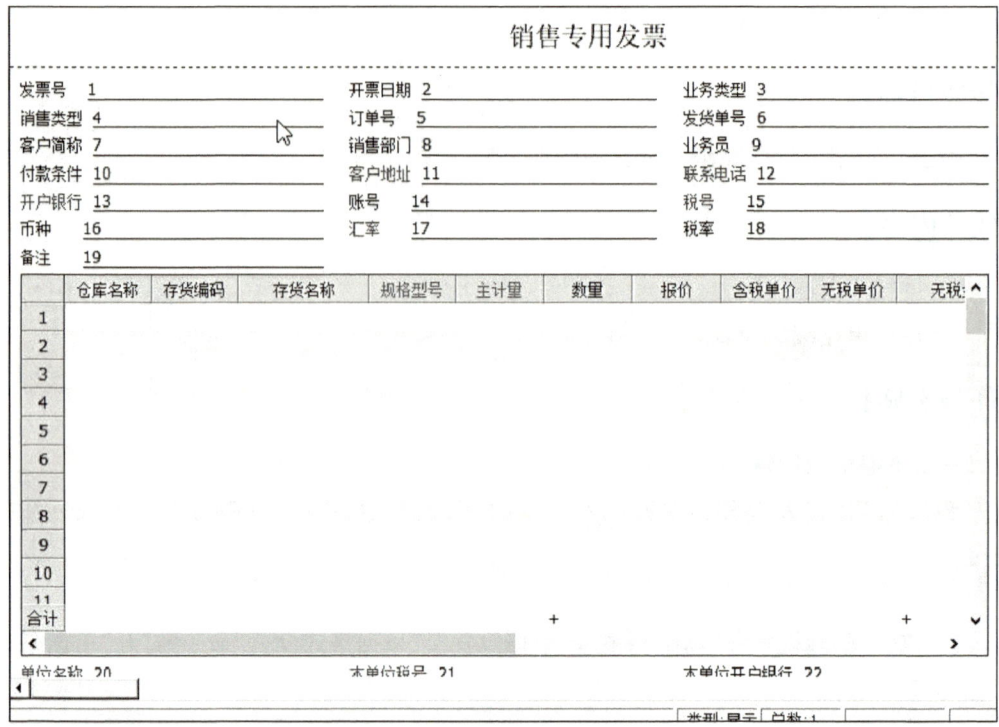

图 2-85　销售专用发票格式设置 2

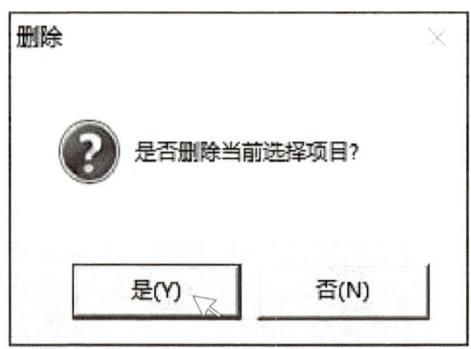

图 2-86　销售专用发票格式设置 3

3. 重复上述步骤,将销售普通发票的表头项目"销售类型"删除。

二、单据编号设置

对销售专用发票和销售普通发票进行手工编号,不用电脑自动编号,方便用户使用。

单据编号设置的具体操作步骤如下:

1. 执行"基础设置"|"基础档案"|"单据设置"|"单据编号设置"命令,打开"单据编号设置"界面,如图 2-87 所示。

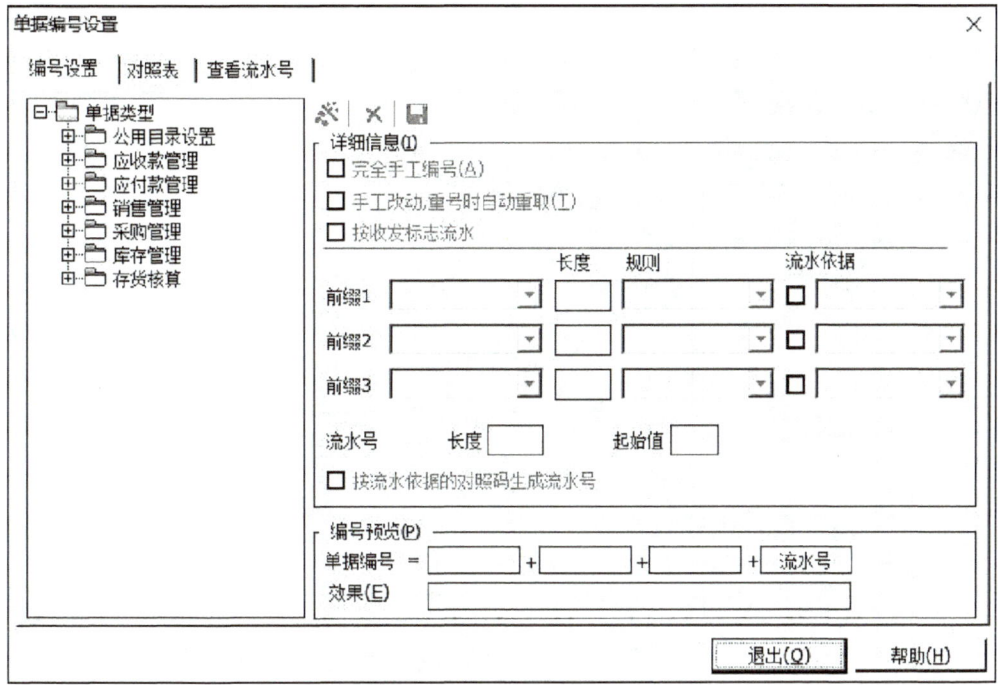

图 2-87 "单据编号设置"界面

2. 单击"单据类型"|"销售管理"|"销售专用发票",如图 2-88 所示。

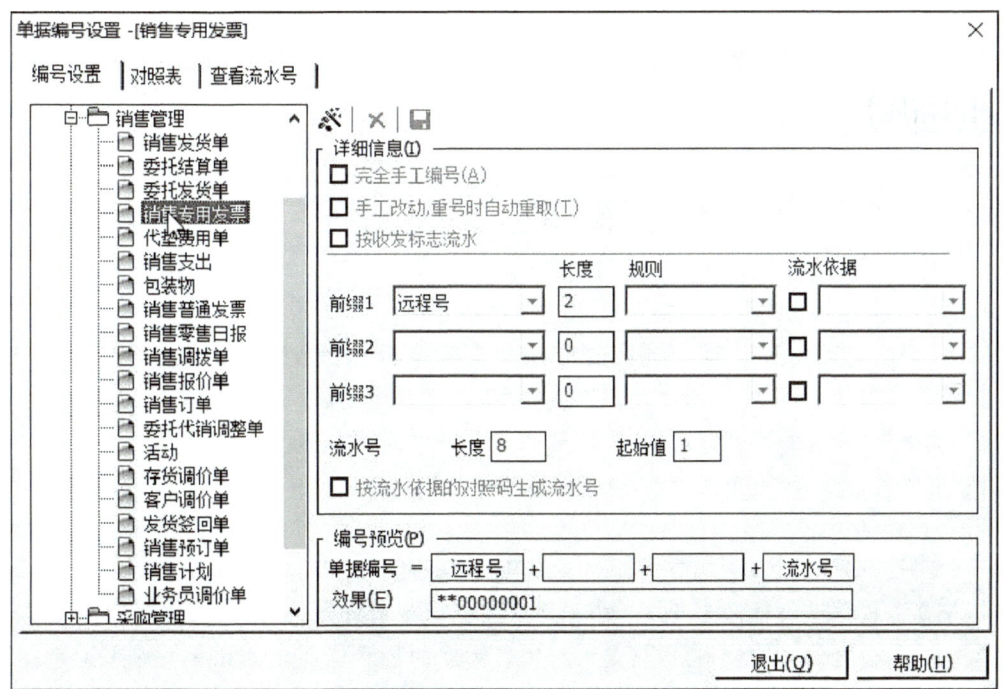

图 2-88 销售专用发票编号设置

3. 单击"编辑"按钮,勾选"完全手工编号"复选框,单击"保存"按钮,如图2-89所示。

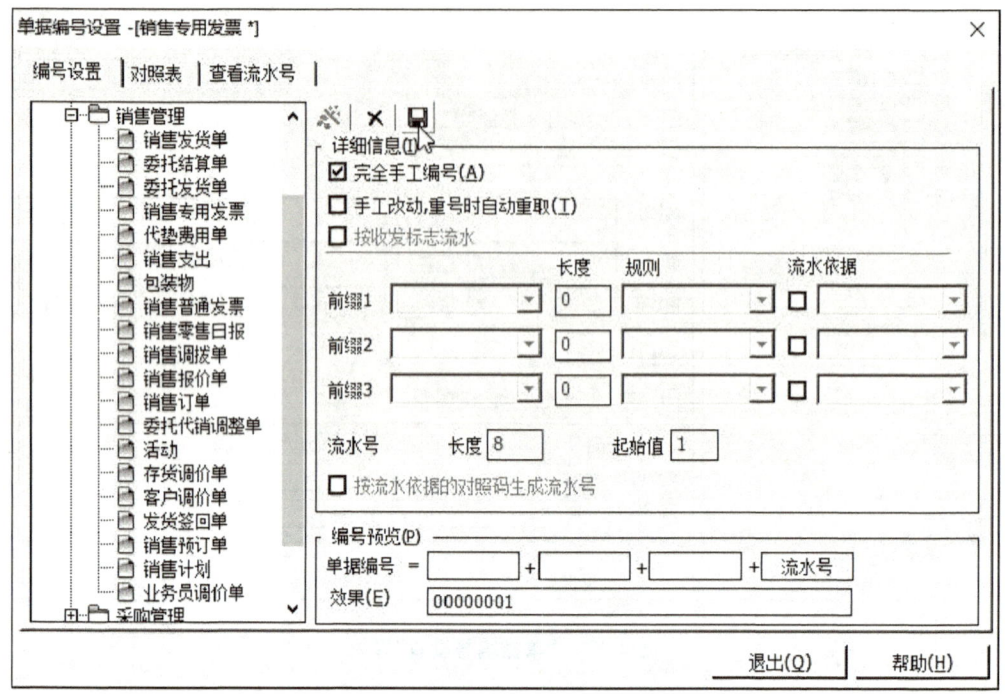

图2-89　销售专用发票编号设置

4. 单击"退出"按钮。
5. 重复上述步骤,对销售普通发票进行手工编号设置。

**【知识拓展】**

### 单据的格式与编号设置

单据的格式,指的是单据上的要素内容及其布局排列方式。根据格式是否统一,可以将单据分为标准单据和非标准单据。标准单据是按照国家行政管理部门的要求统一定制的。对企业来说,标准单据往往是外来单据,例如,发票、银行回单、银行支票、银行本票等票据,主要用于外部流通使用,认可度比较高。非标准单据则主要在企业内部使用,一般不在外部流通使用,因而在要素内容的安排和布局排列的构成上具有一定的灵活性,满足企业内部的管理需要即可,这些单据主要有验收单、入库单、出库单、发货单等。

单据的编号设置,主要有系统自动编号和完全手工编号两种方式。系统自动编号,就是由软件系统根据业务发生的先后顺序自动生成流水编号,可以避免遗漏、防止重复,起到很好的内部控制效果,是内部控制制度的一种体现。但对一些特殊业务,由于业务规则跟日常业务有所不同,可能无法进行生单,在编号上就会无从体现。完全手工编号,就是由业务员在业务发生时,根据业务发生的先后顺序人工进行单据编号,充分发挥业务员的主观能动性和职业判断能力,在发生特殊业务时,能够做到及时编号记录。当然,完全手工编号有时也会由于种种原因发生多记、少记或错记的现象。

总的来说,单据编号的两种方式各有优缺点,可以相互对照,取长补短。

企业应根据自身的实际情况,在单据的格式设置和编号设置上灵活处理,发挥最大的内部控制效应,促进企业经营活动的有序开展。

### 账套数据备份

在电脑中建立一个文件夹并按日期命名,然后将账套输出备份到这个文件夹中。在账套的备份和使用过程中,要养成良好的数据安全和保密意识。

# 总 账 管 理

 **项目综述**

总账系统是用友 ERP-U8V10.1 软件的核心子系统,其主要任务就是利用已建立的基础档案及会计科目体系,输入和处理各种凭证,完成记账、对账以及结算的工作,输出总分类账、日记账、明细账和相关辅助账。

总账系统的主要功能包括初始设置、凭证处理、出纳管理、辅助核算、账簿管理、期末处理等基本核算功能,并提供客户、供应商、部门、个人、项目核算等辅助核算功能。在业务处理过程中,可以随时查询包含未记账凭证的所有账表,充分满足会计信息的及时性要求。总账系统适用于各行各业进行账务处理及管理工作,因此也被称为账务处理系统。总账系统既可以独立运行,也可以与其他系统集成应用。

在集成应用的情况下,总账系统在整个企业管理信息系统中居于核心地位,它通过开放式的数据接口、标准化的业务流程使总账系统同其他系统有机结合为一体。总账系统不仅可以直接输入记账凭证,而且可以接收来自其他子系统生成的凭证进行总分类核算。它汇集了一个单位全面的经济活动数据,进行处理并提供综合性和总括性的会计信息。它还为会计报表和财务分析等系统提供相关数据和信息,以满足投资者、债权人、管理人员和政府部门等企业内外各方面对会计信息的需求。

总账系统与其他系统的主要数据关系如图 3-1 所示。

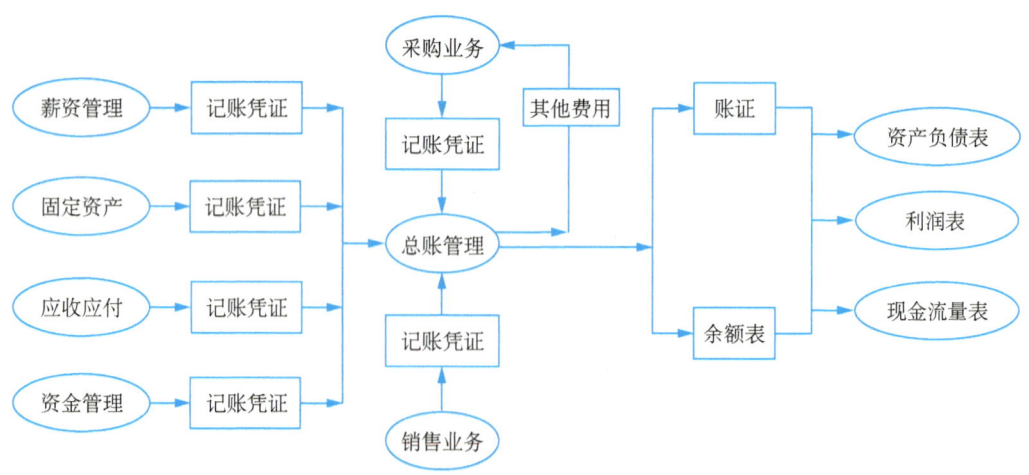

图 3-1 总账系统与其他系统的主要数据关系

## 职业能力培养

通过项目的实施及运营,了解凭证管理、账簿管理、期末结账的相关知识。熟练掌握新增、修改、删除、冲销、审核凭证等相关操作,以及银行对账、记账、账簿查询、期末结转等操作。在项目实施过程中培养学生严谨认真、客观公正、廉洁自律的职业素养及自信自强、守正创新、踔厉奋发、勇毅前行的精神品质和时代担当,让学生养成廉洁从业、清白做人、干净做事的职业道德和高尚情操。

### 思政园地

会计人员一定要根据真实发生的业务进行会计核算,根据审核无误的原始凭证编制记账凭证,决不能无中生有、编制虚假错误的记账凭证。同时,会计人员要坚守廉洁自律的职业道德要求,做好会计监督,自觉抵制物质利益的诱惑,不贪不占,确保会计工作正常运行。

2022年5月17日,某市农村经济事务中心会计、执法监督股股长许某某,因挪用公款罪被判处有期徒刑12年。经查实,在3年多时间里,许某某自己一人竟挪用公款55次,共计837万余元。许某某是"蚂蚁搬家式"贪腐的典型,他挪用套取公款的数字"账单"令调查人员震惊:2018年挪用公款9次共计94万余元,2019年挪用公款12次共计296万余元,2020年挪用公款15次共计240万余元,2021年挪用公款19次共计206万余元。许某某像蚂蚁搬家一样,55次将贪婪的"黑手"伸向单位公款,总计挪用公款837万余元。

2018年8月,许某某在报销其垫付的50元单位账户年检手续费时,因操作失误,未将系统自动弹出的公用经费剩余指标(20 507元)修改为50元,便将套打出的纸质财政授权支付凭证加盖单位银行预留印鉴和法人印章办理了转账支付。在发现个人银行卡上多出2万多元后,许某某虽内心惶恐,但并未向单位领导汇报,也未作相关退款处理。观望一个月发现未被察觉后,许某某开始有恃无恐,先后分4次将多出的2万多元提现,将这些钱用于赌博。

尝到甜头后,许某某自认为找到了不劳而获的捷径,当月便如法炮制,三次出手挪用9.7万余元。自2018年8月6日到2021年9月28日,从起初的战战兢兢到后来的肆意妄为,许某某采取虚构款项用途、伪造财政直接支付凭证、骗取银行预留印鉴等手段,以预付工程款、农村土地确权费、绩效工资、住房公积金、养老保险等名目多次挪用公款。2021年12月9日,许某某受到开除党籍、开除公职处分,并依法追缴其违法所得,同时因涉嫌犯罪问题被移送检察机关审查起诉。

财务人员必须特别注意廉洁自律,在加强业务能力学习的同时,更要注重职业道德的培育,遵守工作纪律,强化职业操守。

**典型工作任务**

1. 总账选项设置、录入期初余额等系统初始化工作。
2. 增加、修改、删除、审核、冲销凭证等工作。
3. 出纳管理、账簿管理工作。
4. 期末转账、结账工作。

第一次使用总账系统时需要完成选项设置,录入期初余额数据。总账系统的具体工作流程如图 3-2 所示。

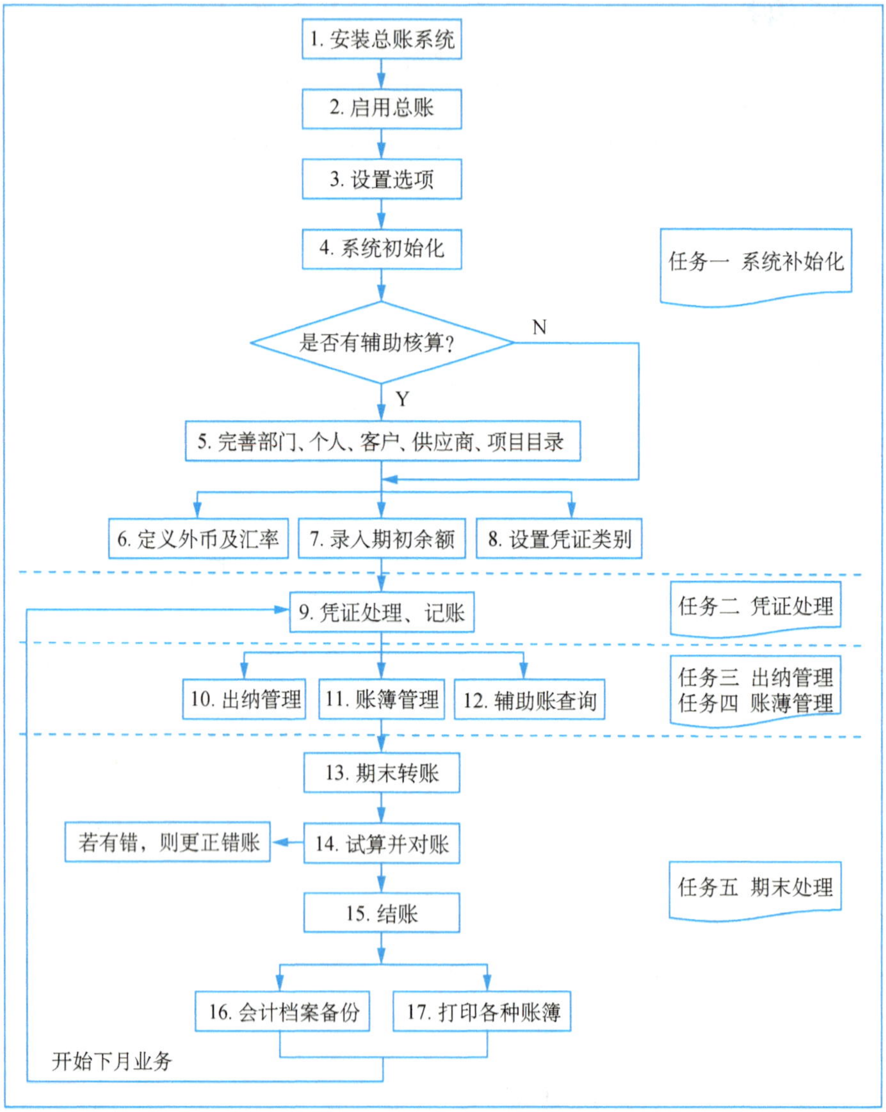

图 3-2 总账系统操作流程

# 任务一　总账管理系统初始化

总账系统初始化主要包括选项设置和期初余额录入等工作,是企业根据自身特点将通用财务软件变成适合本单位需要的专用软件的过程。

## 【任务场景】

经过一段时间的努力,天泽机械设备公司终于完成了建账和基础档案设置工作。根据工作安排,天泽机械设备公司决定从1月起利用用友 ERP-U8V10.1 软件进行日常会计核算工作。但公司总账会计刘明在登录总账系统后又遇到了一些新问题:公司的一些财务制度要求如制单序时、支票管理、资金及往来科目进行赤字控制等都需要预先在系统中进行设置。同时,为了保证会计核算的连续性,刘明还需要将上月期末余额进行整理并录入到本月系统期初余额中。

## 【任务目标】

1. 掌握总账选项的设置、期初余额的录入等操作方法;
2. 理解参数的设置对总账工作的影响和期初余额试算平衡的重要意义;
3. 在掌握专业知识的基础上具备总账系统初始化的能力,熟练掌握快速、准确地录入期初余额的技能。

## 【任务内容】

天泽机械设备公司总账系统初始化的任务主要包括总账选项设置、期初余额录入等。

1. 总账选项设置

天泽机械设备公司对总账系统的相关要求如下:总账系统在当前月份启用;凭证制单时采用序时控制;进行支票管理;进行资金及往来科目赤字控制;可以使用其他系统受控科目制单;制单权限不控制到科目;不可修改、作废他人填制的凭证;打印凭证需要包括制单、出纳、审核、记账等人员姓名;出纳凭证必须由出纳签字。其他选项按系统默认设置。

2. 总账科目及明细科目期初余额

天泽机械设备公司2022年年初各相关科目的期初余额见表3-1。

表3-1　总账科目、明细科目期初余额表　　　　　　　　　　单位:元

| 科目代码 | 科目名称 | 方向 | 辅助核算 | 期初余额 |
| --- | --- | --- | --- | --- |
| 1001 | 库存现金 | 借 | | 3 488.00 |
| 1002 | 银行存款 | 借 | | 917 435.70 |
| 100201 | 工行存款 | 借 | | 917 435.70 |

续表

| 科目代码 | 科目名称 | 方向 | 辅助核算 | 期初余额 |
|---|---|---|---|---|
| 100202 | 工行美元专户 | 借 | | 0.00 |
| 1012 | 其他货币资金 | 借 | | 200 000.00 |
| 101202 | 银行本票 | 借 | | 0.00 |
| 101203 | 银行汇票 | 借 | | 200 000.00 |
| 1101 | 交易性金融资产 | 借 | | 0.00 |
| 1121 | 应收票据 | 借 | 客户往来 | 292 500.00 |
| 112101 | 商业承兑汇票 | 借 | 客户往来 | 0.00 |
| 112102 | 银行承兑汇票 | 借 | 客户往来 | 292 500.00 |
| 1122 | 应收账款 | 借 | 客户往来 | 1 205 100.00 |
| 1123 | 预付账款 | 借 | 供应商往来 | 180 000.00 |
| 1131 | 应收股利 | 借 | | 0.00 |
| 1132 | 应收利息 | 借 | | 0.00 |
| 1221 | 其他应收款 | 借 | | 4 400.00 |
| 122101 | 备用金 | 借 | 部门核算 | 3 000.00 |
| 122102 | 应收个人款 | 借 | 个人往来 | 1 400.00 |
| 1231 | 坏账准备 | 贷 | | 6 340.00 |
| 1401 | 物资采购 | 借 | | 0.00 |
| 1402 | 在途物资 | 借 | | 0.00 |
| 1403 | 原材料 | 借 | | 2 017 082.00 |
| 140301 | 原料及主要材料 | 借 | | 1 062 000.00 |
| 140302 | 辅助材料 | 借 | | 111 482.00 |
| 140303 | 外购半成品 | 借 | | 316 800.00 |
| 140304 | 自制半成品 | 借 | | 386 800.00 |
| 140305 | 燃料 | 借 | | 140 000.00 |
| 1404 | 材料成本差异 | 借 | | 0.00 |
| 1405 | 库存商品 | 借 | | 333 200.00 |
| 1406 | 发出商品 | 借 | | 0.00 |
| 1408 | 委托加工物资 | 借 | | 0.00 |
| 1411 | 周转材料 | 借 | | 96 640.00 |
| 141101 | 包装物 | 借 | | 1 200.00 |
| 141102 | 低值易耗品 | 借 | | 95 440.00 |
| 1511 | 长期股权投资 | 借 | | 0.00 |

续表

| 科目代码 | 科目名称 | 方向 | 辅助核算 | 期初余额 |
|---|---|---|---|---|
| 1601 | 固定资产 | 借 | | 7 042 600.00 |
| 1602 | 累计折旧 | 贷 | | 2 239 014.00 |
| 1604 | 在建工程 | 借 | 项目核算 | 0.00 |
| 160401 | 工程物资 | 借 | 项目核算 | 0.00 |
| 160402 | 工程水电费 | 借 | 项目核算 | 0.00 |
| 160403 | 工程其他费用 | 借 | 项目核算 | 0.00 |
| 160404 | 预付工程款 | 借 | 项目核算 | 0.00 |
| 160405 | 在建工程转出 | 借 | 项目核算 | 0.00 |
| 1605 | 工程物资 | 借 | | 0.00 |
| 1606 | 固定资产清理 | 借 | | 0.00 |
| 1701 | 无形资产 | 借 | | 130 000.00 |
| 1801 | 长期待摊费用 | 借 | | 0.00 |
| 1901 | 待处理财产损溢 | 借 | | 0.00 |
| 2001 | 短期借款 | 贷 | | 400 000.00 |
| 2201 | 应付票据 | 贷 | 供应商往来 | 204 750.00 |
| 220101 | 商业承兑汇票 | 贷 | 供应商往来 | 204 750.00 |
| 220102 | 银行承兑汇票 | 贷 | 供应商往来 | 0.00 |
| 2202 | 应付账款 | 贷 | 供应商往来 | 702 000.00 |
| 2203 | 预收账款 | 贷 | 客户往来 | 0.00 |
| 2211 | 应付职工薪酬 | 贷 | | 50 000.00 |
| 221101 | 工资 | 贷 | | 0.00 |
| 221102 | 职工福利 | 贷 | | 50 000.00 |
| 221103 | 社会保险 | 贷 | | 0.00 |
| 221104 | 住房公积金 | 贷 | | 0.00 |
| 221105 | 工会经费 | 贷 | | 0.00 |
| 221106 | 职工教育经费 | 贷 | | 0.00 |
| 2221 | 应交税费 | 贷 | | 125 621.70 |
| 222101 | 应交增值税 | 贷 | | 0.00 |
| 22210101 | 进项税额 | 贷 | | 0.00 |
| 22210102 | 已交税金 | 贷 | | 0.00 |
| 22210103 | 转出未交增值税 | 贷 | | 0.00 |
| 22210105 | 销项税额 | 贷 | | 0.00 |

续表

| 科目代码 | 科目名称 | 方向 | 辅助核算 | 期初余额 |
| --- | --- | --- | --- | --- |
| 22210107 | 进项税额转出 | 贷 | | 0.00 |
| 22210109 | 转出多交增值税 | 贷 | | 0.00 |
| 222102 | 未交增值税 | 贷 | | 79 522.00 |
| 222103 | 应交消费税 | 贷 | | 0.00 |
| 222104 | 应交营业税 | 贷 | | 0.00 |
| 222105 | 应交所得税 | 贷 | | 35 841.81 |
| 222108 | 应交城市维护建设税 | 贷 | | 5 566.54 |
| 222109 | 应交个人所得税 | 贷 | | 2 305.69 |
| 222110 | 其他应交款 | 贷 | | 2 385.66 |
| 2232 | 应付股利 | 贷 | | 0.00 |
| 2241 | 其他应付款 | 贷 | | 75 000.00 |
| 224101 | 应付个人款 | 贷 | | 27 000.00 |
| 224102 | 应付单位款 | 贷 | | 48 000.00 |
| 2501 | 长期借款 | 贷 | | 890 000.00 |
| 2502 | 应付债券 | 贷 | | 0.00 |
| 4001 | 实收资本 | 贷 | | 6 300 000.00 |
| 4002 | 资本公积 | 贷 | | 292 701.00 |
| 400201 | 资本溢价 | 贷 | | 292 701.00 |
| 4102 | 盈余公积 | 贷 | | 885 019.00 |
| 410201 | 法定盈余公积 | 贷 | | 200 000.00 |
| 410202 | 任意盈余公积 | 贷 | | 685 019.00 |
| 4103 | 本年利润 | 贷 | | 0.00 |
| 4104 | 利润分配 | 贷 | | 252 000.00 |
| 410401 | 提取法定盈余公积 | 贷 | | 0.00 |
| 410402 | 提取任意盈余公积 | 贷 | | 0.00 |
| 410406 | 未分配利润 | 贷 | | 252 000.00 |
| 5001 | 生产成本 | 借 | | 0.00 |
| 500101 | 基本生产成本 | 借 | 部门核算 | 0.00 |
| 500102 | 辅助生产成本 | 借 | 部门核算 | 0.00 |
| 5101 | 制造费用 | 借 | | 0.00 |
| 510101 | 折旧 | 借 | 部门核算 | 0.00 |
| 510102 | 管理人员工资 | 借 | 部门核算 | 0.00 |

续表

| 科目代码 | 科目名称 | 方向 | 辅助核算 | 期初余额 |
|---|---|---|---|---|
| 510103 | 其他费用 | 借 | 部门核算 | 0.00 |
| 5201 | 劳务成本 | 借 | | 0.00 |
| 6001 | 主营业务收入 | 贷 | | 0.00 |
| 6051 | 其他业务收入 | 贷 | | 0.00 |
| 6111 | 投资收益 | 贷 | | 0.00 |
| 6301 | 营业外收入 | 贷 | | |
| 6401 | 主营业务成本 | 借 | | 0.00 |
| 6402 | 其他业务成本 | 借 | | 0.00 |
| 6403 | 税金及附加 | 借 | | |
| 6411 | 利息支出 | 借 | | 0.00 |
| 6601 | 销售费用 | 借 | | 0.00 |
| 660101 | 工资 | 借 | | |
| 660102 | 福利费 | 借 | | |
| 660103 | 业务招待费 | 借 | 部门核算 | 0.00 |
| 6602 | 管理费用 | 借 | | |
| 660201 | 工资 | 借 | | 0.00 |
| 660202 | 福利费 | 借 | | |
| 660203 | 办公费 | 借 | 部门核算 | 0.00 |
| 660204 | 差旅费 | 借 | 部门核算 | 0.00 |
| 660205 | 折旧费 | 借 | | |
| 660206 | 其他 | 借 | | |
| 6603 | 财务费用 | 借 | | 0.00 |
| 6711 | 营业外支出 | 借 | | 0.00 |
| 6801 | 所得税 | 借 | | 0.00 |

应收账款期初余额见表 3-2。

表 3-2 应收账款期初余额表

| 单据名称 | 单据类型 | 方向 | 开票日期 | 供应商名称 | 销售部门 | 业务员 | 科目编码 | 货物名称 | 数量 | 增值税发票号 | 价税合计(元) |
|---|---|---|---|---|---|---|---|---|---|---|---|
| 销售发票 | 专用发票 | 借 | 8.23 | 沈阳飞机制造厂 | 本地销售 | 马敏 | 1131 | LY125产品 | 5台 | 33457801 | 292 500 |
| 销售发票 | 专用发票 | 借 | 9.08 | 武汉造船厂 | 本地销售 | 马敏 | 1131 | LY126产品 | 5台 | 33457901 | 163 800 |

续表

| 单据名称 | 单据类型 | 方向 | 开票日期 | 供应商名称 | 销售部门 | 业务员 | 科目编码 | 货物名称 | 数量 | 增值税发票号 | 价税合计(元) |
|---|---|---|---|---|---|---|---|---|---|---|---|
| 销售发票 | 专用发票 | 借 | 10.15 | 江西水泥制造厂 | 外地销售 | 高惠荣 | 1131 | LY125产品 | 5台 | 12345678 | 292 500 |
| 销售发票 | 专用发票 | 借 | 11.09 | 北京扬泽公司 | 外地销售 | 高惠荣 | 1131 | LY125产品 | 5台 | 23456789 | 292 500 |
| 销售发票 | 专用发票 | 借 | 11.09 | 福州工贸公司 | 外地销售 | 高惠荣 | 1131 | LY126产品 | 5台 | 34568890 | 163 800 |

应收票据期初余额见表3-3。

表3-3 应收票据期初余额表(票据编号:YD67890)

| 单据名称 | 单据类型 | 方向 | 开票日期 | 客户名称 | 销售部门 | 业务员 | 科目编码 | 货物名称 | 数量 | 增值税发票号 | 价税合计(元) |
|---|---|---|---|---|---|---|---|---|---|---|---|
| 销售发票 | 专用发票 | 贷 | 11.20(三个月银行承兑汇票) | 福州工贸公司 | 外地销售 | 高惠荣 | 111102 | LY125产品 | 5台 | 23456789 | 292 500 |

应付账款、预付账款、应付票据账户的期初余额见表3-4～表3-6。

表3-4 应付账款余额

| 单据名称 | 单据类型 | 方向 | 开票日期 | 名称 | 业务员 | 科目编码 | 货物名称 | 数量 | 单位成本(元) | 增值税发票号 | 价税合计(元) |
|---|---|---|---|---|---|---|---|---|---|---|---|
| 采购发票 | 专用发票 | 贷 | 10.13 | 沈铁 | 高洁 | 2202 | 铸铁件 | 20吨 | 3 200 | 3 346 784 | 645 840 |
| 采购发票 | 专用发票 | 贷 | 11.20 | 海淀交化 | 高洁 | 2202 | 油漆等 | | | | 56 160 |

表3-5 预付账款余额

| 单据名称 | 单据类型 | 方向 | 开票日期 | 名称 | 业务员 | 科目编码 | 货物名称 | 数量 | 单位成本(元) | 增值税发票号 | 价税合计(元) |
|---|---|---|---|---|---|---|---|---|---|---|---|
| 电汇 | 电汇单 | 借 | 12.05 | 南京商贸 | 高洁 | 1123 | 电机 | 200台 | | | 180 000 |

表3-6 应付票据余额(票据编号:SD54321)

| 单据名称 | 单据类型 | 方向 | 开票日期 | 供应商名称 | 业务员 | 科目编码 | 货物名称 | 数量 | 单位成本(元) | 增值税发票号 | 价税合计(元) |
|---|---|---|---|---|---|---|---|---|---|---|---|
| 采购发票 | 专用发票 | 贷 | 11.30(三个月商业承兑汇票) | 洛轴 | 高洁 | 220101 | 轴承 | 500套 | 3 500 | 4432579 | 204 750 |

其他应收款账户的期初余额见表3-7。

表 3-7 其他应收款余额

| 科目 | 部门 | 方向 | 金额(元) |
| --- | --- | --- | --- |
| 备用金 | 人事部 | 借 | 3 000 |
| 应收个人款 | 财务部　刘明 | 借 | 1 400 |

## 【任务实施】

### 一、设置总账选项

根据天泽机械设备公司财务制度要求,在开始处理日常业务之前,须在总账选项中设置相关内容,具体操作步骤如下:

1. 以账套主管身份登录企业应用平台,在企业应用平台"业务工作"选项卡中,单击"财务会计"|"总账",打开总账系统,如图 3-3 所示。

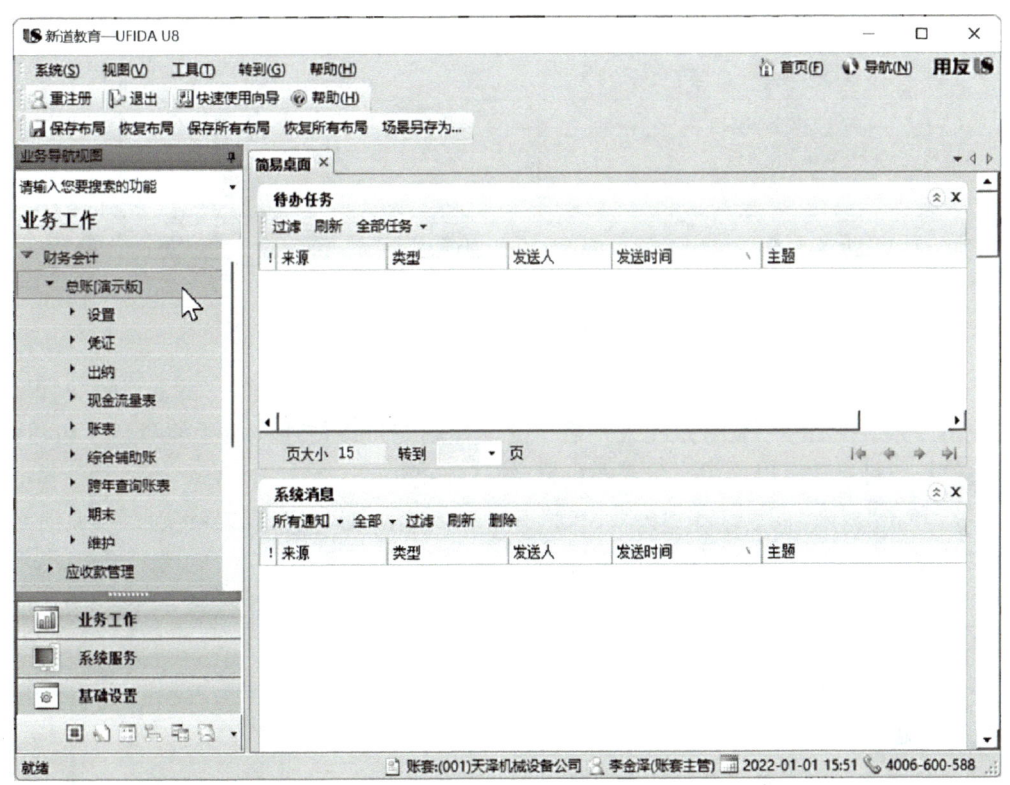

图 3-3　打开总账系统

2. 在总账系统中,双击"设置"|"选项"命令,打开"选项"对话框,如图 3-4 所示。

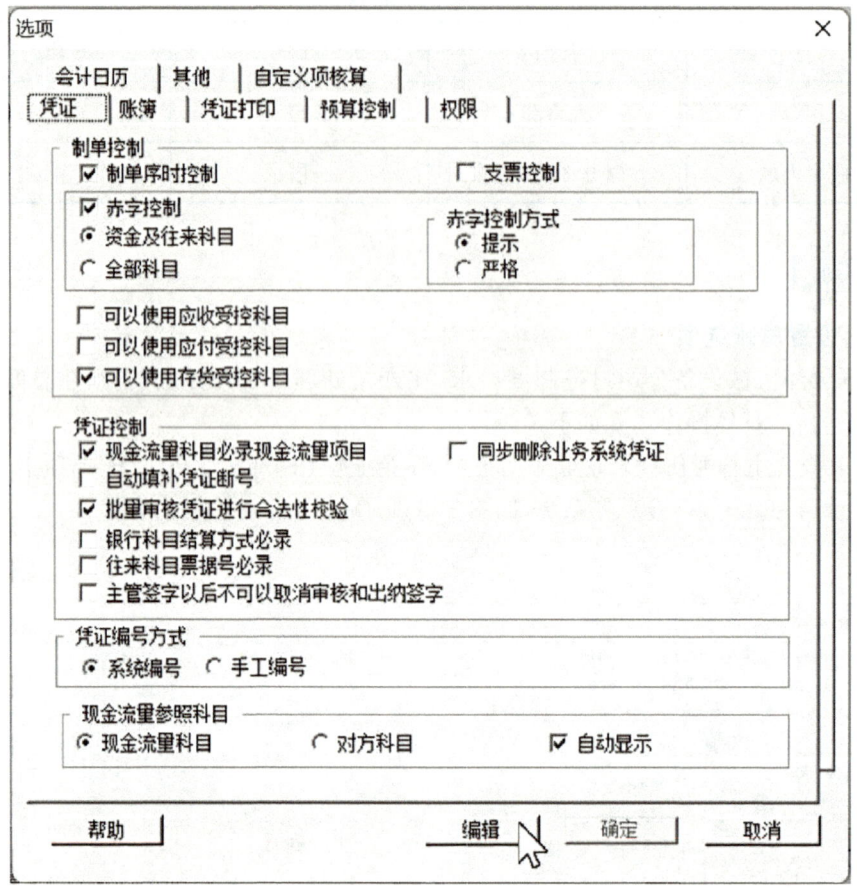

图 3-4 "选项"对话框

3. 单击"编辑"按钮进入编辑状态,根据企业要求单击选中"凭证"页签下的"制单序时控制""赤字控制——资金及往来科目""支票控制""可以使用应收受控科目""可以使用应付受控科目""可以使用存货受控科目"等选项。

4. 单击"权限"页签,选中"权限控制"下的"出纳凭证必须有出纳签字"选项,取消"制单权限控制到科目""允许、修改作废他人填制的凭证"等选项。

5. 单击"凭证打印"页签,选中"打印凭证的制单、出纳、审核、记账等人员姓名"选项。

6. 系统参数全部设置好之后,单击"确定"按钮保存并退出。

> 注意:
> 总账系统的参数设置将决定总账系统的输入控制、处理方式、数据流向、输出格式等,设定后一般不要随意更改。

### 二、录入期初余额

1. 在总账系统中,双击执行"设置"|"期初余额"命令,进入"期初余额录入"窗口,如图 3-5 所示。

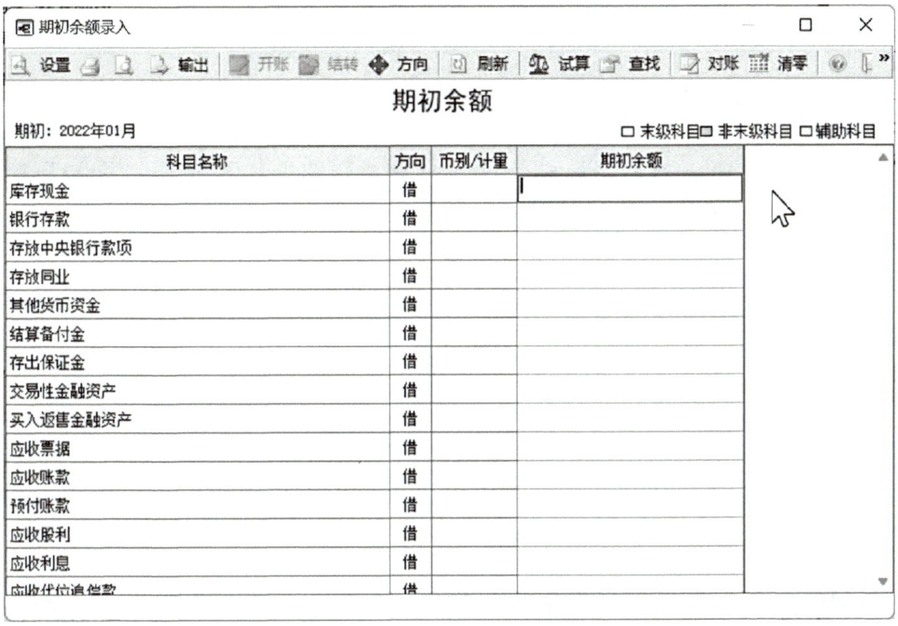

项目三 总账管理

图 3-5 "期初余额录入"窗口

2. 白色的单元格为末级科目，可以直接双击单元格并输入期初余额，如直接双击"库存现金"的期初余额栏后输入"3488"，直接双击"坏账准备"科目的期初余额栏后输入"6340"等。

3. 灰色的单元格为非末级科目，不允许录入期初余额，由下级科目录入完成后自动汇总生成。如"银行存款"科目对应的期初余额单元格为灰色，无法录入，此时可双击其下级科目"工行存款"和"工行美元专户"的期初余额栏后输入对应的金额"917435.70"。明细科目全部录入之后，总账科目"银行存款"的期初余额会自动计算生成，如图 3-6 所示。

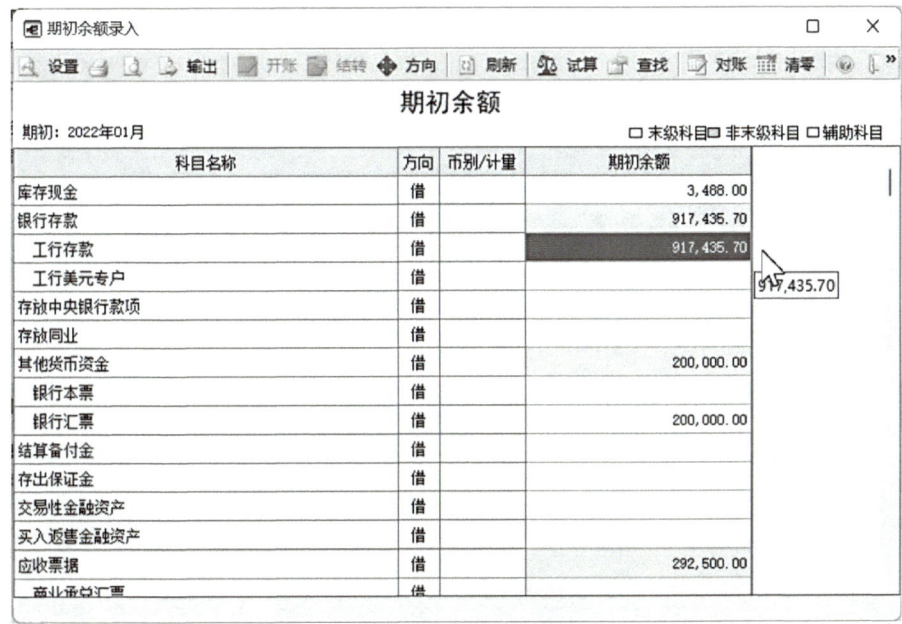

图 3-6 非末级科目期初余额的录入

4. 黄色的单元格代表对该科目设置了辅助核算，不允许直接录入期初余额，需要双击该单元格进入辅助期初余额界面，在辅助账中输入期初数据。录入完成后系统自动计算总账期初余额并填列在期初余额表中。

设置辅助期初数据的具体操作步骤如下：

（1）选择带有辅助核算的会计科目如"应收账款"，双击其所在行的"期初余额"单元格，进入"辅助期初余额"界面，如图 3-7 所示。

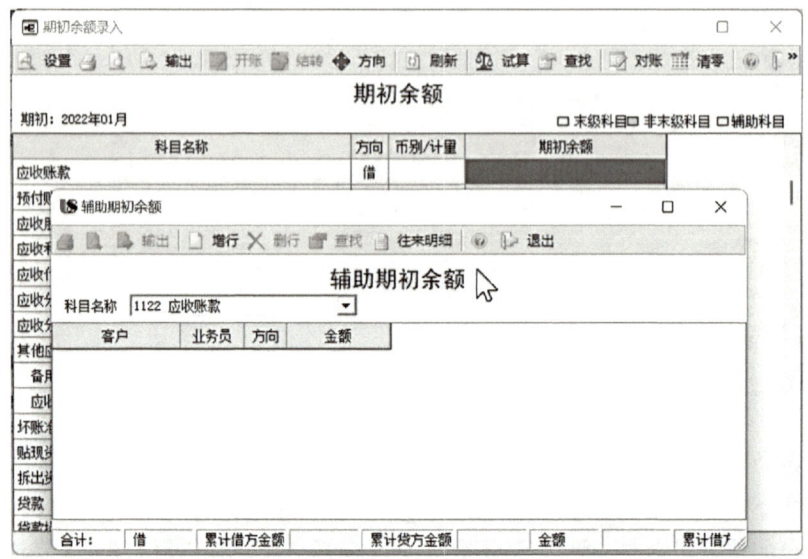

图 3-7 "辅助期初余额"界面

（2）在"辅助期初余额"界面中单击"往来明细"按钮，进入"期初往来明细"录入窗口。在"期初往来明细"窗口中单击"增行"按钮，在新增行中录入对应的期初余额信息，如图 3-8 所示。

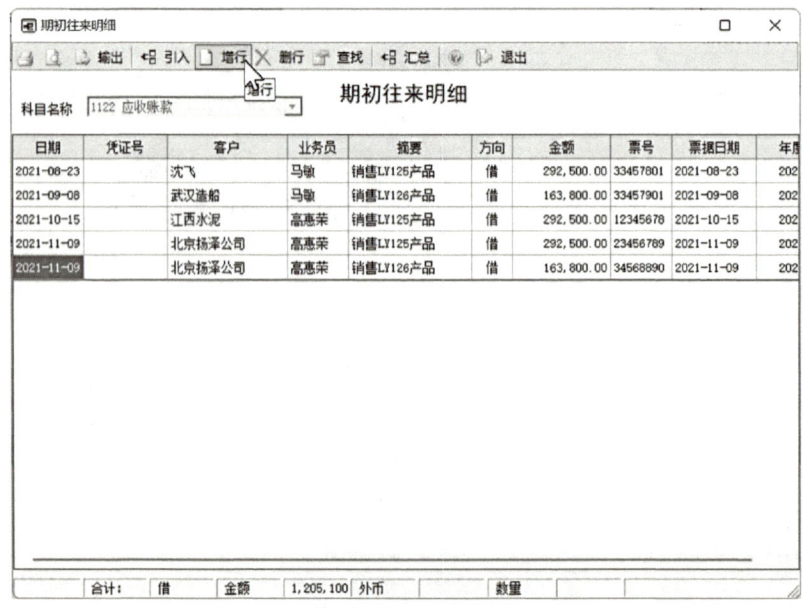

图 3-8 "期初往来明细"录入窗口

如果有多行数据,则继续单击"增行"按钮,新增行将自动复制上一行的信息,此时在其基础上修改数据即可。如果双击新增行的"客户"信息所在的单元格,此时单元格后方会出现参照按钮,如果直接单击该参照按钮,则弹出的"客户基本参照"对话框中只能看到一个客户信息,即当前单元格中的客户"北京扬泽公司",而无法参照到其他的客户信息,如图3-9所示。

图3-9 "客户基本参照"对话框

因此,此处正确的做法是双击新增行"客户"信息所在的单元格,然后将该单元格中默认的客户"北京扬泽公司"删除,使此单元格没有内容,变成空白单元格。接下来再单击单元格后面出现的参照按钮就可以参照到所有的客户信息了。

如果此时想放弃新增行的数据录入,直接按两次键盘左上角的"Esc"键退出即可,否则会一直出现"客户非法""摘要必须录入"或"金额不能为零"的提示,导致不录入完整信息就无法退出。

(3) 全部期初往来明细数据录入完毕后,单击"汇总"按钮,系统提示"完成了往来明细到辅助期初表的汇总!",单击"确定"按钮返回期初往来明细录入界面。单击"退出"按钮,此时"辅助期初余额"界面中已经出现了期初余额数据。

(4) 单击"退出"按钮回到"期初余额"录入界面,此时应收账款处已经出现了汇总后的期初余额数据。

(5) 部分科目如果有数量(外币)核算的要求,则期初余额有两行,在录入时需要分别录入金额和数量(外币金额)。

(6) 所有科目期初余额录入完毕后,单击"试算"按钮,系统会进行期初试算平衡,试算结果如图3-10所示,单击"确定"按钮返回"期初余额"录入界面。

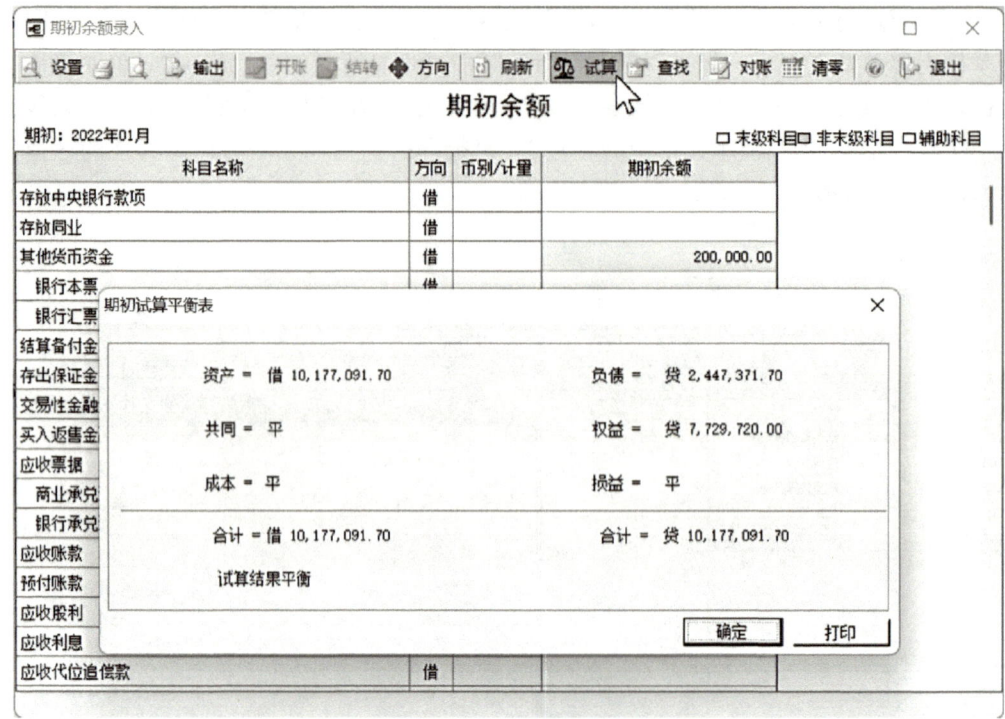

图 3-10 期初试算平衡表

（7）期初试算平衡之后还要进行对账。单击"对账"按钮，弹出"期初对账"对话框，如图 3-11 所示。单击该对话框中的"开始"按钮，则系统开始对账并显示对账进度，对账完成之后会在下方显示"期初对账完毕"。如果对账中有错误，可以单击"对账错误"按钮查看，如果对账正确，单击右上角的关闭按钮退出，如图 3-12 所示。

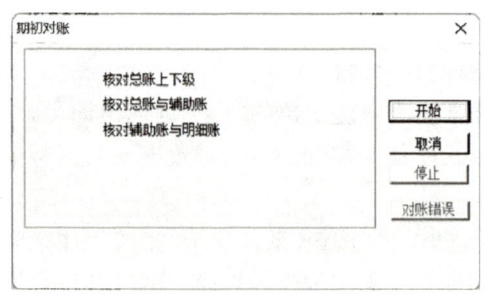

图 3-11 期初余额核对

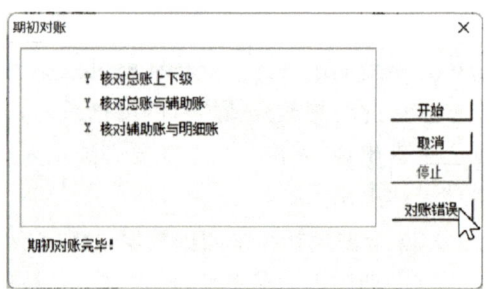

图 3-12 对账过程

> 注意：
> （1）录入期初余额时只需要录入末级科目的余额，非末级科目的余额系统会自动计算生成。
> （2）如果要修改期初余额的方向，可在未录入余额的前提下，单击"方向"按钮调整余额方向。

(3) 总账科目与其下级科目的方向必须一致。如果所属明细科目的余额方向与总账科目不同,则用负号表示。如"应交税费——应交增值税"科目的期初余额在贷方,但其所属明细科目"进项税"的余额则为借方余额。因此,为了在期初余额录入界面中使"进项税"的余额方向与其上级科目"应交税费——应交增值税"保持一致,可以录入负数表示借方余额。

(4) 如果录入余额的科目带有辅助核算要求,则录入期初余额时必须录入辅助核算的明细内容,修改时也应修改明细内容。

(5) 如果从年中某月开始建账,需要录入启用月份的月初余额及年初到该月的借贷方累计发生额(年初余额由系统根据月初余额及借贷方累计发生额自动计算生成)。此时系统在试算平衡时,只对月初余额试算平衡,而不对年初余额进行试算。

(6) 如果期初余额试算不平衡,可以继续填制凭证,但不允许记账。

(7) 凭证记账后,期初余额变为只读状态,不能再修改。

## 【知识拓展】

### 选项设置

系统在建立新的账套后,由于实际经营需要或业务变更,发生账套信息与核算内容不符的情况时,可以通过选项设置功能进行账簿选项的调整和查看,对凭证选项、账簿选项、凭证打印、预算控制、权限选项、会计日历、其他选项和自定义项核算八部分内容的操作控制选项进行修改。下面重点介绍一些常用的选项设置。

1. 制单控制

(1) 制单序时控制:控制系统保存凭证的顺序,可以按凭证号顺序排列,也可以按日期顺序排列。选择此项制单时,凭证编号必须按日期顺序排列。

(2) 支票控制:若选择此项,在使用银行科目编制凭证时,系统将针对票据管理的结算方式进行登记。如果输入的支票号在支票登记簿中已存在,系统提供登记支票报销的功能;否则,系统提供支票登记簿的功能。

(3) 应收/应付/存货受控科目:若科目为应收/应付/存货系统的受控科目,为了防止重复制单,只允许应收系统使用此科目制单,总账系统制单时不能使用。如果希望在总账中也能使用这些科目填制凭证,则应当选择此项。

2. 凭证控制

(1) 现金流量科目必录现金流量项目:选择此项后,在录入凭证时如果使用现金流量科目,则必须输入现金流量项目及金额。

(2) 自动填补凭证断号:如果选择凭证编号方式为系统编号,则在新增凭证时,系统按凭证类别自动查询本月的第一个断号,并将其默认为本次新增凭证的凭证号。如无断号则为新号,与原编号规则一致。

(3) 批量审核凭证进行合法性校验：批量审核凭证时针对凭证进行二次审核，提高凭证输入的正确率，合法性校验与保存凭证时的合法性校验相同。

(4) 银行科目结算方式和往来科目票据号必录：选择这两项后，在录入凭证时如果使用银行科目或往来科目，则必须输入结算方式和票据号。

(5) 同步删除业务系统凭证：选中此项后，业务系统删除凭证时，将相应地将总账的凭证同步删除；否则，总账凭证将被作废，不予删除。

3. 凭证编号方式

系统在"填制凭证"功能中一般按照凭证类别按月自动编制凭证编号，即"系统编号"，但有的企业需要系统允许在制单时手工录入凭证编号，即"手工编号"。

4. 现金流量参照科目

用来设置现金流量录入界面的参照内容和方式。选中"现金流量科目"选项时，系统只参照凭证中的现金流量科目；选中"对方科目"选项时，系统只显示凭证中的非现金流量科目；选中"自动显示"选项时，系统将依据前两个选项将现金流量科目或对方科目自动显示在指定的现金流量项目界面中，否则需要手工参照选择。

5. 权限

(1) 制单权限控制到科目：需要在系统管理的"功能权限"设置中设置科目权限，再选择此项，权限设置才有效。选择此项，则在制单时操作员只能使用具有相应制单权限的科目制单。

(2) 制单权限控制到凭证类别：需要在系统管理的"功能权限"设置中设置科目权限，再选择此项，权限设置才有效。选择此项，则在制单时只显示此操作员有权限的凭证类别，同时在凭证类别参照中按人员的权限过滤出有权限的凭证类别。

(3) 操作员进行金额权限控制：选择此项，可以对不同级别的人员进行金额大小的控制。例如，财务主管可以对10万元以上的经济业务制单，一般财务人员只能对5万元以下的经济业务制单，这样可以减少不必要的责任事故带来的经济损失。

(4) 凭证审核控制到操作员：只允许某操作员审核本部门操作员填制的凭证，则选择此项。需要在系统管理的"数据权限"设置中设置用户权限，再选择此项，权限设置才有效。

(5) 出纳凭证必须经由出纳签字：若要求现金、银行科目凭证必须由出纳人员核对签字后才能记账，则选择此项。

(6) 凭证必须经由主管会计签字：如要求所有凭证必须由主管签字后才能记账，则选择此项。

(7) 可查询他人凭证：如允许操作员查询他人凭证，则选择此项。如选择"控制到操作员"，则需要在系统管理的"数据权限"设置中设置用户权限，再选择此项，权限设置才有效。选择此项，则在凭证查询时操作员只能查询相应人员的凭证。

(8) 允许修改、作废他人填制的凭证：若选择此项，在制单时可修改或作废别人填制的凭证，否则不能修改。如选择"控制到操作员"，则需要在系统管理的"数据权限"

设置中设置用户权限,再选择此项,权限设置才有效。选择此项,则在填制凭证时操作员只能对相应人员的凭证进行修改或作废。

（9）明细账查询权限控制到科目:这里是权限控制的开关,在系统管理中设置明细账查询权限,必须在总账系统选项中选择此项,才能起到控制作用。

（10）制单、辅助账查询控制到辅助核算:设置此权限,制单时才能使用有辅助核算属性的科目录入分录,辅助账查询时只能查询有权限的辅助项内容。

## 期 初 余 额

期初余额录入是系统初始化的重要工作内容。余额和累计发生额的录入要从最底层科目开始,上级科目的余额和累计发生数据由系统自动计算。红字余额应输入负号。一般情况下,系统中资产类科目的余额方向为借方,负债类及所有者权益类科目的余额方向为贷方,但是有一部分科目需要进行调整,如"坏账准备""累计折旧"等科目的余额方向与同类科目余额方向相反。在建立会计科目时,如果没有对这些科目的余额方向进行调整,就需要在期末余额录入时调整正确。

第一次使用总账系统时,应将经过整理的手工账目的各科目期初余额及发生额等相关数据录入系统中。如果是在年初建账,则输入的期初余额就是年初余额。如果是在会计年度中建账,则应输入建账月份的月初余额和年初到此时的各科目借、贷方累计发生额,由系统自动计算出年初余额。

## 数据权限分配

必须先在系统管理中定义角色或用户并分配完功能权限后才能进行"数据权限分配"。数据权限分配包括记录权限分配和字段权限分配。

记录权限分配,是指对具体业务对象进行权限分配。它的使用前提是在"数据权限控制设置"中选择控制至少一个记录级业务对象。记录权限分配的操作流程为:选择分配对象——选择角色和用户——授权——保存设置。

字段权限分配,是指对单据中包含的字段进行权限分配。它的使用前提是在"数据权限控制设置"中选择控制至少一个字段级业务对象,设置的对象主要为客户、供应商、存货档案和业务单据。对档案实施字段权限控制后,进入基础档案列表时只显示有权限的栏目,不控制卡片的栏目显示,同时在参照时也只显示有权限的栏目。

若对某一单据设置字段权限,则在系统单据卡片和单据列表上只显示有权限的、已经设置在模板上的栏目内容。字段权限分配的操作流程为:选择字段分配对象——选择角色和用户——授权——保存设置。

## 金额权限分配

用于设置可使用的金额级别,并对业务对象提供金额级权限设置,如采购订单的金额审核额度、科目的制单金额额度。在设置金额权限之前必须先设定对应的金额级别,操作步骤如下:

1. 设置科目和采购订单金额级别,用于控制操作员制单时使用科目的金额。

选择业务对象"科目级别",单击"级别"按钮,打开"金额级别设置"界面,双击"科目编码",参照选择科目编码,系统自动显示相应的科目名称。手工输入级别1~6的金额。一个科目只能选择设置一个级别,可以输入的级别只能是1~6级。

注意:设置科目金额级别时,上下级科目不能同时设置。如已经设置了1002科目的金额级别,此时设置的1002科目的金额级别对其下级科目全部适用,则不能再设置100201科目的金额级别,即1002的所有下级科目拥有相同的金额级别。

2. 分配科目、采购定单金额权限。

单击"增加"按钮,在列表最后增加一个用户金额级别权限记录。双击"用户编码",系统自动显示用户名,选择已设置好的金额级别,一个用户只能选择一个级别。单击"放弃"按钮将放弃当前行的增加、修改,对于新增行则将当前行删除,对于修改行则将当前行的修改内容恢复至修改前状态。

> 注意:
> (1) 设置科目级别时,当对一个用户设置了一个级别后,相当于该用户对所有的科目均具有相同的级别,若该科目没有设置金额级别,则表示该科目不受金额级别控制。
> (2) 设置金额授权前需要先设置金额级别,级别总共分6级。对于科目来说,可以根据需要设置对应科目的金额级别,可以直接对上级科目设置级别,也可以明细到末级进行级别设置,但不允许对有上下级关系的科目同时进行级别设置。
> (3) 从级别1~6,金额必须逐级递增,不允许中间为空的情况存在,但允许最后有不设置的级别存在。
> (4) 在需要进行金额权限控制时,若申请权限的用户还没有金额权限记录,则按没有任何金额权限处理。
> (5) 金额权限控制中有3种情况不受控制:调用常用凭证生成的凭证、期末转账结转生成的凭证、在外部系统生成的凭证。

### 账簿套打工具

会计账簿是会计档案的重要组成部分,其格式、美观性、耐久性要求较高。套打纸是指会计软件公司为账务打印专门印制的各种凭证、账簿的标准表格格式,选择套打打印时,系统只将凭证、账簿的数据内容打印到相应的套打纸上,而不打印各种表格线。用套打纸打印凭证速度快且美观。

使用套打纸打印,需要在"设置"|"选项"中的"账簿"页签中选择"凭证、账簿套打"和相关纸型,然后在此调整套打参数。

### 账 簿 清 理

如果建完账后发现账建得太乱或错误太多,可以使用账簿清理功能将该账全部冲掉后重新建账。账簿清理可以将账套本年度已录入的财务数据清空,包括凭证及明细账、科目总账、辅助总账、多辅助总账、银行对账单、支票登记簿和汇率等内容，仍然保留会计科目、部门目录、客户目录、供应商目录、项目目录、个人目录、凭证类别、常用摘要和常用凭证等公用目录的内容。执行账簿清理后，可以重新录入财务数据。

账簿清理的具体操作步骤如下：单击"设置"|"账簿清理"，录入会计主管口令，确认后进入"账簿清理"界面。单击"清理"按钮将冲掉本年各账户的余额和明细账，单击"不清理"按钮则将取消账簿清理并退出。

> **注意：**
>
> 只有账套主管才能使用本功能。执行本功能将冲掉本年录入的所有余额和发生数，所以执行时一定要慎重，最好在执行前先进行数据备份工作。若已使用其他子系统填制凭证，最好不要对总账数据进行清理，否则可能会导致其他子系统的数据无法联查凭证。若想清空所有系统的数据，可执行系统管理中的"清空年度数据"功能。

## 任务二　凭证处理

凭证处理是总账系统日常工作的主要内容，包括填制凭证、出纳签字、主管签字、审核凭证、查询凭证、打印凭证、科目汇总和记账等账务处理工作。

### 【任务场景】

在会计主管李芳的领导和财务部全体人员的努力下，天泽机械设备公司已经根据管理制度和财务制度的要求对总账系统参数进行了设置，并录入了期初余额，接下来将利用设置好的系统进行日常会计核算工作。总账会计刘明需要根据本公司1月份发生的业务在总账系统中填制和处理各种记账凭证，并由账套主管李芳进行审核、记账，查询和打印输出各种日记账、明细账和总分类账，同时对辅助核算进行管理。

### 【任务目标】

1. 掌握凭证管理和凭证记账的相关知识；
2. 掌握审核凭证的注意事项；
3. 理解出纳签字、主管签字的意义；
4. 掌握凭证的填制、审核、修改、查询技能；
5. 掌握出纳签字、主管签字、记账的操作方法。

## 【任务内容】

天泽机械设备公司 2022 年 1 月发生的经济业务如下：

1. 2 日，收到联营单位华丰电子元件厂投入资金 200 000 元并存入银行，支票号(67102)。

2. 4 日，从海淀百货商场(发票号 PT79510)购买办公用品 3 000 元。其中金工车间 500 元，装配车间 400 元，供汽车间 300 元，机修车间 200 元，后勤部 1 600 元。开出转账支票一张，支票号(19601)。

3. 5 日，财务部刘明出差归来，报销差旅费 1 536 元，针对超支部分，出纳员支付现金补足超支差额。

4. 5 日，支付工资 86 280 元，签发转账支票(548195)一张，委托工商银行办理代发工资业务。

5. 7 日，通过工行账户缴纳上月应交未交所得税 37 412.50 元，增值税 79 522 元，城建税 5 565.54 元和教育费附加 2 385.66 元，代交上月已代扣的个人所得税 735 元。当即收到各有关税金及附加缴款书收据联(结算方式:8 其他,票号:SW011)。

6. 10 日，本地销售部支付产品展销洽谈会展费 3 000 元，开出转账支票(ZZ19602)一张。

7. 13 日，机修车间购买修理用品 10 500 元，开出转账支票(ZZ19603)一张。

8. 15 日，以委托收款方式支付本月电费 65 000 元。其中金工车间生产耗用 10 000 元，一般耗用 3 000 元；装配车间生产耗用 5 000 元，一般耗用 2 000 元；供汽车间耗用 41 000 元；机修车间耗用 1 000 元；后勤部耗用 3 000 元。

9. 22 日，外地销售部招待客户，发生业务招待费 1 620 元，用转账支票付讫(ZZ19604)。

10. 25 日，用现金支付修理办公室空调费用 500 元。

## 【任务实施】

### 一、填制记账凭证

记账凭证是登记账簿的依据，在会计信息化背景下，电子账簿的准确性与完整性完全依赖于记账凭证。在实际工作中，可直接在总账中根据审核无误的原始凭证填制记账凭证(即前台处理)，也可以先由人工制单而后集中输入(即后台处理)。采用哪种方式应根据本单位实际情况决定，一般来说业务量不多或使用网络版会计软件的，可采用前台处理方式，而在第一年使用或人机并行阶段，则比较适合采用后台处理方式。

例如，2022 年 1 月 2 日，天泽机械设备公司收到联营单位华丰电子元件厂投入资金 200 000 元并存入银行，支票号(67102)。分录为：

借：银行存款——工行存款　　　　　　　　　　　　　200 000
　　贷：实收资本　　　　　　　　　　　　　　　　　200 000

填制记账凭证的具体操作步骤如下：

1. 在企业应用平台中，单击左上角的"重注册"，以"03 刘明"的身份进入企业应用平台，在"业务工作"选项卡中，执行"财务会计"|"总账"|"凭证"|"填制凭证"命令，进入"填制凭证"窗口，如图 3-13 所示。

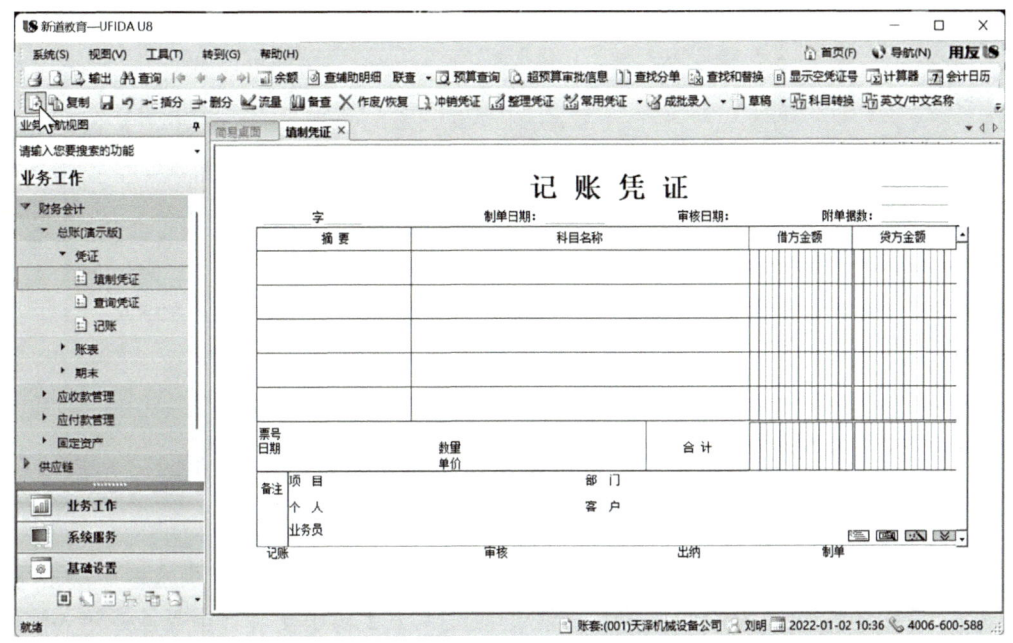

图 3-13 "填制凭证"界面

2. 单击"增加"按钮 或按 F5 键增加一张记账凭证，这时光标会定位在凭证类别上，单击参照按钮选择"记账凭证"，确认后系统自动生成凭证编号"0001"。

3. 在制单日期处，输入日期或者单击日期后面的会计日历参照按钮 ，将凭证日期修改为"2022.01.02"，在附单据数处录入单据张数"1"。记账凭证表头部分信息录入完毕。

4. 在记账凭证表体摘要处录入"收到联营单位华丰电子元件厂投入资金 200 000 元"，如果设置有常用摘要，此处也可以直接输入对应的常用摘要编号或者单击右侧的参照按钮选择对应的常用摘要后调用该常用摘要。

5. 按回车键或者用鼠标单击"科目名称"栏输入相应的会计科目。会计科目的录入有三种方法：第一，直接录入会计科目编码"100201"；第二，直接录入最末级会计科目名称"工行存款"；第三，单击后面的参照按钮或按 F2 键调出"科目参照"对话框，在该对话框中双击"资产"类科目，然后双击"1002 银行存款"，展开其明细科目，再双击选择其下的"100201 工行存款"，如图 3-14 所示。此处推荐大家采用第一种方法直接输入会计科目编码，方便且效率高。

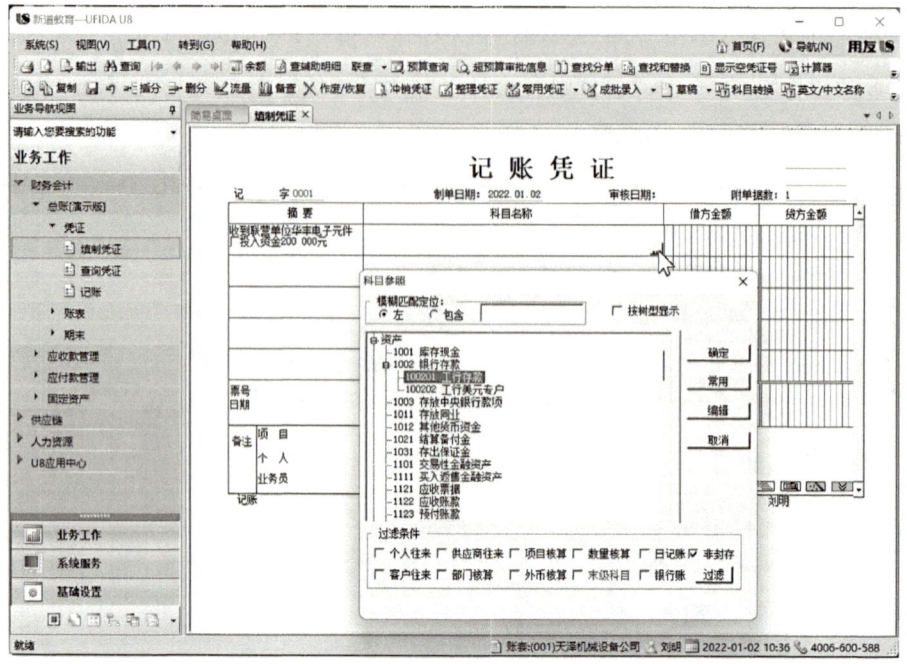

图 3-14 录入会计科目

6. 按回车键或用鼠标单击"借方金额"栏,在系统弹出的"辅助项"录入框中单击"结算方式"后面的参照按钮,在弹出的下拉菜单中选择"202 转账支票",在票号处输入该转账支票的票号"67102",发生日期处录入"2022-01-02",如图 3-15 所示。单击"确定"按钮保存并退出,辅助项信息会显示在凭证左下角备注栏中,如图 3-16 所示。

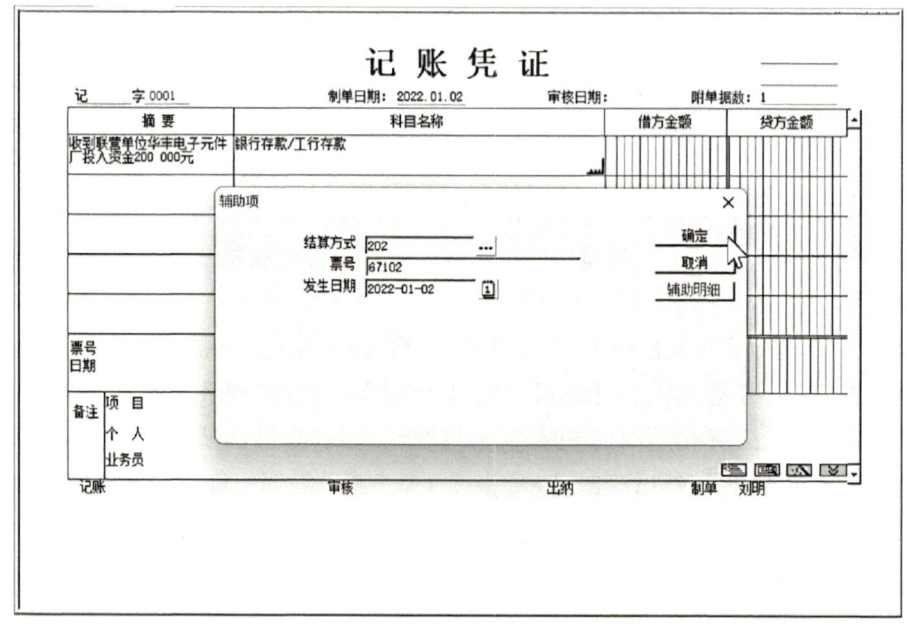

图 3-15 录入辅助项

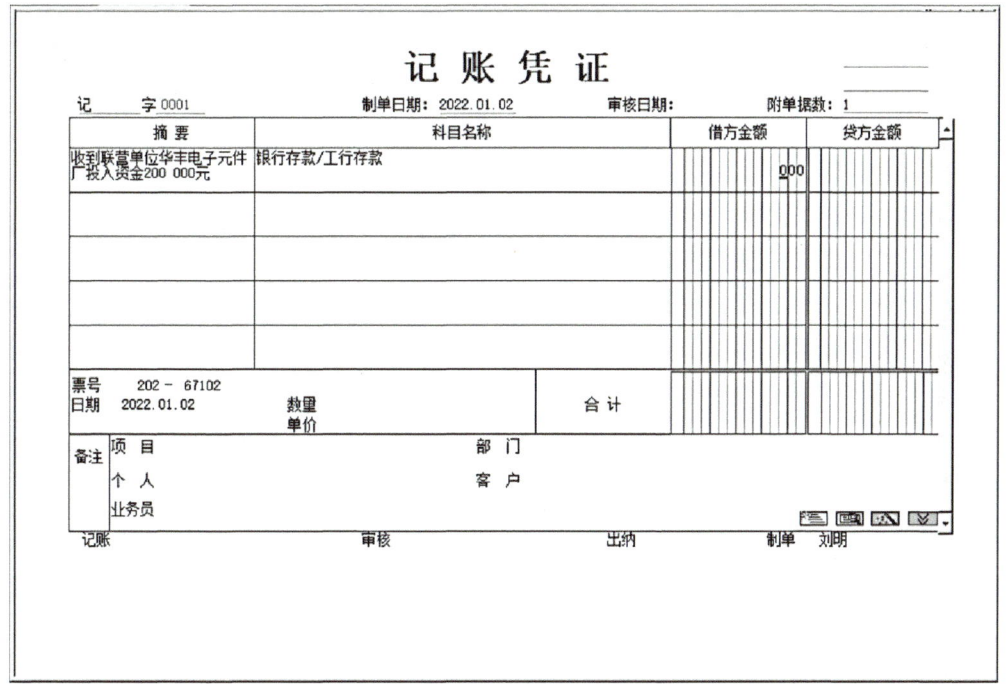

图 3-16 凭证中显示的辅助项信息

7. 在"借方金额"栏内录入借方金额"200000"。如果需要录入红字金额,只需要在此处录入"-"号即可。按"-"号键可以让金额在红、蓝字之间快速切换。同时,按空格键可以在借、贷方金额之间切换。

8. 借方金额录入完之后按回车键,光标会定位在第二行摘要栏内且自动复制上一行的摘要信息。继续按回车键或用鼠标单击第二行"科目名称"栏,参照前面介绍的三种录入方式,选择一种合适的方式录入第二行会计科目"4001 实收资本"。

9. 连续按回车键或者用鼠标单击第二行的"贷方金额"栏,将光标定位在第二行的"贷方金额"栏内。此时可以直接录入贷方金额"200000",也可以按"="键,系统将自动计算借、贷方之间的差额并填到"贷方金额"栏内。如果按"="键,则一定要确保前面几行录入的金额是正确的,否则此处自动计算的金额(借贷方差额)也是错误的。

10. 全部录入完毕后,单击"保存"按钮或按 F6 键,系统弹出"凭证已成功保存!"信息提示框,单击"确定"按钮返回。或者在凭证填制完毕后,直接单击"增加"按钮,则系统在保存当前凭证的同时直接进入下一张新增凭证的填制界面。如果凭证有误,也可单击"放弃"按钮放弃当前录入的凭证。填制完成的记账凭证如图 3-17 所示。

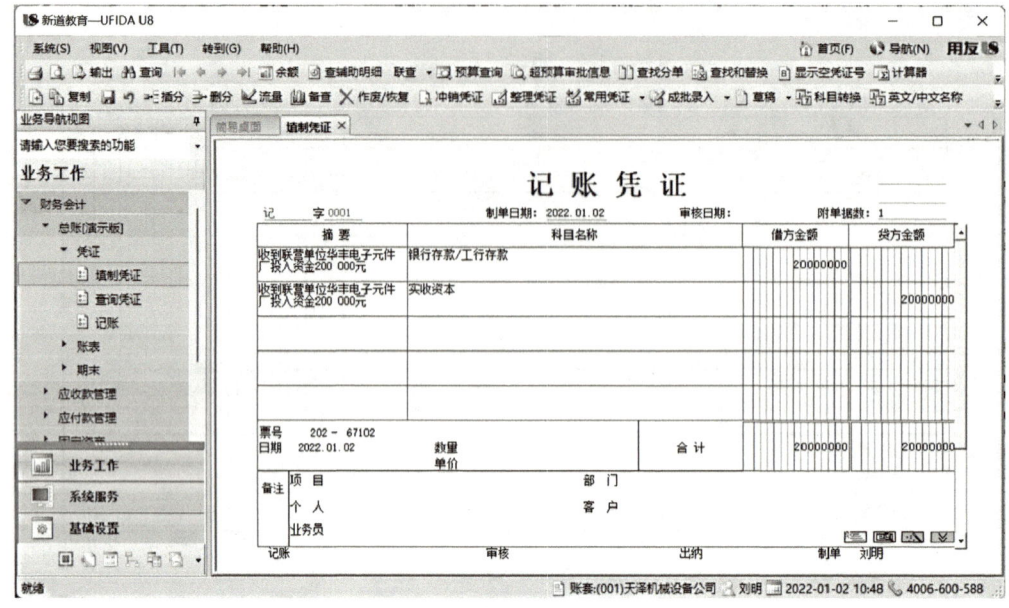

图 3-17 填制完成的凭证

11. 在填制过程中也可点击"插分"按钮或按"Ctrl+I"键插入一条分录,点击"删行"按钮或按"Ctrl+D"键删除一条分录。

> 注意:
> (1) 填制凭证前一定要检查当前操作员,如果当前操作员不是总账会计刘明,则应通过"重注册"按钮更换操作员。
> (2) 如果凭证的金额录错了方向,可以直接按空格键改变金额方向。
> (3) 在填制凭证时如果使用含有辅助核算内容的会计科目,则应录入相应的辅助核算内容,否则将不能查询到辅助核算的相关资料。
> (4) 凭证日期应满足选项中"制单序时"的要求,如果确实要修改凭证日期,可先取消"制单序时"的限制,待修改完毕后重新选中该功能。

### 二、修改凭证

凭证在填制过程中或者保存后发现错误,可以在未审核和未经出纳签字之前直接修改;如果已经审核或者进行了出纳签字、主管签字、记账等后续处理,则需要依次取消记账、取消主管签字、取消出纳签字、取消审核,然后回到填制凭证界面中进行修改。

修改凭证的具体操作步骤如下:

1. 由制单人员登录企业应用平台,执行"总账"|"凭证"|"填制凭证"命令,进入"填制凭证"界面,通过前后翻页按钮查找或点击"查询"按钮输入查询条件,找到要修改的凭证,如图 3-18 所示。

项目三　总账管理

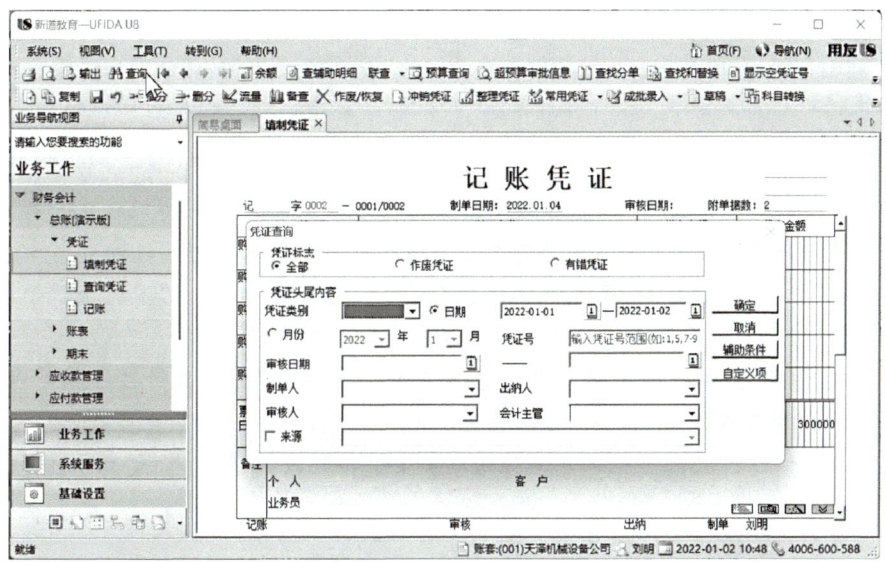

图 3-18　查找凭证

2. 将光标移动到"制单日期"处,可修改制单日期。

3. 若要修改附单据数、摘要、会计科目、外币、汇率、金额,直接将光标移到需修改的地方进行修改即可。

4. 凭证下方显示每条分录的辅助项信息,若要修改某辅助项,需先单击选中辅助项所在行的分录,然后双击凭证右下角的"辅助项图示"按钮 ,调出"辅助项"录入框;或者将光标指向凭证下方备注栏中需要修改的辅助项处,在光标变成钢笔形状后双击调出"辅助项"录入框进行修改,如图 3-19 所示。

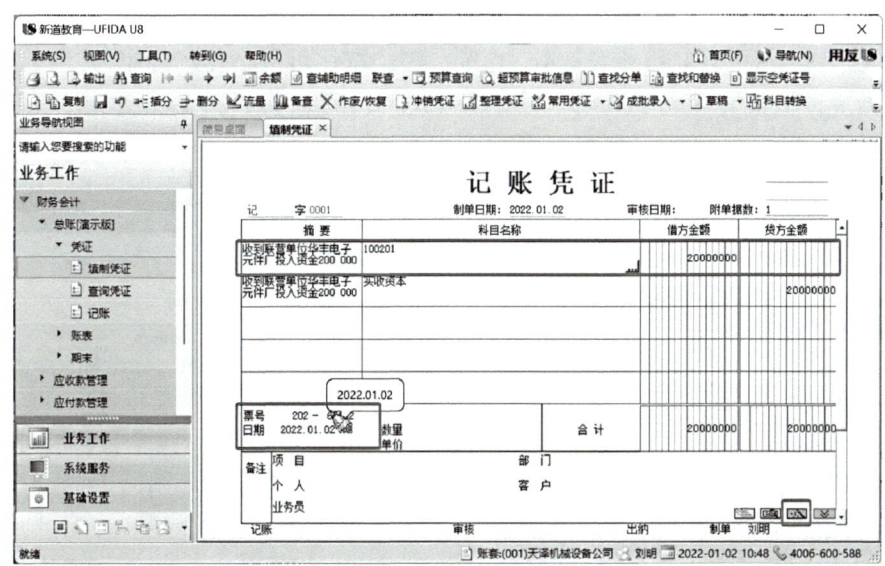

图 3-19　辅助项修改

5. 若要修改金额方向,可先选中该金额,再按空格键调整。

6. 单击"插分"按钮可在当前分录前插入一条分录,单击"删分"按钮可删除当前光标

127

所在的分录。

7. 修改完毕后，单击"保存"按钮保存当前修改，或单击"放弃"按钮放弃当前凭证的修改。

> **注意：**
> （1）若在"选项"中设置了"制单序时"的选项，在修改制单日期时不能在上一编号凭证的制单日期之前，如1月份制的凭证不能将制单日期改为2月份。
> （2）若在"选项"中设置了"不允许修改、作废他人填制的凭证"，则不能修改他人填制的凭证，只能由原制单人员进行修改。
> （3）如果某笔涉及银行科目的分录已录入支票信息，并对该支票做过报销处理，修改该分录将不会同步更新"支票登记簿"中的内容。
> （4）外部系统传过来的凭证不能在总账系统中进行修改，只能在生成该凭证的系统中进行修改。

### 三、作废凭证

如果填制的凭证出现错误并且未进行审核和出纳签字，可以直接进行作废。

作废凭证的具体操作步骤如下：

1. 单击"总账"|"凭证"|"填制凭证"命令，进入"填制凭证"界面，通过按翻页按钮查找或按"查询"按钮输入查询条件，找到要作废的凭证。

2. 单击工具栏中的"作废/恢复"按钮，凭证左上角显示"作废"字样，表示已将该凭证作废。作废凭证仍保留凭证内容及凭证编号，只在凭证左上角显示"作废"字样。如图3-20所示。作废凭证不能修改，不能审核。在记账时，不对作废凭证进行数据处理，它相当于一张空凭证。在查询账簿时，也查不到作废凭证的数据。

3. 若当前凭证已作废，再次单击"作废/恢复"按钮可取消作废标志，将当前凭证恢复为有效凭证。

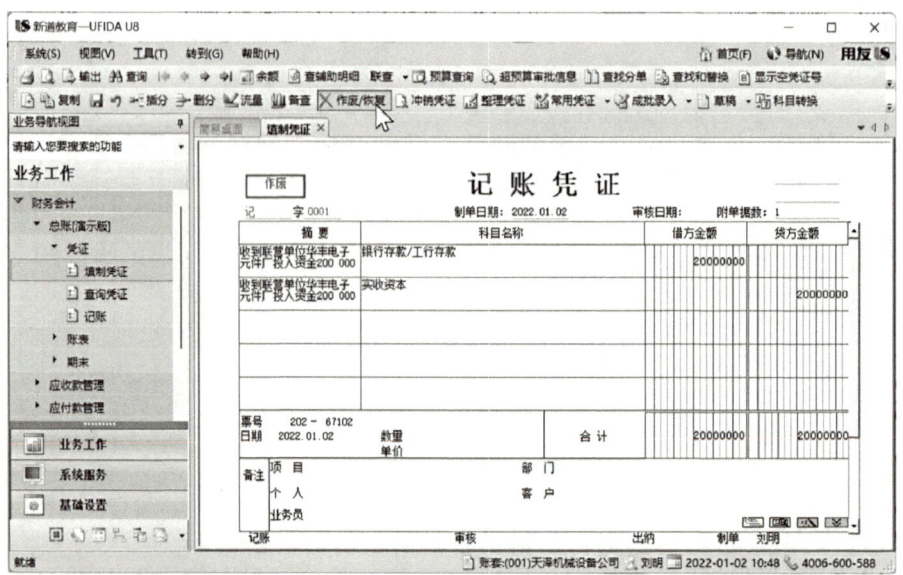

图3-20 作废凭证

## 四、凭证整理

对于不想保留的作废凭证,可以通过凭证整理功能将这些凭证彻底删除,并对未记账凭证重新编号。

凭证整理的具体操作步骤如下:

1. 由有整理凭证权限的操作员如账套主管登录企业应用平台,执行"总账"|"凭证"|"填制凭证"命令,进入"填制凭证"界面。

2. 单击工具栏中的"整理凭证"命令,在弹出的"凭证期间选择"对话框中选择凭证期间"2022.01",单击"确定"按钮,打开"作废凭证表"对话框。

3. 在作废凭证列表中的"删除?"框中双击需要删除的作废凭证,此时在"删除?"框中会打上一个"Y"标记,也可单击"全选"按钮选中全部作废凭证,如图 3-21 所示。然后单击"确定"按钮,在弹出的对话框中选择"按凭证号重排"并单击"是",系统会将这些凭证从数据库中删除,并对剩余凭证重新排号。

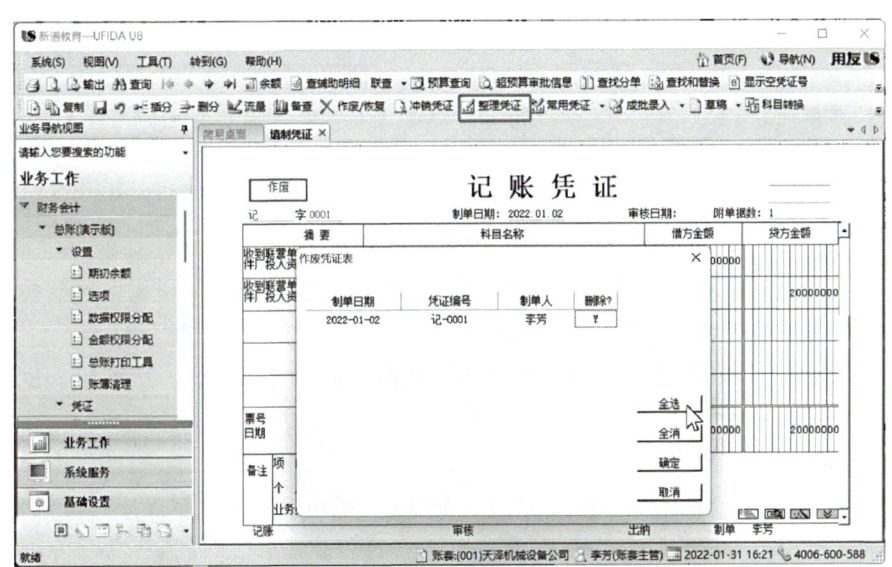

图 3-21 整理删除凭证

若本月有已记账凭证,则最后一张已记账凭证之前的凭证将不能作凭证整理,只能对其后面的未记账凭证作凭证整理。若想整理全部凭证,须先在"恢复记账前状态"功能中恢复到本月月初的记账前状态,再作凭证整理。

> 💡 **注意:**
> (1) 总账中的凭证不能直接删除,只能先作废,然后通过整理凭证功能进行删除,即要想删除凭证,必须经过作废和整理凭证这两步才能实现。
> (2) 未审核凭证可以直接作废、整理删除。已审核或已由出纳签字的凭证则不能作废和整理删除,只能先取消审核、取消出纳签字,然后作废、整理删除。
> (3) 只能对未记账凭证进行整理。
> (4) 查询账簿时查不到作废凭证的数据。

### 五、出纳签字

出纳凭证由于涉及企业现金的收入与支出，应加强对出纳凭证的管理。出纳人员可通过出纳签字功能对制单员填制的带有现金银行科目的凭证进行检查核对，主要核对出纳凭证上科目的金额是否正确，审查认为错误或有异议的凭证，应由填制人员修改后再核对。

出纳签字的具体操作步骤如下：

1. 单击"重注册"，以出纳员"02 陈红"的身份登录企业应用平台，在"业务工作"选项卡中，执行"财务会计"|"总账"|"凭证"|"出纳签字"命令，打开"出纳签字"对话框，如图3-22所示。

图3-22 "出纳签字"对话框

2. 在"出纳签字"查询对话框中，根据需要设置相应的筛选条件，单击"确定"按钮打开"出纳签字"列表窗口，然后单击"确定"按钮打开需要签字的第一张记账凭证。

3. 单击"签字"按钮，凭证下方已签上出纳员陈红的名字，如图3-23所示。也可单击"批处理"按钮右边的下拉箭头，选择"成批出纳签字"命令进行批量签字。

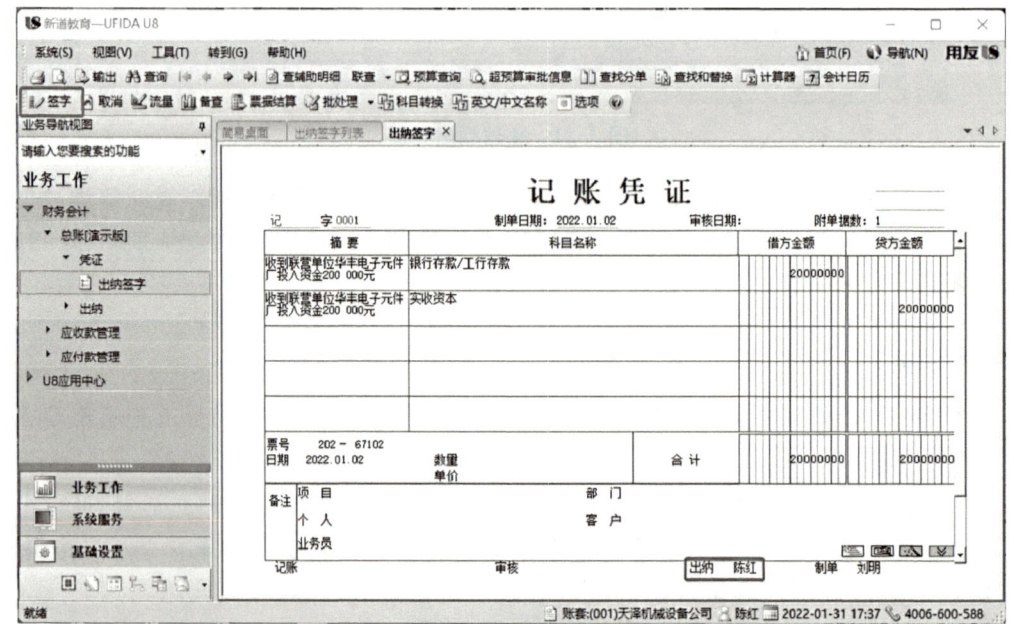

图3-23 出纳签字

4. 单击"下一张"按钮,切换到下一张需出纳签字的凭证,再单击"签字"按钮,直到把所有出纳凭证签完。

5. 如果出纳签完字之后发现某一张凭证有错误,可以取消出纳签字。通过凭证翻页按钮找到已签字的错误凭证界面,单击"取消"按钮即可取消出纳签字,也可以单击"批处理"按钮右边的下拉箭头,选择"成批取消签字"命令进行批量取消。

6. 全部凭证签完之后,单击"关闭"按钮,回到出纳签字列表界面。

> **注意:**
> (1) 已签字的凭证不能被修改、删除,只能先取消签字才能进行下一步操作。取消签字只能由出纳本人进行操作。
> (2) 如果在录入凭证时没有录入结算方式和票据号,在出纳签字时还可以补充录入。选择"出纳"菜单中的"票据结算"命令,会列示所有需要进行填充结算方式、票据号、票据日期的分录,包括已填写的分录。在填制结算方式和票号时,需要针对票据的结算方式进行相应支票登记判断。
> (3) 并不是所有的凭证都需要出纳签字,只有符合条件的出纳凭证才需要出纳签字。
> (4) 要进行出纳签字的操作应满足以下 3 个条件:首先,在总账系统的"选项"中已经设置了"出纳凭证必须经由出纳签字";其次,已经在会计科目中进行了"指定科目"的操作;最后,凭证中所使用的会计科目是已经在总账系统中设置为"日记账"辅助核算内容的会计科目。
> (5) 出纳签字的操作既可以在"凭证审核"后进行,也可以在"凭证审核"前进行。
> (6) 进行出纳签字的操作员应已在系统管理中被赋予了出纳的权限。
> (7) 如果发现已经进行了出纳签字的凭证有错误,应在取消出纳签字后再在填制凭证功能中进行修改。

### 六、审核凭证

审核凭证是指审核员按照会计制度要求,对制单员填制的记账凭证进行检查核对,主要审核记账凭证是否与原始凭证相符、会计分录是否正确等。审查认为错误或有异议的凭证,应进行标错并交填制人员修改后再审核。

审核凭证的操作步骤和出纳签字类似,具体操作步骤如下:

1. 执行"重注册"功能,以审核人员"01 李芳"的身份登录企业应用平台,在"业务工作"中,执行"财务会计"|"总账"|"凭证"|"审核凭证"命令,打开"凭证审核"对话框,在该对话框中根据需要设置相应的筛选条件,单击"确定"按钮,进入"凭证审核"列表窗口,双击打开需要审核的第一张记账凭证。

2. 单击"审核"按钮,凭证下方会显示已签上审核人李芳的名字,同时系统会自动跳转到下一张需要审核的凭证,可以继续单击"审核"按钮进行审核。如果想查看审核签字情况,可以单击"上一张"按钮返回上一张凭证查看签字情况。也可以单击"批处理"按钮右侧的下拉箭头,选择"成批审核凭证"命令进行批量审核,如图 3-24 所示。

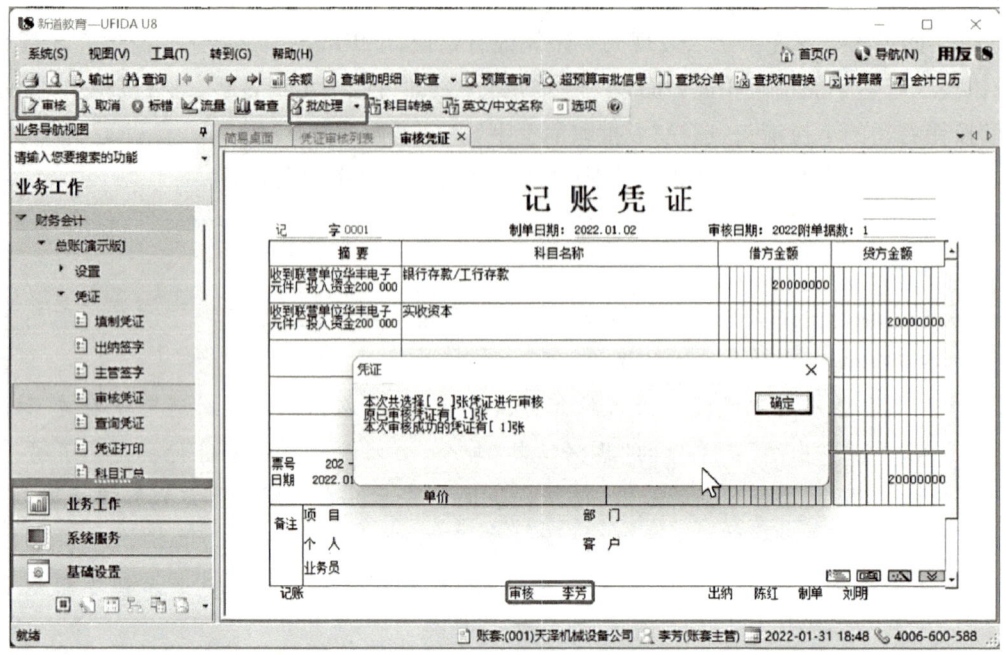

图 3-24　成批审核凭证

3. 审核过程中如果发现凭证有错误,可以单击"标错"按钮进行标错,同时在弹出的"填写凭证错误原因"对话框中注明凭证错误原因,如图 3-25 所示。

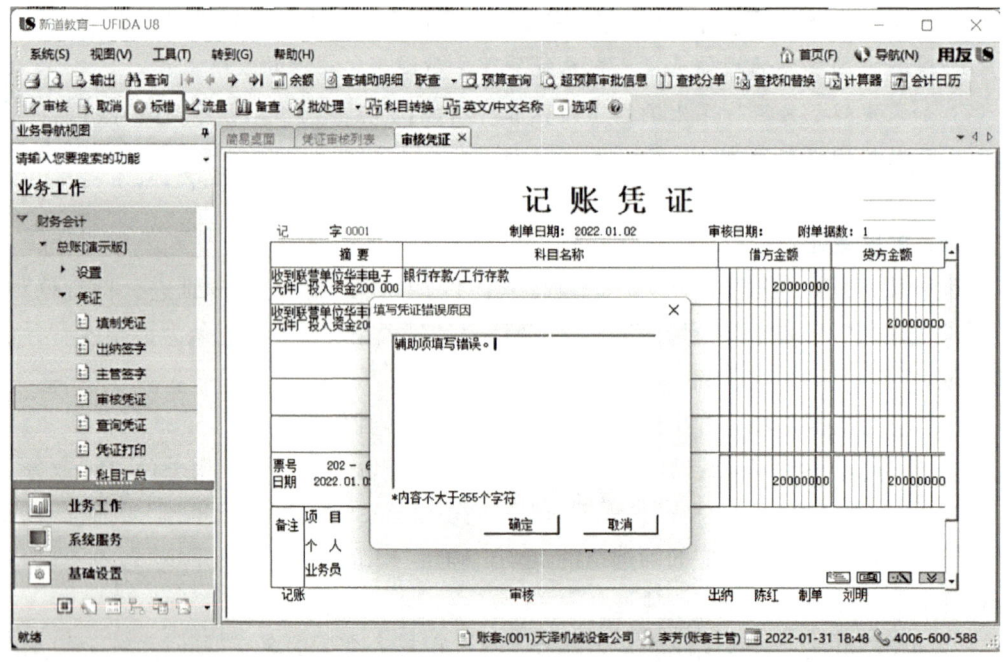

图 3-25　凭证标错

4. 已标错凭证可以取消标错,只需在已标错凭证上再次单击"标错"按钮即可取消标错。"标错"按钮具有两个功能:一是进行标错,二是在已经标错的情况下用来取消标错。

5. 如果审核之后发现某一张凭证有错误,此时可以取消审核。通过凭证翻页按钮找到已审核的错误凭证,单击"取消"按钮即可取消审核;也可以单击"批处理"按钮右侧的下拉箭头,选择"成批取消审核"命令进行批量取消。

6. 全部凭证审核签字之后,单击"关闭"按钮回到凭证审核列表界面,可以查看整体凭证审核情况。

> 注意:
> (1) 系统要求制单人和审核人不能是同一个人,因此在审核凭证前一定要检查当前操作员是不是制单人员,如果是,则应更换操作员。
> (2) 凭证审核的操作权限应先在"系统管理"的权限中进行赋权,还要注意在总账系统的选项中是否设置了"凭证审核控制到操作员"的选项,如果设置了该选项,则应继续设置审核的明细权限,即"数据权限"中的"用户"权限。只有在"数据权限"中设置了某用户有权审核其他某一用户所填制凭证的权限,该用户才真正拥有了审核凭证的权限。
> (3) 凭证一经审核,就不能被修改、删除,只有取消审核后才能在填制凭证的功能中进行修改。取消审核签字只能由审核人操作。
> (4) 作废凭证不能被审核,也不能被标错。
> (5) 已标错的凭证不能被审核,须先取消标错后才能审核。已审核的凭证不能标错。
> (6) 企业可以依据实际需要加入审核后执行主管签字的控制,同时取消审核时也可加入主管签字的控制。可在"选项"中选中"主管签字以后不可以取消审核和出纳签字"。

### 七、主管签字

在许多企业中,为加强对会计人员制单的管理,常采用经主管会计签字后的凭证才有效的管理模式。此时其他会计人员制作的凭证必须经主管签字后才能记账。

主管签字的操作步骤和出纳签字相同,具体操作步骤如下:

1. 以账套主管身份登录企业应用平台,执行"业务工作"|"财务会计"|"总账"|"凭证"|"主管签字"命令,打开"主管签字"对话框。

2. 设置相应查询条件后,单击"确定"按钮进入"主管签字"列表框,双击打开需要签字的第一张记账凭证。

3. 单击"签字"按钮进行签字,单击"取消"按钮可取消主管签字。也可以通过点击"批处理"按钮右侧下拉箭头中的"成批主管签字"和"成批取消签字"按钮进行批量处理。需要注意的是,主管签字显示在凭证右上角,如图3-26所示。

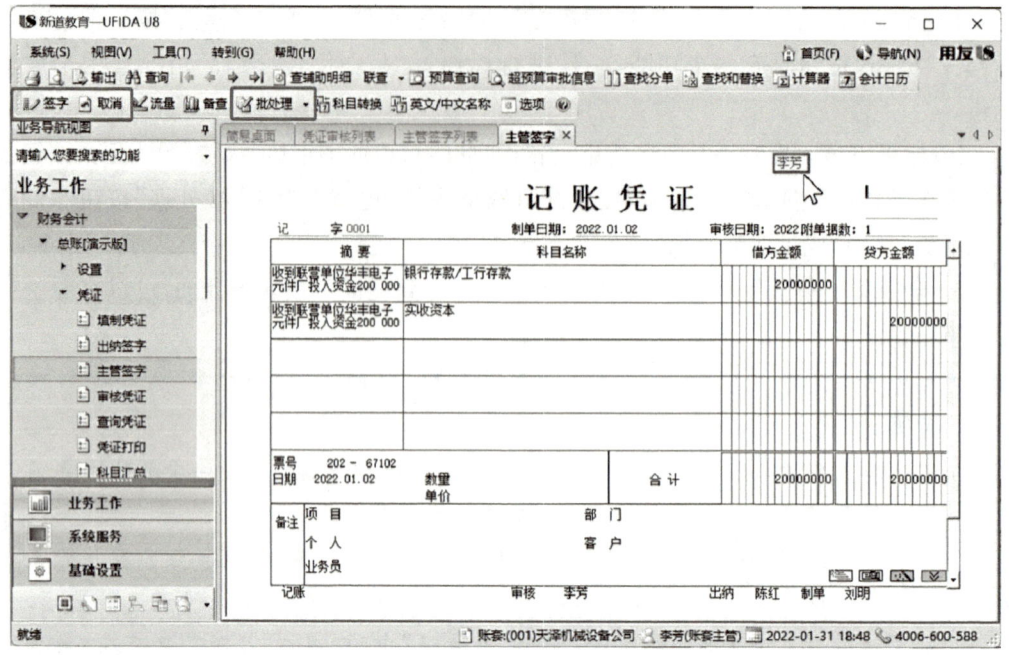

图 3-26 主管签字

> **注意：**
> （1）要想进行主管签字，须在选项中选择"凭证必须经主管签字"。
> （2）主管签字前应先对凭证进行合法性检查，有错凭证不能签字，未通过的凭证不能签字。
> （3）选中"主管签字以后不可取消审核和出纳签字"选项后，凭证未审核、未经出纳签字时，主管不能签字。
> （4）签字人不能与制单人相同，即主管填制的凭证不能同时进行主管签字。

### 八、记账

记账凭证经审核、出纳签字、主管签字后，方可用来登记总账、明细账、日记账、部门账、往来账、项目账以及备查账等。总账系统记账采用向导方式，记账过程更加清晰明了。

记账的具体操作步骤如下：

1. 以账套主管"01李芳"的身份登录企业应用平台，执行"财务会计"｜"总账"｜"凭证"｜"记账"命令，打开"记账"对话框，选择"2022.01月份凭证"，双击"记账范围"单元格，输入本次记账的范围，记账范围可输入连续编号范围，如"1-7"表示第1～7号凭证；也可输入不连续编号，如"1,3,8"表示第1号、3号、8号凭证；也可以混合输入，如"1-4,6,9-11,12"表示第1～4号凭证、第6号凭证、第9～11号凭证和第12号凭证；也可单击左下角的"全选"按钮选择所有凭证，如图3-27所示。此处也可以不选择记账范围，直接单击"记账"按钮，此时默认对所有凭证进行记账。

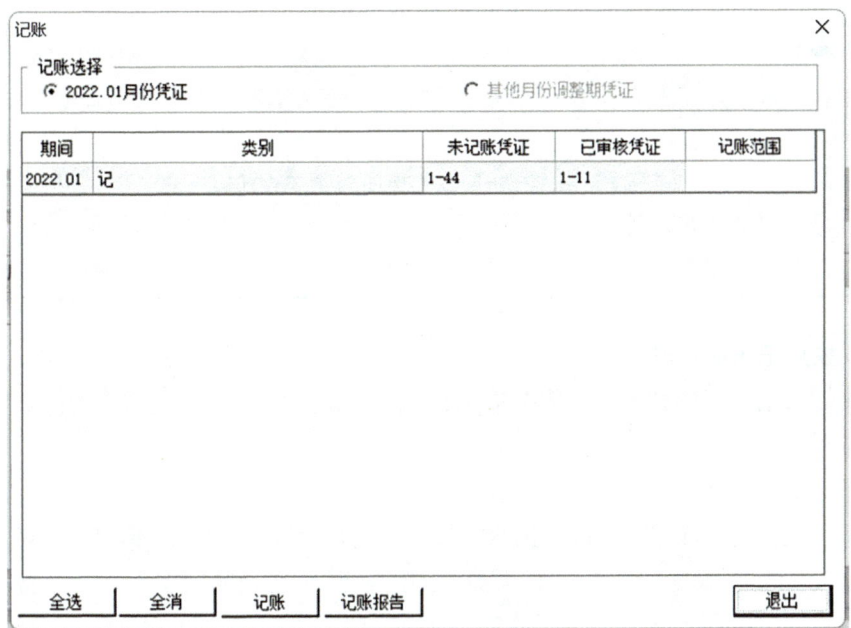

图 3-27 记账选择

2. 单击"记账"按钮，弹出"期初试算平衡表"。如果期初试算结果平衡，则允许记账；如果期初试算结果不平衡，则不允许记账。

3. 单击"确定"按钮，出现记账进度条，系统自动开始登记总账、明细账、辅助账等有关账簿。记账完成后，系统弹出"记账完毕"对话框，如图 3-28 所示。单击"确定"按钮，系统显示本次记账报告。查看完毕后单击"退出"按钮退出记账。

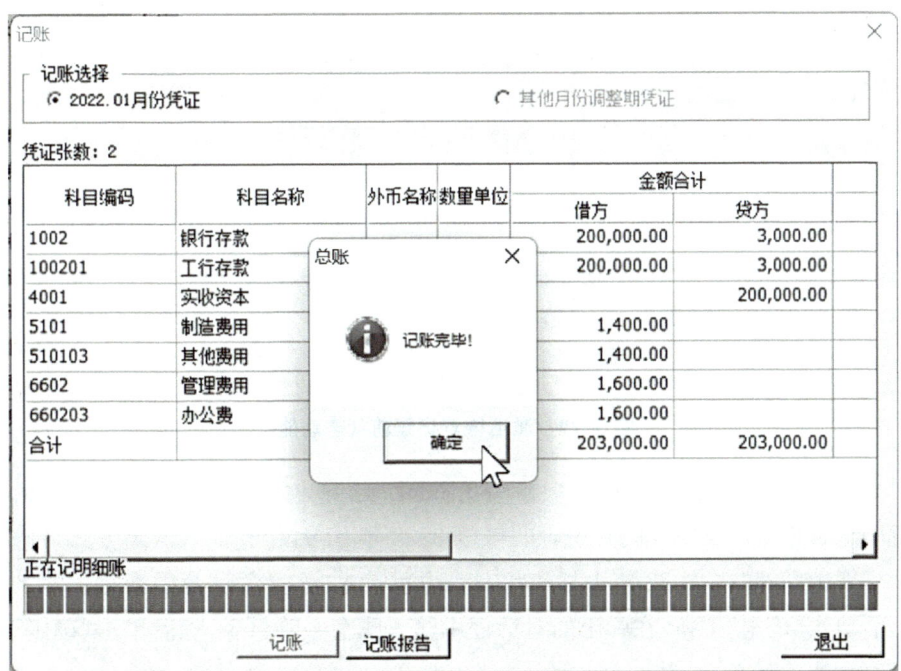

图 3-28 记账

> 注意:
> (1) 期初余额试算不平衡不允许记账,有未审核的凭证不允许记账,上月未结账本月不允许记账。
> (2) 如果不输入记账范围,系统将默认记账范围为所有凭证。
> (3) 记账后不能整理断号。
> (4) 已记账的凭证不能在"填制凭证"功能中查询,只能在"查询凭证"中进行查询。

### 九、恢复记账前状态

凭证记账后如果因某种原因需要取消记账,即反记账,可以通过系统的隐藏功能"恢复记账前状态"来实现。

取消记账的具体操作步骤如下:

1. 以账套主管身份登录总账,执行"总账"|"期末"|"对账"命令,弹出"对账"界面。

2. 在"对账"界面中,按"Ctrl+H"键,系统弹出"恢复记账前状态功能已被激活"提示框,如图 3-29 所示。单击"确定"按钮,再次按下"Ctrl+H"键即可隐藏"恢复记账前状态"功能。单击"退出"按钮,退出期末对账界面。

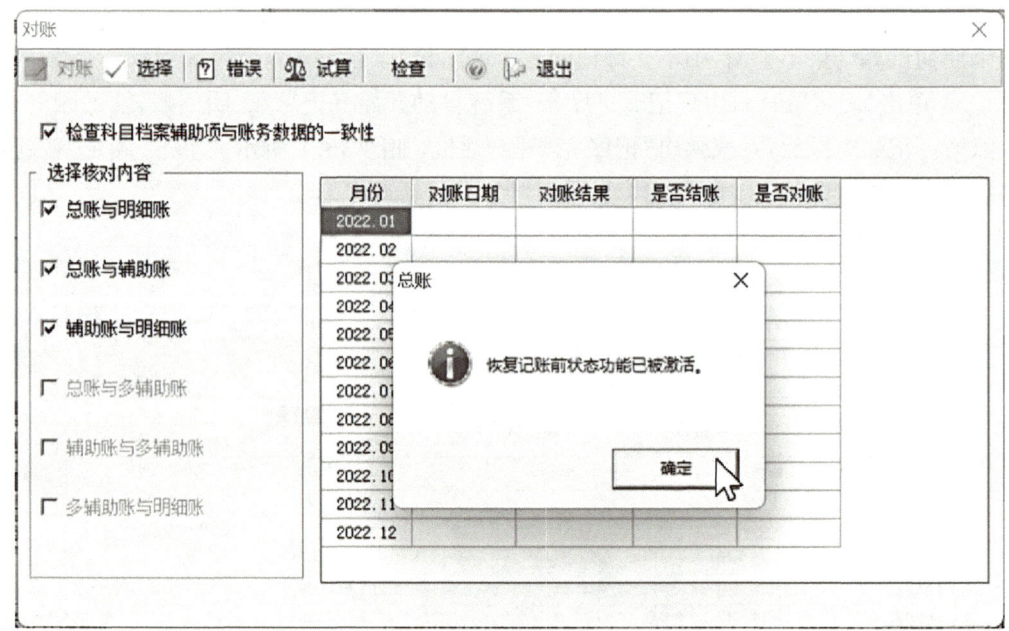

图 3-29 激活恢复记账前状态功能

3. 执行"总账"|"凭证"|"恢复记账前状态"命令,弹出"恢复记账前状态"对话框,在对话框中选择恢复记账凭证的月份,如"恢复 2022 年 01 月份凭证",恢复方式可选择"最近一次记账前状态"或"2022 年 1 月初状态",也可点击"选择凭证范围恢复记账"。选择完毕之后单击"确定"按钮,在弹出的对话框中输入账套主管口令,然后单击"确定"按钮,即可恢复记账前状态,如图 3-30 所示。

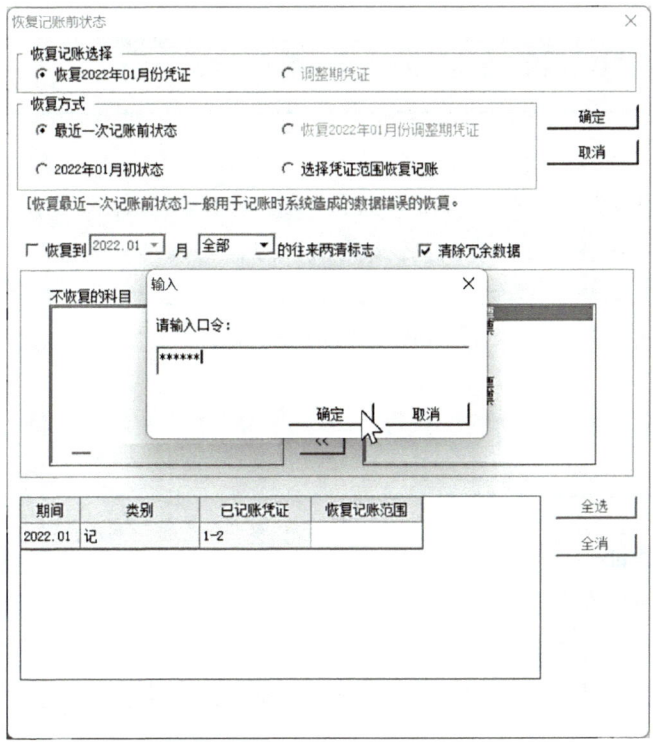

图 3-30 恢复记账

**十、查询凭证**

本功能主要用于查询已记账及未记账凭证。其中,未记账凭证可在此功能中查询,也可在"填制凭证"功能中查询,但已记账凭证只能在此功能中查询。

查询凭证的具体操作步骤如下:

1. 执行"总账"|"凭证"|"查询凭证"命令,打开"凭证查询"对话框,如图 3-31 所示。

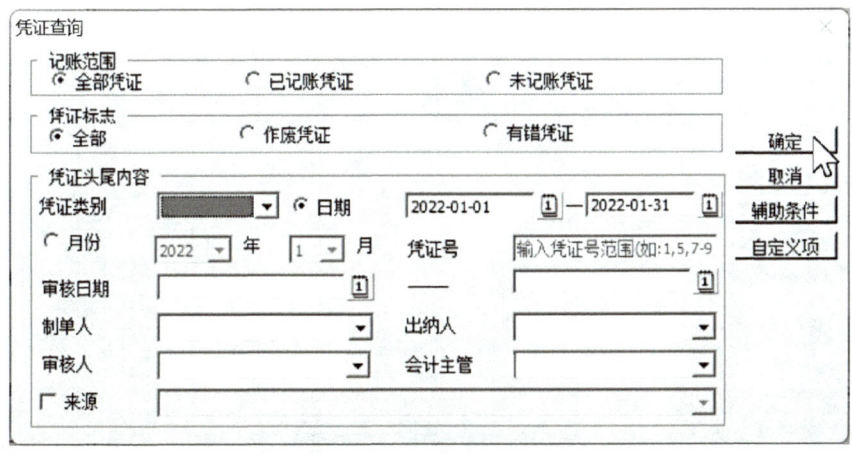

图 3-31 查询凭证

2. 在"凭证查询"对话框中,根据需要选择对应的查询条件,然后单击"确定"按钮打开"凭证查询"列表窗口。

3. 双击打开要查询的凭证即可查看凭证内容。可通过凭证翻页按钮依次查看其他凭证，也可以单击工具栏中的查询按钮重新设置查询条件。

> 注意：
> (1) 如果要专门查询某一段时间内的凭证，可选择"日期范围"，此时凭证号范围不可选。
> (2) 通过设置查询条件可以查询"作废凭证""有错凭证"、某审核人审核的凭证、某制单人填制的凭证、某主管签字的凭证、其他子系统传递过来的凭证等。
> (3) 如要按科目、摘要、金额等辅助信息进行查询，可单击"辅助条件"按钮输入辅助查询条件。
> (4) 已记账凭证除了在本功能中查询以外，也可在"账簿查询"中以联查凭证的方式进行查询。

### 十一、冲销凭证

已经记账的凭证如果发现错误，不能在"填制凭证"功能中直接进行修改。此时有两种方法：一是取消记账，即恢复记账前状态、取消主管签字、取消出纳签字、取消审核，然后再回到"填制凭证"中进行修改，修改完毕之后重新进行审核、出纳签字、主管签字、记账；二是直接利用红字冲销的方法冲销错误凭证，然后重新填制一张正确的凭证，并对生成的红字冲销凭证和新填制的凭证进行审核记账。

冲销凭证的具体操作步骤如下：

1. 以制单人员"03 刘明"的身份执行"总账"|"凭证"|"填制凭证"命令，进入"填制凭证"界面。

2. 单击工具栏中的"冲销凭证"命令，打开"冲销凭证"对话框，在对话框中选择冲销凭证所在的"月份"和"凭证类别"，然后在"凭证号"中输入要冲销的凭证的编号，如图 3-32 所示。

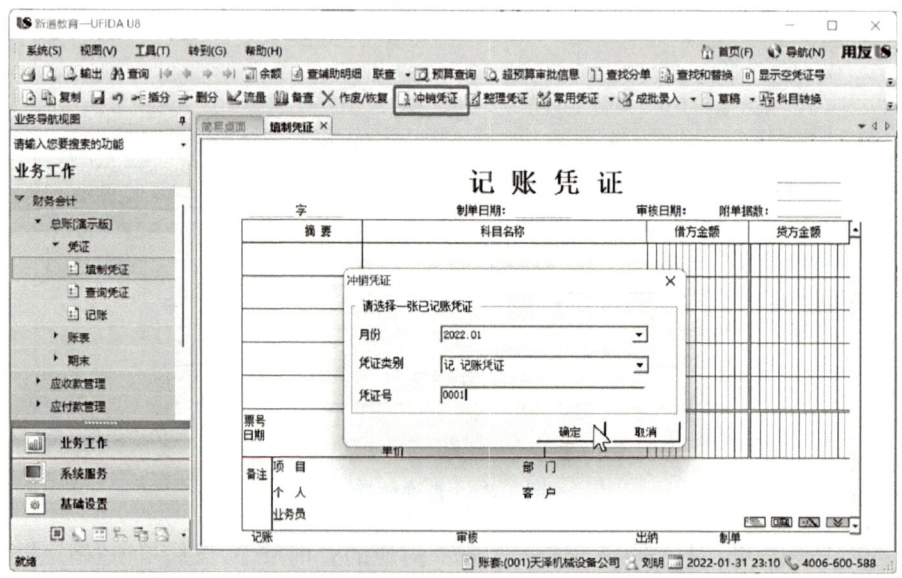

图 3-32 冲销凭证

3. 单击"确定",系统自动生成一张红字冲销凭证,如图 3-33 所示。

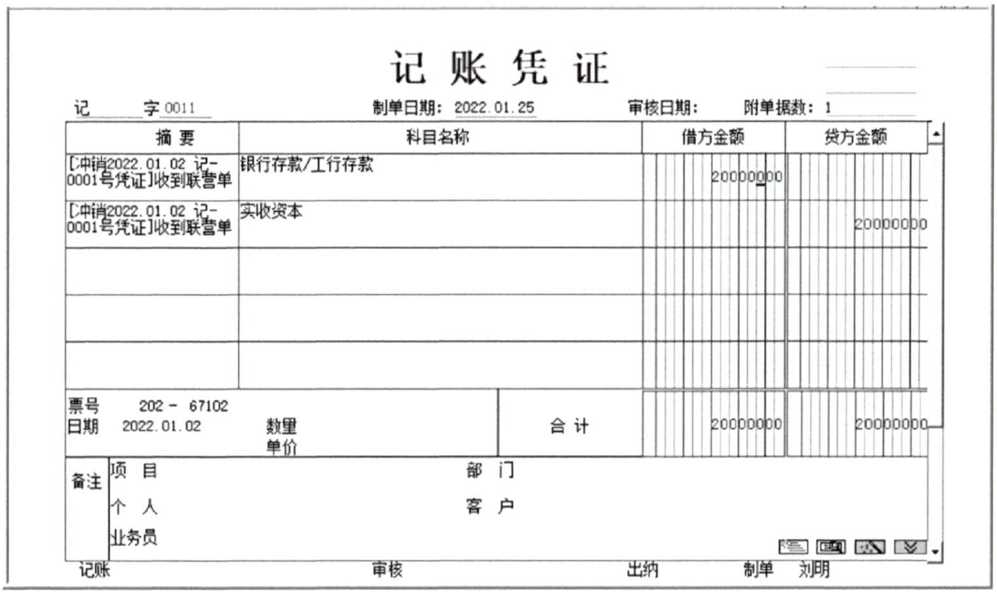

图 3-33 生成冲销凭证

4. 单击"保存"按钮保存凭证。

> **注意:**
> (1) 冲销凭证是针对已记账的错误凭证,由系统自动生成一张和原凭证一模一样的红字凭证进行冲销。
> (2) 冲销凭证相当于填制了一张新凭证,需进行审核、出纳签字、主管签字、记账。

### 十二、常用凭证

在企业日常会计工作中,会计业务经常会重复性发生,因而在日常填制凭证的过程中经常会有许多凭证完全相同或部分相同,如果将这些常用的凭证存储起来,在填制会计凭证时随时调用,必将大大提高业务处理的效率。确切地说,"常用凭证"提供的是常用会计凭证的模板,在调用常用凭证后,可根据需要修改为符合会计业务要求的凭证。

#### (一) 定义常用凭证

定义常用凭证的具体操作步骤如下:

1. 以账套主管身份执行"总账"|"凭证"|"常用凭证"命令,进入"常用凭证"界面。
2. 单击"增加"按钮,在新增行中录入编码"1",录入说明"从工行提取现金",双击"凭证类别"栏,在下拉框中选择"记账凭证",如图 3-34 所示。

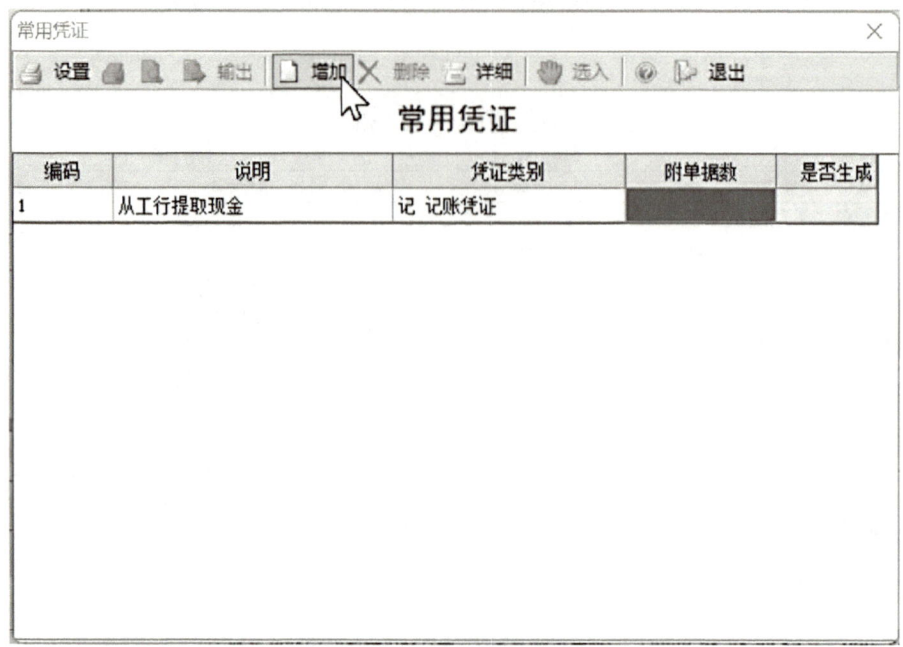

图 3-34　新增常用凭证

3. 单击"详细"按钮或按 F8 键进入"常用凭证"窗口。单击"增分"按钮,在第一行分录中录入科目编码"1001"。再次单击"增分"按钮,在第二行科目名称处录入"100201",按回车键,在弹出的"辅助信息"对话框中选择结算方式为"1　现金结算",如图 3-35 所示。

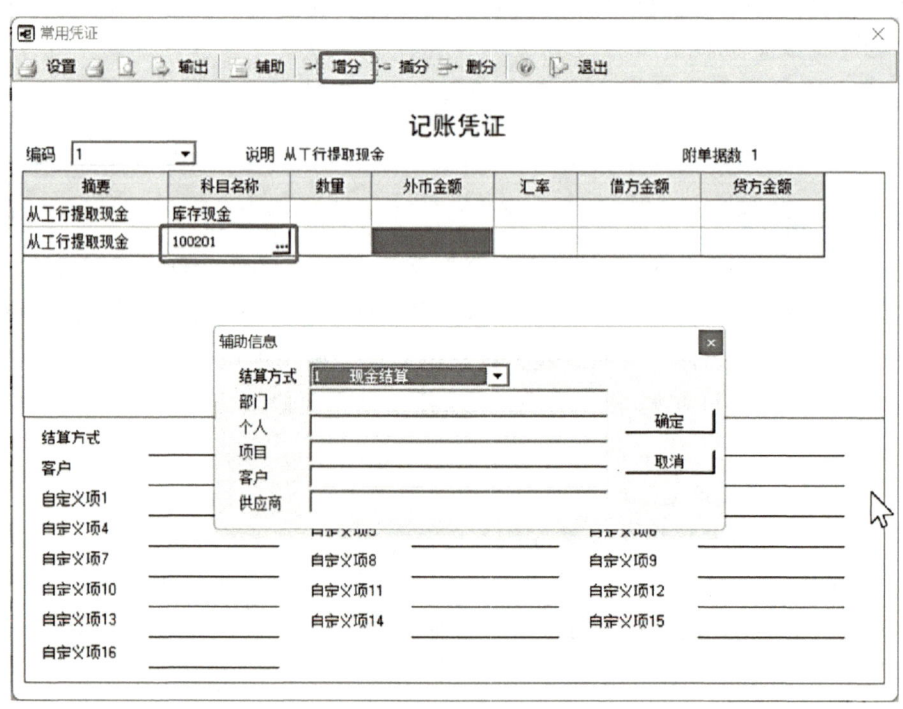

图 3-35　定义常用凭证

4. 单击"确定"按钮保存辅助信息并返回。单击"退出"按钮返回"常用凭证"列表界面。单击"退出"按钮退出常用凭证。

### (二)生成常用凭证

当认为某张凭证应作为常用凭证保存时,可在"填制凭证"或者"查询凭证"界面单击工具栏中"常用凭证"按钮右侧的下拉箭头,选择"生成常用凭证"命令,在弹出的对话框中输入常用凭证代号和说明,单击"确认"按钮保存,如图 3-36 所示。此时该张凭证即被放入常用凭证模板中。

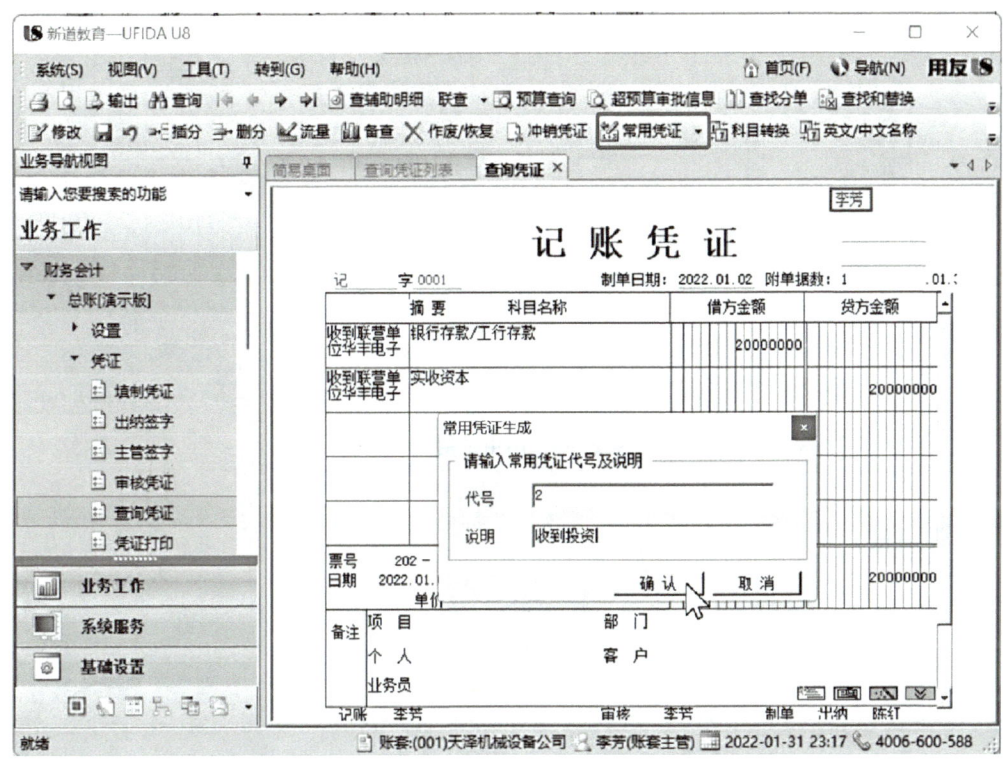

图 3-36 生成常用凭证

### (三)调用常用凭证

执行"总账"|"凭证"|"填制凭证"命令,进入"填制凭证"界面,单击工具栏中"常用凭证"按钮右侧的下拉箭头,选择"调用常用凭证"或者按 F4 键,在弹出的"调用常用凭证"对话框中输入常用凭证代号"1",单击"确定"按钮。也可以单击右侧的参照按钮选择要调用的常用凭证,系统会自动将 1 号常用凭证调入到系统中,如图 3-37 所示。接下来对常用凭证进行适当修改或补充即可,这样就可以大大提高凭证的录入速度。

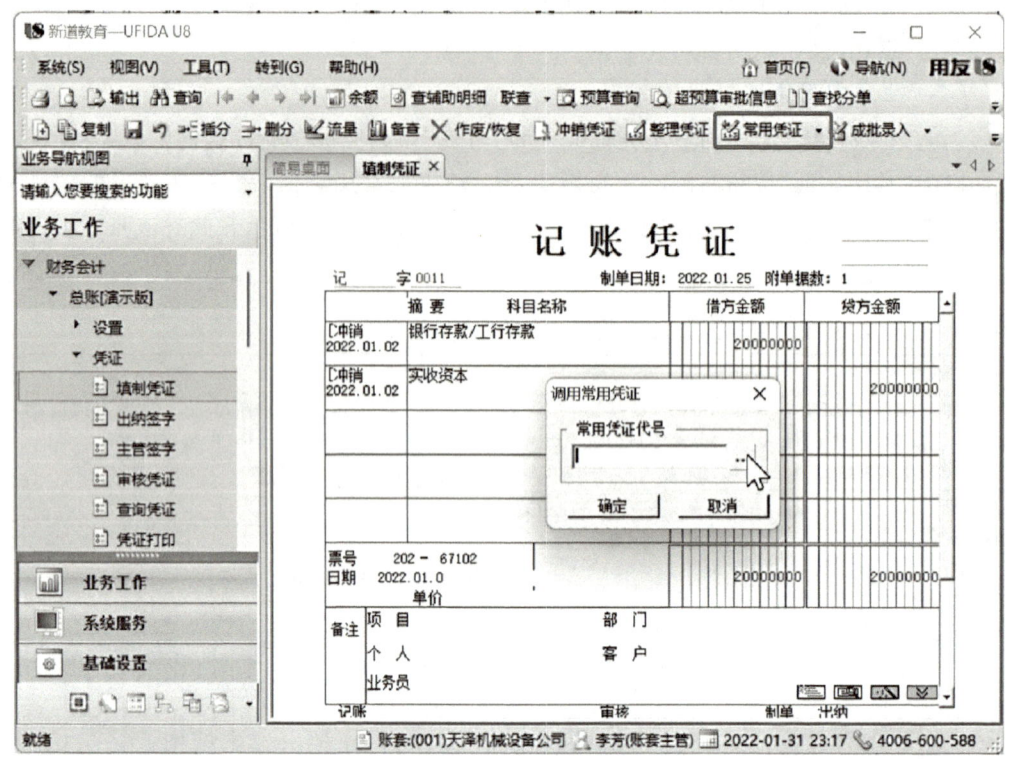

图 3-37 调用常用凭证

## 【知识拓展】

### 填制凭证内容

1. 凭证类别：手动输入凭证类别，也可以参照选择一个凭证类别，确定后按回车键，系统将自动生成凭证编号，并将光标定位在制单日期上。

2. 凭证编号：由系统分类按月自动编制，即每类凭证每月都从 0001 号开始。对于网络用户，如果是几个人同时制单，在凭证的右上角系统将提示一个参考凭证号，真正的凭证编号只有在凭证已填制并保存完毕后才给出；如果只有一个人制单或使用单用户版软件制单，凭证右上角的凭证号即是正在填制的凭证的编号。系统同时也会自动管理凭证页号，规定每页凭证有五笔分录，当某号凭证不止一页，系统将自动在凭证号后标上几分之一，例如，收 0001 号 0002/0003 表示收款凭证第 0001 号凭证共有三张分单，当前光标所在分录在第二张分单上。

3. 制单日期：系统自动以进入账务系统时输入的业务日期为记账凭证填制的日期，如果日期不对，可进行修改或按参照输入。

4. 附单据数：在"附单据数"处输入原始单据张数，输完后按回车键。

5. 凭证自定义项：凭证自定义项是自定义的凭证补充信息，根据需要自行定义和输入，系统对这些信息不进行校验，只进行保存。可单击凭证右上角的输入框后输入。

6. 输入凭证每一笔分录的相关内容。包括摘要、科目、辅助信息和金额。

(1) 摘要：本笔分录的业务说明，要求简洁明了。

(2) 科目：必须输入末级科目，可以输入科目编码、中文科目名称、英文科目名称或助记码。如果输入的科目名称有重复，系统会自动提示重名科目供选择。输入科目时可在科目区中参照录入。

(3) 辅助信息：根据科目属性输入相应的辅助信息，如部门、个人、项目、客户、供应商、数量、自定义项等。在这里录入的辅助信息将在凭证下方的备注中显示。需要对所录入的辅助项进行修改时，可双击所要修改的项，在系统显示的辅助信息录入界面中进行修改。

(4) 金额：该笔分录的借方或贷方本币发生额，金额不能为零，但可以是红字，红字金额以负数形式输入。如果方向不符，可按空格键调整金额方向。

7. 输入辅助信息时应注意以下几点：

(1) 如果科目有客户往来的属性，则屏幕提示输入"客户""业务员"及"票号"等信息。"客户"可输入代码或客户简称，也可通过参照功能选择；"业务员"可输入该笔业务的销售或采购人员；"票号"可输入往来业务的单据号。

(2) 如果科目有供应商往来的属性，则屏幕提示输入"供应商""业务员"及"票号"等信息。

(3) 如果科目为部门核算科目，则屏幕提示输入"部门"信息，可输入代码或部门名称。

(4) 如果科目为个人往来核算科目，则屏幕提示输入"部门""个人"等信息，可输入代码或名称。

(5) 如果科目为项目核算科目，则屏幕提示输入"项目"信息，可输入代码或项目名称。

(6) 如果科目定义了自定义项，则屏幕提示输入各"科目自定义项"信息。例如，主营业务收入科目定义了"销售类型"的科目自定义项，当在凭证中录入主营业务收入科目时，系统提示录入"销售类型"，此时可输入"现销""赊销"等辅助信息，并可在查询明细账、序时账时按"销售类型"条件进行查询。又如工程项目科目可设置料、工、费等自定义项核算该科目每一笔业务的全部信息。

(7) 如果科目要进行数量核算，则屏幕提示输入"数量""单价"等信息。系统根据公式"数量×单价"自动计算出金额，并将金额先放在借方，如果方向不符，可按空格键调整金额方向。

(8) 如果科目要进行外币核算，系统自动将凭证格式改为外币式，如果系统中有其他辅助核算，则先输入其他辅助核算后，再输入外币信息。

(9) 如果科目为银行科目，则屏幕提示输入"结算方式""票号"及"发生日期"等信息。在"结算方式"中输入银行往来结算方式，"票号"应输入结算号或支票号，"票据日期"应输入该笔业务发生的日期，"票据日期"主要用于银行对账。对于要使用"支票登记簿"功能的科目，若希望在制单时也可进行支票登记，则应在"账簿选项"中设置"支票控制"选项,在制单时结算方式选择"支票登记簿",在输入支票号后,系统会自动勾销支票登记簿中未报销的支票,并在报销日期中填上制单日期。所以在领用支票时最好在支票登记簿中予以登记,以便系统能自动勾销未报的支票。若支票登记簿中未登记该支票,系统将显示支票录入窗口,将该支票内容登记到支票登记簿中,同时填上报销日期。

8. 每月内的凭证日期不能倒流,即系统默认应按时间顺序填制凭证,如6月20日某类凭证已填到第200号,则填制该类200号以后的凭证时,日期不能为6月1日至6月19日的日期,而只能是6月20日至6月底的日期。也可解除这种限制,即在"账簿选项"中将账套参数"制单序时"取消。

9. 客户、供应商、部门、项目的控制。如果使用应收系统来管理所有客户往来业务,在制单时不能使用纯客户往来(只核算客户往来)的科目,而应到应收系统中生成相应的凭证。若使用部门客户或客户项目的科目,则只能录入部门或项目的发生数。如果使用应付系统来管理所有供应商往来业务,在制单时不能使用纯供应商往来(只核算供应商往来)的科目,而要到应付系统中生成相应的凭证。若使用部门供应商或供应商项目的科目,则只能录入部门或项目的发生数。对于同一个往来单位来说,名称要前后一致。比如不能有时用"天泽机械设备公司",有时用"ABC集团公司",这样前后不一致的名称,系统会将其当成两个单位。在填制凭证时只能输入末级部门,项目核算的科目必须先在项目定义中设置相应的项目大类,才能在制单时使用。科目所属项目大类中必须已定义了项目,且此处只能输入项目,不能输入项目分类。

10. 一个科目最多可设置10个自定义项、其中6个文本型、2个数字型、2个日期型。如销售收入科目可定义"销售类型(文本型)""付款方式(文本型)""税率(数字型)"等等,可根据用户的需要自由定义,在填制凭证时可录入也可不录入。若科目既核算外币又核算数量,则单价为外币单价,外币=数量×单价。凭证一旦保存,其凭证类别、凭证编号将不能再修改。

数量、外币及汇率的录入。在金额处按"="键,系统将根据借贷方差额自动计算此笔分录的金额。例如,填制某张凭证时,前两笔分为借100、借200,在录入第三笔分录的金额时,将光标移到贷方,按下"="键,系统会自动填写300。若数量、单价有一方未录入,系统将根据金额或外币自动计算出数量、单价。若不录入外币只录入汇率和金额,或不录入汇率只录入外币和金额,系统可反算出外币数和汇率,提高录入效率和准确度。如果修改影响了原来外币、汇率、金额三方的平衡关系,即外币折算误差(外币、汇率按折算公式计算出的本币金额与实际上输入的本币金额之间的误差)超过在"外币及汇率"中定义的折算误差,系统将会弹出提示,如果希望重新计算,在要重算的地方按F11键,系统将按折算公式重新计算。

11. 科目、往来客户、供应商、往来个人、部门、项目可在制单时随时通过参照界面中的"编辑"按钮进行增加或修改。

## 修改凭证

在"填制凭证"功能中,通过按"首页""上页""下页""末页"按钮翻页查找或按"查询"按钮输入查询条件找到要修改的凭证,将光标移到需修改的地方进行修改即可。可修改内容包括摘要、科目、辅助项、金额及方向、增删分录等。有些项目的修改受到"账簿选项"中设置的限制,若某笔涉及银行科目的分录已录入支票信息,并对该支票作过报销处理,修改该分录将不影响"支票登记簿"中的内容。修改完毕后,按"保存"按钮保存当前修改,按"放弃"按钮放弃当前修改。

外部系统传过来的凭证不能在总账系统中进行修改,只能在生成该凭证的系统中进行修改。

## 作废/恢复/整理凭证(删除凭证)

当某张凭证不想要或出现不便修改的错误时,可将其作废。进入填制凭证界面后,找到要作废的凭证,单击"制单"菜单下的"作废/恢复",凭证上显示"作废"字样,表示已将该凭证作废,作废凭证仍保留凭证内容及凭证编号。作废凭证不能修改,不能审核。在记账时,不对作废凭证作数据处理,它相当于一张空凭证。在账簿查询时,也查不到作废凭证的数据。若需恢复当前凭证,可单击"制单"菜单下的"作废/恢复"按钮取消作废标志,将当前凭证恢复为有效凭证。凭证整理就是删除所有作废凭证,并对未记账凭证重新编号。若本月已有凭证记账,那么,本月最后一张已记账凭证之前的凭证将不能作凭证整理,只能对其后面的未记账凭证作凭证整理。若想作凭证整理,应先利用"恢复记账前状态"功能恢复本月月初的记账前状态,再作凭证整理。

## 审核凭证

记账凭证的准确性是进行正确核算的基础,因此无论是直接在计算机上根据已审核的原始凭证编制记账凭证,还是直接将手工编制并审核的凭证输入系统(因为又经过了手工的操作处理),都需要经过他人的审核后,才能作为正式凭证进行记账处理。根据会计制度规定,审核与制单不能为同一人。

凭证一经审核,就不能修改、删除,只有取消审核签字后才可以进行修改或删除,取消审核签字只能由审核人自己进行;采用手工制单的用户,在凭证上审核完后还须对录入机器中的凭证进行审核;作废凭证不能被审核,也不能被标错,已标错的凭证不能被审核,须先取消标错后才能审核。

## 记　账

记账凭证经审核签字后,即可用来登记总账和明细账、日记账、部门账、往来账、项目账以及备查账等。记账一般采用向导方式,使记账过程更加明确,计算机自动进行数据处理,不用人工干预。记账过程不得中断,一旦断电或其他原因造成中断,系统将自动调用"恢复记账前状态"恢复数据,然后再重新记账。

## 打印凭证

利用打印功能可打印已记账及未记账凭证。执行"总账"|"凭证"|"打印凭证"命令,屏幕显示打印条件窗,输入打印条件,按"确定"按钮后,开始进行打印。

1. 凭证类别：可以打印某一凭证类别的凭证，也可以打印所有凭证类别的凭证。
2. 凭证范围：可以输入需要打印的凭证号范围，不输入则打印所有凭证。凭证号范围可以输入"1,3,5～9"，其表示打印1号、3号、5至9号凭证。
3. 期间范围：可以选择打印凭证的起止期间范围。
4. 凭证格式：即打印凭证的格式，主要分为金额式和数量外币式两种。系统提供两个选项：只打印符合指定格式的凭证和所选凭证按指定格式打印。

只打印符合指定格式的凭证，只打印所选凭证范围内凭证格式与指定凭证格式相同的凭证。例如，凭证格式选择了金额式，则只打印所选凭证范围内的金额式的凭证，数量外币式的凭证不打印。

所选凭证按指定格式打印，所有凭证范围内的凭证按指定格式打印。例如，所选凭证范围内有金额式凭证也有数量外币式凭证，打印时选择了金额式的凭证格式，则那些数量外币式的凭证也都按金额式打印。

5. 当前凭证：若当前凭证有多页分单，可以在这里输入要打印的分单号。如输入"3～4"，表示打印凭证的第3张和第4张分单。
6. 打印科目编码：若选择此项，则在凭证的科目名称后打印科目编码。
7. 制单人：可打印某一操作员填制的凭证。
8. 记账范围：选择"已记账凭证"则打印已记账凭证，选择"未记账凭证"则打印未记账凭证。

### 科目汇总

科目汇总是指按条件对记账凭证进行汇总并生成一张科目汇总表。执行"总账"|"凭证"|"科目汇总"命令，屏幕显示"科目汇总"对话框。依次设置汇总条件，单击"汇总"按钮，系统生成科目汇总表。

1. 月份：确定要汇总记账凭证的会计月度。
2. 凭证类别：按凭证类别查询时可选择需要汇总的凭证类别。类别为空，则汇总所有的类别。
3. 科目级次：即科目汇总表的汇总级次。
4. 凭证号：当凭证类别指定时，可输入要汇总的起止凭证号。
5. 日期：当不指定凭证号范围时，可输入汇总的起止日期。
6. 凭证汇总范围：系统提供未记账凭证、已记账凭证、全部凭证三种汇总范围。可以单击某一单选框选择所需的汇总方式。

## 任务三　出纳管理

出纳管理是总账系统为出纳人员提供的一套管理工具，包括出纳签字、现金日记账、银行日记账、资金日报的输出，支票登记簿的管理以及银行对账功能，并对银行长期未达账提供审计功能。

## 【任务场景】

现金和银行存款是企业流动性最强的资产,因此天泽机械设备公司出纳陈红每天除了对凭证进行出纳签字之外,还需要做好资金管理工作。日记账是为了加强对现金、银行存款的管理而设置的账簿,能够每日了解现金和银行存款的收支存情况。陈红作为公司的出纳,其具体任务主要包括管理、输出现金日记账并做到日清月结;管理、输出银行日记账并定期进行银行对账,确保银行存款安全;做好支票的管理及登记工作;做好长期未达账项的审计工作。

## 【任务目标】

1. 掌握现金、银行日记账和银行对账的基本知识;
2. 理解支票登记簿的作用;
3. 具备现金、银行日记账的管理及输出技能;
4. 具备银行对账的能力;
5. 具备支票登记簿的使用及支票管理能力。

## 【任务内容】

天泽机械设备公司 2022 年 1 月的银行对账单见表 3-8。天泽机械设备公司的开户银行是工行城东分行,账号 60-12489894268564699,其月初余额为借方 917 435.70 元,上年末无未达账项。

表 3-8  天泽机械设备公司 2022 年 1 月银行对账单    单位:元

| 日期 | 结算方式 | 票号 | 方向 | 金额 |
| --- | --- | --- | --- | --- |
| 1.3 | 转账支票 | 67102 | 借 | 200 000.00 |
| 1.5 | 转账支票 | 19601 | 贷 | 3 000.00 |
| 1.7 | 转账支票 | 548195 | 贷 | 86 280.00 |
| 1.7 | 其他 | SW011 | 贷 | 125 620.70 |
| 1.12 | 转账支票 | ZZ19602 | 贷 | 3 000.00 |
| 1.13 | 转账支票 | ZZ19603 | 贷 | 10 500.00 |
| 1.15 | 委托收款 | | 贷 | 65 000.00 |
| 1.23 | 转账支票 | ZZ19604 | 贷 | 1 620.00 |
| 1.27 | 银行汇票 | 265849 | 借 | 20 000.00 |
| 1.30 | 转账支票 | ZZ19689 | 贷 | 18 000.00 |

## 【任务实施】

### 一、现金日记账

可以利用系统提供的查询功能来查询和打印现金日记账,查询前需要在"会计科目"

下的"指定科目"中预先指定现金总账科目。

查询现金日记账的具体操作步骤如下：

1. 以出纳员"02 陈红"的身份登录企业应用平台，在"业务工作"中，执行"财务会计"|"总账"|"出纳"|"现金日记账"命令，进入"现金日记账查询条件"窗口，如图 3-38 所示。

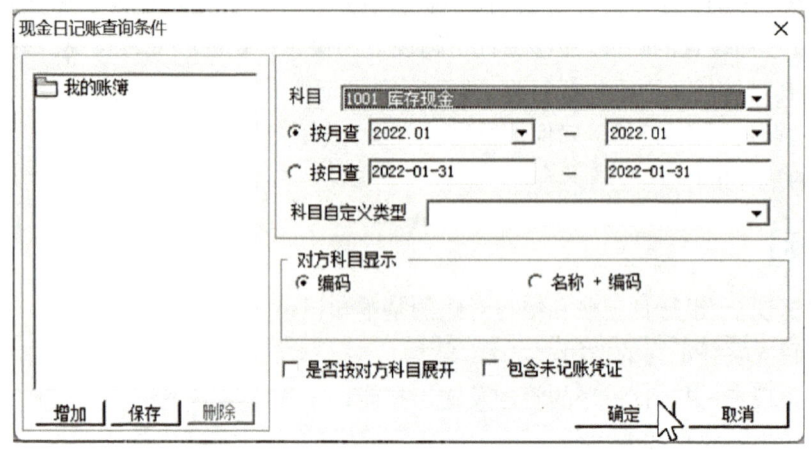

图 3-38 "现金日记账查询条件"窗口

2. 根据需要设置相应的查询条件。在科目范围处选择科目"1001 库存现金"；在查询方式框中可以选择"按月查"和"按日查"两种方式并指定具体的月份和日期；如果要查看包含未记账凭证的日记账，可选择"包含未记账凭证"选项。可将当前查询条件保存为"我的账簿"，或直接调用已有的"我的账簿"进行查询。输入查询条件后，单击"确定"按钮，进入"现金日记账"窗口，如图 3-39 所示。

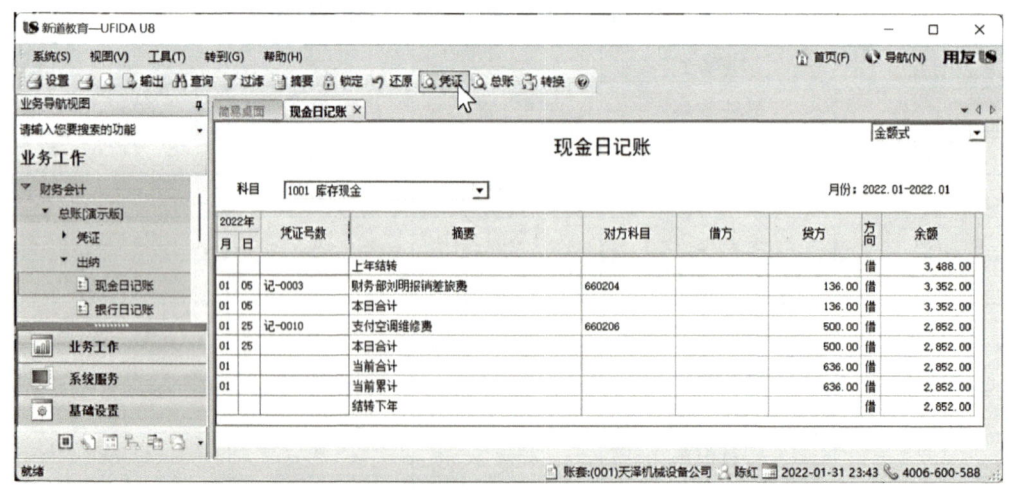

图 3-39 现金日记账

3. 单击右上角账页格式下拉选择框，选择需要查询的格式，系统将自动根据科目的性质列出选项供选择。选项包括金额式、外币金额式、数量金额式、数量外币式等。

4. 双击某行数据或先选中某行然后按"凭证"按钮可查看相应的凭证；按"总账"按钮可查询此科目的三栏式总账。

5. 查询完毕之后,单击"关闭"按钮退出。

## 二、银行日记账

利用系统提供的功能可以查询和打印银行日记账,银行科目也必须在"会计科目"功能的"指定科目"中预先指定银行总账科目。

查询银行日记账的操作步骤和现金日记账相同,不再赘述。

### (一)各项查询条件设置含义

1. 科目:查询不同账户的银行存款收支情况。

2. 按月查:显示查询月的银行日记账。

3. 按日查:显示查询日的银行日记账。

4. 编码:银行日记账显示对方科目编码。

名称+编码:显示对方科目编码及名称,可以选择显示一级科目或显示至末级。

5. 是否按对方科目展开:选择此项,则必须选择显示对方科目"名称+编码"。

6. 包含未记账凭证:由于未审核等原因,可能会有部分凭证尚未记账,查询真实的银行存款收支情况时最好选择"包含未记账凭证"。

### (二)系统提供的四种账页格式

系统提供金额式、外币金额式、数量金额式、数量外币式四种账页格式。在外币金额式显示格式中如为末级科目则显示外币名称,非末级科目则不显示。

## 三、资金日报表

资金日报表用来查询现金、银行存款科目某日的发生额及余额情况。

查询资金日报表的具体操作步骤如下:

1. 执行"总账"|"出纳"|"资金日报"命令,打开"资金日报表查询条件"对话框。

2. 在日期处输入需要查询日报表的日期,如"2022-01-02"。在级次中设置相应的科目显示级次,级次用于确定是显示一级科目还是显示各级科目。如只查一级科目时,级次输为"1-1"。如想查询未记账凭证,可选中"包含未记账凭证"选项。选中"有余额无发生额也显示"时,即使当日没有业务发生也会显示余额。

条件选择完成后,单击"确认"按钮,屏幕显示当日资金日报表,如图3-40所示。

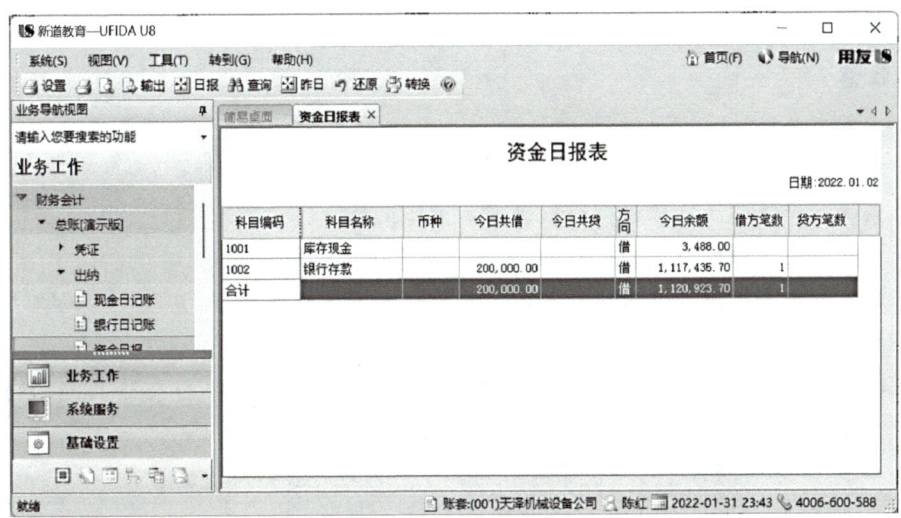

图3-40 资金日报表

3. 单击"日报"按钮可查询并打印光标所在科目的日报单。

4. 单击"昨日"按钮可查看各现金、银行科目的昨日余额。

### 四、支票登记簿

在手工记账时,银行出纳通常会建立支票领用登记簿用来登记支票领用情况。总账系统也为出纳员提供了"支票登记簿"功能,以供其详细登记支票领用人、领用日期、支票用途、是否报销等情况。

使用支票登记簿的具体操作步骤如下:

1. 执行"总账"|"出纳"|"支票登记簿"命令,打开"银行科目选择"对话框。

2. 选择对应的银行科目,单击"确定"按钮,进入"支票登记簿"窗口。

3. 单击"增加"按钮,在新增行中录入领用日期、领用部门、领用人、支票号、预计金额、用途等信息后,单击"保存"按钮保存数据,如图3-41所示。

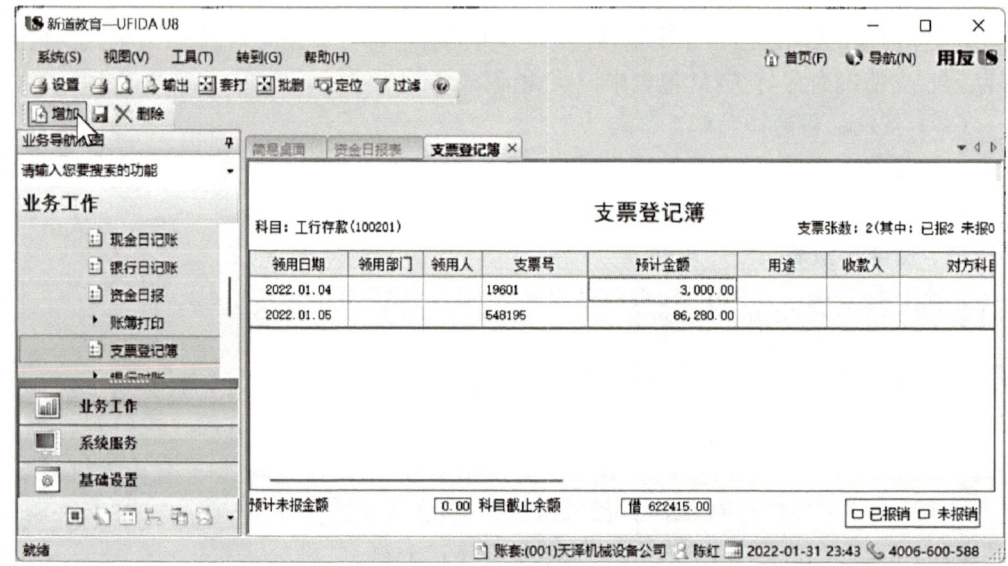

图3-41 支票登记簿

> 💡 **注意:**
>
> (1) 只有在总账"选项"中选择了"支票控制",在结算方式中设置了"票据结算",并在"会计科目"中设置了银行账的科目才能使用支票登记簿。
>
> (2) 系统对于不同的银行账户分别设置支票登记簿。
>
> (3) 支票登记簿中报销日期为空时,表示该支票未报销。
>
> (4) 在填制记账凭证时录入已支付的支票的结算方式和支票号,系统会自动在支票登记簿中将该号支票写上报销日期,该号支票即为已报销。
>
> (5) 单击"批删"按钮,输入需要删除已报销支票的起止日期,即可删除此期间内的已报销支票。
>
> (6) 单击"过滤"按钮,即可对支票按领用人或部门进行各种统计。

## 五、银行对账

### (一) 录入银行对账期初数据

为了保证银行对账的正确性,在使用"银行对账"功能进行对账之前,必须先将日记账、银行对账单期初数据及未达账项录入系统中。

录入银行对账期初数据的具体操作步骤如下:

1. 由出纳员登录企业应用平台,执行"总账"|"出纳"|"银行对账"|"银行对账期初录入"命令,进入"银行科目选择"窗口,如图 3-42 所示。

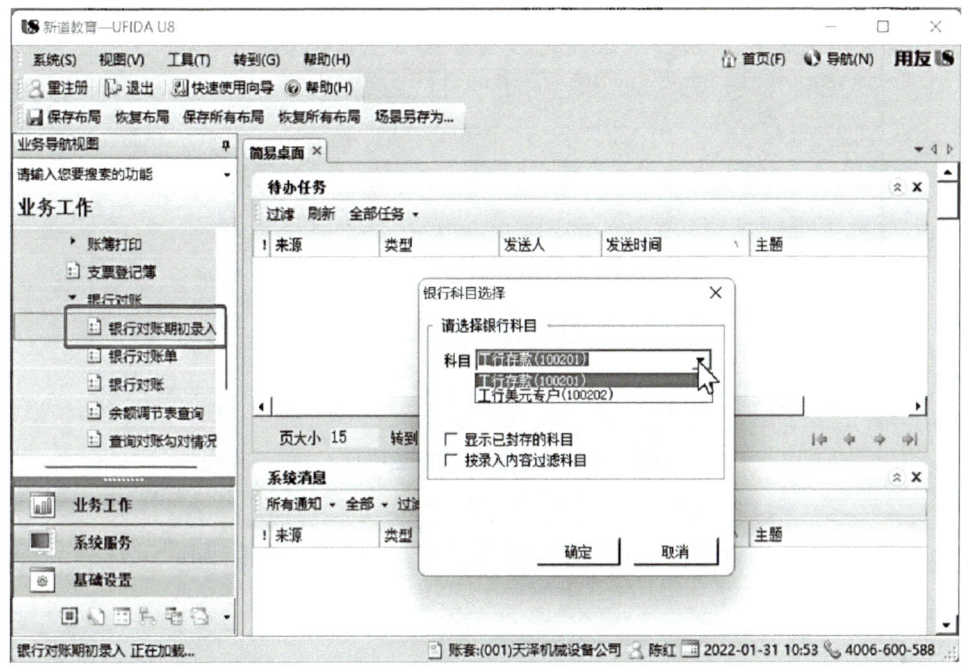

图 3-42　银行科目选择

2. 选择"工行存款(100201)",单击"确定"按钮,进入"银行对账期初"窗口。在启用日期处录入该银行账户的启用日期"2022.01.01"。在单位日记账调整前余额框中输入"917435.70",在银行对账单调整前余额框中输入"917435.70",如图 3-43 所示。

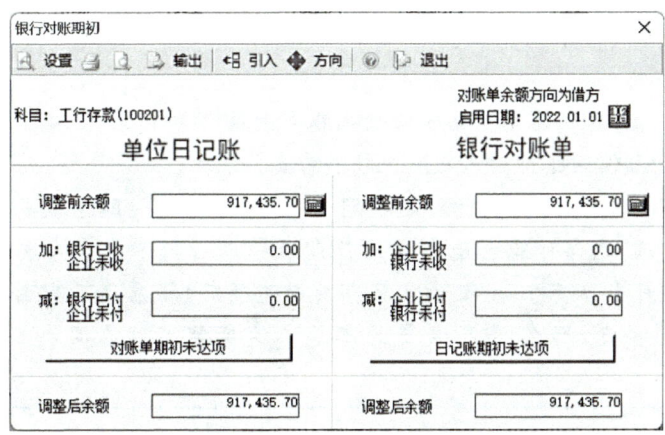

图 3-43　银行对账期初录入

3. 如果存在期初未达账项,则需要单击"对账单期初未达项"按钮进入"银行方期初"界面。单击"增加"按钮录入银行方期初未达账项,录入完毕后单击"保存"按钮保存数据,单击"退出"按钮返回"银行对账期初"窗口,如图 3-44 所示。同理,单击"日记账期初未达项"按钮进入"企业方期初"界面录入单位日记账期初未达账项。

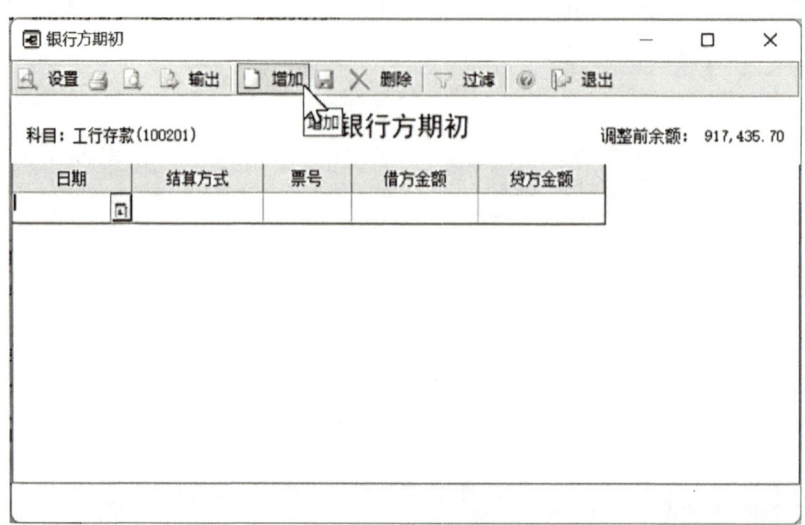

图 3-44　银行方期初未达项录入

4. 系统将根据调整前余额及期初未达项自动计算出银行对账单与单位日记账调整后的余额。

> **注意:**
> (1) 单位日记账与银行对账单的"调整前余额"应分别为启用日期该银行科目的科目余额及银行存款余额。"期初未达项"为上次手工勾对截止日期到启用日期前的未达账项。"调整后余额"分别为上次手工勾对截止日期的该银行科目的科目余额及银行存款余额。若录入正确,则单位日记账与银行对账单的调整后余额应平衡。
> (2) "银行对账期初"功能用于第一次使用银行对账模块前录入日记账及对账单未达项,在开始使用银行对账之后一般不需要再录入。
> (3) 在录入完单位日记账、银行对账单期初未达项后,不能随意调整启用日期,尤其是向前调,这样可能会造成启用日期后的期初数不能再参与对账。例如,录入了 4 月 1 日、5 日、8 日的几笔期初未达项后,将启用日期由 4 月 10 日调整为 4 月 6 日,那么,4 月 8 日的那笔未达项将不能在期初及银行对账中看到。

(4) 系统默认银行对账单余额方向为借方,按"方向"按钮可调整银行对账单余额方向。已进行过银行对账勾对的银行科目不能调整银行对账单余额方向。

(5) 在执行对账功能之前,应将"银行对账期初"中的"调整后余额"调平(即单位日记账调整后的余额=银行对账单调整后的余额),否则,在对账后编制"银行存款余额调节表"时,会出现银行存款与单位银行账的账面余额不平的情况。

### (二)银行对账单录入

银行对账单功能用于录入银行对账单业务,将系统指定账户(银行科目)的业务录入本账户下的银行对账单以便于对账。

录入银行对账单的具体操作步骤如下:

1. 执行"总账"|"出纳"|"银行对账"|"银行对账单"命令,打开"银行科目选择"对话框,选择对账科目"工行存款(100201)",选择对账月份"2022.01",如图 3-45 所示。

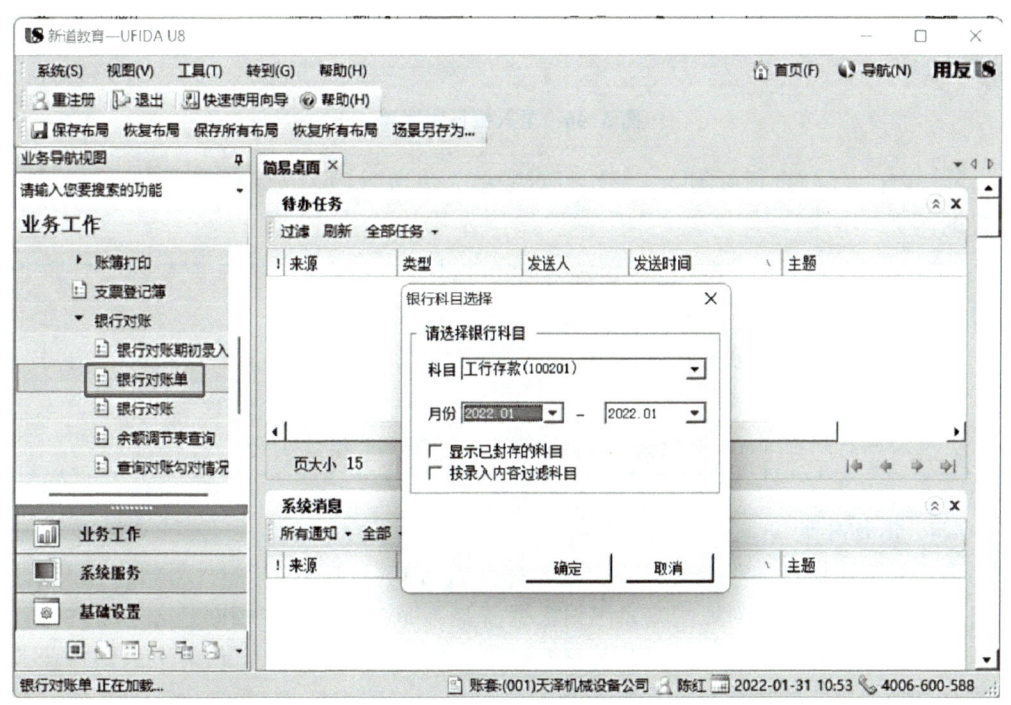

图 3-45 银行对账科目选择

2. 单击"确定"按钮,进入"银行对账单"窗口。

3. 单击"增加"按钮,新增一行记录,录入日期"2022.01.03",双击结算方式单元格参照录入"202 转账支票",票号"67102",借方金额"200000.00"。余额栏不用录入,系统自动计算,单击"保存"按钮保存数据。录入完毕后按回车键或单击"增加"按钮可继续录入下一行信息,如图 3-46 所示。

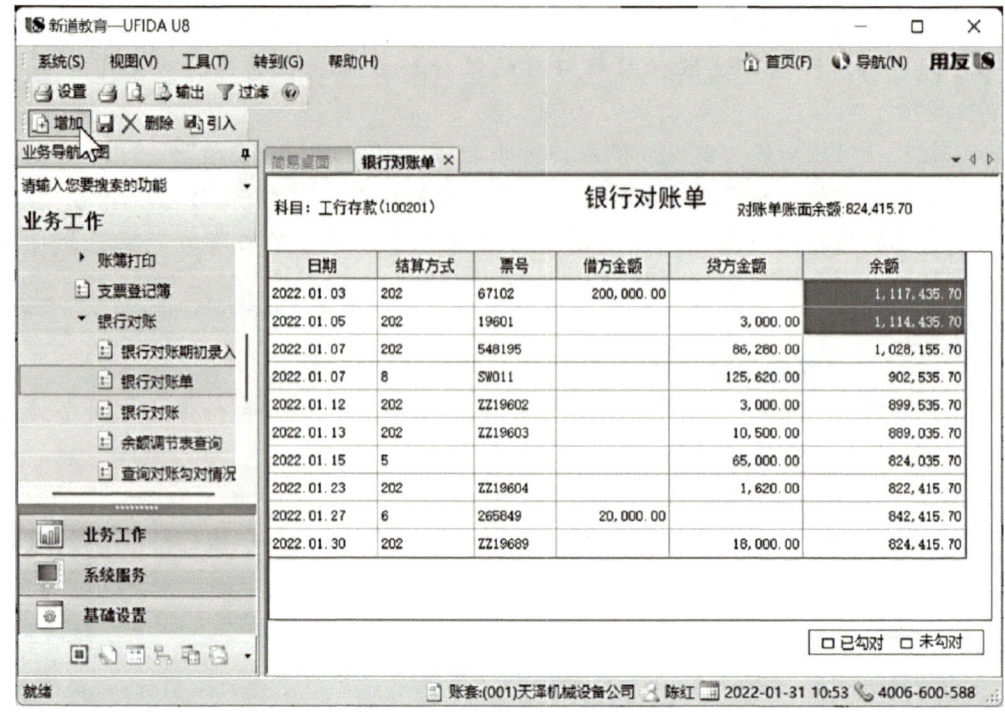

图 3-46 录入银行对账单

5. 单击"删除"按钮可删除一笔银行对账单。单击"过滤"按钮可按条件过滤对账单供查询。

注意：

(1) 如果企业在多家银行开户，对账单应与其账号所对应的银行存款下的末级科目一致。

(2) 录入银行对账单时，余额由系统根据期初余额情况自动生成。

### （三）银行对账

银行对账采用自动对账与手工对账相结合的方式。自动对账由计算机根据对账规则自动进行核对、勾销，对账规则由出纳根据需要选择，方向、金额相同是必选条件，其他可选条件为票号相同、结算方式相同、日期在给定期间之内。对于已核对上的银行业务，系统将自动在银行存款日记账和银行对账单双方标记两清标志，并视为已达账项，对于在两清栏未标记两清符号的业务，系统则视其为未达账项。由于自动对账是以银行存款日记账和银行对账单双方对账依据完全相同为条件，为了保证自动对账的正确和彻底，必须保证对账数据的规范合理，例如，银行存款日记账和银行对账单的票号要一致，如果对账双方不能统一规范，系统则无法识别。手工对账是对自动对账的补充，使用完自动对账后，可能还有一些特殊的已达账没有核对出来，仍被视为未达账项，为了保证对账更彻底，可用手工对账来进行补充调整。

银行对账的具体操作步骤如下：

1. 执行"总账"|"出纳"|"银行对账"|"银行对账"命令,打开"银行科目选择"对话框。选择对账科目"工行存款(100201)",选择对账月份"2022.01",若选择"显示已达账"选项,则显示已两清勾对的单位日记账和银行对账单数据(系统默认为显示已达账)。单击"确定"按钮,进入"银行对账"界面,左边为单位日记账,右边为银行对账单,如图3-47所示。

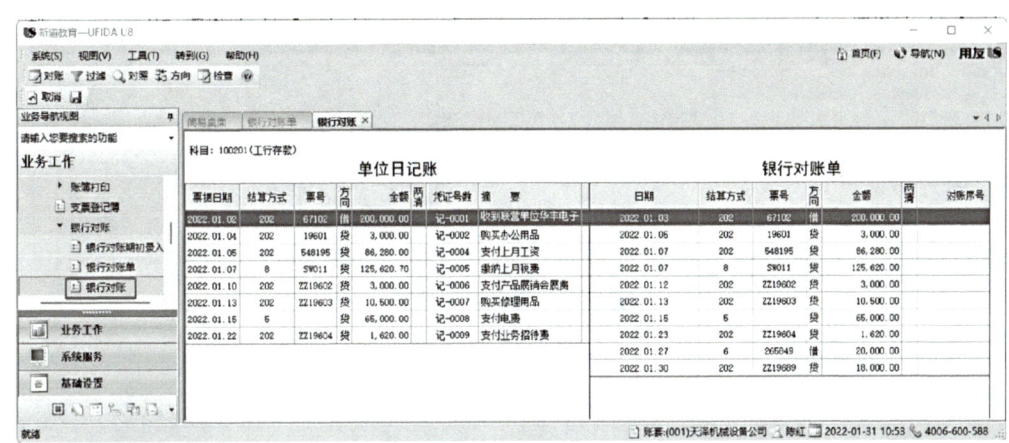

图3-47 "银行对账"界面

2. 单击"对账"按钮,打开"自动对账"对话框,如图3-48所示。根据需要选择相应的对账条件。

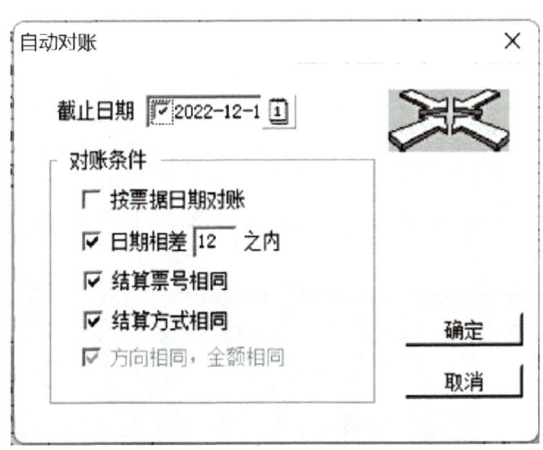

图3-48 "自动对账"对话框

3. 确定对账条件之后,单击"确定"按钮,系统根据选定的对账条件进行自动对账,并在已达账项的"两清"栏内打上红圈标记,如图3-49所示。

4. 单击"检查"按钮可检查对账是否有错,如果有错误,应进行调整。

5. 单击"取消"按钮可进行"银行反对账",即取消一定时期内的银行对账两清标记。

6. 若部分特殊已达账项自动对账时没有核对出来,可以进行手工对账,在单位日记账和银行对账单的同一笔业务的"两清"栏内双击打上两清标记。需要注意的是,自动两清的标记是红色"O",手工两清的标记是红色"Y"。手工两清的已达账项,在取消对账时也需手工取消,再次双击"两清"栏即可取消两清标记。

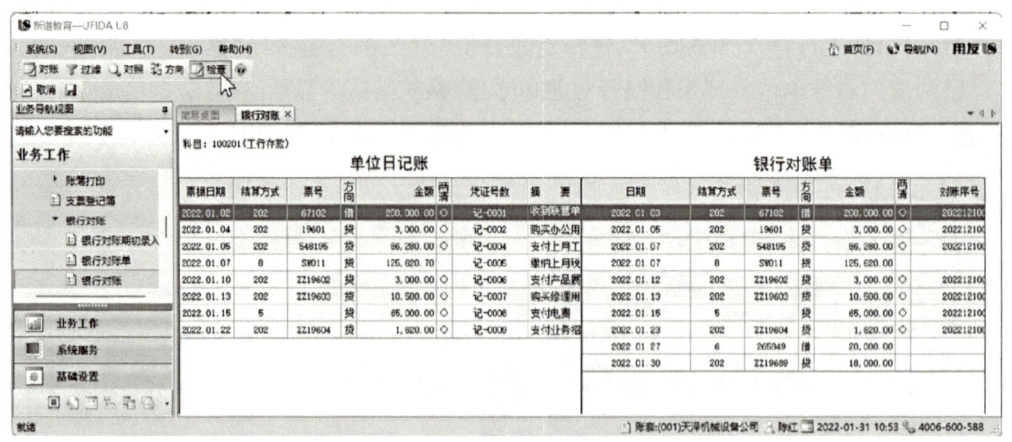

图 3-49　自动对账结果

**（四）编制余额调节表**

在对银行账进行两清勾对后，便可查询打印"银行存款余额调节表"，以检查对账是否正确。

编制余额调节表的具体操作步骤如下：

1. 执行"总账"|"出纳"|"银行对账"|"余额调节表查询"命令，进入"银行存款余额调节表"界面。

2. 如果要查看某科目的调节表，需先单击选中该科目，然后单击"查看"按钮或直接双击该行，如图 3-50 所示。

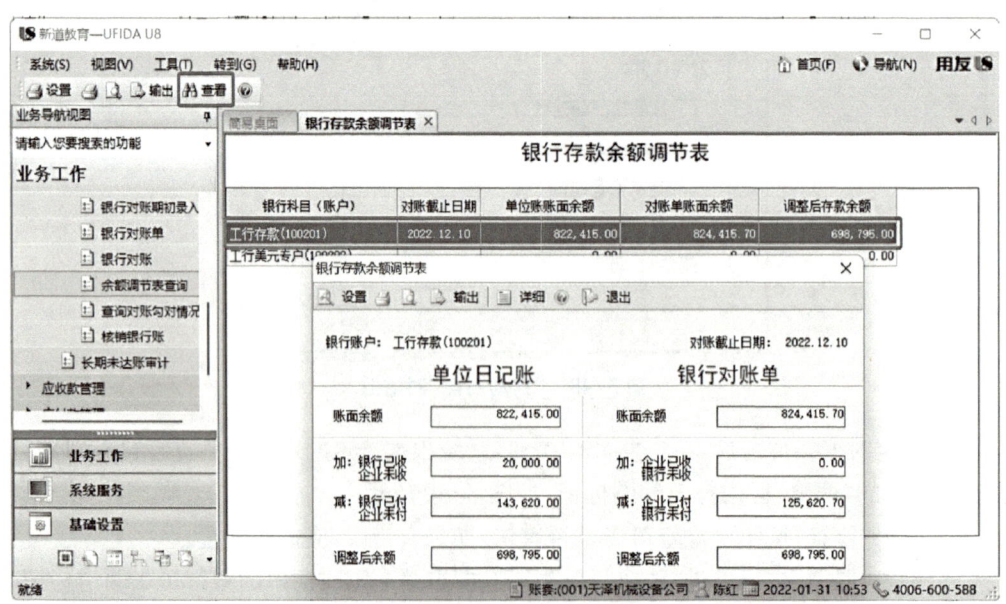

图 3-50　银行存款余额调节表

3. 在打开的"银行存款余额调节表"窗口中，单击"详细"按钮可查看详细的余额调节表，如图 3-51 所示。

项目三　总账管理

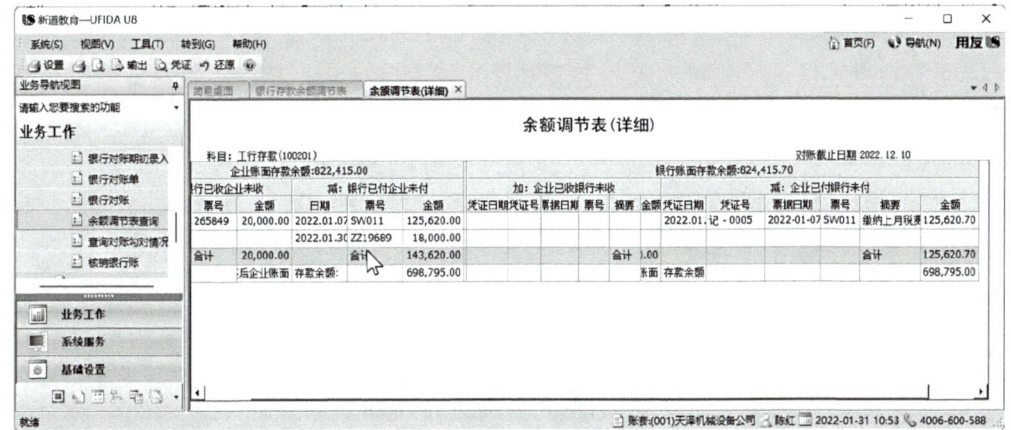

图 3-51　详细的余额调节表

> 注意：
> (1) 余额调节表为截止到对账截止日期的余额调节表，若无既定的对账截止日期，则为最新余额调节表。
> (2) 一般来说，银行存款余额调节表应显示账面余额平衡。如果余额调节表显示账面余额不平，可查看银行对账期初"调整前余额""日记账期初未达项"及"银行对账单期初未达项"是否录入正确，如不正确需进行调整。
> (3) 银行对账之后可以通过"查询对账勾对情况"功能查询对账结果。如果确认银行对账结果正确，则可以通过"核销银行账"功能核销已达账项。

【知识拓展】

### 银行对账的操作流程

1. 输入银行对账期初数据

许多企业在使用总账系统时，通常先不启用银行对账模块，比如某企业 2021 年 1 月开始使用总账系统，而在 5 月才开始使用银行对账功能，那么银行对账就应该有一个启用日期，该启用日期应当是使用银行对账功能前最后一次手工对账的截止日期。用户应在此日期前录入最后一次对账企业方与银行方的调整前余额，以及启用日期之前企业日记账和银行对账单的未达项。

2. 输入银行对账单

要实现计算机自动对账操作，每月月末对账前，须将银行开出的银行对账单输入计算机。本功能用于平时录入银行对账单。在指定账户（银行科目）后，可录入本账户下的银行对账单。

3. 银行对账

银行对账可以采用自动对账与手工对账相结合的方式。自动对账即由计算机根据对账依据，将银行存款日记账未达账项与银行对账单进行自动核对和勾销。对账依据通常是"结算方式＋票据号＋方向＋金额"或"票据号＋金额"。对于已核对成功的银行业务，系统将自动在银行存款日记账和银行对账单双方标注两清标志，并视为已达账项，否则视其为未达账项。

4. 余额调节表的查询输出

在对银行账进行两清勾对后，计算机自动整理汇总未达账和已达账，生成"银行存款余额调节表"，以检查对账是否正确。如果余额调节表显示账面余额不平，应检查"银行期初录入"中的相关项目是否平衡、"银行对账单"录入是否正确、"银行对账"中勾对是否正确、对账是否平衡，如不正确应进行调整。

5. 对账结果查询

对账结果查询，主要用于查询企业日记账和银行对账单的对账结果。对账结果查询是对余额调节表的补充，可以了解对账后对账单上勾对的明细情况（包括已达账项和未达账项），从而进一步查询对账结果。检查无误后，可通过核销银行账来核销已达账。

## 任务四　账簿管理

账簿管理主要用于随时查询、打印、输出总分类账、明细分类账、多栏账、发生额、余额表等科目账以及个人往来、客户往来、供应商往来等辅助账。

### 【任务场景】

天泽机械设备公司总账会计刘明在完成日常会计核算工作的同时，还需要经常查询账簿余额及发生额数据，特别是辅助账数据，以便能够及时提供财务信息，为公司经营决策作出贡献。此外，每月月末刘明还需要打印相关账簿作为会计档案保管。

### 【任务目标】

1. 掌握总账、明细账、多栏账的查询及打印知识；
2. 理解发生额及余额表的作用；
3. 具备查询和打印总账、明细账的能力；
4. 具备利用科目账及辅助账信息参与企业管理的能力。

### 【任务内容】

生成并查询天泽机械设备公司2022年1月的总账、余额表、明细账、序时账、多栏账、辅助账等账簿，并保存查询结果。

## 【任务实施】

### 一、总账

总账查询不但可以查询各总账科目的年初余额、各月发生额合计和月末余额,而且还可以查询所有二至六级明细科目的年初余额、各月发生额合计和月末余额。

查询总账的具体操作步骤如下:

1. 以有权限的操作员,如账套主管的身份登录企业应用平台,执行"总账"|"账表"|"科目账"|"总账"命令,进入"总账查询条件"对话框。单击"科目"后面的参照按钮输入科目起止范围,如 1221-1602。如果科目级次中输入 1-1,则只查询一级科目;如将科目级次输入为 1-3,则查询一至三级科目。如果需要查询所有末级科目,则选择"末级科目"。若想查询包含未记账凭证的总账,可选中"包含未记账凭证",如图 3-52 所示。输入查询条件后,可将该查询条件保存为"我的账簿",下次查询直接调用"我的账簿"即可。

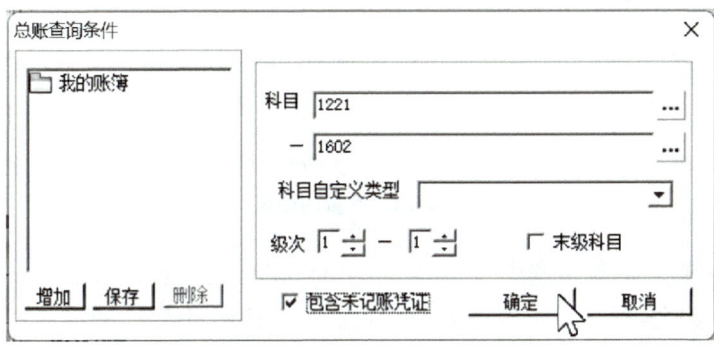

图 3-52　总账查询条件

2. 单击"确定"按钮,进入"总账"界面。单击"科目"下拉列表框,可查看所选范围内其他科目的总账。单击屏幕右上方账页格式下拉列表框,可选择不同的账页格式,如图 3-53 所示。

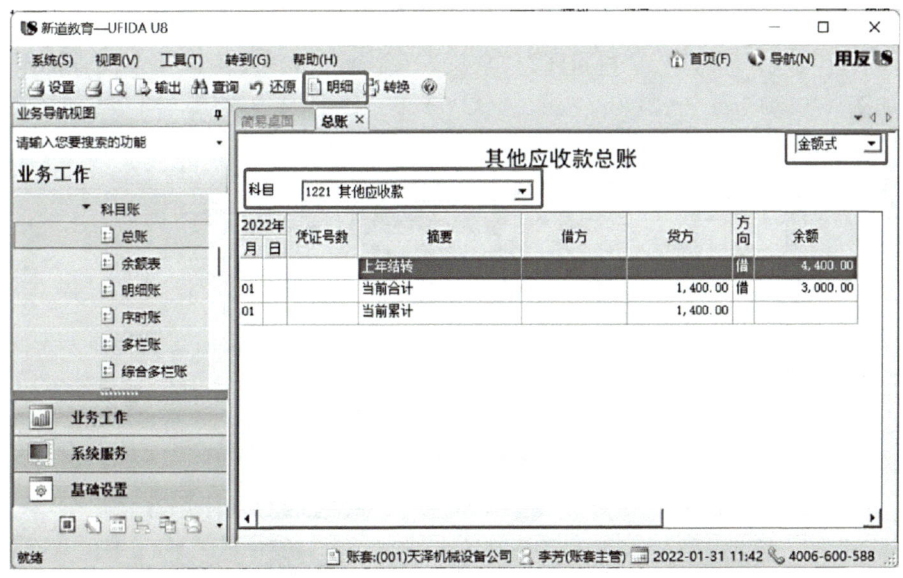

图 3-53　总账

3. 单击选中"当前合计"行,单击工具栏中的"明细"按钮,即可联查到当前科目当前月份的明细账(当期初余额或上年结转所在行为当前行时,不能联查明细账),如图3-54所示。

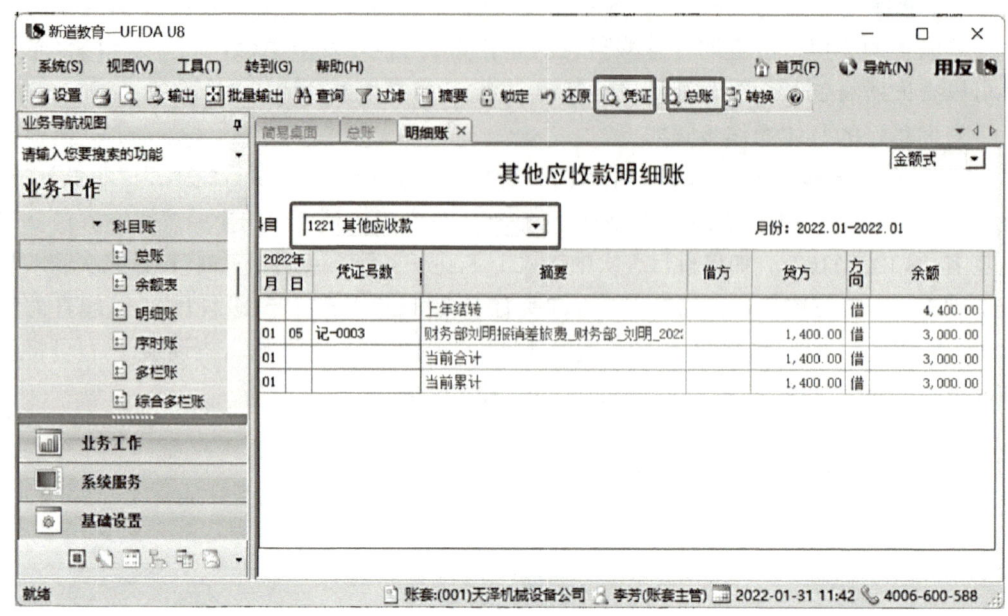

图 3-54 联查明细账

4. 在明细账界面,单击选中"1月5日记-0003"凭证所在行,然后单击工具栏中的"凭证"按钮即可联查第3号记账凭证,单击"总账"按钮即可联查总账。

二、余额表

余额表功能用于查询统计各级科目的本期发生额、累计发生额和余额等。传统的总账以总账科目分页设账,而余额表则可输出某月或某几个月的所有总账科目或明细科目的期初余额、本期发生额、累计发生额、期末余额。在总账系统中,可以用余额表代替总账使用。

查询余额表的具体操作步骤如下:

1. 执行"总账"|"账表"|"科目账"|"余额表"命令,进入"发生额及余额查询条件"对话框,如图3-55所示。

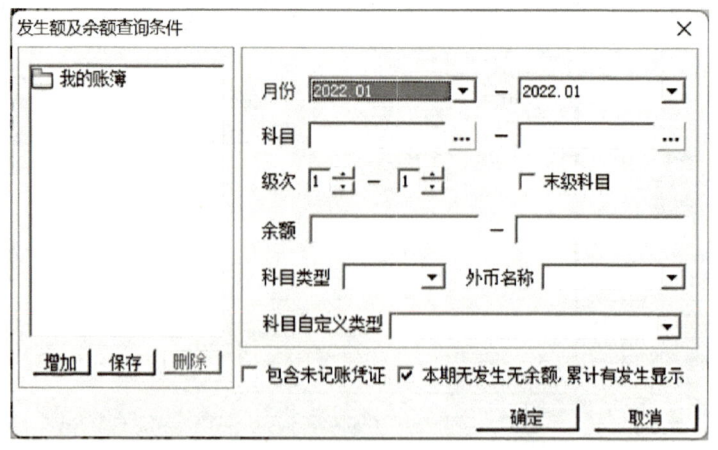

图 3-55 "发生额及余额查询条件"对话框

2. 根据需要输入相应的查询条件。

月份范围:选择起止月份,当只查询某个月时,应将起止月都选择为同一月份,如查询 2022 年 1 月,则月份范围应选择为 2022.01-2022.01。

科目范围:可输入起止科目范围,为空时,系统认为查询所有科目。

科目级次:在确定科目范围后,可以查询该范围内的某级科目,如将科目级次输入为 1-1,则只查询一级科目;如将科目级次输入为 1-6,则查询一至六级科目。如果需要查询所有末级科目,则选择“末级科目”。

余额范围:用于指定要查找的余额范围,例如,余额下限输入 0.01,上限不输,则表示查询余额大于零的所有科目;若输入 200-400,表示查询余额大于等于 200 且小于等于 400 的所有科目。

科目类型:为空时,系统默认查询全部类型。也可单击科目类型选择下拉框,指明要查询的科目类型。

外币名称:为空时,系统默认查询所有外币。指定外币名称时,只查询核算该外币的科目。

包含未记账凭证:若想查询包含未记账凭证的余额表,选择“包含未记账凭证”即可。

3. 单击“确定”按钮,进入“发生额及余额表”窗口,如图 3-56 所示。

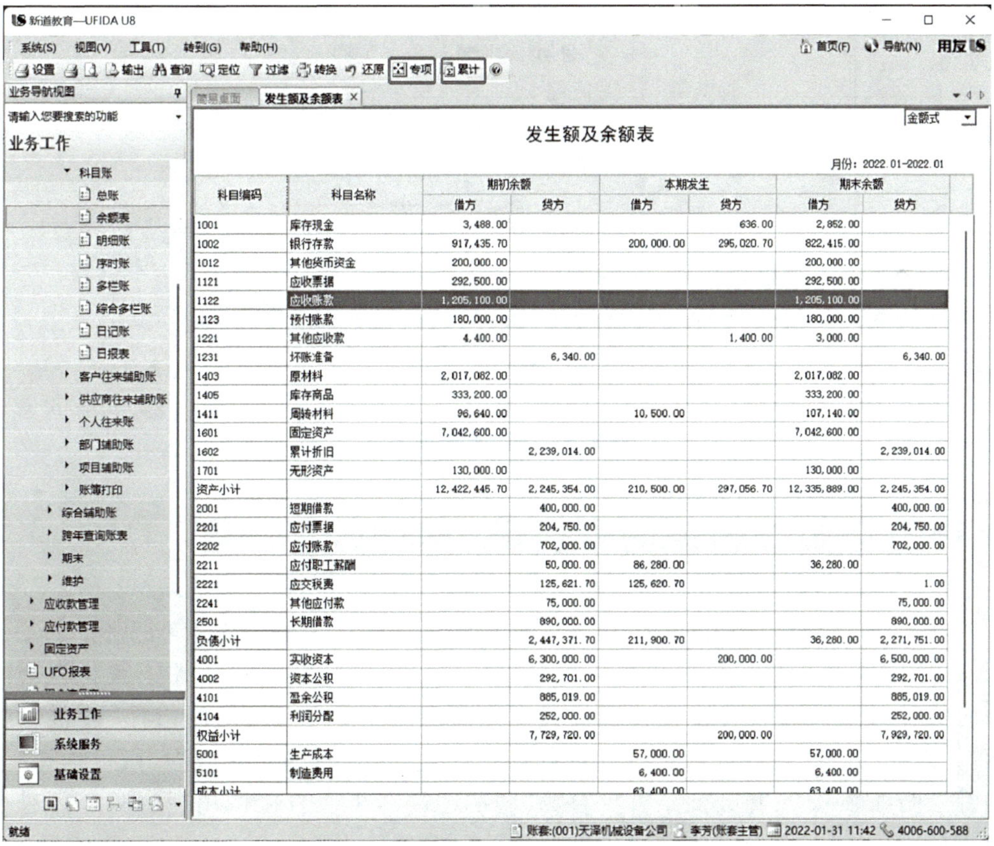


| 科目编码 | 科目名称 | 期初余额 | | 本期发生 | | 期末余额 | |
|---|---|---|---|---|---|---|---|
| | | 借方 | 贷方 | 借方 | 贷方 | 借方 | 贷方 |
| 1001 | 库存现金 | 3,488.00 | | | 636.00 | 2,852.00 | |
| 1002 | 银行存款 | 917,435.70 | | 200,000.00 | 295,020.70 | 822,415.00 | |
| 1012 | 其他货币资金 | 200,000.00 | | | | 200,000.00 | |
| 1121 | 应收票据 | 292,500.00 | | | | 292,500.00 | |
| 1122 | 应收账款 | 1,205,100.00 | | | | 1,205,100.00 | |
| 1123 | 预付账款 | 180,000.00 | | | | 180,000.00 | |
| 1221 | 其他应收款 | 4,400.00 | | | 1,400.00 | 3,000.00 | |
| 1231 | 坏账准备 | | 6,340.00 | | | | 6,340.00 |
| 1403 | 原材料 | 2,017,082.00 | | | | 2,017,082.00 | |
| 1405 | 库存商品 | 333,200.00 | | | | 333,200.00 | |
| 1411 | 周转材料 | 96,640.00 | | 10,500.00 | | 107,140.00 | |
| 1601 | 固定资产 | 7,042,600.00 | | | | 7,042,600.00 | |
| 1602 | 累计折旧 | | 2,239,014.00 | | | | 2,239,014.00 |
| 1701 | 无形资产 | 130,000.00 | | | | 130,000.00 | |
| 资产小计 | | 12,422,445.70 | 2,245,354.00 | 210,500.00 | 297,056.70 | 12,335,889.00 | 2,245,354.00 |
| 2001 | 短期借款 | | 400,000.00 | | | | 400,000.00 |
| 2201 | 应付票据 | | 204,750.00 | | | | 204,750.00 |
| 2202 | 应付账款 | | 702,000.00 | | | | 702,000.00 |
| 2211 | 应付职工薪酬 | | 50,000.00 | 86,280.00 | | 36,280.00 | |
| 2221 | 应交税费 | | 125,621.70 | 125,620.70 | | | 1.00 |
| 2241 | 其他应付款 | | 75,000.00 | | | | 75,000.00 |
| 2501 | 长期借款 | | 890,000.00 | | | | 890,000.00 |
| 负债小计 | | | 2,447,371.70 | 211,900.70 | | 36,280.00 | 2,271,751.00 |
| 4001 | 实收资本 | | 6,300,000.00 | | 200,000.00 | | 6,500,000.00 |
| 4002 | 资本公积 | | 292,701.00 | | | | 292,701.00 |
| 4101 | 盈余公积 | | 885,019.00 | | | | 885,019.00 |
| 4104 | 利润分配 | | 252,000.00 | | | | 252,000.00 |
| 权益小计 | | | 7,729,720.00 | | 200,000.00 | | 7,929,720.00 |
| 5001 | 生产成本 | | | 57,000.00 | | 57,000.00 | |
| 5101 | 制造费用 | | | 6,400.00 | | 6,400.00 | |
| 成本小计 | | | | 63,400.00 | | 63,400.00 | |

图 3-56 发生额及余额表

4. 将光标定位在"1122 应收账款"所在行,单击"专项"按钮,即可打开应收账款科目专项余额表资料。

5. 单击"累计"按钮,则显示"累计发生额"列,可查看累计借贷方发生额。

6. 单击"关闭"按钮退出查询。

### 三、明细账

明细账功能主要用于平时查询各账户的明细发生情况,可按任意条件组合查询明细账。在查询过程中可以包含未记账凭证。明细账的查询格式有三种:普通明细账、按科目排序明细账、月份综合明细账。普通明细账是按科目查询、按发生日期排序的明细账;按科目排序明细账是按非末级科目查询、按其发生的末级科目排序的明细账;月份综合明细账是按非末级科目查询,包含非末级科目总账数据及末级科目明细数据的综合明细账。

查询明细账的具体操作步骤如下:

1. 执行"总账"|"账表"|"科目账"|"明细账"命令,进入"明细账查询条件"对话框,如图 3-57 所示。

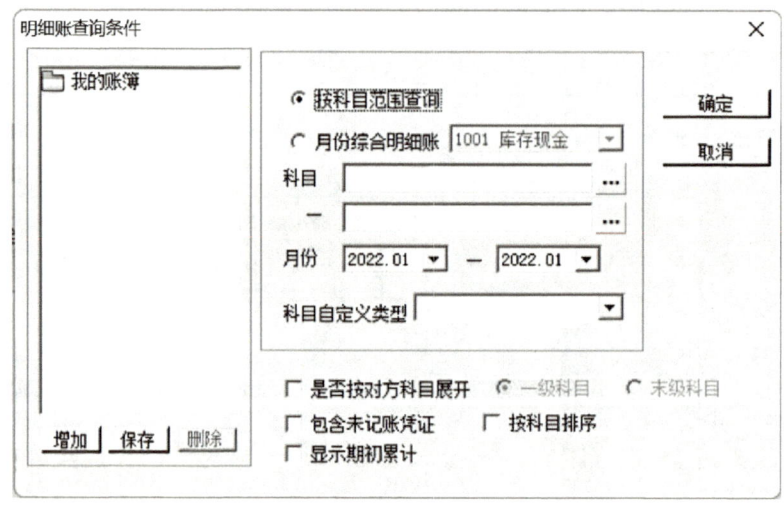

图 3-57 明细账查询条件

2. 根据需要输入查询条件。

科目范围:可输入起止科目范围,为空时,系统认为查询所有科目。

月份范围:选择起止月份,当只查询某月时,应将起止月都选择为同一月份。

包含未记账凭证:若要查询包含未记账凭证的明细账,可选择"包含未记账凭证"。

查询结果中的未记账业务将用颜色加以区别。若希望在查询非末级科目明细账时能看到该科目的明细账分别按其下末级科目分别列示,则可选择"按科目排序"。若同时查看某月份末级科目的明细账及其上级科目的总账数据,则可选择"月份综合明细账"。可将查询条件保存为"我的账簿",下次直接调用"我的账簿"进行查询即可。

例如,想要查询管理费用明细账,在"科目"中直接录入或者选择科目编码"6602",然后单击"确定"按钮,即可进入"管理费用明细账"界面,如图 3-58 所示。

项目三　总账管理

图 3-58　管理费用明细账

3. 在管理费用明细账中,单击选中某笔业务,然后单击工具栏中的"凭证"按钮可联查凭证,单击"总账"按钮可联查总账。

> 💡 注意:
>
> (1) 如果在"选项"中设置了"合并凭证显示、打印",那么在明细账界面会显示"合并显示"选项,若选择此项,明细账会以科目相同或科目、摘要相同的方式合并显示。月份综合明细账无此选项。
> (2) 若在"选项"中选择了"明细账查询权限控制到科目",则须在"基础设置-数据权限"中对此进行设置。若操作员不具备查询某科目明细账的权限,在进入明细账查询功能后将无法查看此科目的明细账。
> (3) 只要有查询月份综合明细账的权限,就可以查询所有科目的月份综合明细账,如果不希望某操作员查询某科目的明细账,除了在"基础设置"中进行设置外,还需要在系统管理的"权限"中取消该操作员查询月份综合明细账的权限。
> (4) 系统同样提供四种明细账账页格式:金额式、外币金额式、数量金额式、数量外币式。在外币金额式显示格式中如为末级科目则显示外币名称,非末级科目则不显示。

### 四、日报表

日报表功能用于查询输出某日所有科目的发生额及余额情况(不包括现金、银行存款科目)。

查询日报表的具体操作步骤如下:

1. 执行"总账"|"账表"|"科目账"|"日报表"命令,进入"日报表查询"对话框。
2. 在日期处输入需要查询日报表的日期,并选择科目显示级次,级次用于确定是显示一级科目,还是显示各级科目,如只查询一级科目时,级次输为"1-1";如想包含未记账

163

凭证,可在"包含未记账凭证"选项处标上标记。条件选择完成后,单击"确认"按钮,屏幕会显示日报表查询结果。

3. 单击"昨日"按钮可查询昨日余额。

#### 五、多栏账

多栏账是总账系统中一个很重要的功能,可以使用本功能设计企业需要的多栏明细账,按明细科目保存为不同的多栏账名称,在以后只需要选择多栏明细账直接查询即可。方便快捷、自由灵活,可按明细科目自由设置不同样式的多栏账。

以查询管理费用多栏账为例,具体操作步骤如下:

1. 执行"总账"|"账表"|"科目账"|"多栏账"命令,进入"多栏账"对话框。

2. 单击"增加"按钮,弹出"多栏账定义"对话框。在"核算科目"中选择"管理费用",系统自动在多栏账名称中显示"管理费用多栏账",可以在"多栏账名称"处直接修改。

3. 单击"栏目定义"框右侧的"自动编排"按钮定义栏目。系统提供两种定义方式:自动编制栏目、手动编制栏目。可以先使用自动编制,然后再进行手动调整,便于提高录入效率。自动编制时系统将根据所选核算科目的下级科目自动编制多栏账分析栏目。例如,核算科目为6602,执行自动编制时,系统将自动把6602的下级科目设为多栏账分析栏目,分析方向与科目性质相同。手动编制时可通过单击"增加栏目"按钮自行增加栏目,选择栏目后单击"删除栏目"按钮可删除该栏目,双击表中栏目或按空格键可编辑修改栏目。单击左侧的上下箭头可调整栏目的排列顺序,如图3-59所示。

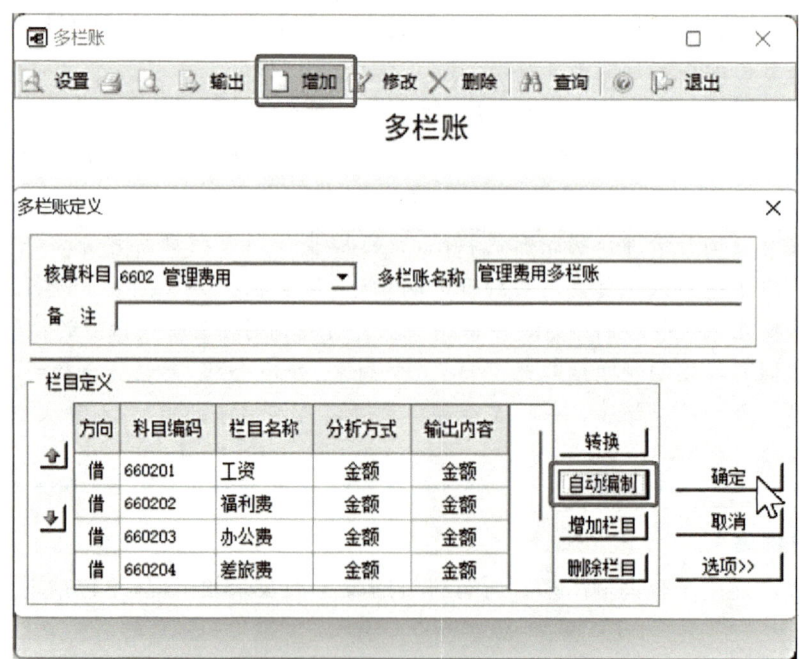

图3-59 定义多栏账栏目

4. 栏目定义完毕之后,单击"确定"按钮返回"多栏账"对话框,选中刚才定义的"管理费用多栏账",单击"查询"按钮或者直接双击"管理费用多栏账"栏目,弹出"多栏账查询"

对话框,选择对应查询条件后单击"确定"按钮,进入管理费用多栏账界面,如图 3-60 所示。

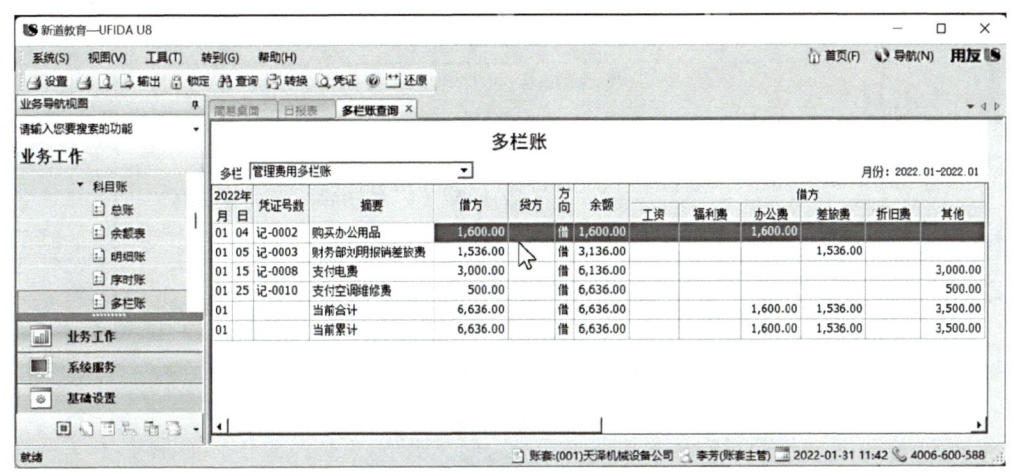

图 3-60 管理费用多栏账

## 【知识拓展】

### 账表查询

企业发生的经济业务经过制单、审核、记账等程序后,就形成了正式的会计账簿,除了前面介绍的现金和银行存款日记账的查询和输出外,账簿管理还包括基本会计核算账簿的查询输出,以及各种辅助账的查询输出。

基本会计核算账簿管理包括总账、余额表、明细账、序时账、多栏账的查询及打印。

辅助核算账簿管理包括个人往来、部门核算、项目核算账簿的总账、明细账查询输出,以及部门收支分析和项目统计表的查询输出。当供应商往来和客户往来采用总账系统核算时,其核算账簿的管理在总账系统中进行,否则,应在应收款、应付款系统中进行。

### 辅助账查询

辅助账包括客户往来辅助账、供应商往来辅助账、个人往来辅助账、部门辅助账和项目辅助账。各种辅助账查询的操作步骤基本相似,下面以个人往来辅助账为例进行介绍。

1. 个人科目余额表

有关个人业务核算,需要对个人余额进行处理。

查询个人科目余额表的具体操作步骤如下:

(1) 执行"总账"|"账表"|"个人往来账"|"个人往来余额表"|"个人科目余额表"命令,进入"个人往来_科目余额表"对话框,如图 3-61 所示。

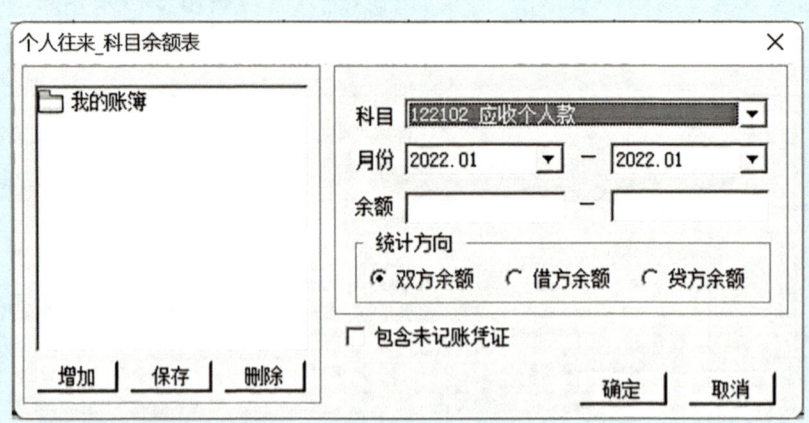

图 3-61 个人科目余额表查询条件

(2) 在窗口中选择或输入要查询的科目、起止月份等查询条件。如果需要查看包含未记账凭证的个人科目余额表,选择"包含未记账凭证"选项。输入查询的余额范围,如输入 1 000-10 000,则查询余额大于 1 000 且小于 10 000 的个人;如输入 0.1,则系统查询余额不为零的个人;如不输,则查询所有余额范围的个人。选择要统计的余额方向,要统计余额在借方的个人情况,则单击"借方余额";要统计余额在贷方的个人情况,则单击"贷方余额";不分余额方向时则单击"双方余额"。

(3) 输入条件后,单击"确认"按钮,系统显示"个人往来余额表"窗口,如图 3-62 所示。在查询过程中,可以单击科目下拉框选择需要查看的科目。选择屏幕右上方的账页格式下拉框可以显示科目的数量、外币账。

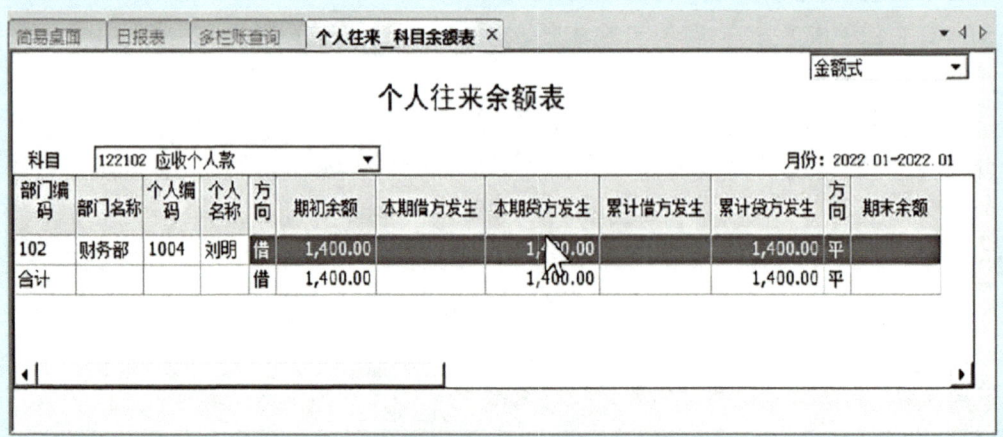

图 3-62 个人往来余额表

(4) 单击工具栏中的"明细"按钮,即可联查到当前科目当前月份各个人的科目明细账。

(5) 单击工具栏中的"定位"按钮,可按所输条件定位查询科目余额表。在查询科目余额表时,系统列出的部门皆为末级部门。

2. 个人往来清理

为了能够及时地了解个人借款、还款情况，清理个人借款，可以利用往来清理功能对个人的借款、还款情况进行清理。

勾对是将已达账项打上已结清的标记，如某个人上月借款1 000元，本月归还欠款1 000元，则两清，就是在这两笔业务上同时打上标记，表示这笔往来业务已结清。系统提供自动勾对与手工勾对两种方式。

自动勾对：往来自动勾对是按专认、逐笔、总额三种方式进行勾对的，专认勾对就是对同一科目下业务号相同、借贷方向相反、金额一致的两笔分录进行自动勾对；逐笔勾对就是在未指定业务号的情况下，系统按照金额一致、方向相反的原则进行自动勾对；总额勾对是指当某个人所有未勾对的借方发生额之和等于所有未勾对的贷方发生额之和时，系统将这几笔业务进行自动勾对，本功能一般可在记完账后或在期末查询或打印往来账前进行。进行自动勾对时，系统自动将所有已结清的往来业务打上"√"。

手工勾对：由于制单过程中可能出现的误操作或其他业务原因导致无法使用自动勾对的，需要进行手工勾对。进行手工勾对时，双击已结清业务所在行的"两清"栏，打上"√"。

自动勾对的具体操作步骤如下：

（1）执行"总账"|"账表"|"个人往来账"|"个人往来清理"命令，进入"个人往来两清条件"对话框，如图3-63所示。填写相应信息后，单击"确定"按钮，显示个人往来清理窗口，如图3-64所示。

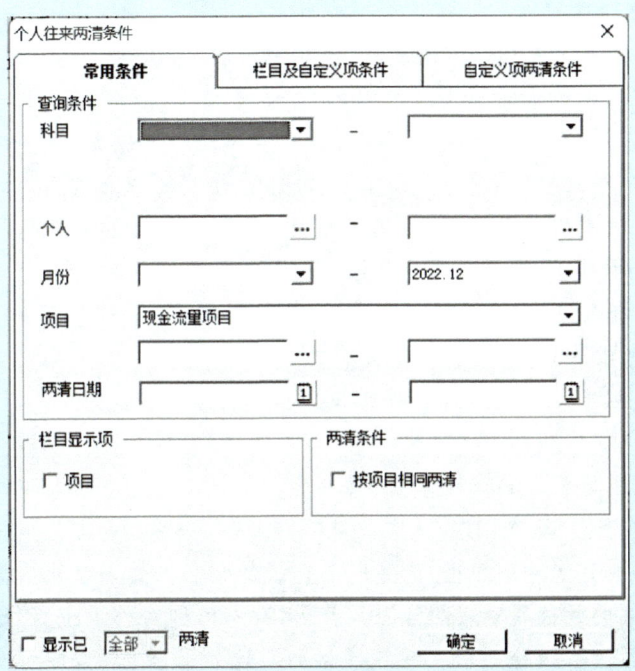

图3-63 个人往来两清条件

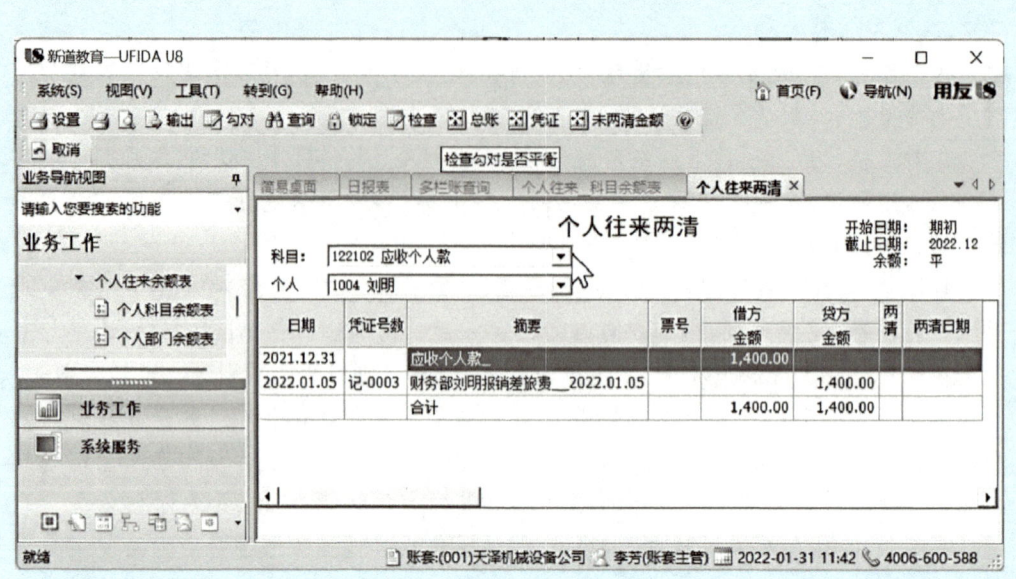

图 3-64 "个人往来两清"窗口

(2) 单击"勾对"可进行自动勾对,单击"取消"可取消自动勾对,单击"检查"可对已勾对的账进行平衡检查。

(3) 单击工具栏中的"总账"按钮,可联查到当前科目及个人的个人余额表。单击工具栏中的"凭证"按钮,可联查到相应的凭证。

3. 个人往来催款单

对于个人欠款可以打印个人催款单,及时地清理个人借款。

打印个人往来催款单的具体操作步骤如下:

(1) 执行"总账"|"账表"|"个人往来账"|"个人往来催款单"命令,进入"个人往来催款单查询条件"对话框,单击科目选择下拉框,选择需要查看的科目。直接输入或参照输入要打印催款单的部门及个人,输入截止日期,输入催款单信息,如"请于某月某日前到财务科进行结算"等。选择是否显示已两清的个人往来款项。

(2) 输入查询条件后,单击"确定"按钮,屏幕显示个人往来催款单。

4. 个人往来账龄分析

用于对个人往来款余额的时间分布情况进行账龄分析,及时分析往来欠款情况,以便及时清欠。

个人往来账龄分析的具体操作步骤如下:

(1) 执行"总账"|"账表"|"个人往来账"|"个人往来账龄分析"命令,屏幕显示查询条件窗口。单击科目选择下拉框,选择所要查找的科目。输入截止日期。双击"天数"栏,修改每个区间的天数调整账龄区间。若选择外币,则对外币进行账龄分析,若不选择外币,则对本币进行账龄分析。系统提供两种账龄分析方式:按所有往来明细进行分析和按未两清的往来明细进行账龄分析,可以根据自己的需要选择。

(2) 输入完条件后单击"确定",屏幕显示出个人往来账龄分析表。

## 任务五　期末处理

期末账务处理主要进行期末转账、对账、月末结账和结转下月的工作,利用总账系统的功能可以简化月末处理工作。

### 【任务场景】

经过一个月的紧张工作,天泽机械设备公司本月的日常会计业务已经处理完毕,所有凭证均已填制并审核记账。到了月末,刘明还需计提本月的相关税金及借款利息等费用,同时月末还要进行对账,查找错误。对账无误后进行结账工作。

### 【任务目标】

1. 掌握期末自定义结转、对应结转、销售成本结转、期间损益结转的相关知识和方法;
2. 掌握对账、结账、反结账的知识;
3. 具备期末转账设置、转账生成、对账、结账与反结账的能力。

### 【任务内容】

天泽机械设备公司 2022 年 1 月末应处理的经济业务如下:

1. 计提结转当月城建税(由于该公司不涉及消费税,所以按当月增值税的 7% 计提)和教育费附加(按增值税的 3% 计提)。
2. 收入和收益结转至本年利润。
3. 成本和费用结转至本年利润。
4. 计算当月所得税并结转至本年利润。

注意:如果启用了固定资产、薪资管理、采购管理、存货核算等模块,可在完成相应业务后,再进行月末总账处理。

### 【任务实施】

#### 一、转账定义

（一）自定义转账设置

自定义转账可以完成期末的转账业务,主要包括费用分配的结转,如工资分配等;费用分摊的结转,如制造费用等;税金计算的结转,如增值税等;提取各项费用的结转,如提取福利费等;部门核算的结转;项目核算的结转;个人核算的结转;客户核算的结转;供应商核算的结转。

下面以天泽机械设备公司计提结转当月城建税和教育费附加为例,进行自定义转账的介绍。城建税和教育费附加的数据来源和计算方法是固定的,即当月增值税、消费税两个流转税之和乘以对应的税率,而且只要两个流转税有发生额,就必须缴纳城建税和教育费附加。因此,对于经常发生而且数据来源和计算方法比较固定的业务,就可以使用自定义转账设置预先进行定义,然后让系统每个月自动生成凭证,从而减少会计核算工作量。

首先检查完善相关会计科目,如果明细科目不完整,可以根据需要增加相应明细科目,如在"2221应交税费"科目下新增一个明细科目"222111应交教育费附加"。

计提城建税的分录:

借:税金及附加　　　　　　　　　　　(增值税＋消费税)×10%
　　贷:应交税费——应交城建税　　　　(增值税＋消费税)×7%
　　　　应交税费——应交教育费附加　借贷方之间的差额

借贷方科目及计算方法确定下来之后,接下来只需要使用函数去账簿中取数即可。只要把当月两个流转税的净发生额数据取出来,所有凭证要素就都具备了。

取应交增值税净发生额的函数:JE(222101,月)

取数函数格式:函数名(科目编码,会计期间,方向,辅助项1,辅助项2)

函数中的各项可根据情况决定是否输入,如科目是部门核算的科目,则应输入部门信息,如某科目无辅助核算,则不能输入辅助项。

科目编码可以为非末级科目。

各辅助项必须为末级。

由于科目最多只能有两个辅助核算账类,因此,辅助项最多可定义两个。

期间、方向由函数确定,若按年取数,则期间为"年",若按月取数,则期间为"月";若取借方发生或累计发生,则方向为"借",若取贷方发生或累计发生,则方向为"贷"。

例如,QM(100101,月)的执行结果为取100101科目结转月份的期末余额,QM(550201,月,销售部)的执行结果为取550201科目销售部的期末余额,结转月份可在生成转账凭证时根据登录日期确定。

需要特别注意的是,公式中涉及的所有标点符号必须是英文状态下的符号。

自定义转账设置的具体操作步骤如下:

1. 以总账会计"03刘明"的身份登录总账系统,执行"期末"|"转账定义"|"自定义转账"命令,进入"自定义转账设置"界面。

2. 单击"增加"按钮,打开"转账目录"设置对话框。输入转账序号"01",转账说明"计提城建税及教育费附加",选择凭证类别"记账凭证",如图3-65所示。

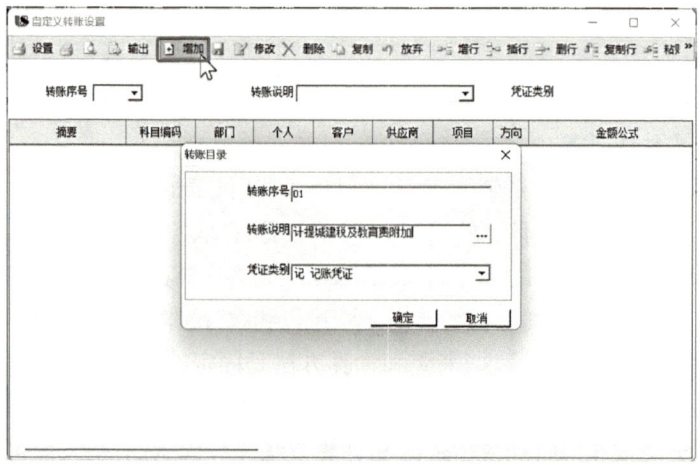

图3-65　转账目录设置

3. 单击"确定"按钮,回到"自定义转账设置"界面。单击"增行"按钮,则系统自动在新增行的摘要栏中输入转账说明信息。双击"科目编码"栏,直接输入或者参照输入第一行分录的科目编码"6403",双击"方向"栏参照输入"借方"。双击"金额公式"栏,然后单击后面的参照按钮,弹出"公式向导"对话框。拖动上下滚动条选择净发生额函数"JE()",如图3-66所示。

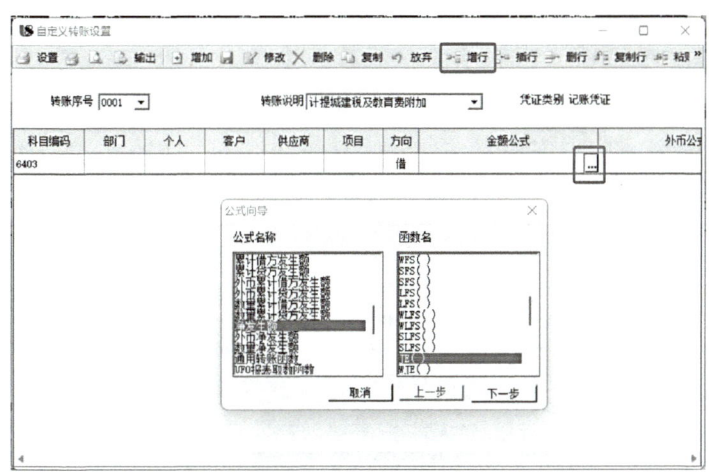

图3-66　公式向导

4. 单击"下一步"按钮,在弹出的对话框中删除"科目"栏中默认的"6403",然后单击后面的参照按钮,在弹出的科目参照对话框中双击"负债",在展开的负债科目中双击"应交税费"科目,展开应交税费明细科目。单击选中"222101 应交增值税",单击右侧的"确定"按钮,返回"公式向导"对话框,如图3-67所示。

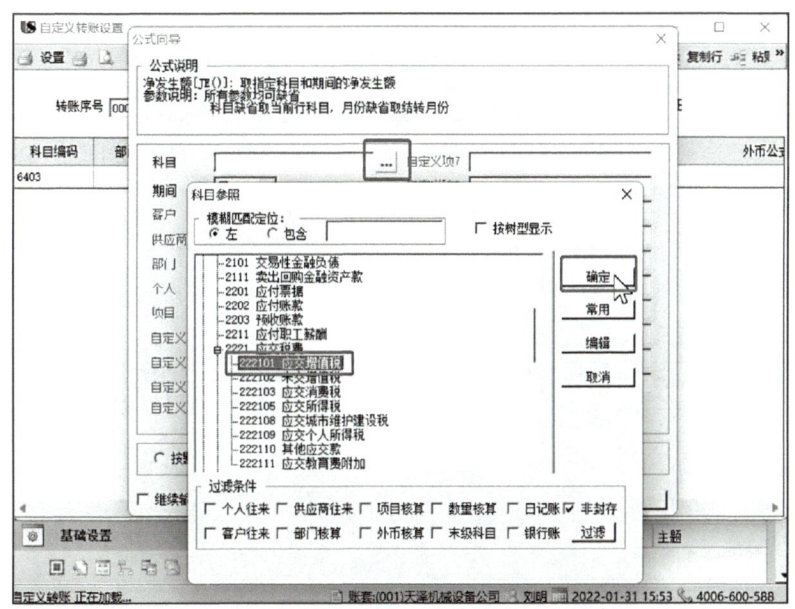

图3-67　科目参照

注意:此处一定不要双击"222101 应交增值税",否则只能输入最末级科目而无法输入二级明细科目。

5. 在"公式向导"对话框中选中左下角的"继续输入公式"按钮,对话框中出现一行运算符的选择框,选择运算符中的"+",然后单击"下一步"按钮,如图 3-68 所示。

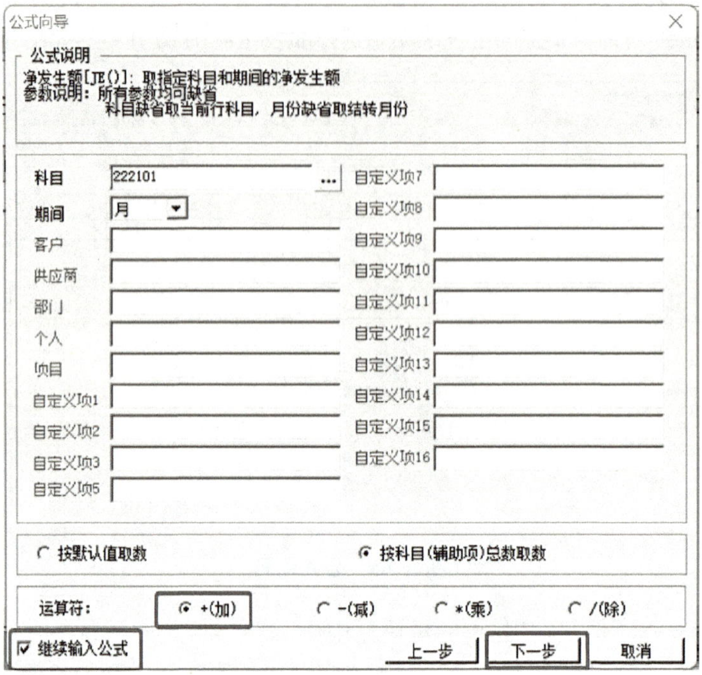

图 3-68 公式向导

6. 重复上述步骤,录入消费税的取数公式。录入完之后,选中"继续输入公式"和运算符"＊",然后单击"下一步"按钮,在弹出的"公式向导"中拖动滚动条到最后一行选择"常数",然后单击"下一步"按钮,在弹出的对话框中录入常数"0.1"。单击"完成"按钮,完成公式录入。由于"＊"号的存在改变了运算顺序,所以要将前面两个取数函数之和放在括号里以调整运算顺序,即在"JE(222101,月)＋JE(222103,月)"的前后加上一对英文状态下的括号,如图 3-69 所示。

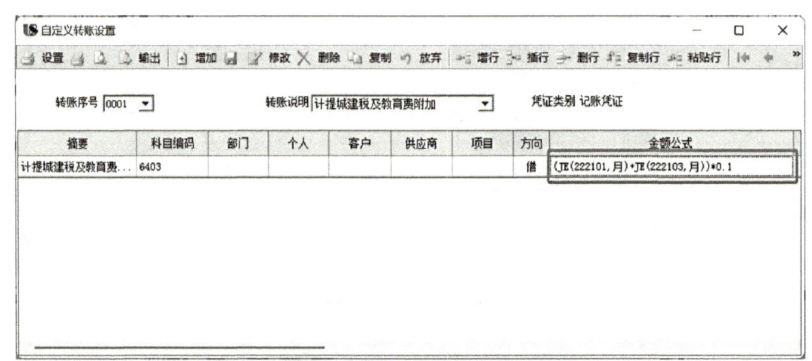

图 3-69 完成公式录入

注意:此处添加的一对括号一定要是英文状态下的括号,否则会出现"金额公式不合法或语法错误"的提示。

7. 单击"增行"按钮,录入第二行和第三行的分录信息,需要注意的是,第二、第三行的记账方向是"贷"。全部录入完毕之后,单击"保存"按钮保存该自定义转账设置。三行分录的金额公式中,任意两行的公式设置好之后,剩余一行的公式都可以用借贷平衡差额公式"CE()"来代替。如果第二、第三行的取值计算公式定义过了,那么第一行的金额公式还可以用取对方科目计算结果的函数"JG()"来代替,以减少公式录入工作量。全部设置好的自定义转账如图 3-70 所示。

图 3-70 完成自定义转账设置

> **注意:**
> (1) 可参照录入计算公式。对于初学者,建议通过参照录入公式,若已熟练掌握公式定义规则,也可直接输入转账函数公式。
> (2) 转账科目、部门只能录入明细科目、部门。如果要录入多个科目,且这些科目有同一上级科目,在新增分录时,可录入此上级科目,当录入完这一行后,按回车键,系统将列出所输科目下的所有末级科目,可选择所需的科目,系统将自动生成这些科目的转账分录。

### (二) 对应结转设置

对应结转设置功能用于对两个科目的下级科目进行一一对应的结转。对应结转只允许输入两个科目,科目可为上级科目,但其下级科目必须能一一对应,如有辅助核算,则两个科目的辅助账类也必须一一对应。需要注意的是,对应转账只结转期末余额。

对应结转设置的具体操作步骤如下:

1. 执行"总账"|"期末"|"转账定义"|"对应结转"命令,进入"对应结转设置"界面。

2. 单击"增加"按钮,输入编号"0001",填写摘要"结转制造费用",单击"转出科目"后的参照按钮,选择输入"510101"。

3. 单击"增行"按钮,在新增行中双击"转入科目编码"框,然后单击"参照"按钮录入"500101",单击"保存"按钮保存该设置,如图 3-71 所示。

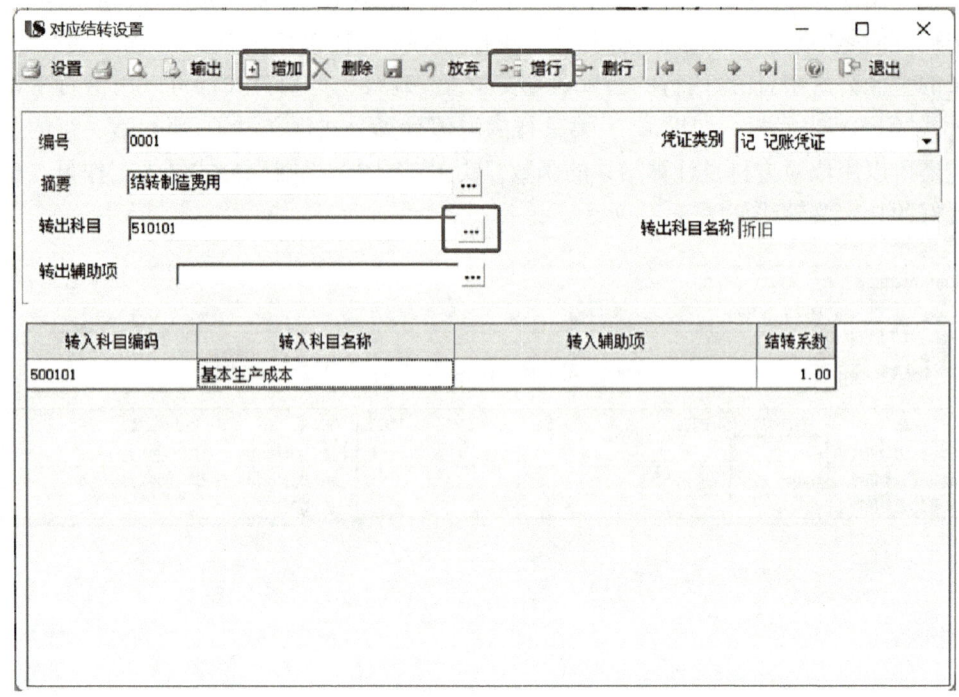

图 3-71 对应结转设置

> **注意:**
> (1) 转出科目与转入科目必须有相同的科目结构,但转出辅助项与转入辅助项可不相同。
> (2) 辅助项可根据科目性质进行参照,若转出科目有复合账类,系统弹出辅助项录入窗,如该科目为部门项目辅助账类,要求录入结转的项目和部门,录入完毕后,系统用逗号分隔显示在表格中。
> (3) 自动生成转账凭证时,如果同一凭证转入科目有多个,并且同一凭证的结转系数之和为1,则最后一笔结转金额为转出科目余额减当前凭证已转出的余额。
> (4) 在此处每定义一行即生成一张对应结转凭证。转入、转出科目可为上级科目,但其下级科目必须能一一对应,只结转期末余额。如果需结转发生额,则需到自定义结转中设置。

### (三) 销售成本结转设置

销售成本结转功能,是将月末商品(或产成品)销售数量乘以库存商品(或产成品)平均单价计算各类主营业务成本并进行结转。

销售成本结转设置的具体操作步骤如下:

1. 执行"总账"|"期末"|"转账定义"|"销售成本结转"命令,进入"销售成本结转设置"界面。

2. 选择凭证类别为"记账凭证",依次输入库存商品科目"1405",商品销售收入科目"6001",商品销售成本科目"6401"。

3. 选择"当商品销售数量＞库存商品数量时"的结转方式。

4. 单击"确定"按钮保存并退出,如图 3-72 所示。

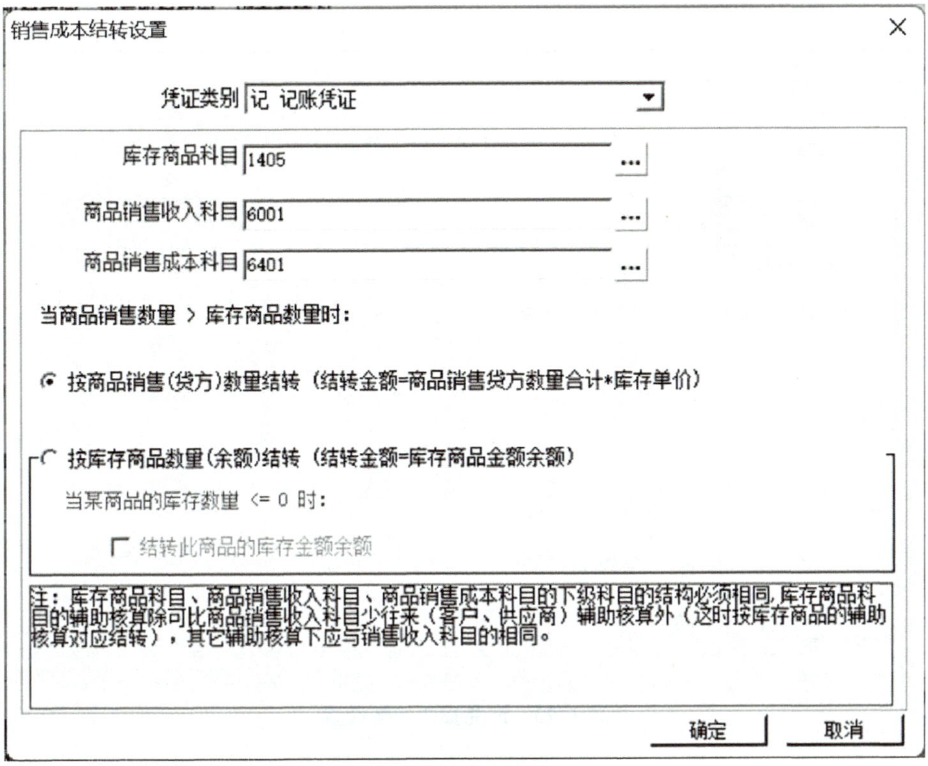

图 3-72　销售成本结转设置

> **注意:**
>
> (1) 库存商品科目、主营业务收入科目、主营业务成本科目及下级科目的结构必须相同,并且辅助账类必须完全相同,如辅助账类不同的科目结转成本,可到自定义转账中定义。
>
> (2) 库存商品科目、销售收入科目、销售成本科目可以有部门、项目核算、往来核算,若只有销售收入有往来核算,而此外三个科目的其他辅助核算完全相同,则结转时不按往来展开转账,只按库存商品科目和销售成本科目的辅助核算结转,否则三个科目的辅助核算要完全一致。
>
> (3) 当库存商品科目的期末数量余额小于商品销售收入科目的贷方数量发生额,若不希望结转后出现库存商品科目余额为负数的情况,可选择按库存商品科目的期末数量余额结转。
>
> (4) 结转凭证不受金额权限控制,不受辅助核算及辅助项内容的限制。

### (四)汇兑损益结转设置

汇兑损益结转设置功能用于期末自动计算外币账户的汇兑损益,并在转账生成中自动生成汇兑损益转账凭证。汇兑损益只处理以下外币账户:外汇存款户;外币现金;外币结算的各项债权、债务,不包括所有者权益类账户、成本类账户和损益类账户。

汇兑损益结转设置的具体操作步骤如下:

1. 执行"总账"|"期末"|"转账定义"|"汇兑损益"命令,进入"汇兑损益结转设置"界面,如图 3-73 所示。

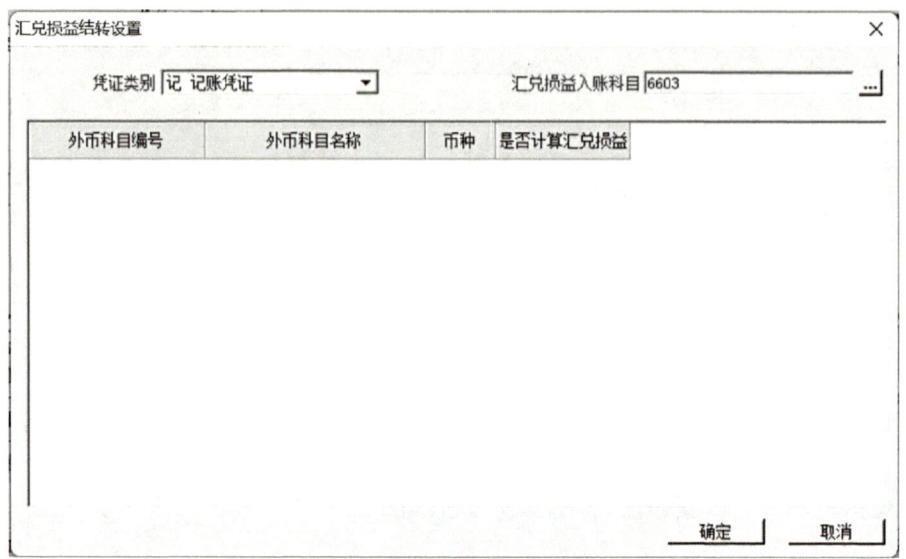

图 3-73  汇兑损益结转设置

2. 在"汇兑损益入账科目"处输入该账套中汇兑损益科目的科目编码,也可参照科目录入。

3. 双击要计算汇兑损益的科目,选择完毕后,单击"确定"按钮。

为了保证汇兑损益计算正确,填制某月的汇兑损益凭证时必须先将当月的所有未记账凭证记账,汇兑损益记账科目不能是辅助账科目或有数量外币核算的科目。

### (五)期间损益结转设置

期间损益结转设置功能用于在一个会计期间终了时将损益类科目的余额结转到本年利润科目中,从而及时反映企业利润的盈亏情况。

期间损益结转设置的具体操作步骤如下:

1. 执行"总账"|"期末"|"转账定义"|"期间损益"命令,打开"期间损益结转设置"界面。

2. 单击"凭证类别"栏的下拉箭头,选择"记账凭证",在"本年利润科目"处输入"4103"或单击参照按钮,选择"4103 本年利润"。如果本年利润又分为多个下级科目,可在表体中录入本年利润的具体明细科目,并与相应的损益科目对应,如图 3-74 所示。

项目三 总账管理

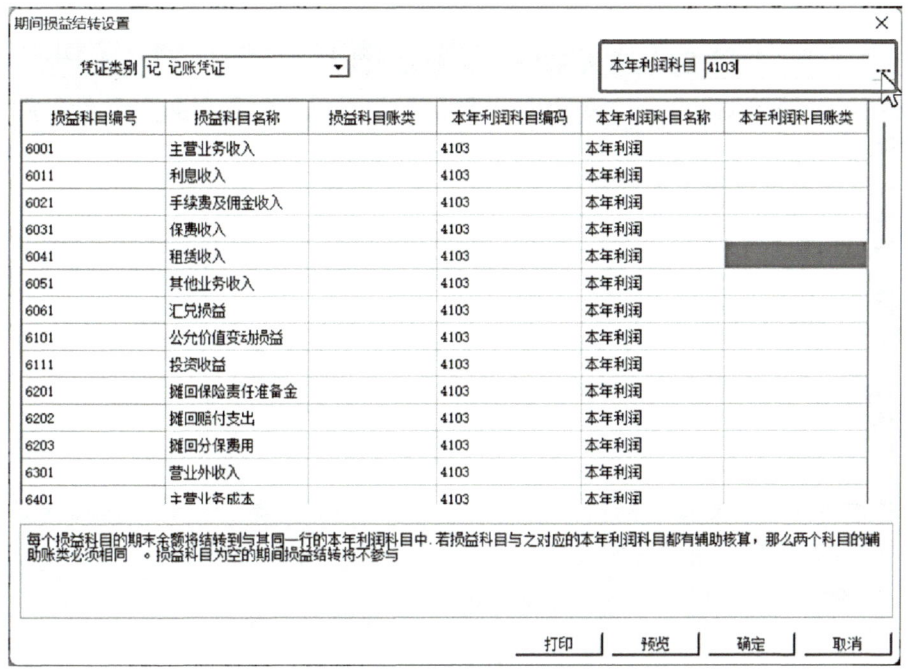

图 3-74 期间损益结转设置

3. 单击"确定"按钮，完成设置。

注意：

损益科目结转表中将列出所有的损益科目。如果希望某损益科目参与期间损益的结转，应在该科目所在行的本年利润科目栏填写相应的本年利润科目，若不填本年利润科目，则将不结转此损益科目的余额。损益科目结转表每一行中的损益科目的期末余额将结转到该行的本年利润科目中。若损益科目结转表每一行中的损益科目与本年利润科目都有辅助核算，则辅助账类必须相同。损益科目结转表中的本年利润科目必须为末级科目，且为本年利润入账科目的下级科目。

## 二、转账生成

在完成转账定义后，每月月末只需执行转账生成即可快速生成转账凭证，在此生成的转账凭证将自动追加到未记账凭证中。

转账生成的具体操作步骤如下：

1. 执行"总账"|"期末"|"转账生成"命令，打开"转账生成"对话框。

2. 在左侧列表中选择要进行的转账工作（如自定义转账、对应结转、销售成本结转等），在结转月份中选择对应的结转期间，如"2022.01"。在窗口右侧中会列出所选类别下的所有转账定义项目，双击选中要生成凭证的项目或者单击右上角的"全选"按钮选中所有项目，单击"确定"按钮，屏幕会显示将要生成的转账凭证。

所有转账生成的流程都大同小异，下面以"自定义转账"和"期间损益结转"为例进行介绍。

"自定义转账"生成凭证的具体操作步骤如下：

1. 选择结转月份"2022.01"，然后选择左侧列表中的"自定义转账"项目，窗口右侧会列出所有的自定义转账项目。在"是否结转"栏中双击某一自定义转账项目，如"0001 计提城建税及教育费附加"；或者单击右上角的"全选"按钮，选中所有自定义转账项目，如图 3-75 所示。

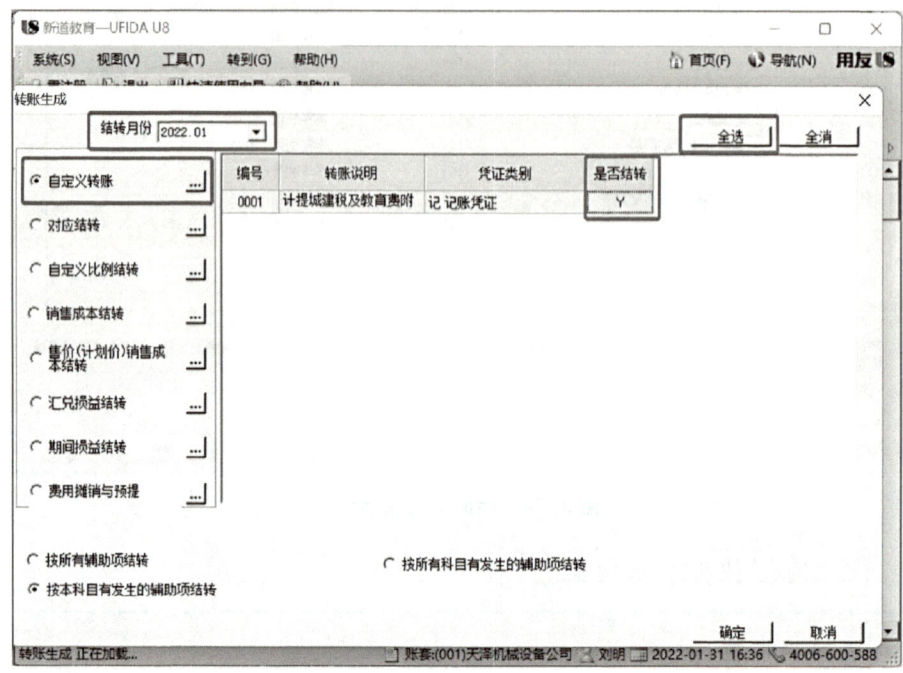

图 3-75 "自定义转账"生成

2. 单击"确定"按钮，如果公式定义正确且取数公式中的对应科目有发生额，则屏幕显示将要生成的转账凭证；如果公式定义错误或者对应的科目没有发生额，则弹出如图 3-76 所示的对话框。单击"确定"按钮，弹出"没有生成自定义转账凭证"提示对话框，单击"确定"按钮退出。

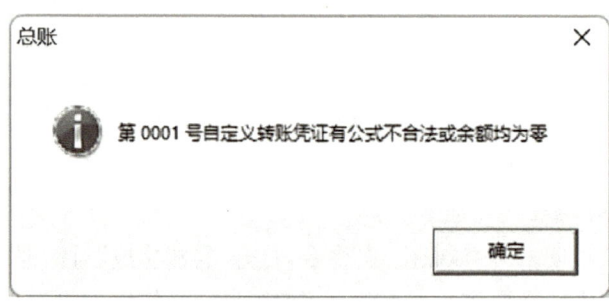

图 3-76 转账生成错误提示

此时应回到"转账定义"|"自定义转账"中，查看公式定义是否正确。本例中由于日常业务中增值税、消费税没有发生额，所有取数公式无法从账簿中取到对应科目的发生金额，故无法生成凭证，因此，本例中该笔自定义转账设置无须生成凭证。

"期间损益结转"生成凭证的具体操作步骤如下：

1. 在"转账生成"对话框左侧列表中选择"期间损益结转",选择结转月份"2022.01",单击"类型"下拉列表选择"全部"。如果收入与支出分开结转,则应分别选择"收入"或者"支出",这样系统会针对收入与支出科目分别生成两张期间损益结转凭证。单击"全选"按钮选中所有损益类科目,如图 3-77 所示。

图 3-77 期间损益转账生成

2. 单击"确定"按钮,屏幕显示将要生成的转账凭证,若凭证类别、制单日期和附单据数与实际情况略有出入,直接在当前凭证上进行修改即可。当确定系统显示的凭证是希望生成的凭证时,可单击"保存"按钮将当前凭证追加到未记账凭证中,如图 3-78 所示。对于该生成的凭证,应到系统菜单"凭证"中进行审核、主管签字和记账等操作。

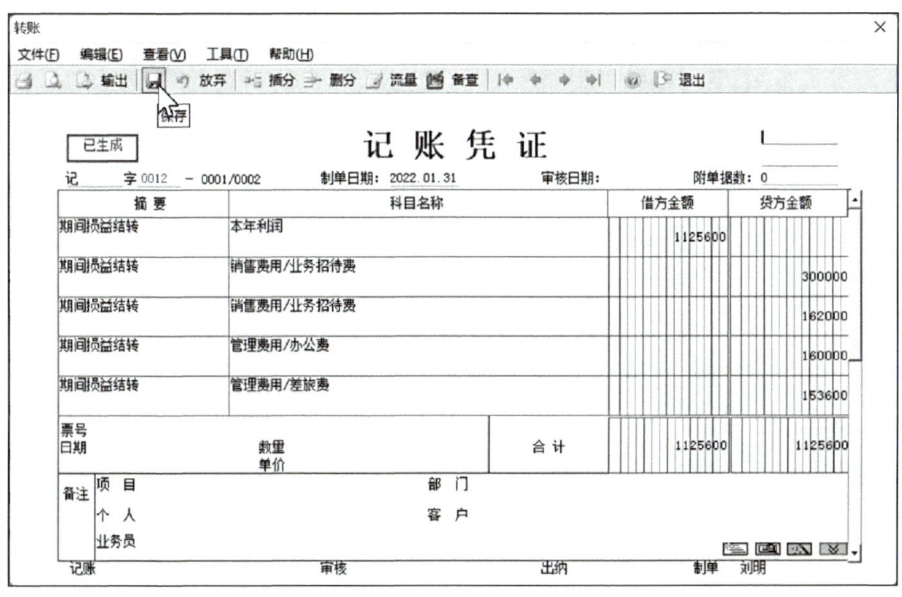

图 3-78 生成凭证

> **注意:**
> (1) 由于期末转账生成按照已记账凭证的数据进行计算,数据来源为账簿。因此,在进行月末转账工作之前,需要先将所有未记账凭证记账,否则生成的转账凭证数据可能有误。
> (2) 转账凭证生成的工作应在月末进行,如果有多种转账业务,特别是涉及多项转账业务,一定要注意转账的先后次序。即前一项转账业务生成的凭证金额数据如果对后面的转账生成的凭证有影响,则应先将前一项转账生成的凭证在凭证处理中进行审核、主管签字、记账。然后再生成后一项凭证。
> (3) 通过转账生成功能生成的转账凭证必须保存,否则将视同放弃。
> (4) 在生成期间损益结转之前,需要将本月所有未记账凭证进行记账,以保证损益类科目的完整性。因此,要由账套主管先对之前已生成但未审核记账的凭证进行审核、记账,然后执行"转账生成"功能,生成期间损益结转凭证。

### 三、对账

对账是对账簿数据进行核对,以检查记账是否正确以及账簿是否平衡。对账主要通过核对总账与明细账、总账与辅助账数据来完成账账核对。一般来说,财务软件进行记账后,只要记账凭证录入正确,计算机自动记账后各种账簿都应是正确、平衡的,但由于非法操作或计算机病毒等其他原因,有时可能会造成某些数据被破坏,从而导致账账不符,为了保证账证相符、账账相符,可以使用对账功能进行对账,至少一个月一次,一般可在月末结账前进行。

对账的具体操作步骤如下:

1. 执行"总账"|"期末"|"对账"命令,打开"对账"对话框。

2. 单击月份中的"2022.01",然后单击"选择"按钮或者直接双击"2022.01"所在行的"是否对账"栏,在"是否对账"栏中打上"Y"标记,激活"对账"按钮。单击"对账"按钮,系统开始自动对账,并显示对账进度。

3. 对账完成后,若对账结果为账账相符,会在"2022.01"所在行的"对账结果"处显示"正确",如图 3-79 所示。若对账结果为账账不符,则"对账结果"处显示"错误",可单击"错误"按钮查看引起账账不符的原因。

图 3-79 对账

4. 单击"试算"按钮,可以对各科目期末余额进行试算平衡。

5. 单击"检查"按钮,检查明细账、总账、辅助账自身的数据完整性及有效性。例如,检查凭证是否符合"有借必有贷、借贷必相等"原则等。

### 四、结账

在手工会计处理中都有结账的过程,在业财一体信息化处理中也有这一过程。为满足会计制度的要求,结账只能每月进行一次。

结账的具体操作步骤如下:

1. 执行"总账"|"期末"|"结账"命令,打开"结账"对话框,如图 3-80(a)所示。

2. 单击选中要结账的月份,单击"下一步"按钮,屏幕显示"核对账簿"界面。单击"对账"按钮,系统对所有的账簿逐一核对,如图 3-80(b)所示。

3. 单击"下一步",屏幕显示"月度工作报告"界面,月度工作报告须从头到尾认真查看。月度工作报告一共六部分。第一部分是所有凭证是否记账,如有未记账凭证,则不允许结账,此时回到凭证处理中将所有凭证进行审核记账即可。第二部分是本月损益类科目是否结转为零,如果有未结转为零的损益类科目,则不允许结账,到期末转账生成中重新进行结转即可。第三部分是本月账面试算是否平衡,若不平衡,则不允许结账。第四部分是本月账账核对是否平衡,如果账账核对不平衡也不允许结账。第五部分是本月工作量。第六部分是其他系统结账状态,如果其他系统未结账,总账也不允许结账,总账必须在所有模块都结账后才能结账。如果其他模块没有进行业务处理,到企业应用平台"基础设置"|"基本信息"|"系统启用"中取消启用即可。若需打印,单击"打印月度工作报告"按钮即可,如图 3-80(c)所示。

4. 查看工作报告后,单击"下一步",屏幕显示"完成结账"界面,如图 3-80(d)所示。单击"结账"按钮,若符合结账要求,系统将进行结账,否则不予结账。

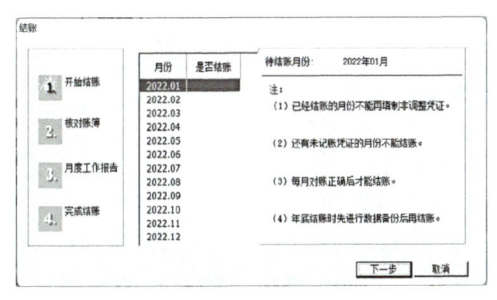

(a) 结账——开始结账

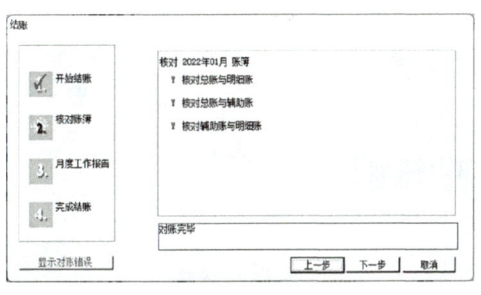

(b) 结账——核对账簿

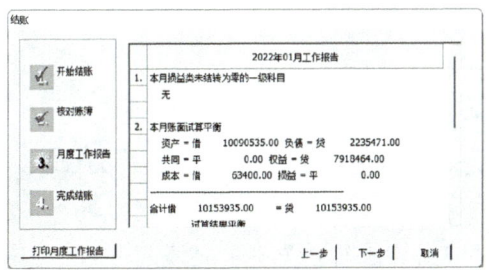

(c) 结账——月度工作报告

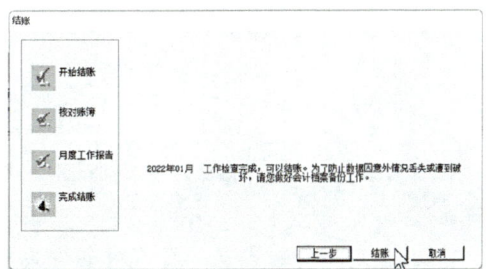

(d) 结账——完成结账

图 3-80 结账向导

> **注意：**
> （1）结账后，除查询外，本月不得再进行任何业务操作。
> （2）上月未结账，则本月不能记账，但可以填制、审核凭证。
> （3）本月还有未记账凭证时，不能结账。
> （4）结账只能由有结账权限的人进行。

#### 五、取消结账

如果因某种原因需要取消本月结账，需要账套主管在"结账"界面下，选中需要取消结账的月份，然后按下"Ctrl＋Shift＋F6"键，在弹出的对话框中输入口令，单击"确定"按钮，即可取消结账，如图3-81所示。

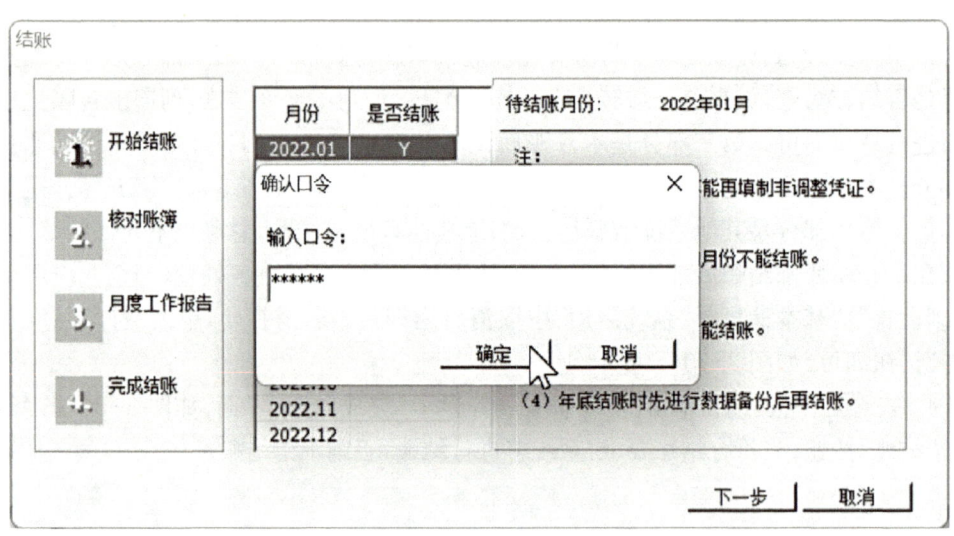

图3-81 取消结账

## 【知识拓展】

转账分为外部转账和内部转账。外部转账是指将其他管理系统生成的凭证转入总账系统中；内部转账是指在总账系统内部把某个或某几个会计科目中的余额或本期发生额结转到一个或多个会计科目中。

实现自动转账包括转账设置和转账生成两部分。

### 转 账 设 置

转账设置主要包括自定义转账、对应结转、销售成本结转、汇兑损益结转和期间损益结转。

1. 自定义转账设置。自定义转账功能可以完成的转账业务有："费用分配"的结转、"税金计算"的结转、"提取各项费用"的结转等。

如果集成使用应收款管理系统、应付款管理系统,在总账系统中,则不能按客户、供应商辅助项进行结转,只能按科目总数进行结转。

2. 对应结转设置。对应结转不仅可进行两个科目的一对一结转,还提供科目的一对多结转功能。对应结转的科目可为上级科目,但其下级科目的科目结构必须一致(明细科目相同),如有辅助核算,则两个科目的辅助账类也必须一一对应。

3. 销售成本结转设置。销售成本结转设置主要用于辅助没有启用供应链管理系统的企业完成销售成本的计算和结转。

4. 汇兑损益结转设置。汇兑损益结转设置用于期末自动计算外币账户的汇总损益,并在转账生成中自动生成汇兑损益转账凭证。

5. 期间损益结转设置。期间损益结转设置用于在一个会计期间终止时,将损益类科目的余额结转到本年利润科目中,从而及时反映企业利润的盈亏情况。

## 转 账 生 成

设置完转账凭证后,每月月末只需执行转账生成功能即可由计算机快速生成转账凭证,在此生成的转账凭证将自动追加到未记账凭证中,通过审核、记账后真正完成结转工作。

由于转账凭证中定义的公式基本上取自账簿,因此,在进行月末转账之前,必须将所有未记账凭证全部记账,否则生成的转账凭证中的数据可能不准确,特别是对于一组相关转账分录,必须按顺序依次进行转账凭证生成、审核、记账。

### 账套数据备份

在电脑中建立一个文件夹并按日期命名,然后将账套输出备份到这个文件夹中。在账套的备份和使用过程中,要养成良好的数据安全和保密意识。

# 固定资产管理

  **项目综述**

固定资产管理系统是用友 ERP-U8V10.1 软件的重要组成部分,适用于各类企业和行政事业单位进行固定资产增加、减少、计提折旧等日常业务的核算与管理,同时可为总账系统提供折旧凭证,为成本管理系统提供设备的折旧费用依据。

  **职业能力培养**

通过项目的实施及运营,掌握固定资产卡片管理、固定资产增减变动、计提折旧、分配折旧的操作方法。在项目实施过程中培养学生进行固定资产总值、累计折旧数据的动态管理能力,协助企业进行部分成本核算,同时为设备管理部门提供固定资产各项指标管理的依据。

> **思政园地**
>
> 盘点固定资产流程烦琐,又易出错,但是盘点固定资产却是财务人必须完成的一项工作。
>
> 不同于现金流,固定资产是属于企业的非货币性资产,其价值高、使用周期长、使用地点分散、管理难度大等特点导致了盘点工作的必要性和困难性。但是因为折旧和非自然损坏等因素,固定资产的盘点工作也不是一劳永逸的。一般来说,固定资产的盘点周期可分为季度、半年度和年度。
>
> 进行盘点工作要提前做好准备,例如制作固定资产盘点表。制作固定资产盘点表要求细节必须到位,因为同样一种资产,其型号不同,折旧年限和磨损程度也不尽相同,所以固定资产项目下必须包含名称、编号、规格、厂商等细节。另外,数量和盈亏数也是要有的,而且在盘点时一定要注意固定资产的位置问题,以防出错。
>
> 盘点时,除了如实地记好固定资产的数量,更重要的是盈亏和折旧问题。首先是盈亏问题,比如有些固定资产未入账或者多入账,有些固定资产提前报废或者超过折旧年限还在继续使用等,这些都是需要注意的问题。另外在盘点过程中,也要记好固定资产的使用状态,以便制定下一步措施。
>
> 在完成了所有关于固定资产盘点的事宜后,财务人最后还需要向领导复命,这里必不可少的就是固定资产盘点报告。这份报告是财务人员通过整理固定资产盘点表后做出的书面表达,虽然不用太正式,但是内容必须清晰。报告是对盘点的总结,必须

反映出固定资产存在的各项问题，以便于领导及时解决。

整个流程结束后，财务人员还需要进行账实核对，并进行相应的账务处理。

### 典型工作任务

1. 固定资产管理系统的操作流程。
2. 进行固定资产增加、减少、变动的操作。
3. 固定资产折旧的处理过程及操作方法。
4. 固定资产月末转账、对账及月末结账的操作。

固定资产系统具体工作流程如图 4-1 所示。

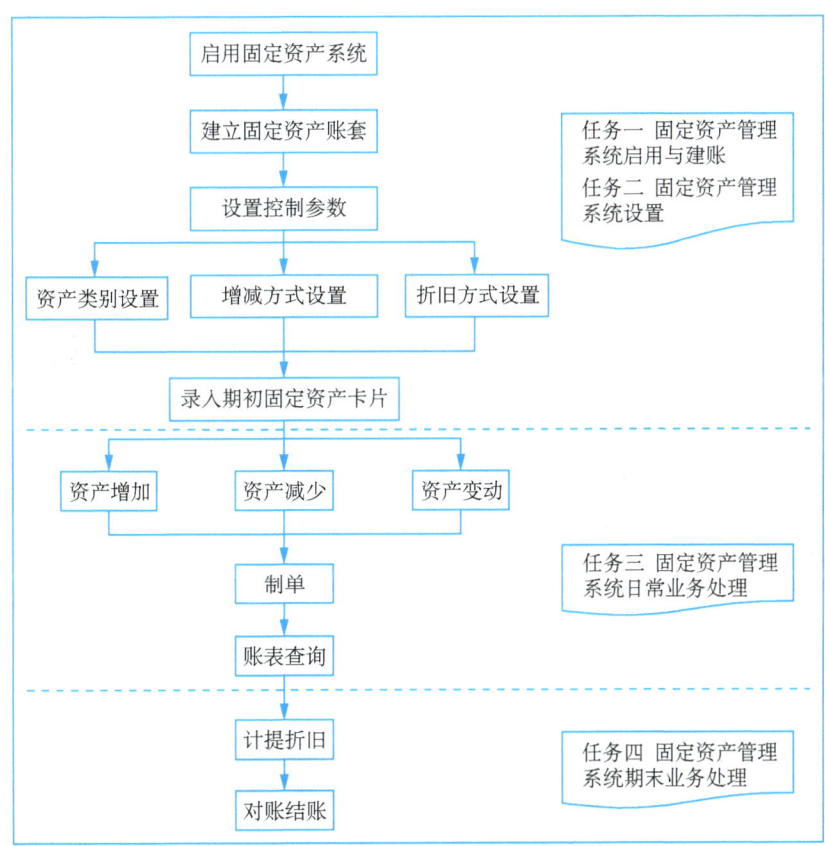

图 4-1　固定资产管理系统操作流程

## 任务一　固定资产管理系统启用与建账

【任务场景】

经过财务部、后勤部设备管理部门和软件实施单位的协商，天泽机械设备公司决定于 2022 年 1 月使用用友 ERP-U8V10.1 软件对企业的固定资产进行管理,由操作员李芳完成建立固定资产账套等系统初始设置的相关内容。李芳现在需要了解如何启用固定资产,以及在固定资产的使用过程中如何设置相关参数等内容。

## 【任务目标】

1. 了解固定资产账套的内容及作用;
2. 理解固定资产建账的意义;
3. 掌握启用固定资产管理系统和建立固定资产账套的操作方法。

## 【任务内容】

对天泽机械设备公司的固定资产系统进行启用并建账。

业务控制参数:按平均年限法(一)计提折旧,折旧分配周期为 1 个月,类别编码方式为 2112。

固定资产编码方式:按"类别编码+部门编码+序号"自动编码,卡片序号长度为 3。

要求与账务系统进行对账。固定资产对账科目:1601 固定资产,累计折旧对账科目:1602 累计折旧。

在对账不平情况下允许月末结账。

## 【任务实施】

### 一、启用固定资产管理系统

1. 执行"开始"|"所有程序"|"用友 ERP-U8V10.1"|"企业应用平台"命令。

2. 在弹出的登录对话框中,输入操作员"01",选择账套"001 天泽机械设备公司",操作日期为"2022-01-01",密码为空,单击"确定"按钮。

3. 进入"基础设置"页签,执行"基本信息"|"系统启用"命令,单击"固定资产"前的复选框,弹出"日历"对话框,选择启用日期"2022-01-01",如图 4-2 所示。单击"确定"按钮,系统弹出"确实要启用当前系统吗?"提示框,单击"是"按钮,进行固定资产系统的启用。

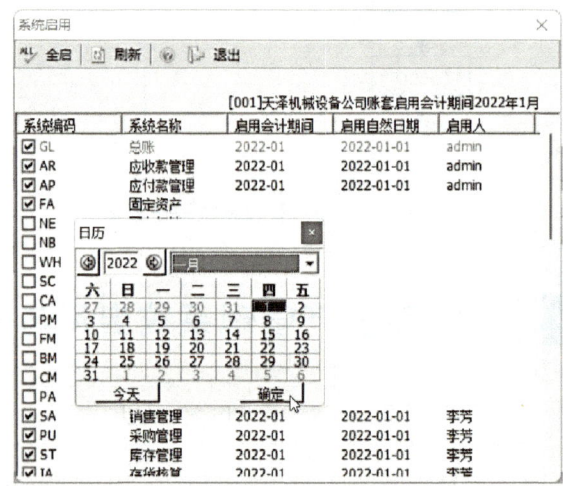

图 4-2 启用固定资产系统

## 二、建立固定资产账套

登录企业应用平台,在"业务工作"页签执行"财务会计"|"固定资产"命令。初次使用固定资产系统时,系统会弹出"这是第一次打开此账套,还未进行过初始化,是否进行初始化?"信息提示框,单击"是"按钮,如图4-3所示。

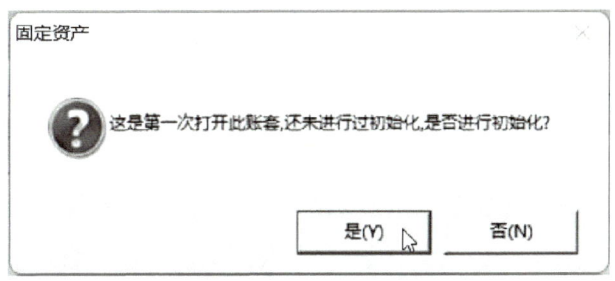

图4-3　固定资产初始化提示窗口

## 三、固定资产初始化

固定资产初始化的具体操作步骤如下:

1. 在"初始化账套向导"的"约定及说明"对话框中,会显示固定资产账套的基本信息和资产管理的基本原则,选择"我同意",如图4-4所示。

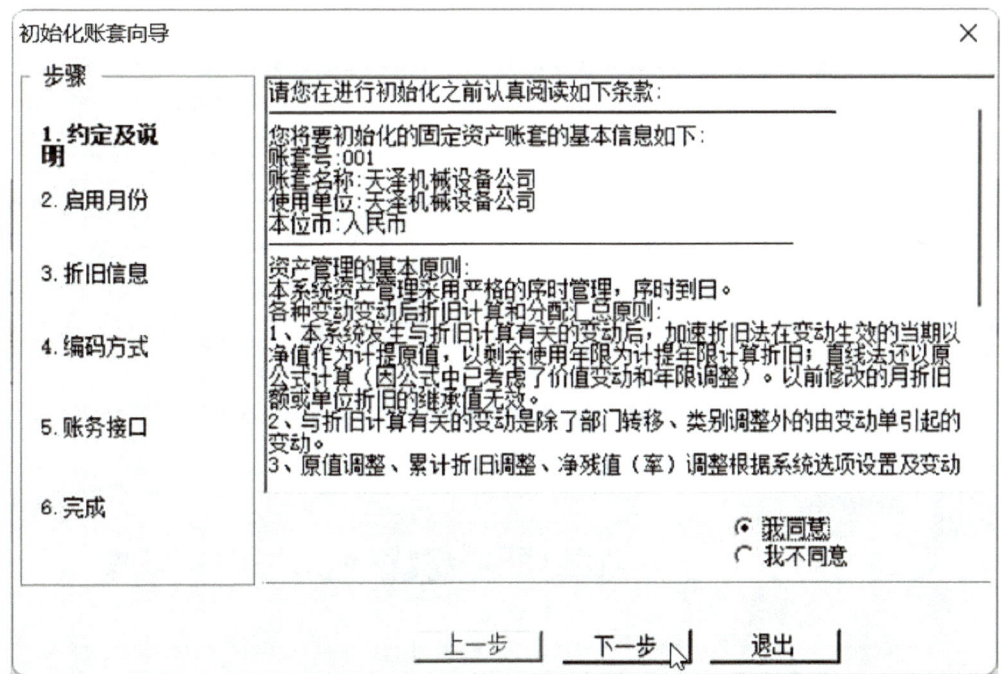

图4-4　初始化账套向导——约定及说明

2. 单击"下一步"按钮,打开"初始化账套向导"的"启用月份"窗口,如图4-5所示。

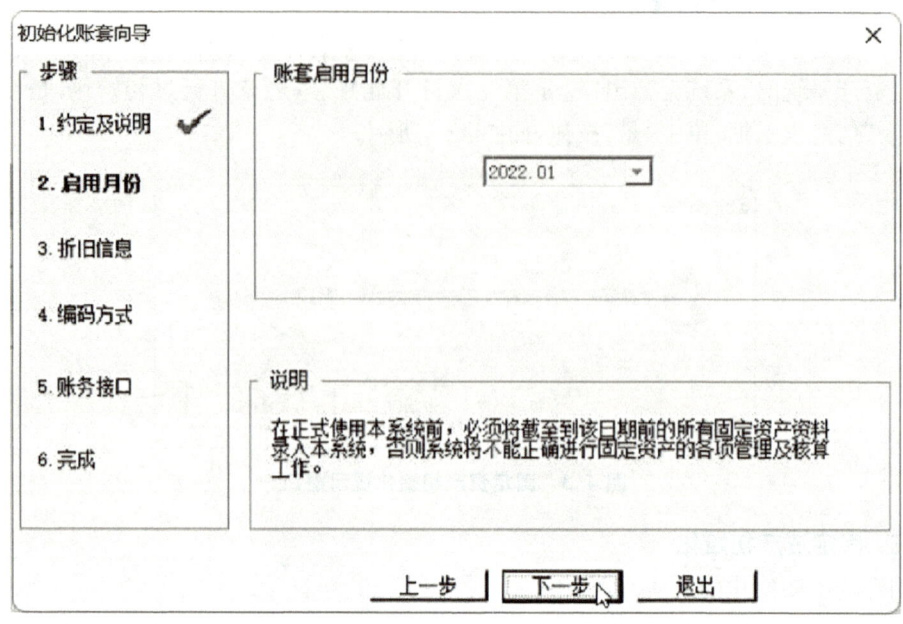

图 4-5 初始化账套向导——启用月份

3. 单击"下一步"按钮,打开"初始化账套向导"的"折旧信息"对话框,选中"本账套计提折旧"复选框,选择折旧方法"平均年限法(一)",选中"当(月初已计提月份=可使用月份-1)时将剩余折旧全部提足(工作量法除外)"复选框,如图 4-6 所示。

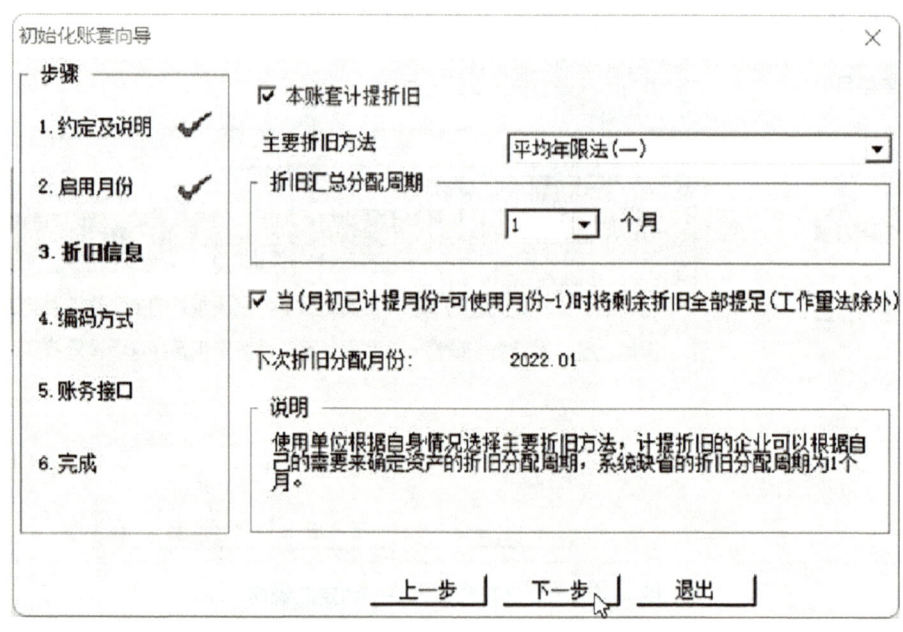

图 4-6 初始化账套向导——折旧信息

4. 单击"下一步"按钮,打开"初始化账套向导"的"编码方式"对话框,选择固定资产类别编码长度为"21120000",采用"自动编码"和"类别编号＋部门编号＋序号"方式,序号长度为"3",如图 4-7 所示。

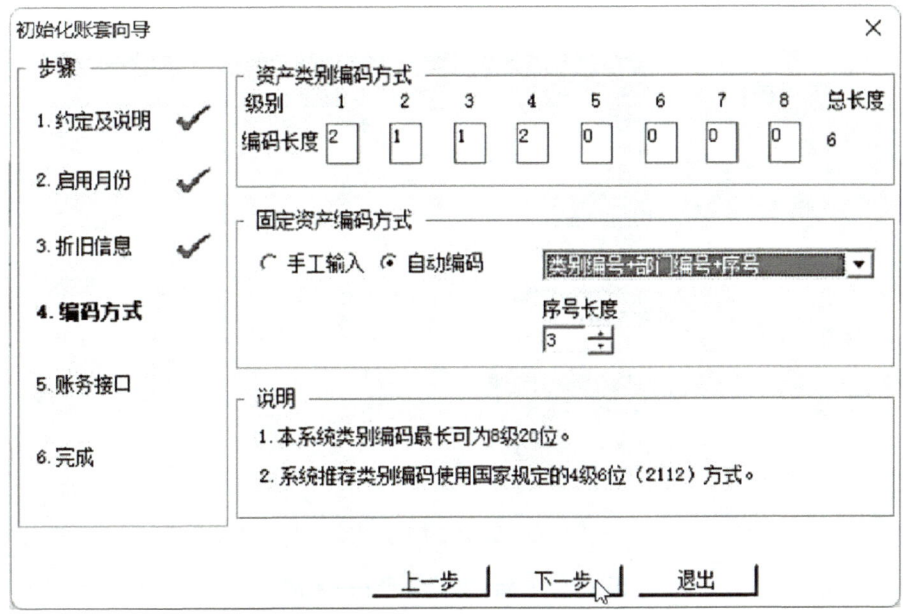

图 4-7 初始化账套向导——编码方式

5. 单击"下一步"按钮，打开"初始化账套向导"的"财务接口"对话框，录入固定资产对账科目为"1601,固定资产"，累计折旧对账科目为"1602,累计折旧"，如图 4-8 所示。

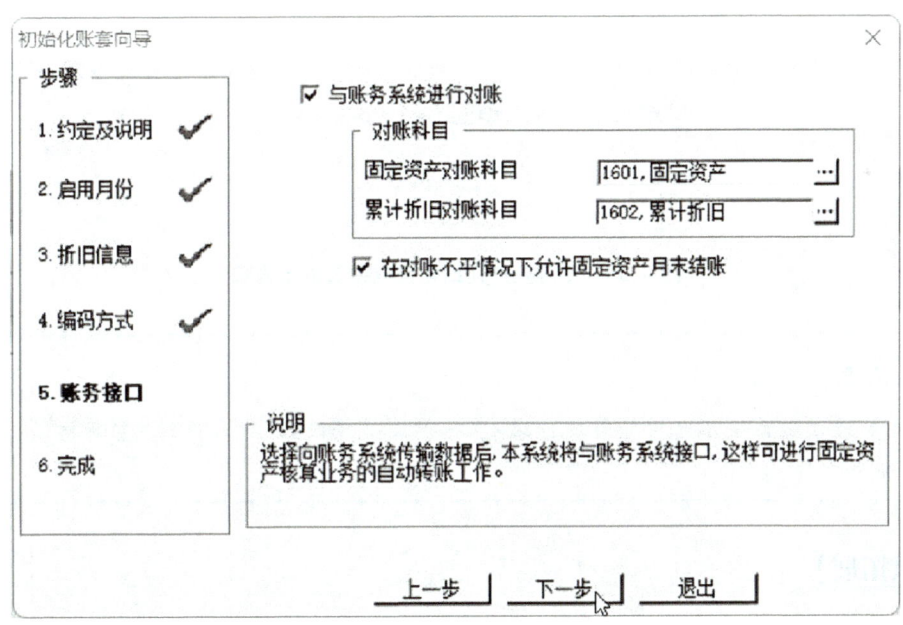

图 4-8 初始化账套向导——账务接口

6. 单击"下一步"按钮，打开"初始化账套向导"的"完成"对话框，会显示所进行的账套信息的基本设置，进行检查，如有不正确可以单击"上一步"按钮返回改正，如果没有问题，单击"完成"按钮，完成固定资产账套信息的基本设置，如图 4-9 所示。

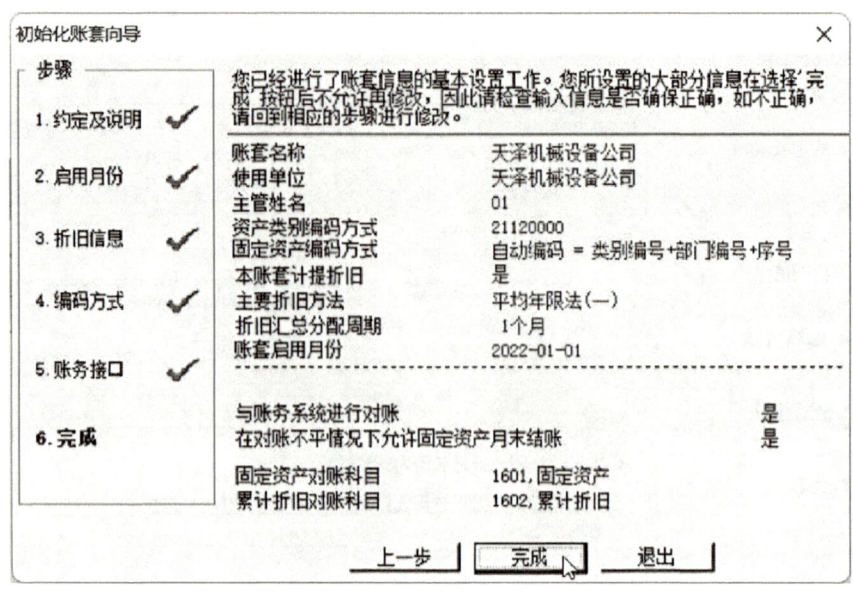

图 4-9 初始化账套向导——完成

7. 系统弹出"已经完成了新账套的所有设置工作,是否确定所设置的信息完全正确并保存对新账套的所有设置?"信息提示框,如图 4-10 所示。单击"是"按钮,系统提示"已成功初始化本固定资产账套!",单击"确定"按钮,固定资产建账完成。

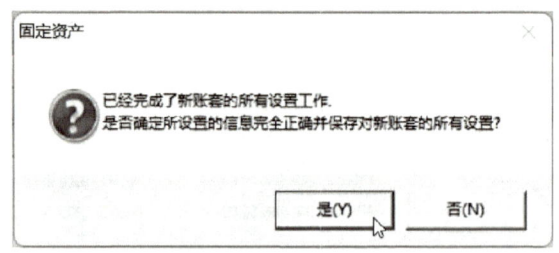

图 4-10 固定资产初始化完成设置提示窗口

注意:

如果发现系统不允许修改的内容有错,但又必须改正,只能通过"重新初始化账套"命令实现。

## 【知识拓展】

1. 启用固定资产有两种方法:
(1) 在账套建立后直接启用;
(2) 在企业应用平台的"基本信息"中启用。
2. 注意系统启用日期应为"2022-01-01",否则会影响日常业务操作。

3. 账务接口的任务是选择是否与账务处理子系统进行对账以及确认对账科目,确定在对账不平的情况下是否允许固定资产子系统月末结账以及生成凭证时固定资产、累计折旧的缺省入账科目。

固定资产与账务系统对账,是将固定资产系统内所有资产的原值、累计折旧和总账系统中固定资产科目和累计折旧科目的余额核对,看数值是否相等。可以在系统运行过程中的任何时候执行对账功能,如果不平,则两个系统中存在偏差,应引起注意,及时予以调整。

固定资产和累计折旧的对账科目只能选择一级科目。

4. 固定资产账套建立完成后,还有一部分信息需要在"选项"中设置,如果需要修改建立固定资产账套时设置的参数,也可以在"选项"中完成。但并非所有项目都可修改,不能修改的项目只能通过"重新初始化"功能实现,重新初始化后将清空对该账套所做的一切工作。

5. 选择的折旧方法只是以后录入固定资产卡片时默认的折旧方法,并不是所有的固定资产必须采用的折旧方法,对具体的固定资产可以重新定义折旧方法。

6. 系统提供了"手工输入"和"自动编码"两种固定资产编码方式。选择"自动编码",需进一步设置编码方案。

系统提供的自动编码形式有:类别编号+序号、部门编号+序号、类别编号+部门编号+序号、部门编号+类别编号+序号。每一个账套的资产自动编码方式只能选择一种,一经设定,该自动编码方式不得修改。例如,固定资产卡片编号方式设置为"类别编号+部门编号+序号"且序号长度为3,若固定资产的类别编号为011,部门编号为101,则固定资产卡片编号为011101001。

## 任务二　固定资产管理系统设置

### 【任务场景】

天泽机械设备公司自2022年1月开始使用用友 ERP-U8V10.1 软件对企业的固定资产进行管理,操作员李芳现在需要尽快了解应如何将现有的固定资产信息录入计算机中,以便对固定资产日常业务进行处理。

### 【任务目标】

1. 了解固定资产管理系统的功能;
2. 熟悉固定资产管理系统初始设置的内容;
3. 掌握固定资产管理系统初始设置的相关知识;
4. 掌握固定资产管理系统初始化设置、卡片管理等操作方法;

5. 具备准确录入期初固定资产原始卡片的技能。

## 【任务内容】

1. 资产类别

表 4-1 资产类别表

| 编码 | 类别名称 | 净残值率(%) | 单位 | 计提属性 |
|---|---|---|---|---|
| 01 | 房屋及构筑物 | 4 | | 总计提 |
| 011 | 房屋 | 4 | | 总计提 |
| 012 | 构筑物 | 4 | | 总计提 |
| 02 | 通用设备 | 4 | | 正常计提 |
| 021 | 生产用设备 | 4 | | 正常计提 |
| 022 | 非生产用设备 | 4 | | 正常计提 |
| 03 | 交通运输设备 | 4 | | 正常计提 |
| 031 | 生产运输设备 | 4 | 辆 | 正常计提 |
| 032 | 非生产用运输设备 | 4 | 辆 | 正常计提 |
| 04 | 电子设备及其他通信设备 | 4 | | 正常计提 |
| 041 | 生产用设备 | 4 | 台 | 正常计提 |
| 042 | 非生产用设备 | 4 | 台 | 正常计提 |

2. 车间、部门及对应折旧科目

表 4-2 车间、部门折旧表

| 车间、部门 | | 对应折旧科目 |
|---|---|---|
| 1 综合处 | | 管理费用——折旧 |
| 2 生产部 | 201 金工车间 | 制造费用——折旧 |
| | 202 装配车间 | 制造费用——折旧 |
| | 203 供汽车间 | 辅助生产成本 |
| | 204 机修车间 | 辅助生产成本 |
| 3 医务室 | | 应付福利费 |
| 4 销售部 | | 营业费用 |

3. 增减方式设置

表 4-3 资产增减方式表

| 增减方式目录 | 对应入账科目 |
|---|---|
| 增加方式 | |
| 直接购入 | 工行存款 |
| 投资者投入 | 实收资本 |

续表

| 增减方式目录 | 对应入账科目 |
|---|---|
| 国家投资 | 实收资本 |
| 其他单位投资 | 实收资本 |
| 个人投资 | 实收资本 |
| 捐赠 | 资本公积 |
| 盘盈 | 待处理固定资产损溢 |
| 在建工程转入 | 在建工程 |
| 融资租入 | 长期应付款 |
| 减少方式 | |
| 出售 | 固定资产清理 |
| 盘亏 | 待处理固定资产损溢 |
| 投资转出 | 长期投资 |
| 报废 | 固定资产清理 |
| 毁损 | 固定资产清理 |

4. 原始卡片

表 4-4 固定资产原始卡片

| 固定资产名称 | 类别编号 | 所在部门 | 增加方式 | 可使用年限 | 开始使用日期 | 原值（元） | 累计折旧（元） | 对应折旧科目名称 |
|---|---|---|---|---|---|---|---|---|
| 办公楼 | 011 | 厂办公室 | 在建工程转入 | 30 | 2011.1.1 | 1 500 000 | 522 450 | 管理费用 |
| 厂房 | 011 | 供汽车间 | 在建工程转入 | 30 | 2011.1.1 | 500 000 | 174 150 | 辅助生产成本 |
| 三〇车床 | 021 | 金工车间 | 直接购入 | 10 | 2019.3.1 | 80 000 | 21 120 | 制造费用 |
| 轿车 | 032 | 厂办公室 | 直接购入 | 10 | 2020.3.1 | 250 000 | 18 000 | 管理费用 |
| 兼容机 | 042 | 财务部 | 直接购入 | 6 | 2021.2.1 | 6 000 | 798 | 管理费用 |

> **注意：**
> 净残值率均为 4%，使用状态均为"在用"，折旧方法均采用平均年限法（一）；卡片项目与卡片样式采用系统的标准设定。

## 【任务实施】

账套是指在用友 ERP-U8V10.1 软件中为每一个独立核算的单位建立的一套完整的账务体系，其作用相当于手工操作条件下明确会计核算的主体。在运行软件其他系统模块之前，必须为使用该系统的核算单位建立一个新的账套，以明确当前会计主体的核算要求，确定核算过程中应遵循的规则，并在系统中录入企业的业务背景资料。

### 一、系统参数设置

根据天泽机械设备公司财务制度要求,固定资产系统参数设置如下:

要求与账务系统进行对账。固定资产对账科目:1601固定资产,累计折旧对账科目:1602累计折旧。

在对账不平的情况下允许月末结账,业务发生后要立即制单,月末结账前一定要完成制单、登账工作。

固定资产缺省入账科目:1601,累计折旧缺省入账科目:1602。

当月初已计提月份=可使用月份-1时,要求将剩余折旧全部提足。

固定资产参数设置的具体操作步骤如下:

1. 执行"固定资产"|"设置"|"选项"命令,打开"选项"对话框,选项界面包括5个选项卡,单击"编辑"按钮进行修改。

2. 单击"折旧信息"选项卡,选择"当(月初已计提月份=可使用月份-1)时,要求将剩余折旧全部提足"复选框。

3. 单击"与财务系统接口"选项卡,在固定资产缺省入账科目文本框中输入"1601,固定资产",在累计折旧缺省入账科目文本框中输入"1602,累计折旧"。单击"确定"按钮,固定资产账套参数设置完毕,如图4-11所示。

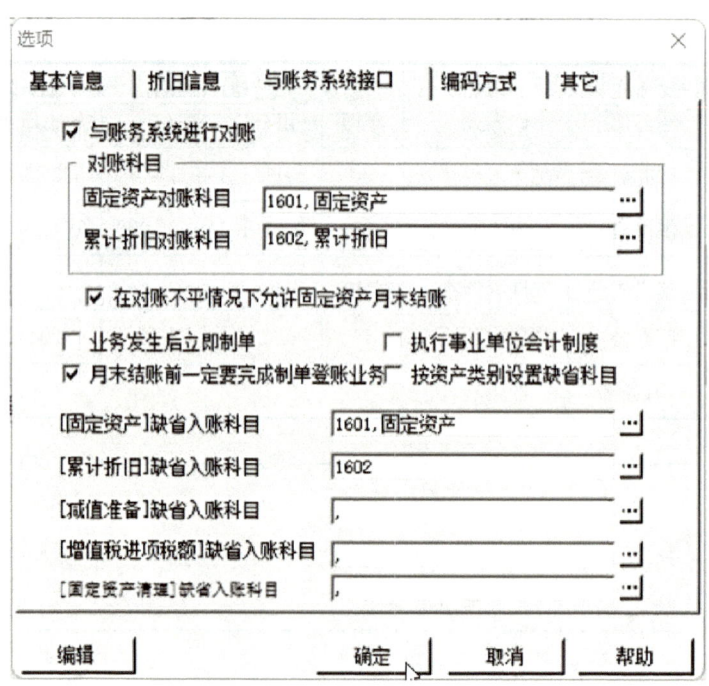

图4-11 设置固定资产参数

### 二、资产类别设置

1. 执行"固定资产"|"设置"|"资产类别"命令,进入"固定资产分类编码表"窗口,系统提供资产类别的"列表视图"和"单张视图"两种显示方式。

2. 单击"增加"按钮,录入固定资产分类信息,点击"保存"按钮,如图4-12所示。

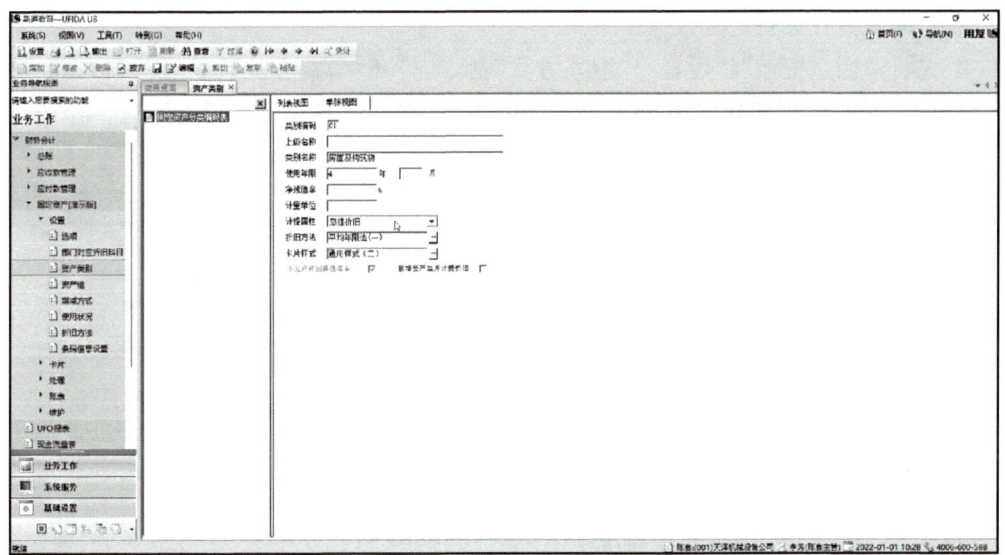

图 4-12 增加固定资产类别

> 注意：
> （1）资产类别编码不能重复，即同一个资产类别的下级资产类别名称不能相同。
> （2）类别编码、类别名称、计提属性、折旧方法、卡片样式五项不能为空；其他各项内容作为缺省内容使用，可以为空。

### 三、部门对应折旧科目设置

1. 执行"固定资产"|"设置"|"部门对应折旧科目"命令，打开"固定资产部门编码目录"窗口。

2. 选择部门，单击"修改"按钮，在折旧科目中录入每个部门对应折旧科目，点击"保存"按钮，如图 4-13 所示。

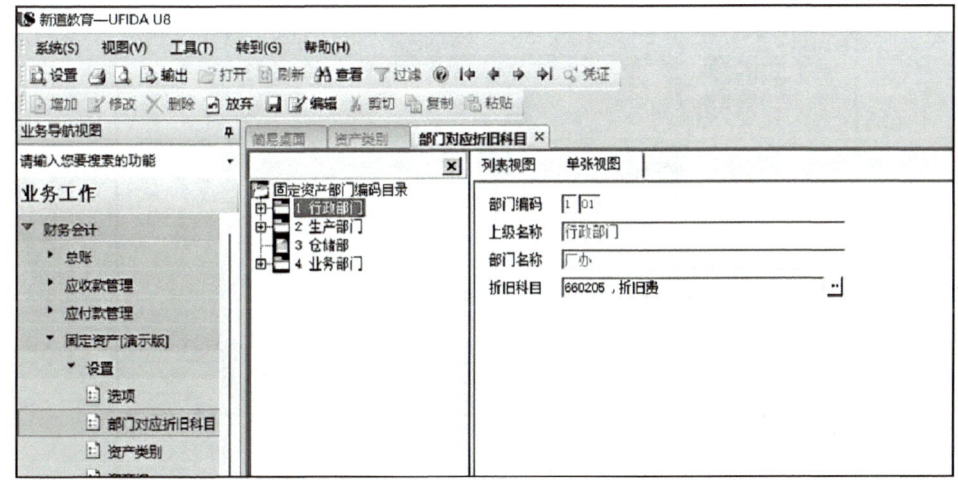

图 4-13 设置部门对应折旧科目

### 四、增减方式设置

1. 执行"固定资产"|"设置"|"增减方式"命令,打开"增减方式目录表"窗口,在左侧列表框中选择相应的增减方式,例如,单击选中"101 直接购入"所在行,再单击"修改"按钮,打开"增减方式——单张视图"对话框。

2. 单击"对应入账科目"栏参照按钮,选择对应折旧科目,点击"保存"按钮,如图 4-14 所示。

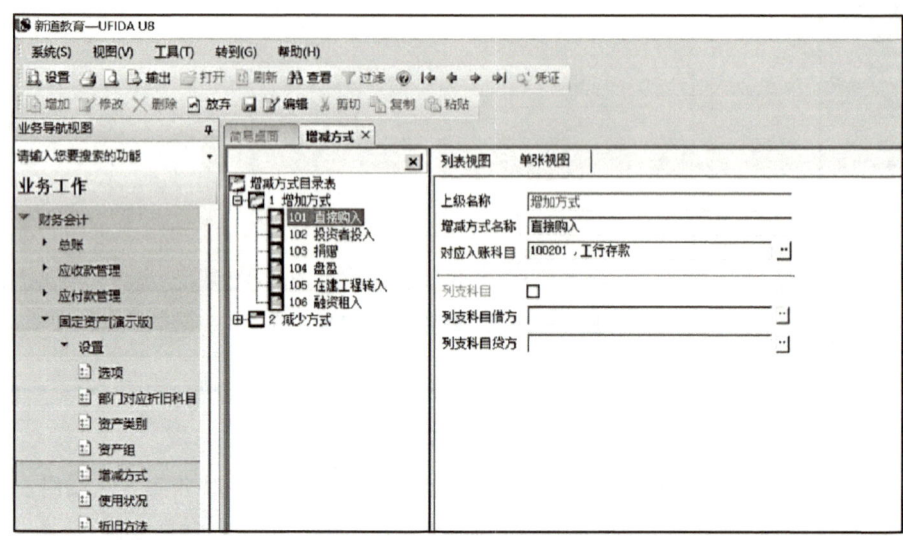

图 4-14 设置增减方式

### 五、录入原始卡片

1. 执行"固定资产"|"卡片"|"录入原始卡片"命令,打开"固定资产类别档案"对话框,选择固定资产类别后,单击"确定"按钮,如图 4-15 所示。

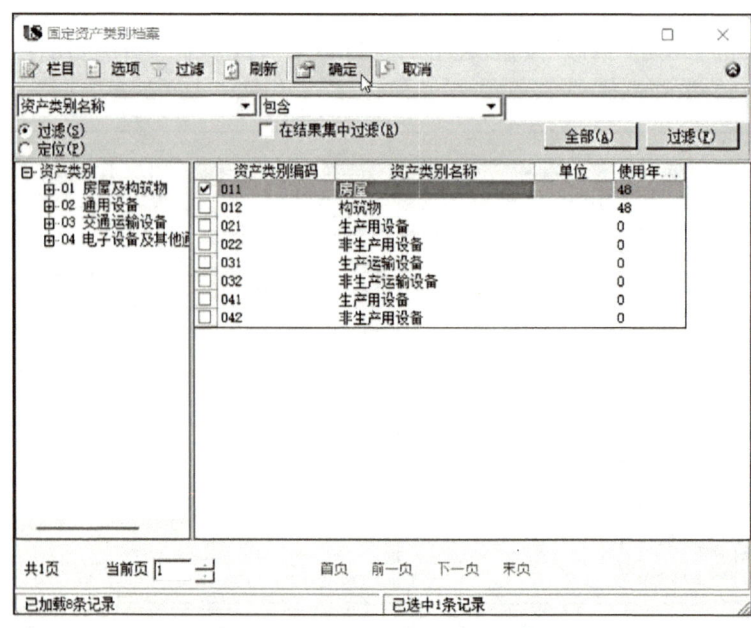

图 4-15 "固定资产类别档案"窗口

2. 打开“固定资产卡片”对话框，在“固定资产名称”栏录入“办公楼”。

3. 单击“部门名称”，出现“部门名称”按钮，再单击“部门名称”按钮，出现“部门参照”对话框，单击选中“厂办”。

4. 单击“确认”按钮，单击“增加方式”，出现“增加方式”按钮，再单击“增加方式”按钮，出现“增加方式参照”对话框，单击选中“在建工程转入”。

5. 单击“确认”按钮，单击“使用状况”，出现“使用状况”按钮，再单击“使用状况”按钮，出现“使用状况”对话框，单击选中“在用”。

6. 单击“开始使用日期”，在“开始使用日期”栏录入“2011-01-01”。

7. 单击“原值”，在“原值”栏录入“1500000.00”。

8. 单击“累计折旧”，在“累计折旧”栏录入“522450.00”。录入完成的固定资产卡片如图 4-16 所示。

**固定资产卡片**

| | | | | | |
|---|---|---|---|---|---|
| 卡片编号 | 00001 | | | 日期 | 2022-01-01 |
| 固定资产编号 | 011101001 | 固定资产名称 | | | 办公楼 |
| 类别编号 | 011 | 类别名称 | 房屋 | 资产组名称 | |
| 规格型号 | | 使用部门 | | | 厂办 |
| 增加方式 | 在建工程转入 | 存放地点 | | | 厂办公室 |
| 使用状况 | 在用 | 使用年限(月) | 48 | 折旧方法 | 平均年限法(一) |
| 开始使用日期 | 2011-01-01 | 已计提月份 | 131 | 币种 | 人民币 |
| 原值 | 1500000.00 | 净残值率 | 0% | 净残值 | 0.00 |
| 累计折旧 | 522450.00 | 月折旧率 | 0.0208 | 本月计提折旧额 | 31200.00 |
| 净值 | 977550.00 | 对应折旧科目 | 660205，折旧费 | 项目 | |
| 录入人 | 李芳 | | | 录入日期 | 2022-01-01 |

图 4-16　录入固定资产原始卡片

9. 单击“保存”按钮，系统提示“数据保存成功”。

10. 单击“确定”按钮。

11. 重复上述步骤，录入其他的原始卡片。

**注意：**

(1) 系统自动计算出“月折旧额”的数值以后，应把这个数值和手工计算的数值进行比较，检验结果是否正确。所有卡片输入完毕后，应进行对账操作。

(2)“原值”“累计折旧”“累计工作量”三项，输入的一定是该月月初的金额，否则会导致计算错误。

(3)“已计提月份”项必须按照实际已经计提的月数输入，不能包括使用期间停用等不计提折旧的月份，否则不能正确计算折旧。

## 【知识拓展】

**系统参数设置**

建立固定资产账套需要设置一系列与固定资产核算相关的参数，设置的内容主要包括约定及说明、启用月份、折旧信息、编码方式、账务接口和完成设置六部分。这些参数不仅关系到固定资产系统内部的核算与管理，还关系到固定资产与总账系统的数据传递和互相控制。企业需要在了解软件参数的基础上,根据业务的具体要求制定参数设置方案。

在"固定资产初始化向导"的"折旧信息"窗口中,可以通过"本账套计提折旧"选项设置本账套是否计提折旧。按照制度规定,行政事业单位的固定资产不计提折旧,而企业的固定资产应计提折旧,一旦选择不计提折旧,则账套内所有与折旧有关的功能均不能操作,该选项在初始化设置完成后不能修改。

系统设置了六种常用折旧方法,应选择合适的折旧方法以便在资产类别设置时自动填入。对特殊的固定资产可以重新定义折旧方法。

当需要对账套中某参数进行修改时,可通过"财务会计"|"固定资产"|"设置"|"选项"进行重新设置;对于不允许修改的设置,则只能通过"维护"|"重新初始化账套"功能来实现,但应注意初始化将清空对固定资产系统所做的一切工作。

**资产类别设置**

固定资产的种类繁多、规格不一,要强化固定资产管理,及时、准确做好固定资产核算,必须建立科学的固定资产分类体系。固定资产分类是固定资产管理的重要依据,方便企业对固定资产按照分类进行管理、汇总、统计,还可以针对不同的分类制定不同的折旧政策。为给核算和统计管理提供依据,国家技术监督局在2011年更新了《固定资产分类与代码的国家标准》(GB/T 14885—2010),详细规定了固定资产的分类、代码及计算单位。企业可以依据国家标准,再结合自身的特点和管理要求,确定一个较为合理的资产分类方法。

在设置资产类别时,应注意以下几个方面:
1. 只有在当前会计期间可以增加资产类别,月末结账后不能增加。
2. 资产类别编码不能重复,同级的类别名称不能相同。
3. 对固定资产类别可以分别进行增加、修改和删除的操作。
4. 使用过的类别的计提属性不能修改。
5. 系统已使用过的类别不再允许增加或删除下级类别。
6. 上级固定资产类别增加完成后,才能增加下级固定资产类别。
7. 增加二级资产类别时,直接录入类别名称即可,其他自动默认上级内容,如图4-17所示。

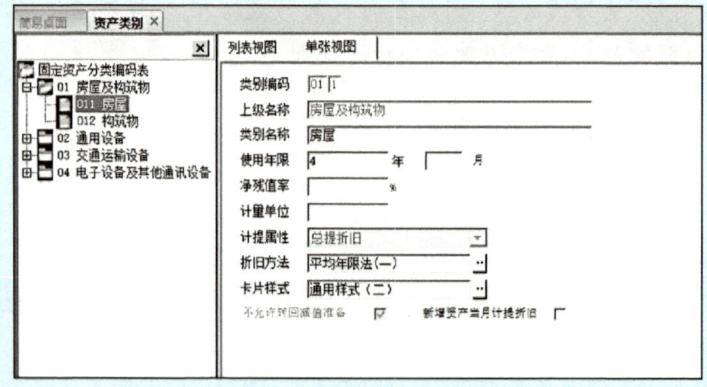

图4-17 固定资产二级类别设置

## 部门对应折旧科目设置

在固定资产管理系统中,计提的固定资产折旧需要归入成本或费用,根据不同使用者的具体情况可以按部门或类别来归集。当按部门归集折旧费用时,某一部门所属的固定资产折旧费用将归集到一个比较固定的科目,所以部门对应折旧科目设置就是给部门选择一个对应的折旧科目。录入卡片时,该科目自动填写在卡片中,不必一个一个输入,可提高工作效率。期末计提折旧后按部门生成折旧分配表,并按对应折旧科目对折旧费用进行汇总,生成记账凭证。

设置部门对应的折旧科目时,必须选择末级会计科目,因为不同部门折旧记入的科目会有所不同,如将"生产部门"中的"生产车间"折旧费记入"制造费用",而"辅助生产车间"折旧费记入"生产成本——辅助生产成本"。录入卡片时也要选择明细级部门,所以设置到末级才有意义。

设置上级部门的折旧科目后,下级部门可以自动继承此科目,也可以选择不同的科目,即上下级部门的折旧科目可以相同,也可以不同。

## 增减方式设置

增减方式设置主要在固定资产有增减业务时使用。在增减方式设置中可以输入增减对应入账科目,如直接购入方式的对应科目可设置为"银行存款",投资者投入的对应科目可设置为"资本公积"等。新增固定资产卡片时,系统会根据卡片上记载的变动方式自动生成相应的记账凭证。

固定资产变动方式包括增加方式和减少方式两类。系统提供增加的方式主要有直接购入、投资者投入、捐赠、盘盈、在建工程转入和融资租入等;减少的方式主要有出售、盘亏、投资转出、捐赠转出、报废、毁损和融资租出等。

在固定资产增减方式中设置的对应入账科目是为了在处理固定资产增加、减少的业务时,直接生成凭证中的会计科目。其中,非明细级增减方式不能删除,已使用的增减方式不能删除。生成凭证时,如果入账科目发生了变化,可以进行修改。

## 录入原始卡片

(一)卡片项目

卡片项目是固定资产卡片上用来记录固定资产资料的栏目,包括原值、固定资产名称、使用年限、折旧方法等基本项目。用友 ERP-U8V10.1 软件的固定资产管理系统提供了一些常用卡片必需的项目,称为系统项目。如果这些项目不能满足对固定资产特殊管理的需要,可以通过卡片项目定义来定义所需要的项目。

企业在固定资产管理工作中对不同类别的资产使用不同的卡片,如房屋类资产卡片、运输设施类资产卡片、办公设备类资产卡片、生产设备类资产卡片等,可以通过卡片项目定义功能来增加企业需要而系统中没有的卡片项目。

自定义卡片的具体操作步骤如下:

1. 单击"卡片"|"卡片项目",选择"自定义项目"。
2. 输入卡片项目名称、数据类型、字符数,如果数据类型是数字型,输入小数位长。

3. 输入后单击"保存"按钮,完成自定义项目设置。

(二)卡片样式设置

卡片样式指卡片的显示格式,包括格式(表格线、对齐形式、字体、字形等)、所包含的项目和项目的位置等。由于不同的企业使用的卡片样式可能不同,即使是同一企业内部的资产,也会由于管理的内容和侧重点的不同而使用不同样式的卡片,所以可使用卡片样式自定义功能进行卡片样式设置。

卡片样式设置的具体操作步骤如下:

1. 单击"卡片"|"卡片样式",打开卡片样式窗口,在这里可以对卡片样式进行定义、修改、删除。

2. 单击"增加"按钮增加新的卡片样式。由于卡片样式定义比较复杂,且项目样式的缺失将影响后续折旧计算,所以单击"增加"按钮后,系统将提示"是否以当前卡片样式为基础建立新样式?"要求用户进行再次确认。单击"是"按钮,可以根据需要在此基础上进行修改,增加新的卡片样式。

3. 输入完成后单击"保存"按钮,完成自定义项目设置。

(三)操作提示事项

1. 录入固定资产卡片时,固定资产类别要选择末级,如选择"011 房屋"时,如果选择"01 房屋及建筑物"系统将无法识别。

2. 开始使用日期一定要输入系统能够识别的格式,如"2022-03-01",若输入不能识别的格式,系统将提示信息错误。

3. 输入与计算折旧有关的项目后,系统会按照输入的内容自动计算出本月应计提的折旧额并显示在"月折旧额"项目内,可与手工计算的值比较,核对是否一致。

4. 其他选项卡录入的内容只是管理卡片设置,不参与计算。

5. 原值、累计折旧、累计工作量录入的一定要是卡片录入月月初的价值,否则会计算错误。

6. 如果使用系统编号,删除非最末位卡片后,系统将保留空号。

(四)多部门使用的固定资产

1. 对于多部门使用的固定资产,在录入原始卡片时需要在部门参照中选择"多部门使用",单击"确定"按钮,如图 4-18 所示。

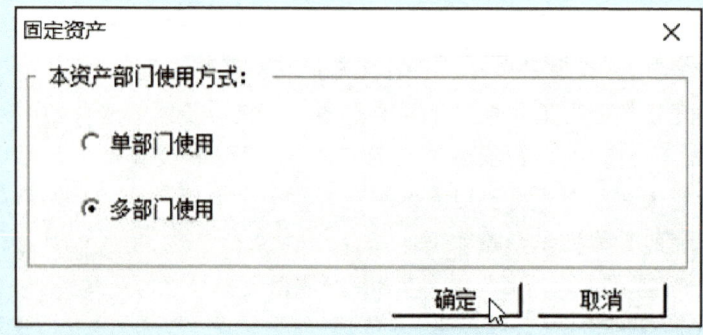

图 4-18 多部门使用固定资产

2. 在打开的“使用部门”对话框中，输入使用部门及使用比例等信息，如图 5-19 所示。

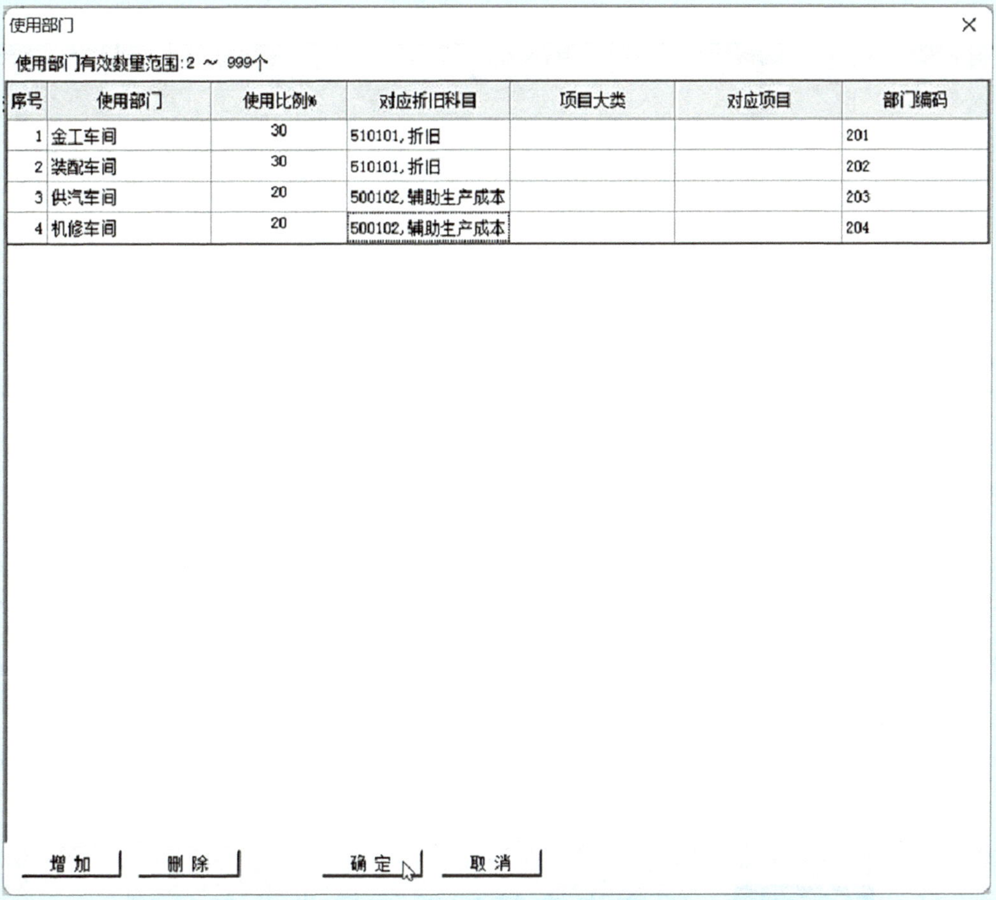
使用部门
使用部门有效数量范围:2 ～ 999个
序号 使用部门 使用比例% 对应折旧科目 项目大类 对应项目 部门编码
1 金工车间 30 510101,折旧 201
2 装配车间 30 510101,折旧 202
3 供汽车间 20 500102,辅助生产成本 203
4 机修车间 20 500102,辅助生产成本 204
增加
删除
确定
取消

图 4-19　多部门使用固定资产

3. 输入完成后单击“确定”按钮。

（五）批量增加固定资产卡片

在固定资产卡片界面，如果多张卡片内容相同，可使用复制功能批增卡片，具体操作步骤如下：

1. 执行“固定资产”|“卡片”|“资产增加”命令，选择固定资产类别，进入“固定资产卡片”窗口。

2. 执行“编辑”|“复制”命令，进入“固定资产”对话框，录入起始资产编号、终止资产编号及卡片复制数量的相关内容，单击“确定”按钮，如图 4-20 所示。系统提示“卡片批量复制完成”。

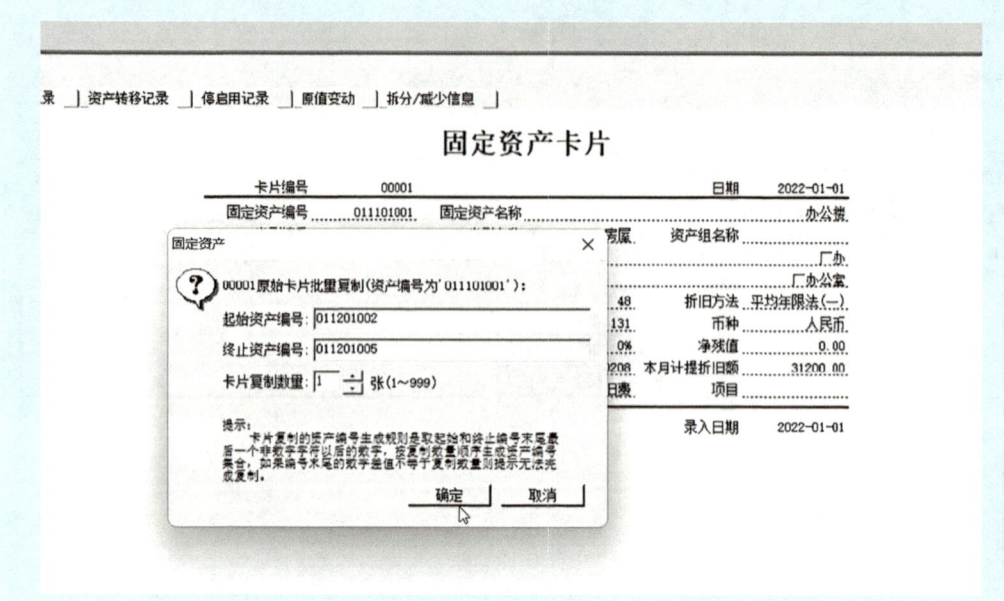

图 4-20 批量增加固定资产卡片

（六）对账

所有原始卡片输入完成后，应进行对账操作。

固定资产管理系统中的固定资产的价值及累计折旧额和账务系统中相关科目的金额应该保持相等。"对账"就是检查固定资产管理系统和总账系统中相关科目之间数值是否一致。

## 任务三　固定资产管理系统日常业务处理

### 【任务场景】

天泽机械设备公司自 2022 年 1 月开始使用财务管理软件对固定资产进行管理，操作员刘明现在需要了解在固定资产使用的过程中，如果发现固定资产卡片的信息发生变化应该如何进行处理，以及当固定资产增加或减少时应该如何处理。

### 【任务目标】

1. 了解固定资产日常业务的特点；
2. 掌握固定资产增加、减少、变动及清理的相关知识；
3. 掌握固定资产增加、减少、变动的操作方法，能生成固定资产凭证；
4. 能熟练进行固定资产业务处理。

## 【任务内容】

天泽机械设备公司 2022 年 1 月发生的固定资产经济业务如下：

1. 20 日，收到沈阳机械加工厂捐赠小龙刨床一台，原值 200 000 元，重估价为 165 000 元，捐赠手续已办理完毕，机床已交付金工车间使用，尚可使用 6 年。

2. 22 日，由于业务需要，公司统一调配资源，将厂办的轿车转给本地销售部使用，进行固定资产变动处理。

3. 31 日，厂办打印机报废，获得报废收入 300 元，并进行固定资产清理处置。

## 【任务实施】

### 一、固定资产增加

固定资产增加是指固定资产管理系统启用以后，企业新增加了固定资产，在软件中指新卡片的录入。

新固定资产卡片录入的具体操作步骤如下：

1. 执行“卡片”|“资产增加”命令，打开“固定资产类别档案”窗口，选择要录入的卡片所属的固定资产类别。

2. 单击“确定”按钮，进入“固定资产卡片”窗口，录入新卡片与录入原始卡片过程基本相同。单击“保存”按钮，保存录入的卡片，如图 4-21 所示。

**固定资产卡片**

| | | | | | |
|---|---|---|---|---|---|
| 卡片编号 | 00002 | | | 日期 | 2022-01-01 |
| 固定资产编号 | 021201001 | 固定资产名称 | 小龙刨床 | | |
| 类别编号 | 021 | 类别名称 | 生产用设备 | 资产组名称 | |
| 规格型号 | | 使用部门 | 金工车间 | | |
| 增加方式 | 捐赠 | 存放地点 | 金工车间 | | |
| 使用状况 | 在用 | 使用年限(月) | 6 | 折旧方法 | 平均年限法(一) |
| 开始使用日期 | 2022-01-20 | 已计提月份 | 0 | 币种 | 人民币 |
| 原值 | 165000.00 | 净残值率 | 4% | 净残值 | 6600.00 |
| 累计折旧 | 0.00 | 月折旧率 | 0 | 本月计提折旧额 | 0.00 |
| 净值 | 165000.00 | 对应折旧科目 | 510101，折旧 | 项目 | |
| 录入人 | 李芳 | | | 录入日期 | 2022-01-01 |

图 4-21 新增固定资产卡片

**注意：**

(1) 新卡片与原始卡片的区别在于：新卡片输入日期中的年份和月份一定等于资产开始使用日期的年份和月份，同时晚于系统启用日期；原始卡片的输入日期中的年份和月份晚于资产开始使用日期，同时资产开始使用日期一定早于系统启用日期。

(2) 新增资产卡片上输入的原值一定是卡片输入月月初的价值，否则会出现计算错误。

## 二、固定资产变动

录入固定资产卡片后,在使用过程中有时需要对卡片的项目进行调整,如原值增加、原值减少、部门转移、使用状况变动等,可以通过填制"固定资产变动单"完成。

以部门转移为例,固定资产变动单填制的具体操作步骤如下:

1. 执行"卡片"|"变动单"|"部门转移"命令,打开"固定资产变动单"窗口。
2. 选择卡片编号,开始使用日期、资产名称和变动前部门由系统自动给出,输入变动后部门及变动原因,如图 4-22 所示。

![固定资产变动单]

| 固定资产变动单 |
| --- |
| — 部门转移 — |

| 变动单编号 | 00001 | | | 变动日期 | 2022-01-22 |
| --- | --- | --- | --- | --- | --- |
| 卡片编号 | 00003 | 资产编号 | 032101001 | 开始使用日期 | 2020-03-01 |
| 资产名称 | | | 轿车 | 规格型号 | |
| 变动前部门 | | 厂办 | | 变动后部门 | 本地销售部 |
| 存放地点 | | 厂办 | | 新存放地点 | 本地销售部 |
| 变动原因 | | | | | 统一调配资源 |
| | | | | 经手人 | 李芳 |

图 4-22　固定资产变动单

3. 单击"保存"按钮,系统提示已完成固定资产变动单填写,如图 4-23 所示。

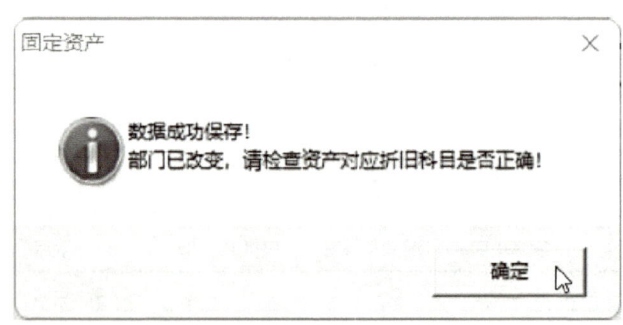

图 4-23　系统提示窗口

## 三、固定资产减少

资产减少指固定资产在使用过程中由于毁损、出售、盘亏等各种原因无法使用。固定资产减少凭证生成的具体操作步骤如下:

1. 执行"卡片"|"资产减少"命令,打开"资产减少"窗口,如图 4-24 所示。
2. 单击"增加"按钮,在相应栏内录入有关信息,单击"确定"按钮,系统弹出提示"所选卡片已经减少成功!",单击"确定"按钮,固定资产减少操作完毕,系统自动生成凭证,如图 4-25 所示。

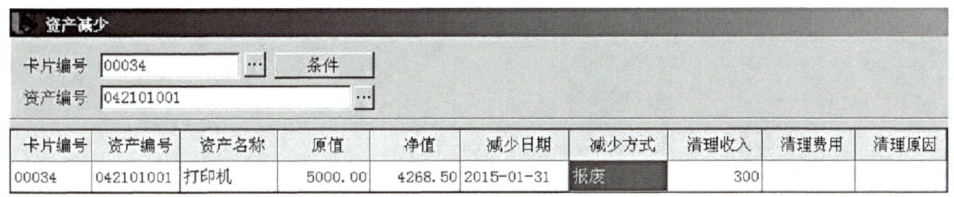

图 4-24 "资产减少"窗口

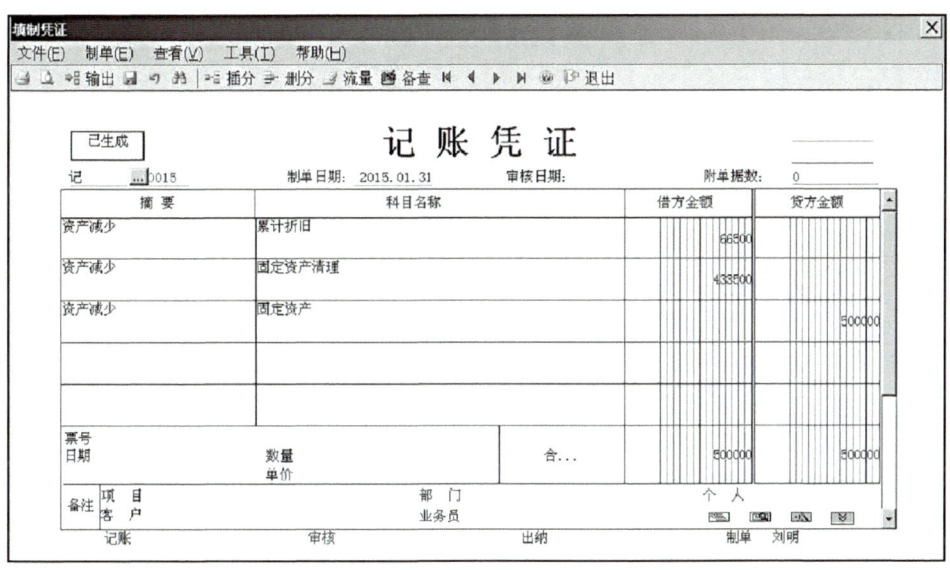

图 4-25 固定资产减少

## 【知识拓展】

### 固定资产增加

企业会通过购进或其他方式增加企业资产,在系统中,资产增加也是一种新卡片的录入,需要在业务发生时根据实际业务要求在固定资产卡片中选择录入新增固定资产的信息内容,具体操作方法与输入固定资产原始卡片相同。

固定资产是通过"原始卡片"录入还是通过"资产增加"录入,取决于资产在本单位开始使用的日期,只有当"开始使用日期的期间=录入的期间"时,才能通过"资产增加"录入。

因为本月增加的固定资产从下月开始计提折旧,所以新卡片第一个月不提折旧,折旧额为空或零。如果录入的累积折旧、累积工作量不是零,说明该固定资产是旧资产,该累计折旧或累计工作量是启用财务软件前的值。

### 卡片管理

全部固定资产卡片都汇总在"卡片管理"中。卡片管理是对固定资产系统中所有卡片进行综合管理的功能,包括卡片的查询、修改、删除、打印等。

执行"卡片"|"卡片管理"命令,打开"卡片管理"窗口,单击选中某项固定资产所在行,单击"修改"按钮,打开该项固定资产卡片,可以进行卡片的修改,如图4-26所示。

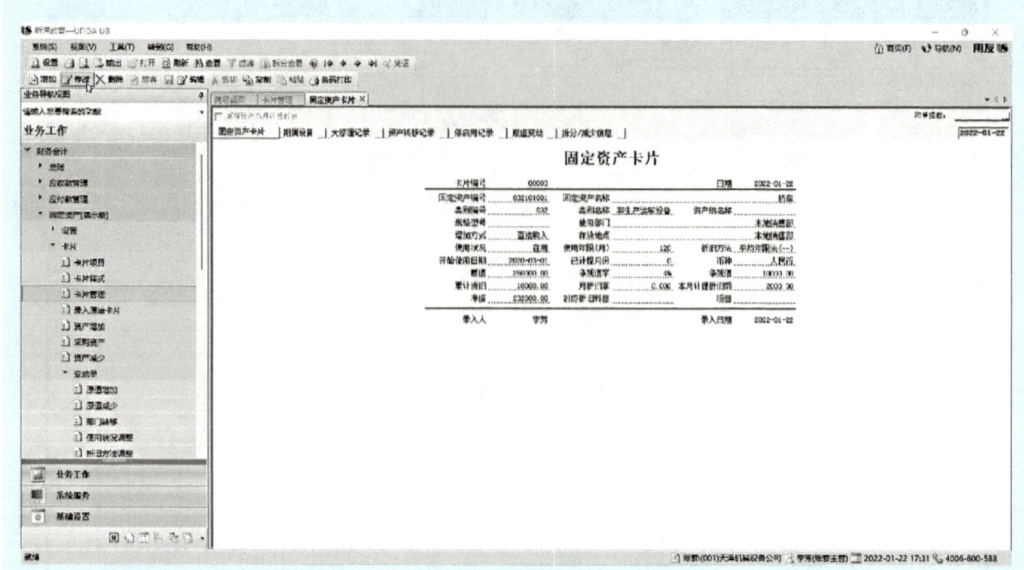

图 4-26　固定资产卡片修改窗口

### 固定资产减少

《企业会计准则——固定资产》规定：当月增加的固定资产，当月不计提折旧，从下月起计提折旧；当月减少的固定资产，当月仍提折旧，从下月起停止计提折旧。资产变动可能会影响折旧计算，新增资产虽然本月不计提折旧，但如果在折旧之后发生资产增加，系统会认为有影响折旧计算的业务发生。所以，资产变动、资产增加的处理须在当月计提折旧之前完成，固定资产的减少必须在每月计提折旧以后且未发生其他任何业务的情况下进行。如果尚未计提折旧，系统会提示"本账套需要进行计提折旧后，才能减少资产"。

### 撤　销　减　少

如果资产减少出现失误，可以通过"撤销减少"功能恢复到减少前的状态，资产减少的撤销是一个纠错功能，当月减少的资产可以通过本功能恢复使用。撤销减少时，需要在"卡片管理"界面选择"已减少资产"，选中要恢复的资产，再单击"卡片"|"撤销减少"，即可恢复已减少的固定资产，如图4-27所示。

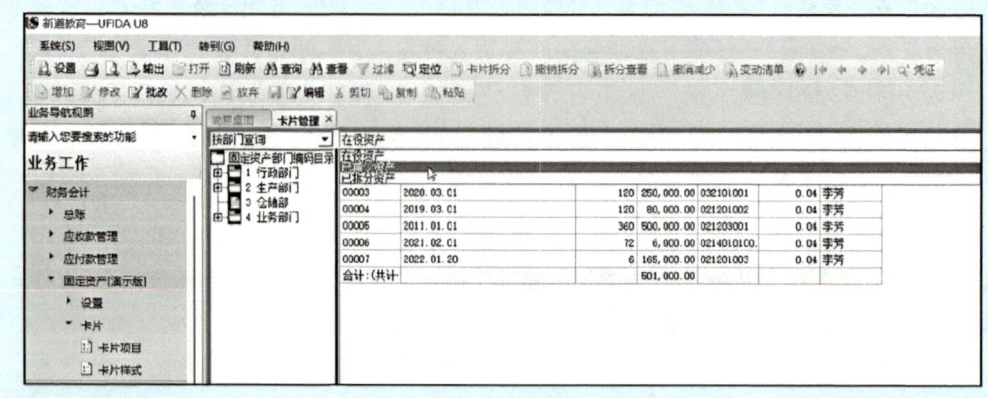

图 4-27　撤销固定资产减少

> 注意:
> (1) 只能恢复当月减少的固定资产。
> (2) 如果固定资产减少后已经生成了凭证,必须删除对应凭证以后才能撤销减少的固定资产。

## 任务四　固定资产管理系统期末业务处理

### 【任务场景】

天泽机械设备公司现使用用友 ERP-U8V10.1 软件对固定资产进行管理,该公司固定资产数量和种类很多,金额也很大,因此,加强固定资产的科学管理对企业至关重要。操作员刘明现在需要了解在财务管理软件中如何对固定资产折旧计提及期末结账等业务进行账务处理。

### 【任务目标】

1. 掌握固定资产折旧的处理方法;
2. 熟悉固定资产对账、月末结账的知识;
3. 具备固定资产折旧的处理并生成凭证的能力;
4. 具备对账、期末结账与反结账的能力。

### 【任务内容】

1月31日,月末计提本月固定资产折旧。

### 【任务实施】

#### 一、折旧处理

计提固定资产折旧的具体操作步骤如下:

1. 执行"固定资产"|"处理"|"计提本月折旧"命令,系统提示"是否要查看折旧清单?",如图 4-28 所示。

图 4-28　计提折旧提示窗口

2. 单击"是"按钮,系统提示"本操作将计提本月折旧,并花费一定时间,是否要继续?",如图 4-29 所示。

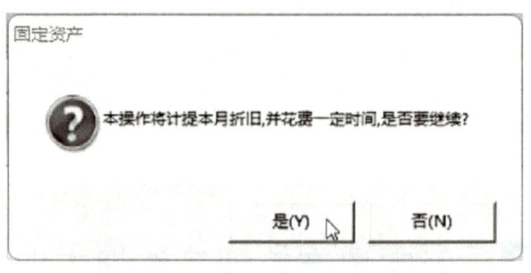

图 4-29 计提折旧提示窗口

3. 单击"是"按钮,进行折旧计提,计提折旧完毕后生成"折旧清单","折旧清单"会列示所有固定资产本月提取的折旧额,并将金额累加到月初累计折旧项目中,如图 4-30 所示。

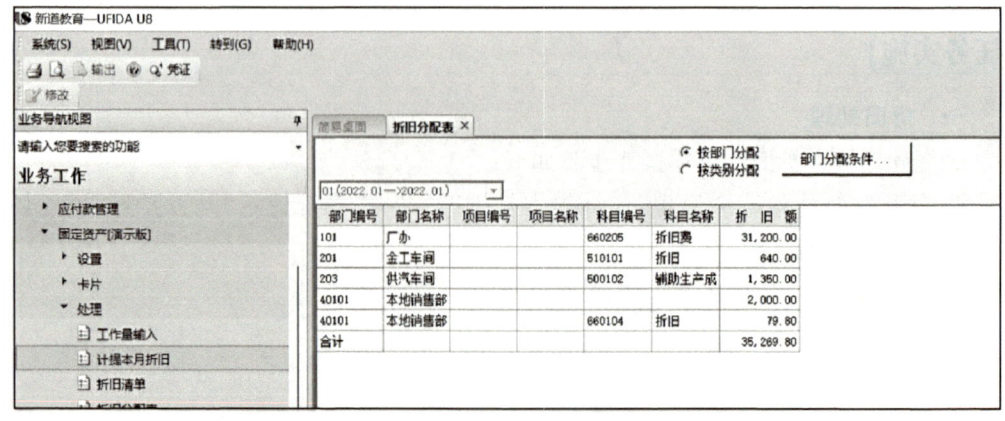

图 4-30 折旧清单

4. 查看完毕,单击"退出"按钮,系统自动弹出"折旧分配表"窗口,如图 4-31 所示。

5. 查看完毕，单击"退出"按钮，系统提示"计提折旧完成！"，如图4-32所示。

图4-32 计提折旧完成提示窗口

6. 单击"确定"按钮，完成折旧计提。

### 二、制单处理

本系统需要制单的情况包括资产增加、资产减少、卡片修改（涉及原值或累计折旧时）、原值变动、累计折旧调整、折旧分配等。

#### （一）立即制单

如果在初始设置"选项"中选择了"业务发生后立即制单"，那么在资产增加、资产减少、计提折旧等业务完成后，系统将自动生成记账凭证。

#### （二）批量制单

批量制单的具体操作步骤如下：

1. 单击"固定资产"|"处理"|"批量制单"，进入"批量制单——制单选择"窗口，录入合并号，单击"全选"按钮或在"选择"列双击打上"Y"标记。

2. 单击"制单设置"选项卡，选择"科目"和"部门核算"。

3. 单击"制单"按钮，选择凭证类别，单击"保存"按钮，生成一张记账凭证，如图4-33所示。记账凭证可直接传递到总账。

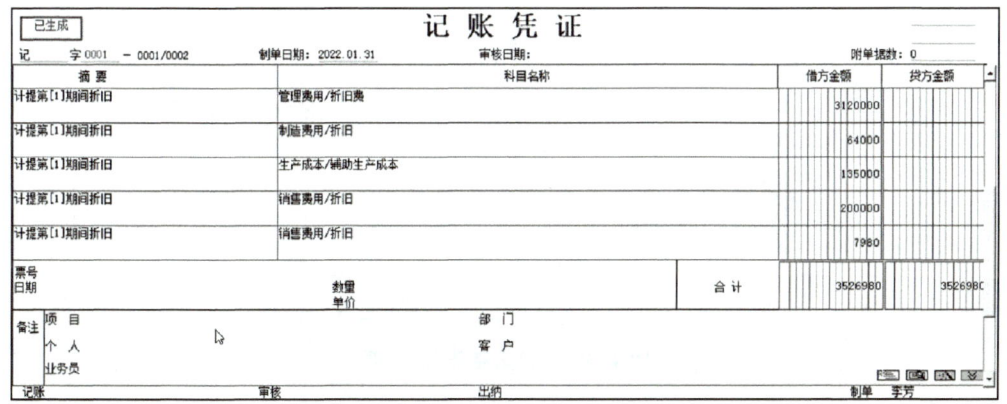

图4-33 批量制单生成的记账凭证

### 三、与总账系统进行对账

对账的具体操作步骤如下：

1. 执行"固定资产"|"处理"|"对账"命令，打开"与账务对账结果"对话框，系统会自动分别给出"固定资产账套"和"账务账套"的原值和累计折旧，并提示对账结果是否平衡，如图4-34所示。

图4-34 "与账务对账结果"窗口

2. 单击"确定"按钮，对账工作完毕。

### 四、期末结账

期末结账的具体操作步骤如下：

1. 执行"固定资产"|"处理"|"月末结账"命令，打开"月末结账"对话框，如图4-35所示。

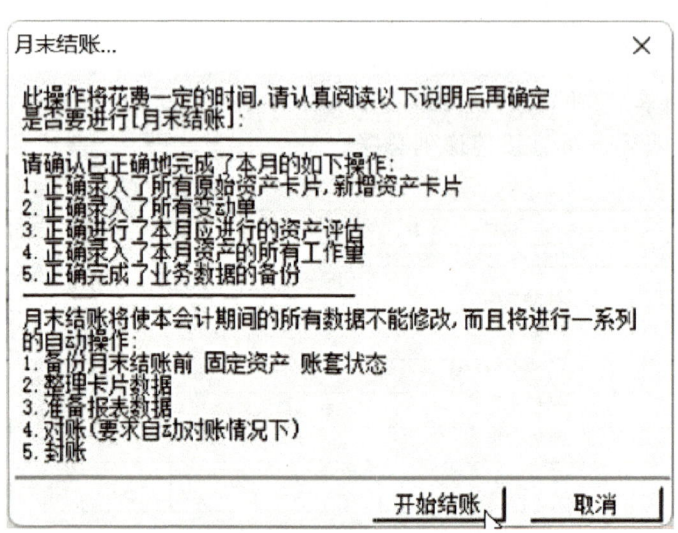

图4-35 "月末结账"对话框

2. 单击"开始结账"按钮，系统进行结账处理，并提示与账务对账结果。
3. 单击"确定"按钮，系统提示"月末结账成功完成！"，如图4-36所示。

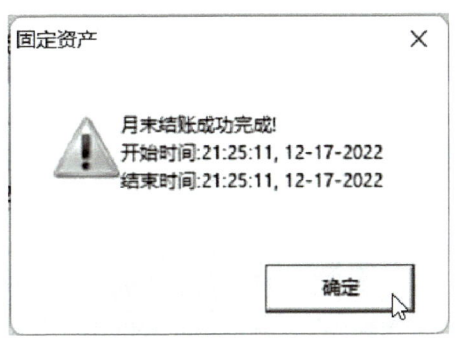

图 4-36　月末结账成功对话框

结账后,不能再对该账套本月任何数据进行修改,如果要开始下一会计期间的业务处理,需要执行"系统"|"重新注册"命令,用下一会计期间日期登录系统。

## 【知识拓展】

### 批 量 制 单

批量制单功能可以同时将一批需要制单的业务连续制作凭证后传递到总账系统。业务发生时没有制单的业务会自动排列到批量制单表中,表中列示应制单而没有制单业务的发生日期、类型、原始单据编号,系统默认填入借贷方科目和金额以及制单选择标志。

如果在选项中选择"业务发生时立即制单",摘要会根据业务情况自动输入;如果使用批量制单方式,则摘要为空,需要手工输入。

### 计 提 折 旧

自动计提折旧是固定资产系统的主要功能之一。系统每期计提折旧一次,根据其录入系统的资料自动计算每项资产的折旧额,并自动生成折旧费用分配表及折旧清单,然后制作记账凭证,传递到总账系统,完成本期折旧费用计提工作。

如果上次计提折旧已通过记账凭证把数据传递到总账系统,则必须删除该凭证才能重新计提折旧。计提折旧后,又对账套进行了影响折旧计算或分配的操作,必须重新计提折旧,否则系统不允许结账。在固定资产管理系统中,本期折旧数据发生错误时,可在"折旧清单"界面使用"修改"功能进行修改。

### 与账务对账

总账系统中固定资产和累计折旧的期初余额是手工输入的,该数值是企业所有固定资产的总金额,而固定资产管理系统可以对固定资产的变动进行详细管理,但主要包括固定资产原值的变化和累计折旧的变化两个方面。固定资产原始资料的输入不限制在第一个期间结账前。在建账当月结账时,由于累计折旧的计提而计入成本、费用的金额会有不同,从而影响本期利润的金额,但随着固定资产原始卡片资料陆续录入完成,总账系统和固定资产系统中固定资产和累计折旧的金额就会一致,对账不平衡的问题就不会再出现。对账不平并不影响本月计提折旧等其他业务的操作。在财务接口中选中"在对账不平情况下允许固定资产月末结账"复选框,仍可以进行月末结账。

## 月 末 结 账

在固定资产系统完成了本月全部制单业务后,可以进行月末结账。月末结账每月进行一次,结账后当期数据不能修改。本期不结账将不能处理下期的数据。结账前一定要进行数据备份。

### 恢复月末结账前状态

在固定资产管理系统,如果结账后发现有未处理的业务或者需要修改的事项,可以使用系统提供的纠错功能,即"恢复月末结账前状态"功能进行反结账,具体操作步骤如下:

1. 执行"固定资产"|"处理"|"恢复月末结账前状态"命令,系统弹出"此操作将恢复本账套 2022.01 月末结转前操作状态,并花费一定时间!是否继续?"信息提示对话框。
2. 单击"是"按钮,系统执行反结账操作。
3. 反结账完成后,系统提示"成功恢复月末结账前状态!",单击"确定"按钮返回,如图 4-37 所示。

恢复到某个月月末结账前状态后,本账套可以无痕迹删除结账后所做的所有工作。

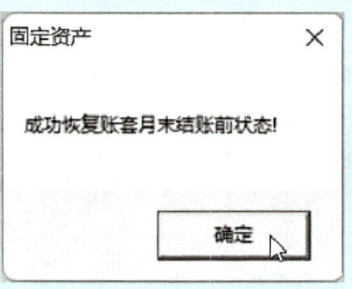

图 4-37 恢复月末结账窗口

## 账 表 管 理

固定资产管理系统在进行了固定资产的日常业务处理后,会直接生成相应的固定资产账簿资料,主要包括(部门、类别)明细账、(单个)固定资产明细账、固定资产登记簿、固定资产总账等。

部门、类别明细账可以查询某一类别或部门的固定资产在查询期间内发生的所有业务,包括资产增加、资产减少、原值变动、使用状况变化、部门转移、计提折旧等。单个固定资产明细账可以查询单个资产在查询期间发生的所有业务,包括在该期间的资产增加或资产减少情况。固定资产登记簿可按资产所属类别或所属部门查询一定期间范围内发生的所有业务,包括资产增加、资产减少、原值变动、部门转移等。固定资产总账是按部门和类别反映在一个年度内的固定资产价值变化的账页。

账表管理的具体操作步骤如下:

1. 执行"固定资产"|"账表"|"我的账表"命令,打开"我的账表"窗口。
2. 选择要查看的报表,选择期间,单击"确定"按钮,如图 4-38 所示。

项目四　固定资产管理

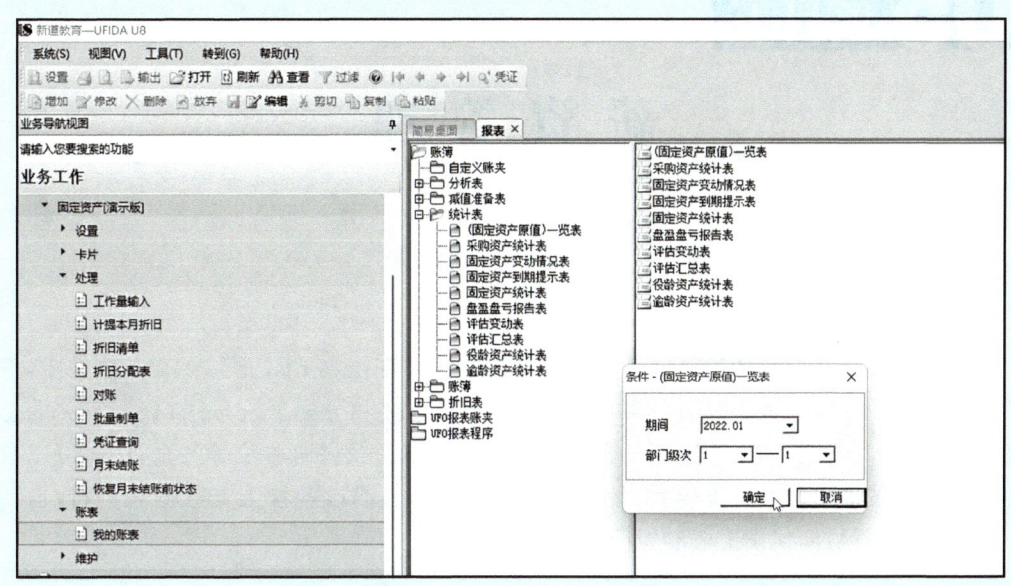

图 4-38　固定资产账表查询窗口

> **账套数据备份**
>
> 　　在电脑中建立一个文件夹并按日期命名,然后将账套输出备份到这个文件夹中。在账套的备份和使用过程中,要养成良好的数据安全和保密意识。

# 薪 资 管 理

 **项目综述**

薪资核算是企业会计核算中最基本的业务之一。在用友 ERP-U8V10.1 软件中,薪资管理系统的主要任务是及时计算职员工资,正确计提和分配工资费用,登记有关的总账和明细账。薪资管理系统适用于企业、行政、事业单位及科研单位等各个行业,可以根据不同企业的需要设计工资项目、计算公式,以便录入、修改各种工资数据和资料,自动计算个人所得税,向代发工资的银行传输工资数据等。

 **职业能力培养**

通过项目的实施及运营,了解薪资核算是所有单位会计核算中最基本的业务之一。企业的信息费用是产品成本的重要组成部分。在项目实施过程中培养学生进行薪资管理的能力,有效地控制薪资费用在成本中的比例,有效地降低产品成本。

> **思政园地**
>
> 2020 年,突如其来的新冠疫情对餐饮、旅游、影视等行业的影响可谓是致命的。面对行业危机,政府出台了很多政策支持企业渡过难关,比如贷款援助、缓缴社保、房租和税费减免等。但高昂的人力成本仍然让众多企业寸步难行。受疫情影响,一方面是以西贝为代表的餐饮企业按国家规定停业,员工在家待业;另一方面,一些全年无休的零售企业却因为疫情的交通管制、隔离封城等措施,面临着用工荒的问题。在这样的非常时期,盒马首先开启了一场救人亦自救的抗"疫"行动。西贝与盒马合作,将上海 1 000 名西贝员工临时借调到盒马上班,由盒马支付这部分员工的工资。随后,盒马鲜生隔空喊话云海肴、蜀大侠等知名餐饮企业,邀请他们的员工"临时"到盒马上班。
>
> 疫情面前,共享也是共担,救人亦是自救。在这场跨行业的互助自救行动中,我们看到了 KTV 店员兼职外卖小哥、影视城员工变身生产流水线上的质检员、餐厅服务员成为电商平台配送员……无数的劳动者在这场战"疫"中发着自己的光和热。一般情况下,"共享员工"不改变原有的工资社保等权益,这些权益还在原企业,而借调企业要提供必要的劳动保护和上岗培训,合理安排劳动时间和任务,我们从中看到了企业的一种担当。
>
> 我国各级政府采取多种举措,积极推进"共享员工"的顺利实施。例如,山东青岛政府搭建起了共享网络线上用工信息平台,由平台保证临时务工人员薪资安全。相关

部门进行大数据筛选,定期在平台公示信用缺失的企业和员工。广东东莞政府搭建公益性用工调剂平台,落实专员为企业协调处理劳动关系和社保关系。人手不足的东莞企业还可以通过人社局找到对接企业,"借"到员工。又如,安徽省人社厅对于开展"共享员工"等用工余缺调剂的企业和人力资源服务机构给予奖补。浙江省钱塘新区对输出富余员工到用工紧缺企业的企业,给予调出企业和员工一次性调剂补贴。广东省江门市人社部门为提供共享员工的单位给予补贴……以上种种,都彰显了我国政府在疫情中的责任与担当。

## 典型工作任务

1. 认识薪资系统的经济业务处理与总账系统的关系。
2. 理解日常业务处理与系统初始化的关系,并能作出相应的调整。
3. 在薪资系统处理与本系统相关的业务。
4. 对薪资系统进行对账与结账。

薪资系统具体工作流程如图 5-1 所示。

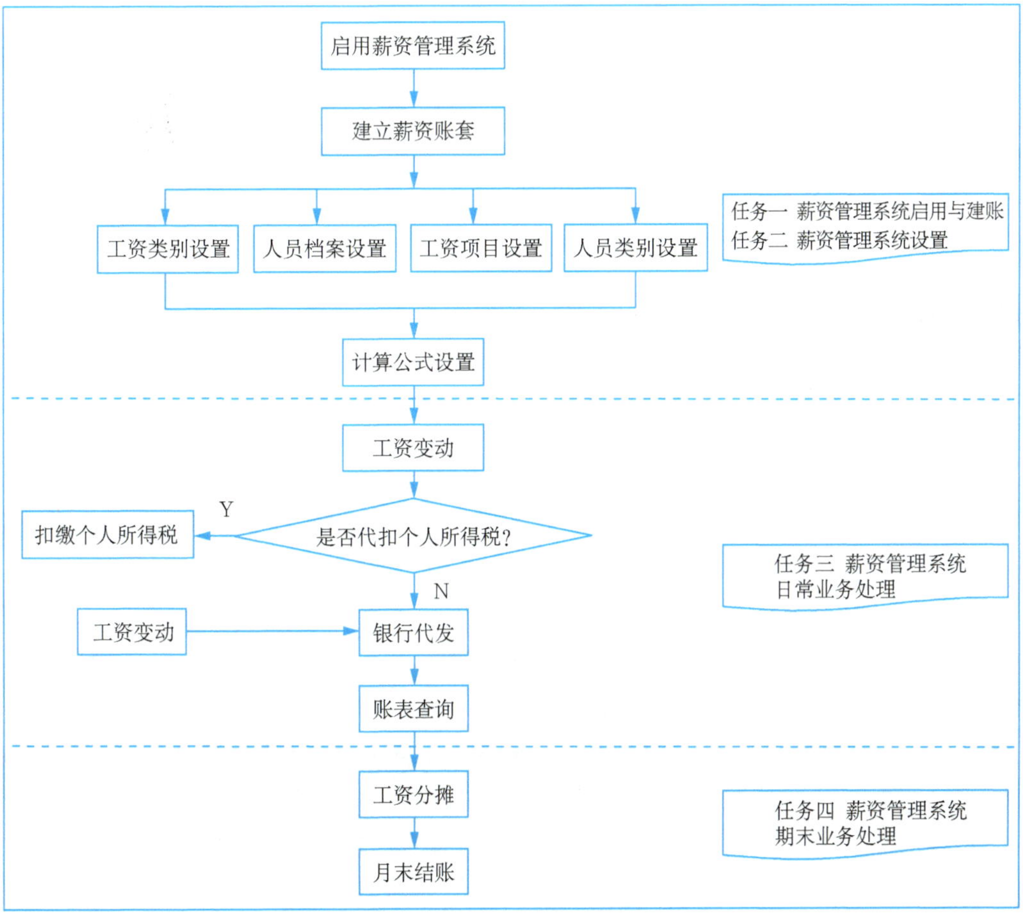

图 5-1 薪资管理系统操作流程

## 任务一　薪资管理系统启用与建账

### 【任务场景】

根据工作安排,天泽机械设备公司决定从本月起利用用友 ERP-U8V10.1 软件进行日常薪资核算工作,操作员刘明需要了解如何建立薪资账套,对企业的薪资进行管理。

### 【任务目标】

1. 了解薪资管理系统的功能;
2. 掌握启用薪资管理系统和建立薪资账套的操作方法。

### 【任务内容】

天泽机械设备公司业务控制参数如下:
工资类别个数:单个。
核算币种:人民币 RMB。
要求代扣个人所得税,不进行扣零处理。
人员编码长度:3 位。

### 【任务实施】

#### 一、启用薪资管理系统

启用薪资管理系统的具体操作步骤如下:

1. 执行"开始"|"所有程序"|"用友 ERP-U8V10.1"|"企业应用平台"命令。

2. 在弹出的登录对话框中,输入操作员"03",选择账套"001 天泽机械设备公司",操作日期为"2022-01-01",密码为空,单击"确定"按钮。

3. 进入"基础设置"页签,执行"基本信息"|"系统启用"命令,打开"系统启用"对话框,选中"WA 薪资管理"复选框,弹出"日历"对话框,选择薪资系统启用日期为"2022 年 1 月 1 日",单击"确定"按钮,如图 5-2 所示。系统弹出"确实要启用当前系统吗?"信息提示对话框,单击"是"按钮,进行"薪资管理"系统的启用,如图 5-3 所示。

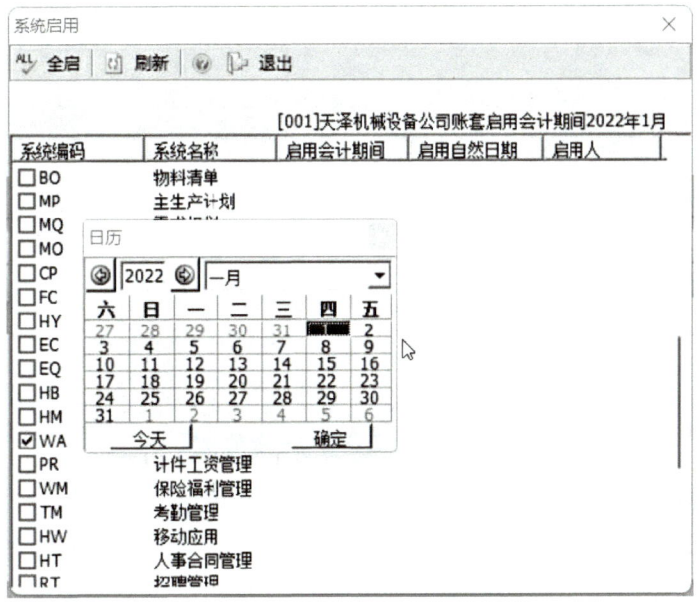

图 5-2 "系统启用"对话框

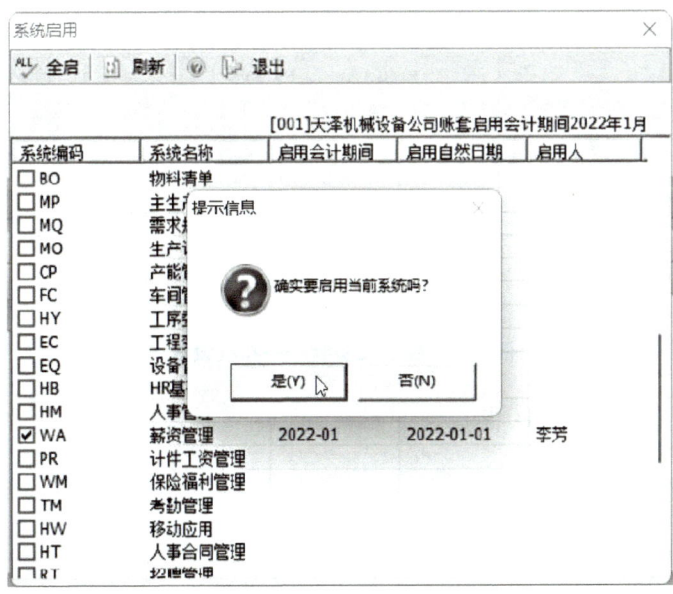

图 5-3 启用"薪资管理"系统

### 二、建立薪资账套

根据天泽机械设备公司财务制度要求，薪资管理系统账套的参数如下：只有一个工资类别；扣税设置为"从工资中代扣个人所得税"；不进行扣零处理；薪资账套的启用日期为"2022年1月1日"；人员编码长度为"3"位。

建立薪资账套的具体操作步骤如下：

1. 登录企业应用平台，打开"业务工作"页签，执行"人力资源"|"薪资管理"命令。系统提示"请先设置工资类别"，单击"确定"按钮，进入"建立工资套"的"参数设置"窗口，如图5-4所示。

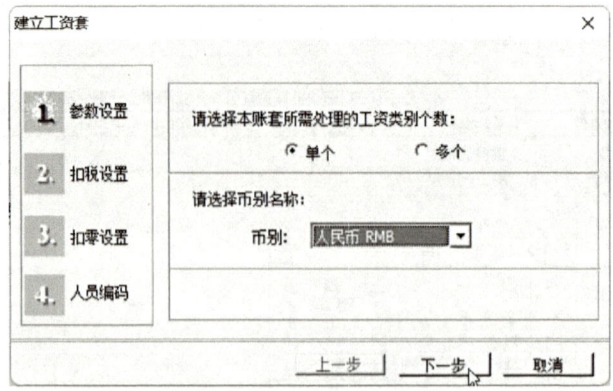

图 5-4　建立工资套——参数设置

2. 选择"单个"前的单选按钮,在"币别"下拉列表框中选择相应的币种,系统默认的是"人民币 RMB",单击"下一步"按钮,打开"建立工资套"的"扣税设置"窗口,如图 5-5 所示。

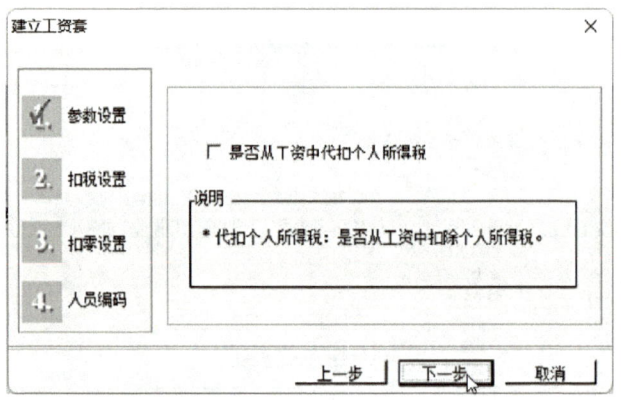

图 5-5　建立工资套——扣税设置

3. 选中"是否从工资中代扣个人所得税",单击"下一步"按钮,打开"建立工资套"的"扣零设置"窗口,如图 5-6 所示。

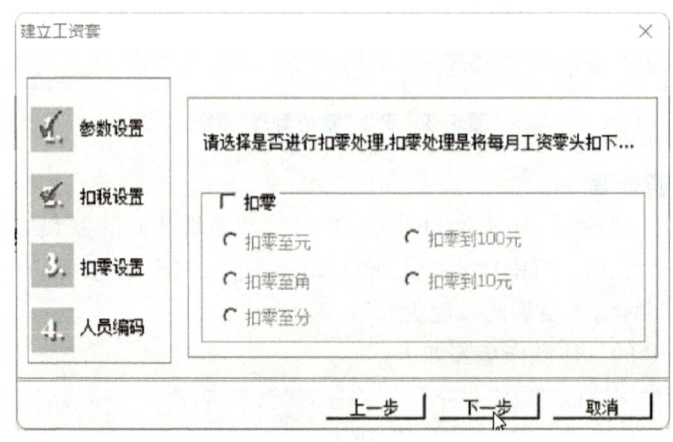

图 5-6　建立工资套——扣零设置

4. 单击"下一步"按钮，打开"建立工资套"的"人员编码"窗口，单击"完成"按钮，完成薪资管理账套的建立，如图5-7所示。

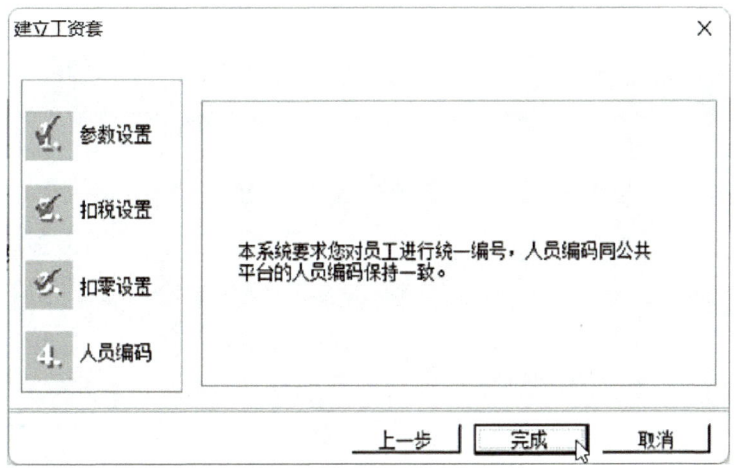

图 5-7　建立工资套——人员编码

## 【知识拓展】

1. 启用薪资管理系统有两种方法：
(1) 在账套建立后直接启用；
(2) 在企业应用平台的基本信息中启用。

2. 注意系统启用日期为"2022-01-01"，选择错误会影响日常业务操作。

3. 在初次进入薪资系统后应根据企业的实际情况建立相应的工资账套。建立工资账套的内容主要包括参数设置、扣税设置、扣零设置和人员编码设置。

4. 工资账套与企业核算账套是不同的概念，企业核算账套在"系统管理"中建立，是针对整个会计信息系统而言的；而工资账套只针对会计信息系统中的工资系统，即企业核算账套中包含工资账套。

5. 建立工资账套时若选择核算计件工资，系统将自动生成工资项目"计件工资"，并且才可使用涉及计件工资其他功能的选项。

6. 设置扣零，系统将自动生成工资项目"本月扣零"和"上月扣零"，扣零的公式也由系统自动定义。如果采用银行代发工资，则很少作扣零设置。

若选择进行扣零处理，系统在计算工资时将依据所选择的扣零类型将零头扣下。"扣零至元"即工资发放时不发10元以下的元、角、分；"扣零至角"即工资发放时不发1元以下的角、分，并在下月补发积累成整数的工资。

7. 如果企业中所有员工的工资按照统一的标准进行管理，工资计算方法也相同，那么可以选择系统中提供的单个工资类别应用方案对全部员工进行统一的工资核算，以提高系统的运行效率，否则，应选择多个工资类别。

8. 完成参数设置后,若发现漏设或设置错误的参数可以对其进行修改,参数修改具体操作步骤如下:

选择"设置"|"选项",进入"选项"窗口,单击"编辑"按钮,将"单个"改为"多个",单击"确定"按钮,完成参数修改,如图 5-8 所示。

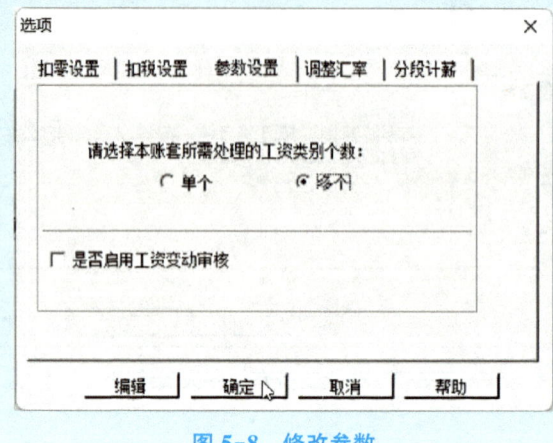

图 5-8 修改参数

## 任务二 薪资管理系统设置

### 【任务场景】

天泽机械设备公司自 2022 年 1 月开始使用用友 ERP-U8V10.1 软件对企业的薪资管理系统进行管理,操作员刘明现在需要尽快了解应如何将现有的薪资核算方法和薪资信息录入系统中,以便对薪资日常业务进行处理。

### 【任务目标】

1. 理解薪资系统初始化的意义;
2. 熟悉薪资管理系统初始设置的操作方法;
3. 掌握设置工资类别、人员类别、设置工资项目和计算公式的相关知识和技能。

### 【任务内容】

1. 人员档案及类别

总账的职员信息外的人员档案见表 5-1。全部人员均为中方人员,计税,通过工商银行代发工资,个人账号为 7 位,银行账号为 6587001—6587032,人员类别分为企业管理人员、基本生产人员、车间管理人员、辅助生产人员、福利人员和销售人员六类。

表 5-1  职工工资项目信息

| 职员编号 | 姓名 | 所属部门 | 职员类别 | 工龄(年) | 基本工资(元) |
|---|---|---|---|---|---|
| 1001 | 林同 | 厂办公室 | 企业管理人员 | 20 | 4 500 |
| 1002 | 李钢 | 厂办公室 | 企业管理人员 | 15 | 3 600 |
| 1003 | 李芳 | 财务部 | 企业管理人员 | 8 | 3 100 |
| 1004 | 刘明 | 财务部 | 企业管理人员 | 25 | 5 200 |
| 1005 | 张晨 | 人事部 | 企业管理人员 | 30 | 5 200 |
| 1006 | 薛明 | 人事部 | 企业管理人员 | 7 | 3 200 |
| 1007 | 张仪 | 后勤部 | 福利人员 | 8 | 2 900 |
| 1009 | 何年 | 后勤部 | 福利人员 | 4 | 2 600 |
| 1010 | 向强 | 后勤部 | 福利人员 | 6 | 3 600 |
| 2001 | 沈宏 | 金工车间 | 车间管理人员 | 16 | 4 600 |
| 2005 | 张贤 | 金工车间 | 基本生产人员 | 11 | 4 100 |
| 2006 | 张群 | 金工车间 | 基本生产人员 | 18 | 4 500 |
| 2007 | 李明 | 金工车间 | 基本生产人员 | 8 | 3 500 |
| 2008 | 王小林 | 金工车间 | 基本生产人员 | 12 | 4 000 |
| 2022 | 张占英 | 金工车间 | 基本生产人员 | 16 | 4 500 |
| 2017 | 赵一岚 | 金工车间 | 基本生产人员 | 3 | 3 100 |
| 2002 | 刘华 | 装配车间 | 车间管理人员 | 15 | 4 300 |
| 2009 | 杜华 | 装配车间 | 基本生产人员 | 20 | 4 200 |
| 2010 | 付强 | 装配车间 | 基本生产人员 | 17 | 4 200 |
| 2011 | 李更生 | 装配车间 | 基本生产人员 | 18 | 4 200 |
| 2003 | 周红 | 供汽车间 | 辅助生产人员 | 5 | 2 900 |
| 2012 | 张小红 | 供汽车间 | 辅助生产人员 | 17 | 4 200 |
| 2016 | 李天一 | 供汽车间 | 辅助生产人员 | 10 | 3 800 |
| 2004 | 王虎 | 机修车间 | 辅助生产人员 | 18 | 4 800 |
| 2013 | 张道山 | 机修车间 | 辅助生产人员 | 20 | 4 500 |
| 2014 | 郑华三 | 机修车间 | 辅助生产人员 | 26 | 5 200 |
| 3001 | 赵飞 | 仓储部 | 企业管理人员 | 10 | 2 800 |
| 3002 | 陈正卿 | 仓储部 | 企业管理人员 | 14 | 2 800 |
| 4001 | 马敏 | 本地销售部 | 销售人员 | 12 | 3 800 |
| 4002 | 郭芳 | 外地销售部 | 销售人员 | 6 | 3 600 |
| 4033 | 高惠荣 | 外地销售部 | 销售人员 | 9 | 5 300 |
| 4003 | 高洁 | 采购部 | 企业管理人员 | 6 | 3 600 |

2. 工资项目及公式

工资项目和公式分别见表5-2和表5-3。

表5-2 工资项目表

| 项目名称 | 类型 | 长度 | 小数位数 | 工资增减项 |
|---|---|---|---|---|
| 工龄 | N | 3 | 0 | 其他 |
| 基本工资 | N | 10 | 2 | 增项 |
| 岗位工资 | N | 10 | 2 | 增项 |
| 奖金 | N | 10 | 2 | 增项 |
| 交补 | N | 6 | 2 | 增项 |
| 应发合计 | N | 10 | 2 | 增项 |
| 病假扣款 | N | 8 | 2 | 减项 |
| 事假扣款 | N | 8 | 2 | 减项 |
| 养老保险金 | N | 6 | 2 | 减项 |
| 住房公积金 | N | 6 | 2 | 减项 |
| 扣款合计 | N | 8 | 2 | 减项 |
| 实发合计 | N | 10 | 2 | 增项 |
| 日工资 | N | 8 | 2 | 其他 |
| 事假天数 | N | 8 | 0 | 其他 |
| 病假天数 | N | 8 | 0 | 其他 |
| 计税基数 | N | 8 | 2 | 其他 |

表5-3 计算公式表

| 公式项目 | 公式 |
|---|---|
| 岗位工资 | IFF(人员类别＝"企业管理人员",1200,IFF(人员类别＝"福利人员",1300,1100)) |
| 奖金 | IFF(人员类别＝"企业管理人员",400,IFF(人员类别＝"销售人员",600,500)) |
| 交补 | IFF(人员类别＝"销售人员",200,150) |
| 计税基数 | 基本工资＋岗位工资＋奖金－病假扣款－事假扣款 |
| 日工资 | (基本工资＋岗位工资＋奖金)/21.17 |
| 病假扣款 | IFF(工龄≥10,日工资*病假天数*0.2,IFF(工龄≥5 AND 工龄<10,日工资*病假天数*0.3,日工资*病假天数*0.5)) |
| 事假扣款 | 事假天数*日工资 |
| 养老保险金 | (基本工资＋岗位工资＋奖金)*0.03 |
| 住房公积金 | (基本工资＋岗位工资＋奖金)*0.08 |

3. 银行设置

通过工商银行代发工资,单位编号:610005421。录入日期:20090109。

4. 个人所得税项目

所得项目:工资;对应工资项目:计税基数。

## 【任务实施】

### 一、建立工资类别

建立工作类别的具体操作步骤如下:

1. 选择"业务工作"|"人力资源"|"薪资管理"|"工资类别"|"新建工资类别",进行工资类别设置,如图 5-9 所示。

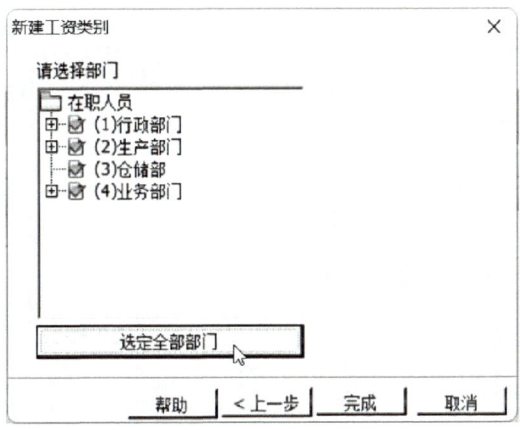

图 5-9　新建工资类别

2. 单击"下一步"按钮,选取该工资类别所包含的部门和其所属的下级部门,如图 5-10 所示。

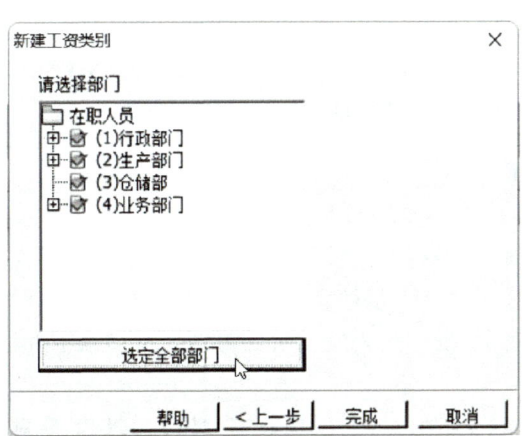

图 5-10　工资类别设置

3. 单击"完成"按钮,系统提示工资类别的启用日期,单击"是"按钮,完成此工资类别的建立工作。

## 二、建立人员信息

### (一)人员类别设置

人员类别设置的具体操作步骤如下:

1. 在"基础设置"选项卡中,选择"基础档案"|"人员类别"命令,进入"人员类别"窗口。

2. 选择"在职人员",单击"增加"按钮,进入"增加档案项"窗口。

3. 输入"企业管理人员"等档案信息,单击"确定"按钮,系统自动将新增加的人员类别保存为当前类别的下级类别。

### (二)人员附加信息设置

人员附加信息设置的具体操作步骤如下:

1. 在薪资管理系统中,选择"设置"|"人员附加信息设置"命令,进入"人员附加信息设置"窗口。

2. 单击"增加"按钮,在"栏目参照"下拉列表框中选择"性别",或在"信息名称"文本框中输入人员附加信息名称,单击"增加"按钮,保存新增内容,如图5-11所示。单击"确定"按钮,返回"薪资管理"界面。

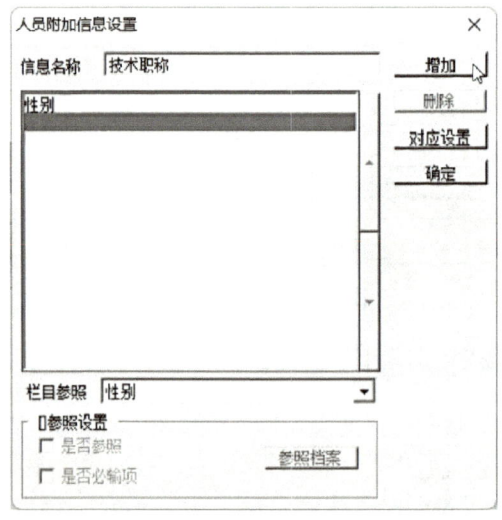

图 5-11 人员附加信息设置

### (三)人员档案设置

人员档案设置的具体操作步骤如下:

1. 在薪资管理系统中,选择"设置"|"人员档案"命令,进入"人员档案"对话框。

2. 单击"增加"按钮,打开"人员档案明细"中的"基本信息"页签。

3. 单击人员姓名处的"参照录入"按钮,即可在人员名单中选择与本工资类别相关的人员信息。

4. 在基本信息页签,录入"进入日期"、是否"计税"等相关信息。

5. 如果是银行代发工资,需要选择代发工资的"银行名称"并录入"银行账号",如图5-12所示。

6. 单击"附加信息"页签,右侧列出在"人员附加信息设置"中所列的项目名称,可以输入相关信息。

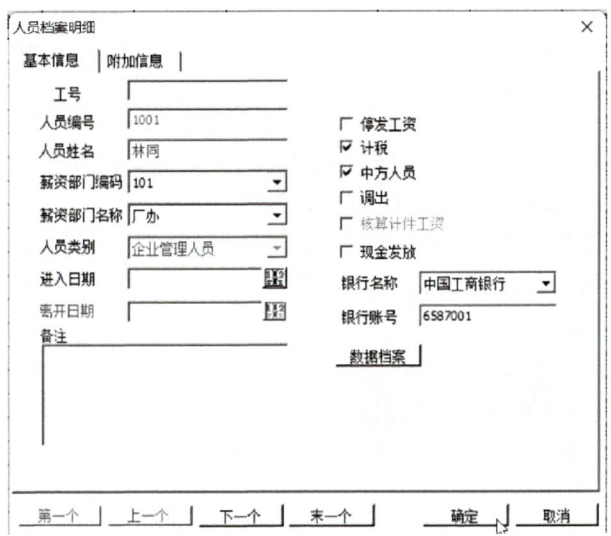

图 5-12 人员档案——基本信息设置

7. 单击"确定"按钮保存,并进行下一个人员的设置。

### 三、工资项目设置

工资项目是工资表的组成栏目,不同的工资类别应具有一些不同的工资项目。工资项目设置即定义工资项目的名称、类型、宽度及增减项,各企业可根据需要自由设置工资项目,如基本工资、岗位工资、奖金等。

工资项目设置的具体操作步骤如下:

1. 在薪资管理系统中选择"设置"|"工资项目设置"命令,打开"工资项目设置"对话框,如图 5-13 所示。

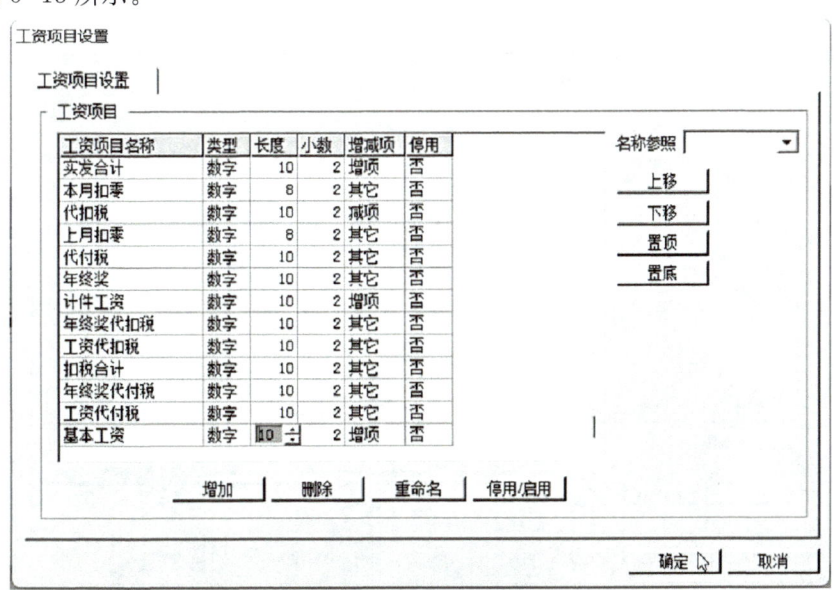

图 5-13 工资项目设置

2. 单击"增加"按钮,在工资项目列表末尾增加空白行,录入"工资项目名称""类型""长度""小数""增减项"等。重复上述步骤,增加其他工资项目。

> **注意：**
> 
> （1）企业所有工资类别所需的工资项目都要在此增加完毕，以后打开工资类别时只能直接选择，而不能再进行增加。如需要增加新的工资项目，要关闭工资类别后进行增加，然后再打开具体的工资类别进行选择。
> （2）如果在建立账套时选择"核算计件工资""代扣个人所得税""扣零"等处理，则系统自动提供相应工资项目，这些系统提供的固定项目不可被删除，也不能被重命名，如"应发合计""实发合计"等。
> （3）此时设置的工资项目为整体初始化的内容，工资类别仍处于关闭状态。
> （4）已使用的工资项目数据类型不能被修改，工资项目不允许被删除，也不能被重命名。
> （5）通过单击"上移"或"下移"按钮可以调整工资项目的顺序。

### 四、公式设置

定义工资项目的计算公式是指对工资核算生成的结果设置计算公式。设置计算公式可以直观表达工资项目的实际运算过程，灵活地进行工资处理。

#### （一）设置日工资计算公式

日工资＝(基本工资＋岗位工资＋奖金)/21.17

设置日工资计算公式的具体操作步骤如下：

1. 在"工资项目设置"对话框中打开"公式设置"选项卡。

2. 在"工资项目"框中单击"增加"按钮，工资项目列表中出现空白行，在下拉列表中选择"日工资"选项。

3. 单击"日工资公式定义"文本框，光标显示在文本框内。

4. 单击运算符"("，在工资项目下拉列表中选择"基本工资"，运算符选择"＋"，以此类推，完成公式输入，如图5-14所示。

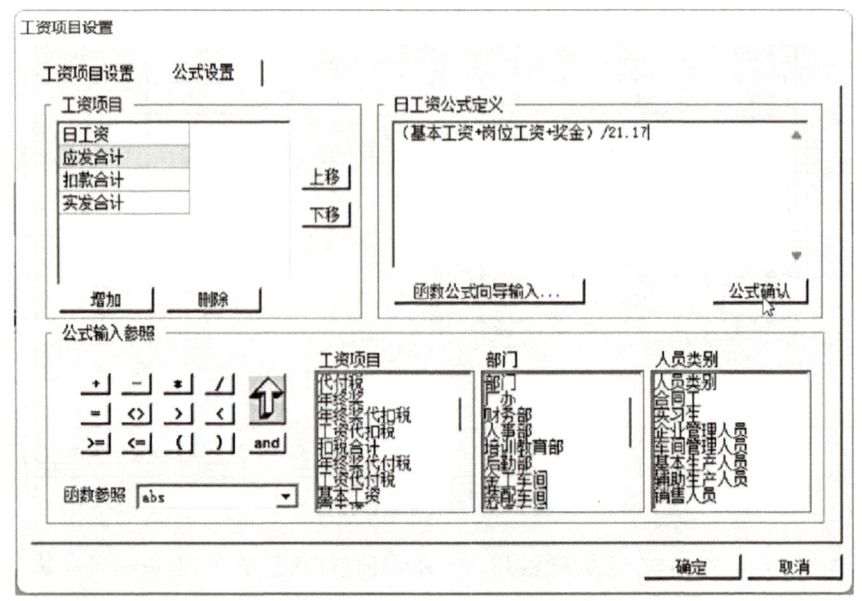

图5-14　设置日工资计算公式

5. 单击"公式确认"按钮,再单击"确定"按钮保存。

(二) 设置交补计算公式

交补＝ IFF(人员类别＝"销售人员",200,150)

设置交补计算公式的具体操作步骤如下:

1. 在"工资项目设置"对话框中打开"公式设置"选项卡。
2. 在"工资项目"框中单击"增加"按钮,选择增加工资项目"交补"。
3. 单击"交补公式定义"文本框,光标显示在文本框内。
4. 在"函数参照"中选择"IFF"函数,在"交补公式定义"区域录入"IFF"函数的三个参数,如图5-15所示。
5. 单击"公式确认"按钮,再单击"确定"按钮保存。

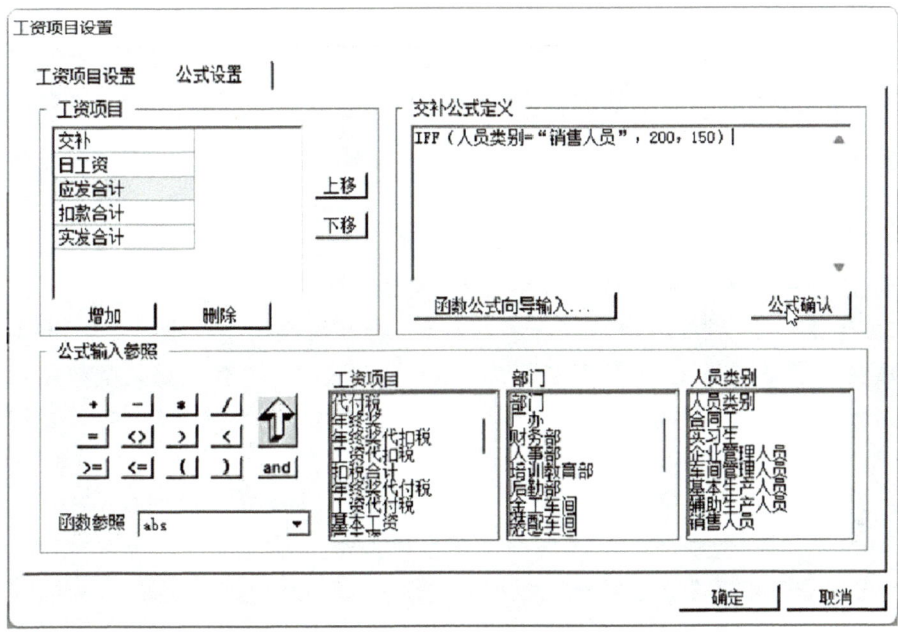

图 5-15　设置交补计算公式

> 注意:
> (1) 在设置公式时,可以直接输入,也可以利用函数向导输入,但函数向导只支持系统提供的函数。
> (2) 工资项目不能手动输入,只能进行参照选择。
> (3) 没有预设的工资项目不能在计算公式中出现。
> (4) 在公式定义完成之后单击"公式确认"按钮,系统将对公式进行逻辑合法性检查,对不符合逻辑的公式系统将给出错误提示。
> (5) 公式中可以引用已设置公式的项目,相同的工资项目可以重复定义公式、多次计算,以最后的运行结果为准。

(6) 系统是按照"工资项目"列表中的排列顺序先后进行工资计算的，必须注意公式的排列顺序，先得到的数应先设置公式。

(7) 公式中的符号只能是英文小写；不能使用百分号，如3％要录入0.03。

## 【知识拓展】

### 参数选项设置

使用计算机进行薪资核算之前需要做一次性初始设置以建立系统应用环境。初始设置之前，应进行必要的数据处理，例如，规划职工的编码规则，进行人员类别的划分，整理好设置的薪资项目及核算方法，并准备好部门档案、人员档案、基本工资数据等基本信息。

这些数据的准备过程细致而又繁琐，需要人力资源部门和财务部门的通力合作。人力资源部门需要提供详细的人事行政信息，财务部门要根据这些信息做出准确的财务判断，以便正确地反映本单位工资构成情况。

薪资管理系统可以处理单个工资类别，也可以处理多个工资类别。多工资类别的初始设置又分为整体初始化和具体初始化。整体初始化是关于所有工资类别的初始设置，需要在关闭所有工资类别的状态下操作。整体初始化包括部门设置、人员附加信息设置、人员类别设置、工资项目设置和银行名称设置。具体初始化是针对具体工资类别的初始设置，需要在打开工资类别的状态下操作。具体初始化包括人员档案设置、工资项目设置和工资项目公式设置。

系统在建立新的工资类别后，由于业务的变更，可能会发现一些工资参数与核算内容不符，可以在"选项"中进行工资账套参数的修改，具体包括扣零设置、扣税设置、参数设置和调整汇率四个选项卡。在未建立工资类别时，"选项"菜单无法打开，建立工资类别后，在没有打开工资类别时，看不到"选项"菜单，只有打开某一个工资类别时才能看到"选项"菜单。

只有账套主管才能修改工资参数，修改的参数只是当前打开的工资类别的参数，其他工资类别的参数不会发生变化。如果工资类别不是外币工资类别，"调整汇率"选项卡不可用。

### 工资类别设置

工资类别是指在一套工资账中，根据单位的不同情况而设置的工资数据管理类别。不同的工资类别中工资项目不尽相同，计算公式和处理过程也不一样。如果某企业需将职工工资发放形式分为正式职工和临时职工两种，就要分设两个工资类别，两个类别同时对应一套工资账。用友系统提供了管理多个工资类别的功能，新建账套时或在系统"选项"菜单中选择多个工资类别，可进入此功能。建立工资类别之后，系统自动打开新建的工资类别。工资类别的启用日期确定之后将不能进行修改，所以在建立工资类别前应该注意业务日期。

工资类别设置的具体操作步骤如下：

1. 打开工资类别

（1）进入"企业应用平台"|"业务工作"|"人力资源"|"薪资管理"|"工资类别"，单击"打开工资类别"，如图5-16所示。打开"在职职工工资"，单击"确定"按钮，进入"在职职工工资"类别。

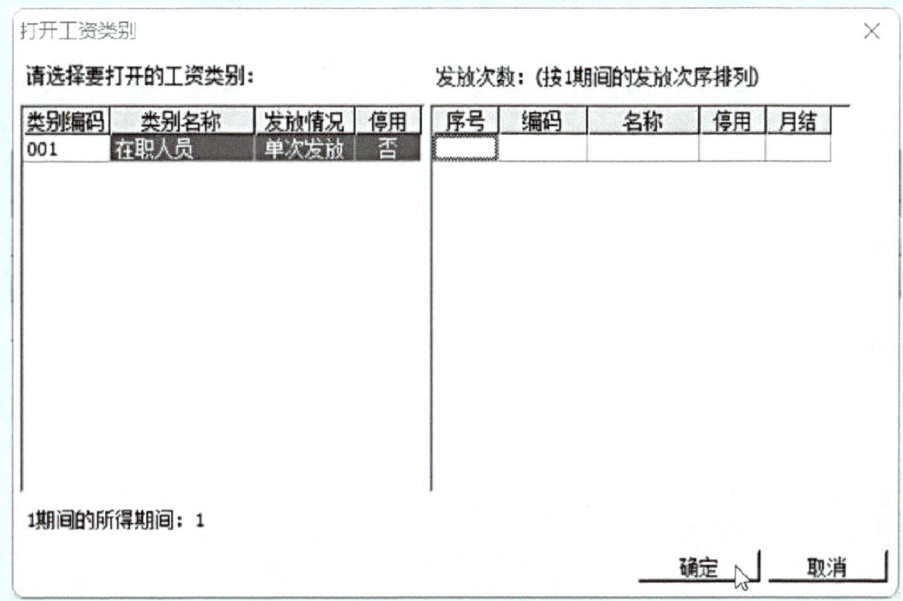

图5-16 "打开工资类别"窗口

（2）进入"在职职工工资"这一类别后系统并无明显变化，只显示在窗口下部的任务栏中。

2. 关闭工资类别

在"打开工资类别"界面，单击"关闭工资类别"，即可关闭已打开的工资类别。

3. 删除工资类别

在工资类别关闭的情况下，单击"删除工资类别"，选择要删除的工资类别名称，单击"确定"按钮，系统提示"是否删除工资类别？"，单击"是"，完成工资类别的删除。

未建立工资类别时，工资类别下显示"新建工资类别"。新建工资类别后，打开工资类别时，工资类别下显示"打开工资类别"和"关闭工资类别"；关闭工资类别时，工资类别下显示"新建工资类别""打开工资类别"和"删除工资类别"。

打开工资类别时，在软件左下角显示所打开的工资类别。如果是多个工资类别，在进行相关业务处理时要注意是在哪个工资类别下操作，否则会出错。

### 人员档案设置

1. 操作提示项目

（1）设置人员档案时，若选择"计税"，系统将自动对该员工进行个人所得税扣缴和申报。

(2) 选中"核算计件工资",才能在"计件工资统计表"中输入该员工的计件数量和单价。

(3) 人员档案的相关数据未使用前,可通过单击"删除"按钮来删除光标所在行的人员档案信息,删除的信息不能恢复。

(4) 人员档案的修改有直接修改和数据替换两种方式。在进行薪资项目数据替换时,若替换的薪资项目设置了计算公式,则在重新计算时以计算公式为准。

(5) 银行代发工资时,需要先设置银行档案及银行账号位数。

人员档案设置的具体操作步骤如下:

选择"基础设置"|"基础档案"|"收付结算"|"银行档案",可以直接修改个人账户账号长度,如图5-17所示。

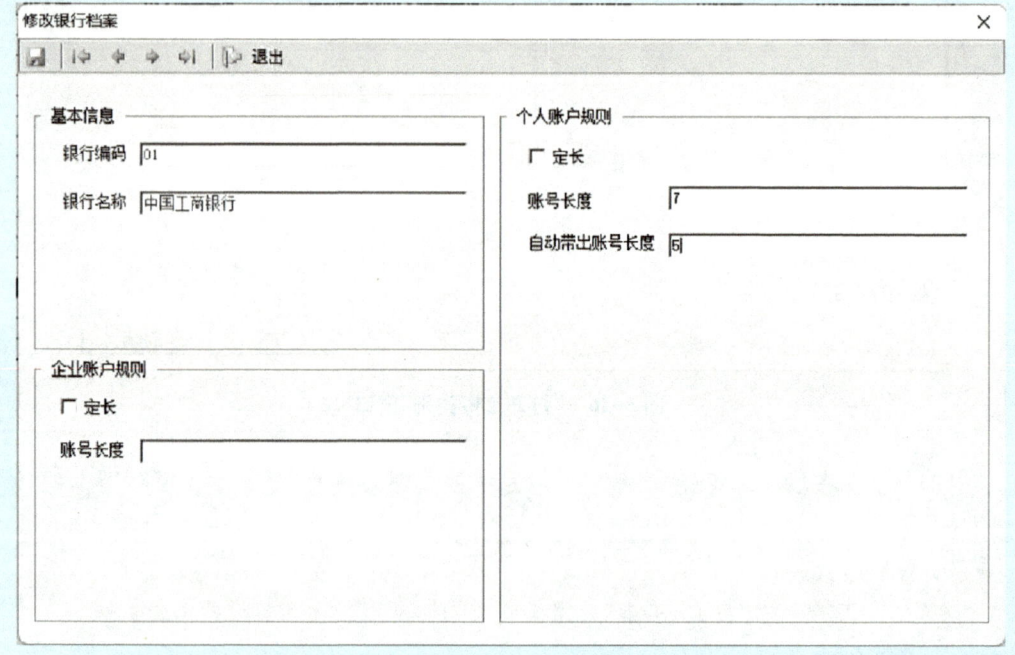

图5-17 修改银行档案窗口

2. 批量增加人员档案

人员档案用于登记工资发放人员的姓名、编号、所在部门、类别和附加信息等,设置人员档案有利于加强企业对各部门职工情况的了解。

按照人员类别批量增加人员的具体操作步骤如下:

(1) 在人员录入窗口中单击"批增"按钮,进入"人员批量增加"界面。

(2) 勾选左上角的部门。

(3) 在右边窗口中单击"查询"按钮,可以显示所有人员类别。

(4) 单击"确定"按钮,完成人员批量增加,如图5-18所示。

图 5-18　人员批量增加

## 工资项目设置

1. 输入工资项目名称时可采用以下方法：

在"名称参照"下拉列表中会显示系统提供的常用工资项目,如果存在本企业需要的工资项目,可直接选择；如果不存在本企业需要的工资项目,可在工资项目名称空行中直接输入。

2. 工资项目类型可通过双击"类型"空格,在下拉列表中选择"数字"或"字符"进行添加。文字项则选择"字符"型,这种类型的工资项目不参与工资项目的计算。

3. 工资项目的长度是指数字或字符的长度,可通过上下箭头选择。如果工资项目为"数字型",要选择小数位数,且小数点占一位；如果为"字符型",小数位数为空。

4. 增减项。工资项目为"增项",直接计入应发合计；工资项目为"减项",直接计入扣款合计；如设为"其他",则该项不参与工资项目的计算,但可以参与公式计算,用来计算一些相关数据,如"事假天数"既不是应发项目,也不是扣款项目,但可以用来计算事假扣款。

## 公式设置

在公式定义完成之后,单击"公式确认"按钮,系统将对公式进行逻辑合法性检查,对不符合逻辑的公式系统将给出"非法的公式定义!"的错误提示,如图 5-19 所示。

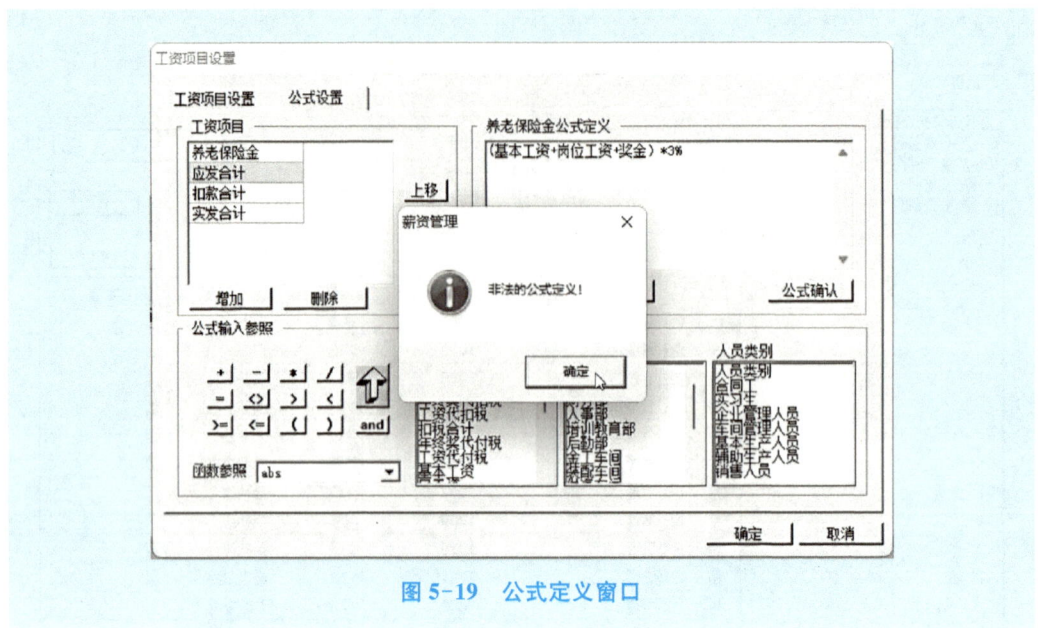

图 5-19 公式定义窗口

## 任务三　薪资管理系统日常业务处理

### 【任务场景】

天泽机械设备公司在完成薪资系统的初始设置之后，准备使用用友 ERP-U8V10.1 软件对日常薪资业务进行处理，操作员刘明现在需要了解在手工方式下进行的薪资业务处理应该如何在计算机中进行，以及在进行薪资业务处理时应注意哪些问题。

### 【任务目标】

1. 了解薪资业务的全部内容和各项业务的处理流程；
2. 掌握薪资数据计算、个人所得税计算方法等相关知识；
3. 掌握薪酬数据计算、扣除个人所得税的操作方法；
4. 能完整、准确地进行薪资业务处理。

### 【任务内容】

1. 个人所得税项目

所得项目：工资；对应工资项目：计税基数。税率按九级超额累进税率计算。

2. 日常业务

每月 5 日，核发工资。本月的工资核算资料包括职工考勤表、人员变动情况和工资变动情况。

（1）职工考勤表

本月职工考勤情况见表 5-4。

表 5-4 职工考勤表

| 职工编号 | 职工名称 | 所属部门 | 职工属性 | 病假天数 | 事假天数 |
|---|---|---|---|---|---|
| 1002 | 李刚 | 厂办公室 | 管理人员 |  | 1 |
| 2022 | 张占英 | 金工车间 | 工人 | 5 |  |
| 3002 | 陈正卿 | 仓储部 | 管理人员 | 2 |  |
| 4033 | 高惠荣 | 外地销售部 | 业务员 |  | 2 |

(2) 人员变动情况

由于冬季供汽任务重,招聘孙立为供汽车间工人,基本工资300元,连续工龄7年,于1月4日开始上班。银行账号6587037。

(3) 工资变动情况

基本工资增加情况见表5-5。

表 5-5 基本工资增加表

| 条件 | 增加金额(元) |
|---|---|
| 部门=厂办公室 | 70.00 |
| 部门<>厂办公室 且 基本工资<600 且 事假天数=0 | 50.00 |

## 【任务实施】

### 一、薪资变动管理

(一) 直接录入

直接录入薪资变动的具体操作步骤如下:

1. 选择"业务处理"|"工资变动"命令,弹出"工资变动"窗口。
2. 在"工资变动"对话框各工资项目栏输入相应的数据,依据资料内容录入基本工资。
3. "岗位工资""奖金"等项目在"公式设置"中已经通过公式进行了定义,可单击"计算"按钮对数据进行计算,完成本月工资录入,如图5-20所示。

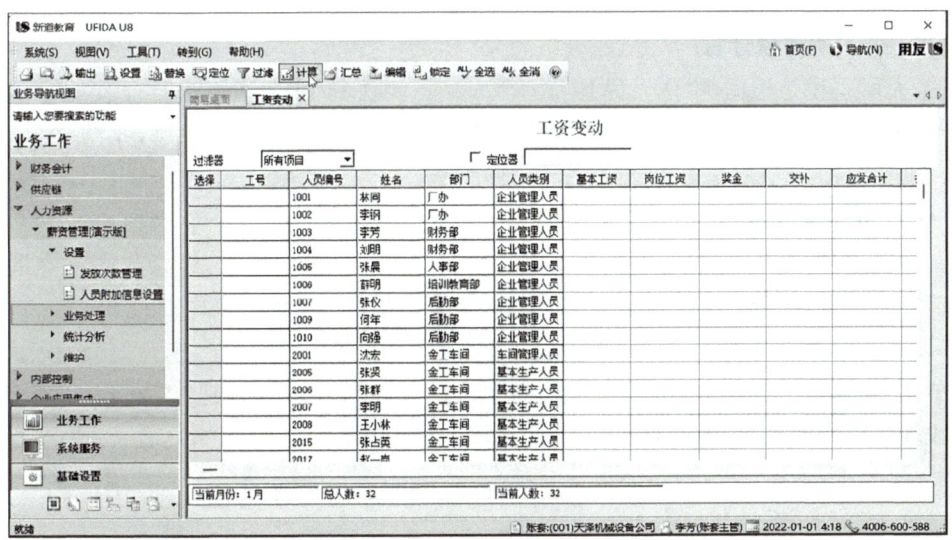

图 5-20 "工资变动"窗口

（二）页编辑方式录入

对个人数据的增加和修改，可通过"页编辑"进行，具体操作步骤如下：

1. 单击"工资变动"|"编辑"，打开"工资数据录入——页编辑"窗口，如图 5-21 所示。

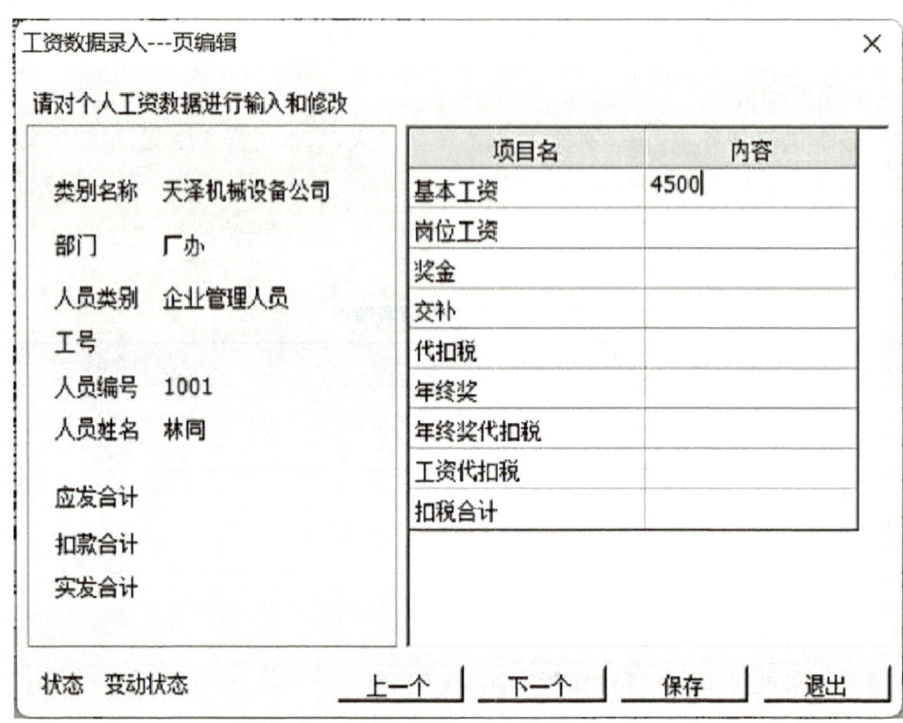

图 5-21 "工资数据录入——页编辑"窗口

2. 在各工资项目栏输入相应的数据，单击"保存"按钮。
3. 单击"退出"按钮，返回"工资变动"窗口。

二、个人所得税计算

个人所得税是根据《中华人民共和国个人所得税法》对个人所得进行征收的一种税。薪资管理系统提供个人所得税自动计算功能，操作员只需定义所得税率，系统将自动计算个人所得税。

（一）税率表设置

个人所得税的扣除基数、附加费用以及税率等在此设置中修改，但修改之后要到"工资变动"窗口重新计算所得税，否则"代扣税"将会出错，具体操作步骤如下：

1. 在薪资管理系统中单击"设置"|"选项"，打开"选项"对话框，选择"扣税设置"页签，单击"编辑"按钮，选中"从工资中代扣个人所得税"，在计税栏把"实发合计"修改为"计税基数"，如图 5-22 所示。

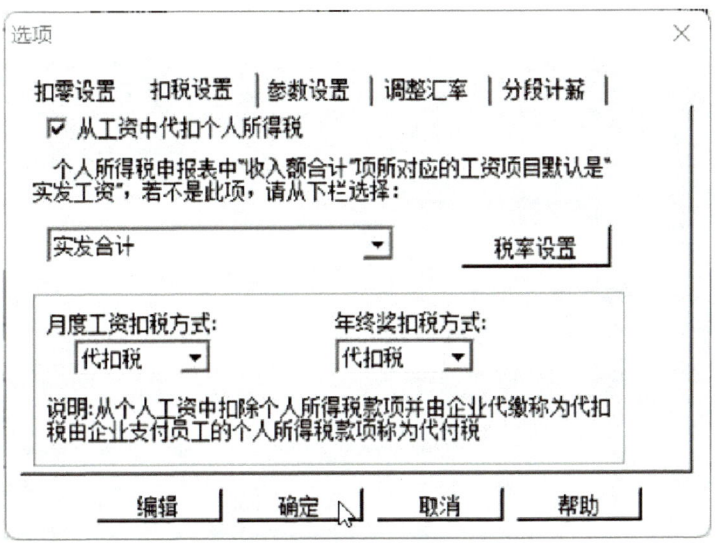

图 5-22 "扣税设置"页签

2. 在"选项"对话框中单击"税率设置"按钮,弹出"个人所得税申报表——税率表"对话框,可以进行"基数""附加费用"等设置,将基数改为"5000",单击"确定"按钮退出,如图 5-23 所示。

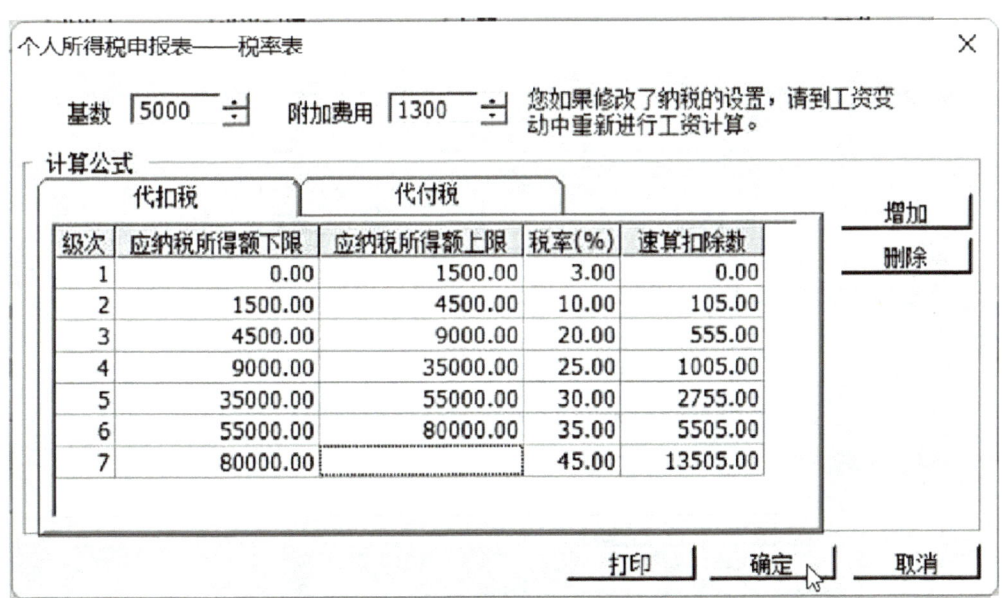

图 5-23 "个人所得税申报表——税率表"窗口

3. 到工资变动窗口中重新进行"计算""汇总"。

(二)计算个人所得税

1. 在"个人所得税申报模板"窗口中选择地区名、申报表。

2. 单击"打开"按钮,进入"所得税申报"窗口,选择查看条件。单击"确定"按钮,系统会依据前面所做的设置自动计算并生成新的扣缴个人所得税报表,如图 5-24 所示。

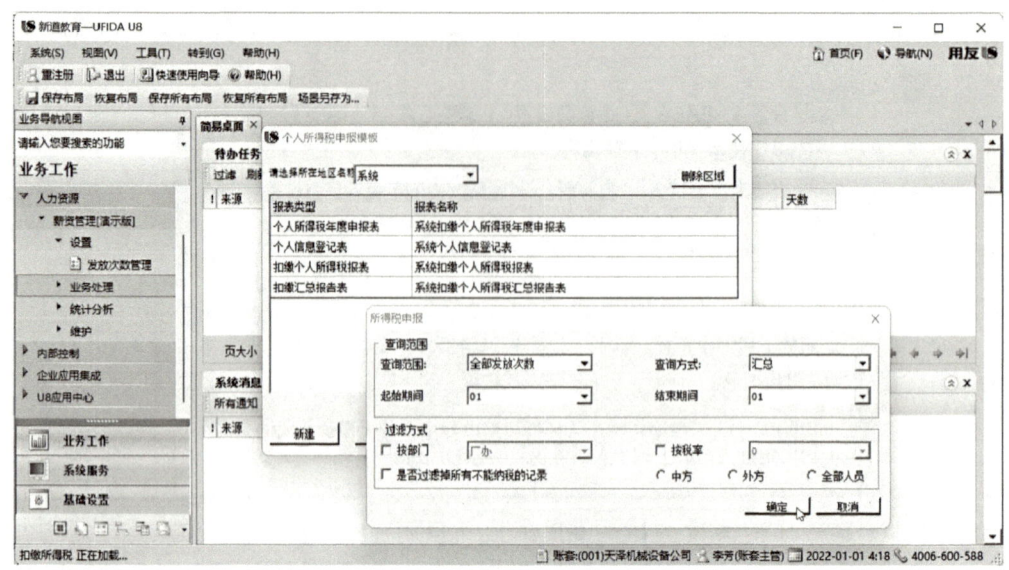

图 5-24 扣缴个人所得税报表

### 三、银行代发

银行代发，即企业将工资数据报送银行后，由银行为职工发放工资。这种做法可以有效避免财务部门到银行提取大笔款项所承担的风险，同时又减轻了财务部门发放工资的工作量。银行代发的具体操作步骤如下：

1. 在薪资管理系统中选择"业务处理"|"银行代发"命令，弹出"请选择部门范围"对话框，选择部门，如图 5-25 所示。

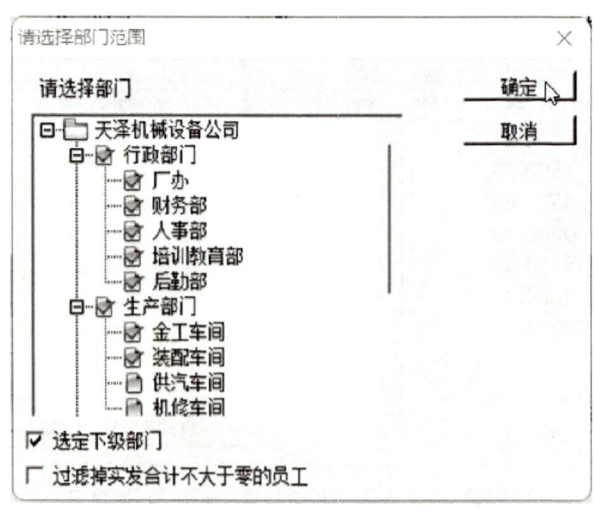

图 5-25 部门选择

此处对采用银行代发方式发放工资的部门进行设置，设置的是该工资类别所核算的部门，与初始设置中的部门设置不同。

2. 单击"确定"按钮，弹出"银行文件格式设置"对话框，在"银行模板"下拉列表框中选择"中国工商银行"，单击"确定"按钮，完成银行代发工资的设置，如图 5-26 所示。

项目五　薪资管理

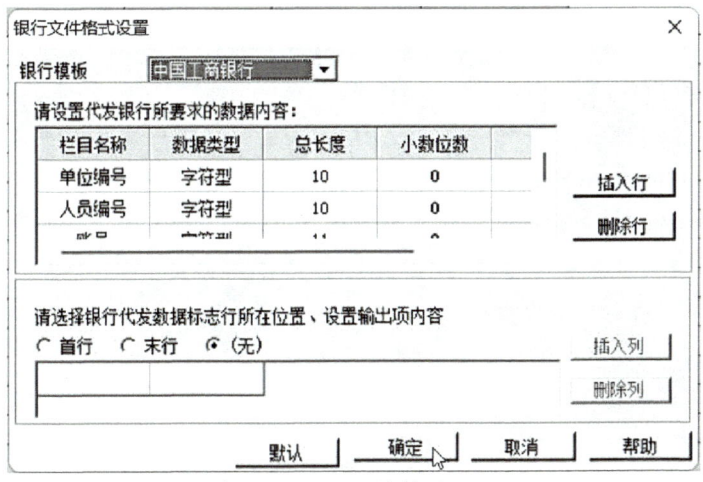

图 5-26　银行文件格式设置

【知识拓展】

## 人　员　档　案

银行代发一览表中看不到人员档案相关数据，原因是在增加人员档案时没有录入银行信息。此时只需打开"人员档案明细"窗口，录入银行名称、银行账号信息后，单击"确定"按钮即可，如图 5-27 所示。

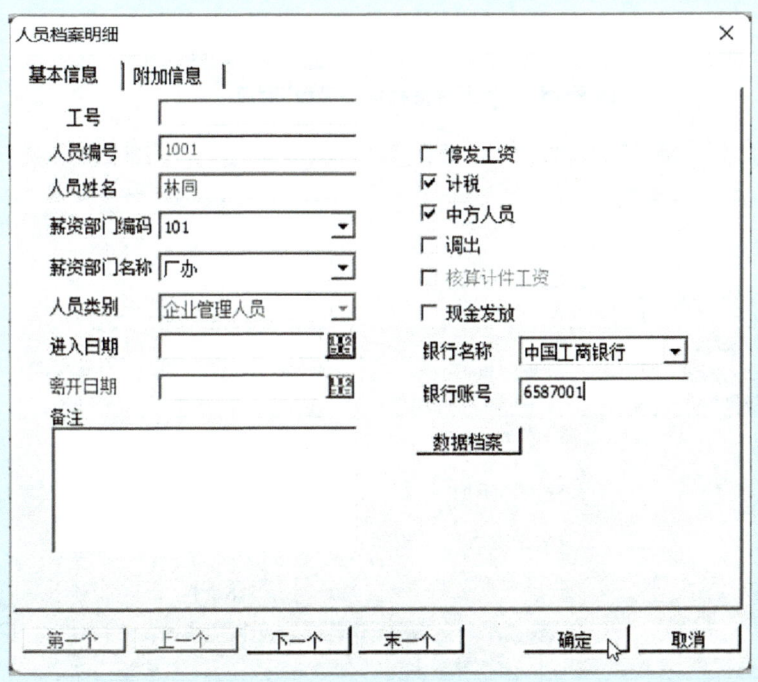

图 5-27　"人员档案明细"窗口

## 个人所得税

### 1. 个人所得税设置

在扣缴所得税模块,只能查看税率而不能修改。需要在薪资管理系统中单击"设置"|"选项",打开"选项"对话框,选择"扣税设置"选项卡,单击"编辑"按钮后修改。

个人所得税的扣除基数设为"计税基数"时,须在薪资管理系统中选择"设置"|"工资项目设置",在"工资项目设置"窗口,增加"计税基数"项目,同时在公式设置中定义其公式。

### 2. 新建个人所得税申报模板

新建个人所得税申报模版的具体操作步骤如下:

(1) 选择"业务处理"|"扣缴所得税",进入"个人所得税申报模板"窗口,从地区选择下拉框中选择"北京",如图 5-28 所示。

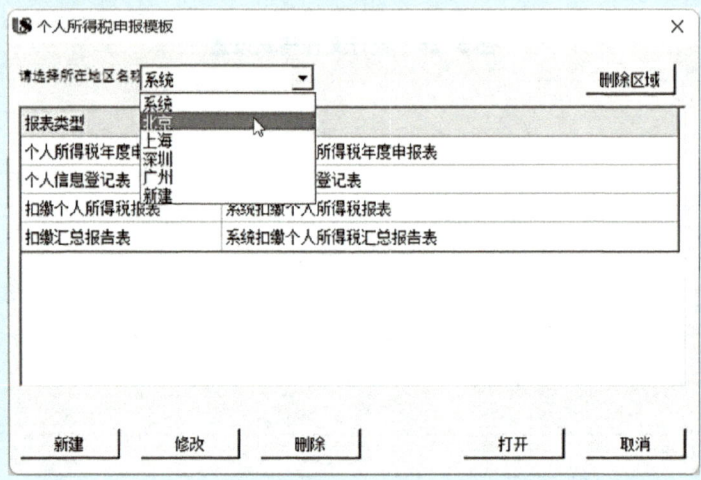

图 5-28 "个人所得税申报模板"窗口

(2) 单击下方"新建"按钮,进入"新增个人所得税报表"窗口,选择地区名称并输入报表名称,如图 5-29 所示。单击"确定"按钮,建立相应的个人所得税申报模板。

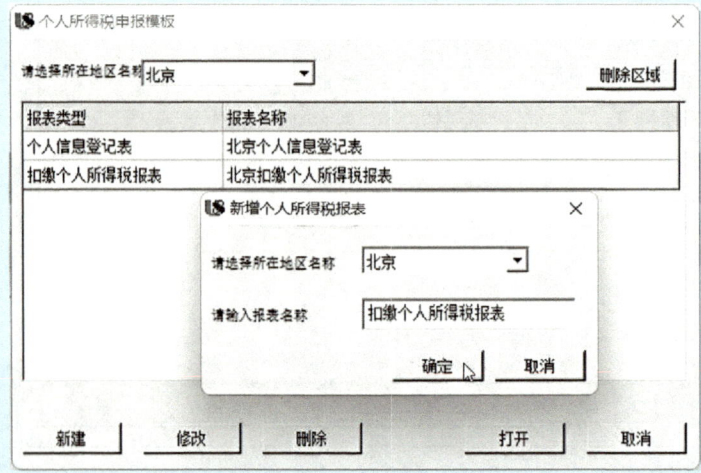

图 5-29 "新增个人所得税报表"窗口

新建的报表与原报表模板完全一致。

找到新建的报表模板,单击"修改""删除"按钮,可修改、删除报表模板。

## 银 行 代 发

1. 银行代发输出格式设置

根据银行的要求,需要设置向银行提供的数据存放在磁盘中的文件格式,以及在文件中各数据项目存放和区分的方式。格式设置包括常规设置和高级设置,具体操作步骤如下:

在"银行代发一览表"窗口中单击"方式"按钮,进入"文件方式设置"窗口,如图5-30所示。

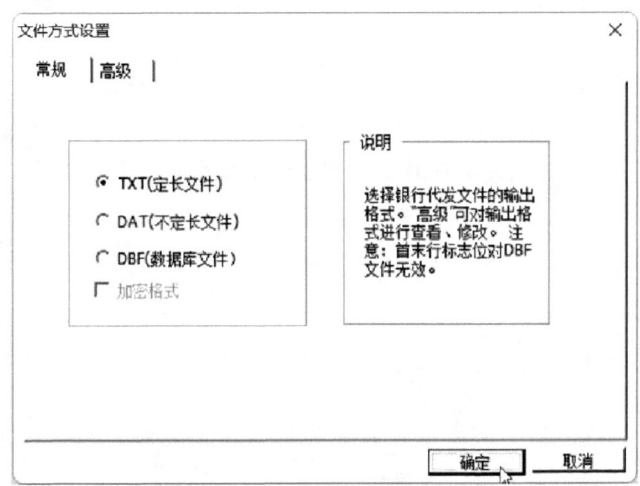

图 5-30 "文件方式设置"窗口

文件格式说明:

TXT(定长文件):固定宽度的文本文件;DAT(不定长文件):只有选中"字符型补位符""银行账号补位方向"才可使用此格式;DBF(数据库文件):高级选项不可修改。

2. 银行代发输出

按照已设置好的格式和设定的文件名,将数据输出到指定的地方,具体操作步骤如下:

在"银行代发一览表"窗口中单击"传输"按钮,进入"银行代发"窗口,选择保存路径、文件名等。

银行代发数据可存储在硬盘、可移动磁盘上,不能存储在网上。

## 工资分钱清单

工资分钱清单是按单位计算的工资发放分钱票面额清单,会计人员根据此表从银行取款并发给各部门。此功能必须执行在个人数据输入调整之后,如果个人数据在计算后又作了修改,必须重新执行本功能,以保证数据正确。采用银行代发工资的企业一般无须进行此设置。具体操作步骤如下:

1. 选择"业务处理"|"工资分钱清单"命令,弹出"票面额设置"对话框。
2. 对票面额进行设置后,单击"确定"按钮,如图5-31所示。

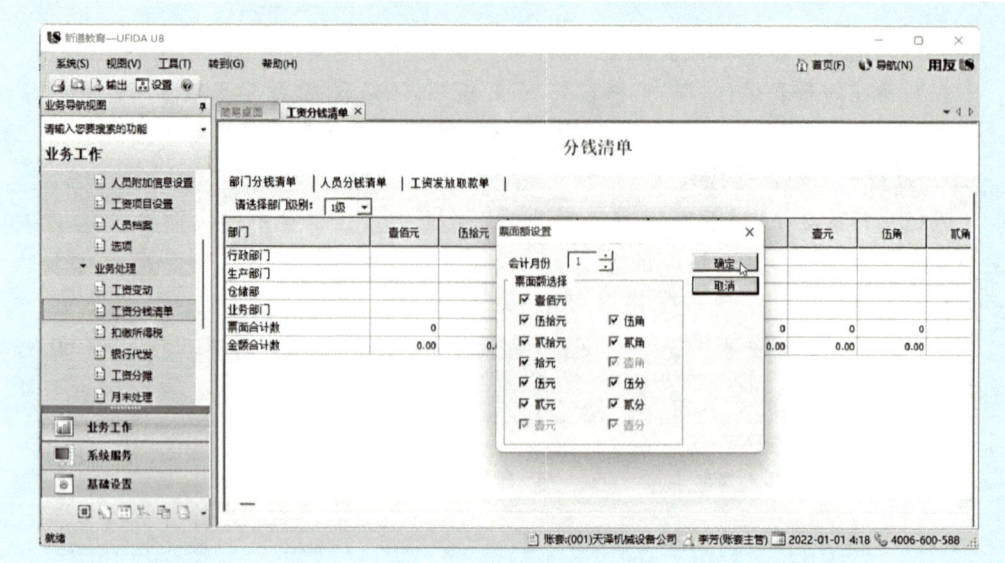

图 5-31 "工资分钱清单"设置

## 工 资 变 动

在"工资变动"窗口中,工资数据的录入方式除了直接录入外,还有替换、过滤等快速录入方式。

### 1. 替换

将符合条件人员的某个工资项目的数据统一替换成某个数据。以将厂办人员基本工资增加 70 元为例,具体操作步骤如下:

在"工资变动"窗口中单击"替换"按钮,打开"工资项数据替换"对话框,在"将工资项目"下拉列表框中选择"基本工资",在"替换成"文本框中输入"基本工资+70",替换条件为"部门=厂办",单击"确定"按钮,系统提示"数据替换后将不可恢复,是否继续",单击"是",即出现替换的记录数,单击"是",修改后的数据将在"工资变动"窗口中显示出来,如图 5-32 所示。

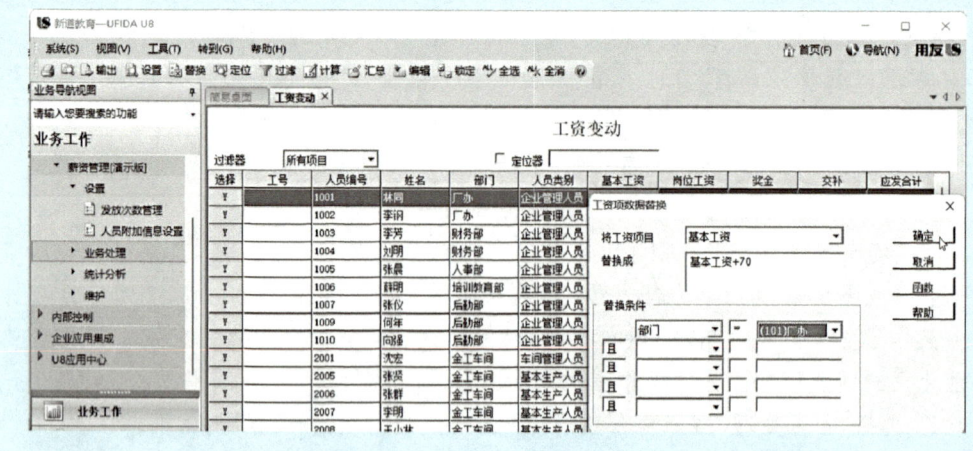

图 5-32 "工资项数据替换"窗口

> **注意：**
> （1）若未输入替换条件进行替换，系统则默认替换条件为本工资类别下的全部人员。
> （2）若进行替换的工资项目已设置了计算公式，在重新计算时以计算公式为准，替换无效。

2. 过滤

若只录入或修改工资项目中的某一项或几项，可在"工资变动"窗口中单击"过滤器"下拉列表，选择"过滤设置"，打开"数据过滤"窗口，选择过滤项目，将需要修改的工资项目单列出来，如图5-33所示。

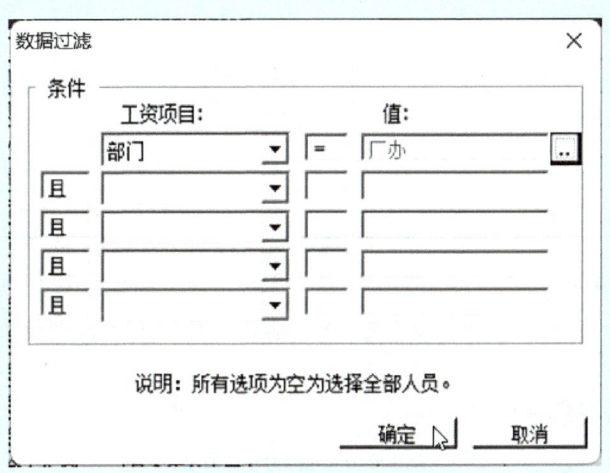

图5-33 "数据过滤"窗口

## 任务四 薪资管理系统期末业务处理

### 【任务场景】

天泽机械设备公司在完成了薪资数据的计算后还未进行账务处理，操作员刘明现在需要了解如何使用计算机进行账务处理，在进行账务处理时应注意哪些问题，以及月末时除了账务处理外还应完成哪些工作。

### 【任务目标】

1. 掌握薪资费用计提和分摊的处理方法；
2. 熟悉薪资管理系统月末结账的知识；

3. 具备薪资分摊处理并生成凭证的能力；
4. 具备期末结账与反结账的能力。

# 【任务内容】

1. 工资分摊

分摊计提月份：2022年1月。

核算分摊部门：厂办、人事部、财务部、后勤部、金工车间、装配车间、供汽车间、机修车间、仓储部、销售部、采购部。

工资分摊计算公式见表 5-6。

表 5-6 工资分摊计算公式表

| 项目 | 公式 |
| --- | --- |
| 应付工资总额 | 计税基数 |
| 职工福利 | 计税基数 * 14% |
| 工会经费 | 计税基数 * 2% |
| 教育经费 | 计税基数 * 1.5% |
| 养老保险金 | （基本工资＋岗位工资＋奖金）* 17% |
| 住房公积金 | （基本工资＋岗位工资＋奖金）* 8% |

由于在工资分摊中，基本工资、岗位工资、奖金三项之和无法计算，所以必须在工资项目中增加一项"两金基数"，并设置公式为：两金基数＝基本工资＋岗位工资＋奖金，以方便工资分配。

工资分摊的科目选择见表 5-7。

表 5-7 工资分摊科目表

| 部门 | 人员类别 | 借方科目 | 贷方科目 | | | | | |
| --- | --- | --- | --- | --- | --- | --- | --- | --- |
| | | | 工资总额 | 职工福利 | 工会经费 | 教育经费 | 养老保险金 | 住房公积金 |
| | | | 计税基数 | | | | 两金基数 | |
| 厂办、人事部、财务部、仓储部、采购部、后勤部 | 企业管理人员 | 660201 | 221101 | 221102 | 221105 | 221106 | 221103 | 221104 |
| 金工车间、装配车间 | 基本生产人员 | 500101 | 221101 | 221102 | 221105 | 221106 | 221103 | 221104 |
| 供汽车间、机修车间 | 辅助生产人员 | 500102 | 221101 | 221102 | 221105 | 221106 | 221103 | 221104 |
| 金工车间、装配车间 | 车间管理人员 | 510102 | 221101 | 221102 | 221105 | 221106 | 221103 | 221104 |
| 销售部 | 销售人员 | 660101 | 221101 | 221102 | 221105 | 221106 | 221103 | 221104 |

2. 月末处理

（1）30日，分配工资费用。

（2）30日，按应付工资的14%计提福利费；2%计提工会经费；1.5%计提教育经费；17%计提养老保险金；8%计提住房公积金。

项目五 薪资管理

# 【任务实施】

## 一、工资分摊

工资分摊是指对当月发生的工资费用总额进行计算、分配并计提各种经费,如福利费、工会经费等;编制转账凭证,将其传递到总账系统供登账处理用。

（一）设置工资分摊类型

设置工资分摊类型的具体操作步骤如下：

1. 在"业务"选项卡中选择"人力资源"|"薪资管理"|"业务处理"|"工资分摊"命令,打开"工资分摊"窗口,如图5-34所示。

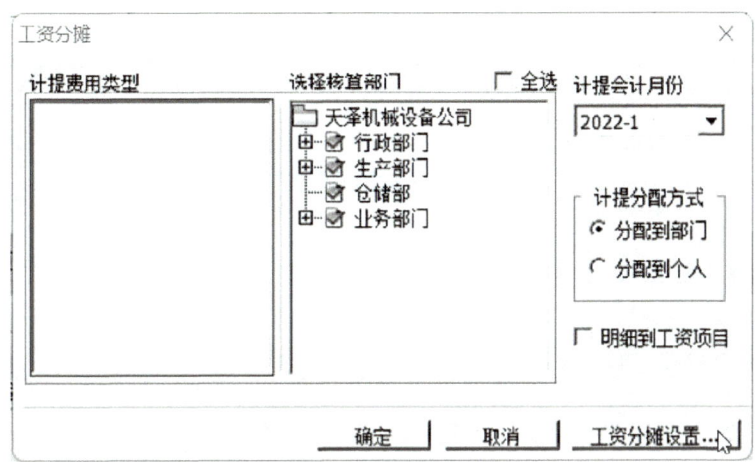

图 5-34 "工资分摊"窗口

2. 单击"工资分摊设置"按钮,打开"分摊类型设置"窗口,单击"增加"按钮,弹出"分摊计提比例设置"对话框,输入"计提类型名称"和"分摊计提比例",如图5-35所示。

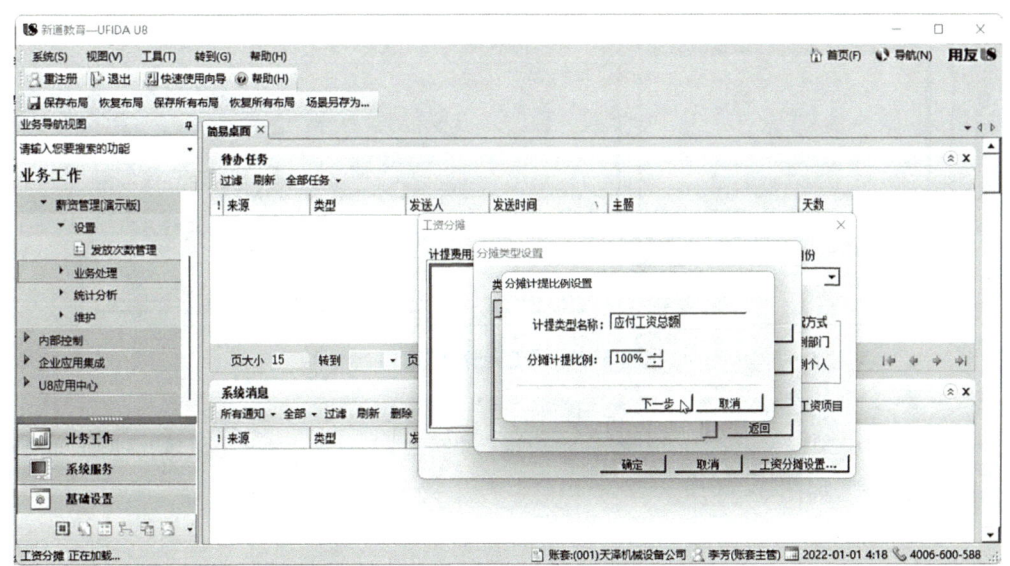

图 5-35 "分摊计提比例设置"窗口

243

3. 单击“下一步”按钮，弹出“分摊构成设置”对话框，分别按照“部门名称”和“人员类别”设置借方科目，完成工资分摊设置，如图 5-36 所示。

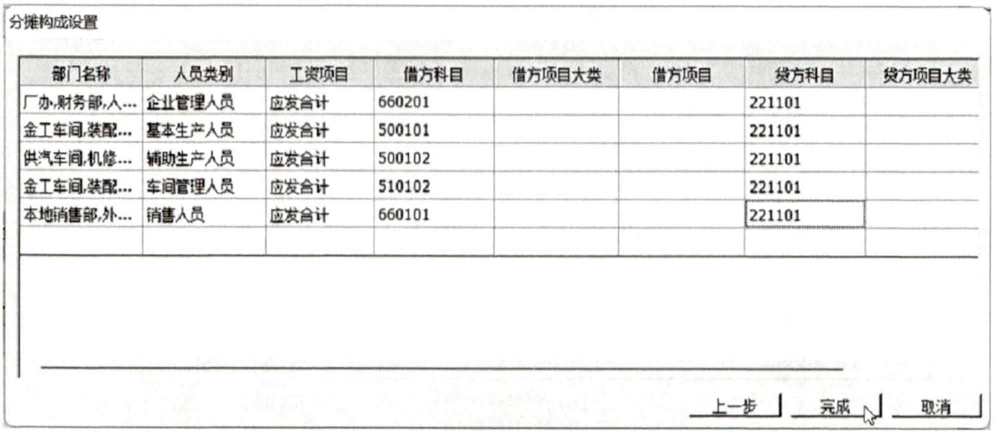

分摊构成设置
部门名称
人员类别
工资项目
借方科目
借方项目大类
借方项目
贷方科目
贷方项目大类
厂办,财务部,人…
企业管理人员
应发合计
660201
221101
金工车间,装配…
基本生产人员
应发合计
500101
221101
供汽车间,机修…
辅助生产人员
应发合计
500102
221101
金工车间,装配…
车间管理人员
应发合计
510102
221101
本地销售部,外…
销售人员
应发合计
660101
221101
上一步
完成
取消

图 5-36 “分摊构成设置”窗口

## (二) 分摊工资费用

分摊工资费用的具体操作步骤如下：

1. 在“工资分摊”窗口分别设置计提费用类型和核算部门，如图 5-37 所示。

工资分摊
计提费用类型
应付工资总额
职工福利
工会经费
教育经费
养老保险金
住房公积金
选择核算部门
全选
天泽机械设备公司
行政部门
生产部门
仓储部
业务部门
计提会计月份
2022-1
计提分配方式
分配到部门
分配到个人
明细到工资项目
按项目核算
确定
取消
工资分摊设置…

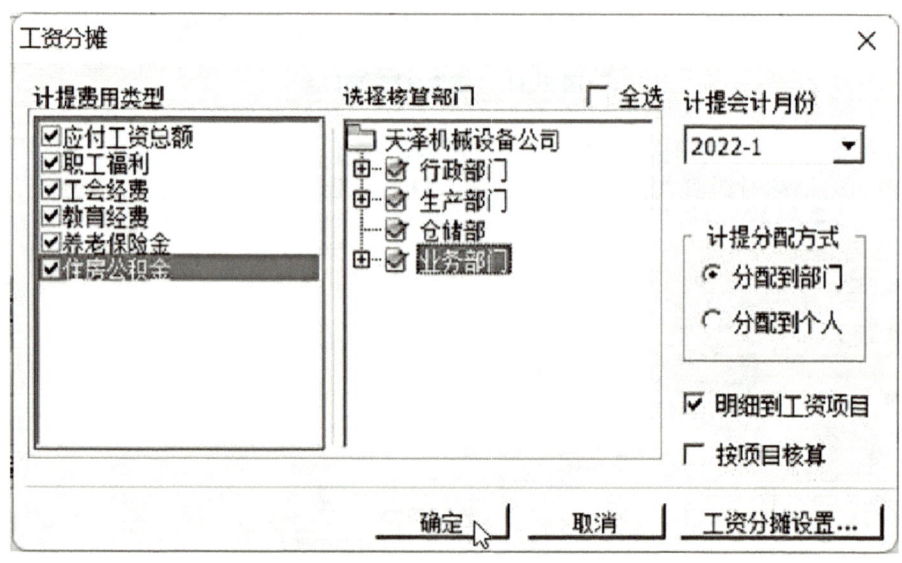

图 5-37 “工资分摊”窗口

2. 单击“确定”按钮，弹出“工资分摊明细”对话框，勾选“合并科目相同、辅助项相同的分录”复选框，如图 5-38 所示。

项目五　薪资管理

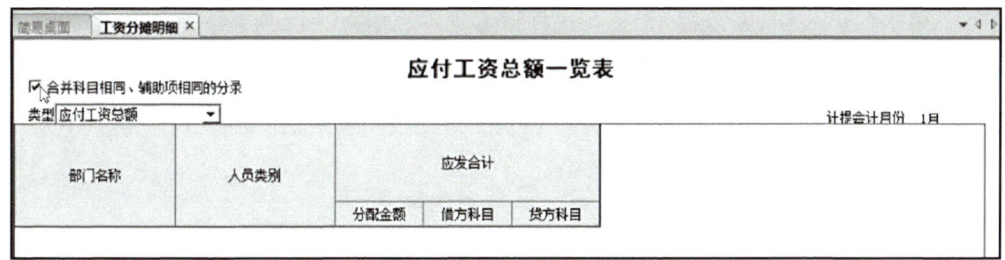

图 5-38　"工资分摊明细"窗口

### (三) 生成凭证

生成凭证的具体操作步骤如下:

1. 在"应付工资总额一览表"窗口中选择要分配的费用类型,单击"制单"按钮,弹出"填制凭证"对话框。

2. 将凭证类别选为"记账凭证",单击"保存"按钮,生成相应的记账凭证并传到总账。

## 二、月末处理

月末处理是指薪资管理系统的结账,即将当月数据经过处理后结转下月。每月工资数据处理后均可进行月末结转。月末处理的具体操作步骤如下:

1. 执行"业务处理"|"月末处理"命令,打开"月末处理"窗口,如图 5-39 所示。

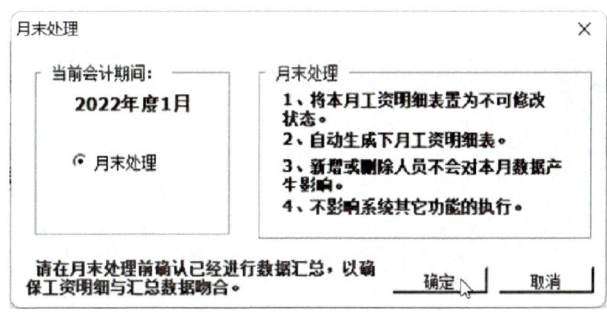

图 5-39　"月末处理"窗口

2. 单击"确定"按钮,系统提示"月末处理之后,本月工资将不许变动!继续月末处理吗?",如图 5-40 所示。

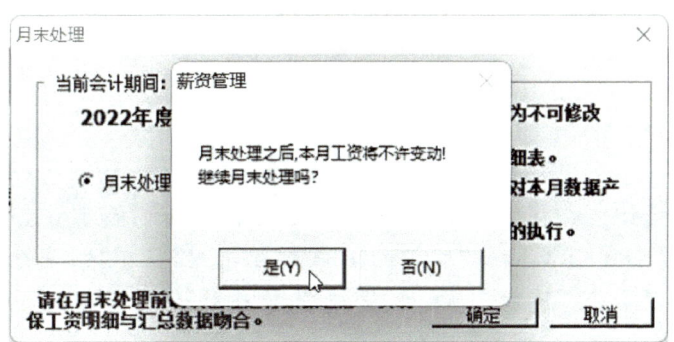

图 5-40　"薪资管理"窗口

3. 单击"是"按钮，系统提示"是否选择清零项？"，如图 5-41 所示。如果选择"否"，则不清零，工资项目下月数据将继承当月数据。

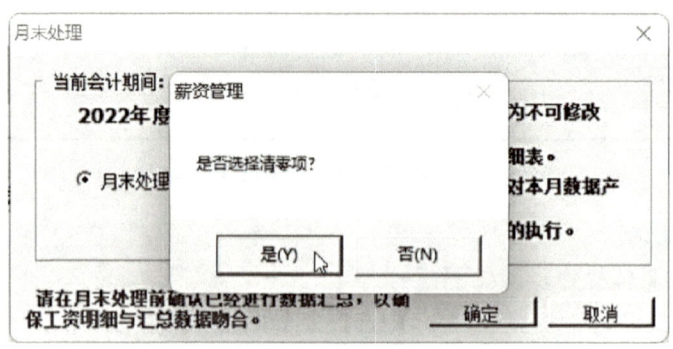

图 5-41　选择清零项提示窗口

4. 单击"是"按钮，打开"选择清零项目"窗口，可根据企业实际情况选择清零项目，如图 5-42 所示。

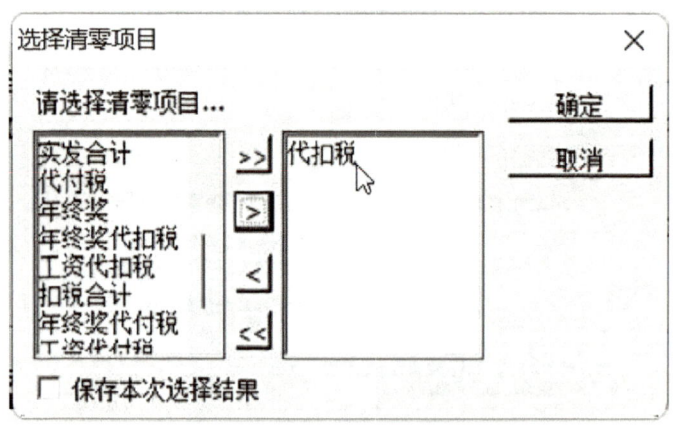

图 5-42　"选择清零项目"窗口

5. 选择完毕，单击"确定"按钮，系统提示"月末处理完毕！"，单击"确定"按钮，完成月末处理。

【知识拓展】

### 凭 证 处 理

已经设置好计提类型和借贷方科目，但是生成凭证时仍旧不能自动填入借贷方科目，原因是制单时没选择"明细到工资项目"。只需在"工资分摊"界面选中"明细到工资项目"复选框，生成的凭证即可自动填入预设的借贷方科目，如图 5-43 所示。

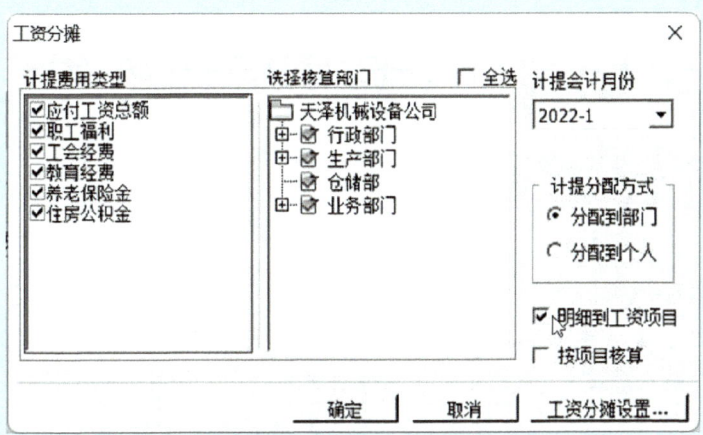

图 5-43 "工资分摊"窗口

工资分摊中有记录,但是制单按钮是灰色的,是因为当月已经结账,不允许再录入业务,必须恢复结账后再制单。

## 月 末 结 账

> 注意:
> (1) 若本月工资数据未汇总,不能进行月末处理。
> (2) 若为多工资类别,应分别打开工资类别进行月末处理。
> (3) 月末处理只有在会计年度的 1~11 月份才能进行。
> (4) 本期不结账,将不能处理下期的数据;结账前要进行数据备份。
> (5) 进行月末处理后,当期数据不能修改。

## 反 结 账

在薪资管理系统中,如果结账后发现有处理错误,需要恢复月末处理前的状态,可以进行反结账,具体操作步骤如下:

1. 执行"人力资源"|"薪资管理"|"业务处理"|"反结账"命令,弹出"反结账"对话框,单击"确定"按钮,进行反结账操作,如图 5-44 所示。

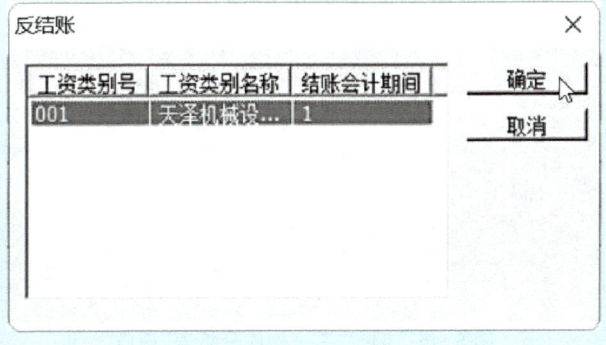

图 5-44 "反结账"窗口

2. 单击"确定"按钮,系统执行反结账操作。

> **注意**:
> (1) 反结账只能由账套主管进行。
> (2) 有下列情况之一的,不允许反结账:
> ① 总账系统已结账;
> ② 成本管理系统上月已结账;
> ③ 本月分摊、计提凭证传输到总账系统时,如果总账系统已记账,须做红字冲销后才能反结账;如果总账系统未做任何操作,只需删除此凭证即可。如果凭证已经由出纳或主管签字,须取消出纳或主管签字并删除该凭证后才能反结账。

## 账 表 管 理

1. 工资表

工资表主要用于本月工资的统计和发放。工资表包括工资发放签名表、工资发放表和部门工资汇总表等,单位可以根据需要在此查询和打印相关信息,具体操作步骤如下:

选择"统计分析"|"账表"|"工资表",进入"工资表"窗口,单击"查看"按钮,在弹出的对话框中输入相应的查询条件,即可得到查询结果。

2. 工资分析表

工资分析表是以工资数据为基础,对部门、人员类别的工资数据进行分析和比较后产生的各种分析表,供决策者使用。单位可以根据需要查看要分析的项目,具体操作步骤如下:

选择"统计分析"|"账表"|"工资分析表",进入"工资分析表"窗口,选择相应的分析表,单击"确定"按钮,输入分析条件后单击"确定"按钮,查看相应的分析表,如图5-45所示。

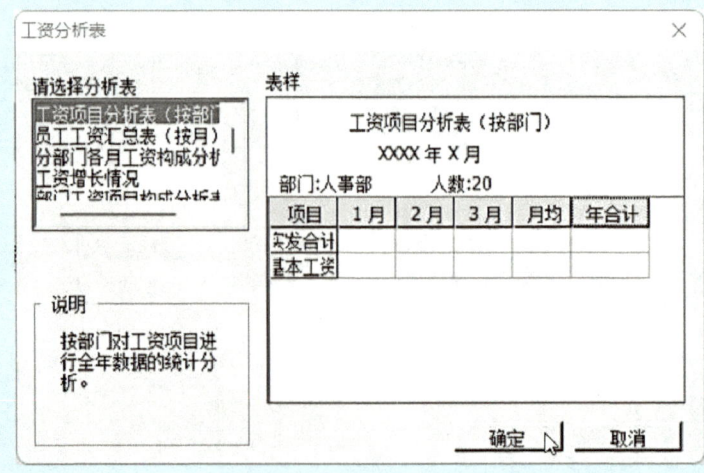

图5-45 部门"工资构成分析表"窗口

## 人员变动

1. 人员调动

当工资账套为多工资类别时,可利用人员调动功能,实现人员在不同工资类别之间的转换,具体操作步骤如下:

单击"维护"|"人员调动",进入"人员调动"窗口,调出相应的人员。

人员调动必须在打开工资类别时使用,并且只能在同一账套的多工资类别间进行。

2. 人员信息复制

若新建工资类别中的人员与已建工资类别人员信息相同,可通过人员信息复制功能将已建工资类别人员信息复制到新建工资类别中,具体操作步骤如下:

(1)选择"维护"|"人员信息复制",进入"人员复制"窗口,输入复制内容。

(2)选择"设置"|"人员档案",进入"新建工资类别人员档案"窗口。

人员信息复制只能在多工资类别,且人员编号长度一致的情况下使用。

---

**账套数据备份**

在电脑中建立一个文件夹并按日期命名,然后将账套输出备份到这个文件夹中。在账套的备份和使用过程中,要养成良好的数据安全和保密意识。

# 应收款管理

### 项目综述

用友 ERP-U8V10.1 软件中,应收款管理系统主要用于核算和管理客户往来款项。通过录入发票、其他应收单、收款单等单据,对企业的往来账款进行综合管理,及时、准确地提供客户的往来账款余额资料和各种分析报表,帮助企业合理地进行资金的调配,提高资金的利用效率。

应收款管理系统主要提供了设置、日常处理、单据查询、账表管理、其他处理等功能。

1. 设置:依据企业管理要求进行的参数设置是整个系统运行的基础;单据类型设置、账龄区间设置和坏账初始设置,为各种应收款业务的日常处理及统计分析作准备;期初余额的录入能保证数据的完整性与连续性。

2. 日常处理:用于对应收单据和收款单据进行录入、处理、核销、转账、汇兑损益、制单等处理。

3. 单据查询:用于查阅各类单据,包括对各类单据、详细核销信息、报警信息、凭证等内容的查询。

4. 账表管理:用于对总账、余额表、明细账等多种账表进行查询,以及对应收账款、收款账龄、欠款等进行统计分析。

5. 其他处理:用于进行远程数据传递,对核销、转账等处理进行恢复,以及月末结账等处理。

### 职业能力培养

通过项目的实施及运营,了解应收款管理系统的基本知识。掌握应收款管理系统的基本功能;熟练掌握参数选项设置、基础科目设置、结算方式科目设置、坏账设置、账龄区间设置、报警级别设置等操作方法;熟练进行期初余额录入、应收/收款业务录入、应收/收款业务核销、坏账等单据处理、票据处理工作;熟练掌握期末账表管理及结账的操作方法。在项目实施过程中培养学生严谨认真、一丝不苟的职业态度和提高技能、强化服务、维护良好商业信用等职业素养,具备按时履行还款义务的商业信用意识。

### 思政园地

企业要重视商业信用,收入"取之有道"。关于守信,古人已经给我们树立很好的榜样。"一诺千金"的故事想必大家耳熟能详。据说,秦朝末年有个叫季布的人,一向说话算数,很多人都愿意与之相交,当时甚至流传着这样的谚语:"得黄金百斤,不如得季布一诺。"后来,季布得罪了汉高祖刘邦,被悬赏捉拿,他旧日的朋友不仅不被重金所惑,反而冒着灭族的危险来保护他,使他免遭祸殃。

倡导诚实守信,建立健全社会信用制度,不仅是建立社会主义市场经济秩序、促进市场公平竞争的基础,也是提高国内外市场竞争力的必然要求。诚实守信,不仅是做人之根本,也是企业生存和发展之根本。

## 典型工作任务

1. 应收款管理系统初始设置:系统参数选项设置、基础科目设置、结算方式科目设置、坏账设置、账龄区间设置、报警级别设置等操作,进行期初余额录入。

2. 应收款管理系统日常处理:日常业务主要完成企业日常的应收/收款业务录入、应收/收款业务核销、票据处理、转账处理、汇兑损益以及坏账的处理,及时记录应收/收款业务的发生情况,为查询和分析往来业务提供完整、正确的资料,加强对往来款项的监督管理,提高工作效率。

3. 对应收单、结算单、凭证等进行查询。进行各类单据、详细核销信息、报警信息、凭证等内容的查询。

4. 进行账表、业务账表、科目账表的查询和统计分析。

5. 进行远程数据的传递、取消操作、月末结账等处理。

应收款管理系统具体工作流程如图 6-1 所示。

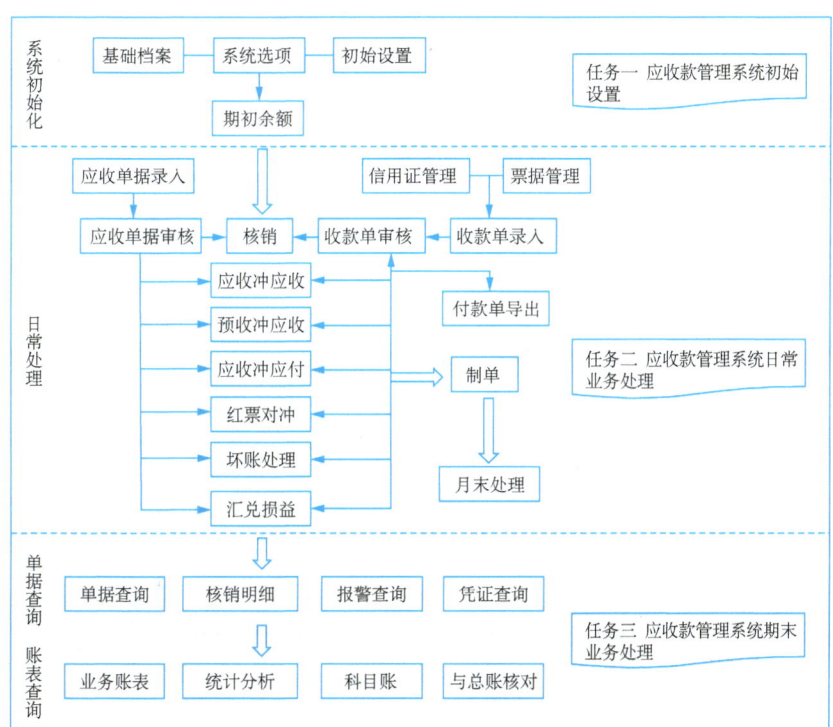

**图 6-1　应收款管理系统操作流程**

## 任务一　应收款管理系统初始设置

应收款管理系统初始设置实质上就是进行系统初始化的过程。企业可以根据管理要求进行参数设置、单据类型设置、账龄区间设置和坏账初始设置，录入期初余额，为各种应收款业务的日常处理及统计分析作准备。

### 【任务情景】

天泽机械设备公司根据自己的实际情况及应收款管理的要求，决定在应收款管理系统中进行相应的业务核算，并授权公司财务人员刘明负责应收款的核算和管理。刘明需要根据公司的销售及应收款业务的管理要求进行应收款管理系统初始化设置，为顺利开展应收款管理工作作准备。

### 【任务目标】

1. 掌握应收款管理系统选项设置、科目设置、坏账准备设置、账龄区间设置的基本知识；
2. 具备系统初始设置及期初余额录入的能力；
3. 加强对客户信用额度的管理及保密工作；
4. 具备按时履行还款义务的商业信用意识。

### 【任务内容】

1. 业务控制参数

业务控制参数见表6-1。

表6-1　业务控制参数表

| 项目 | 要求 |
| --- | --- |
| 应收账款核销 | 按单据 |
| 单据审核日期依据 | 单据日期 |
| 汇兑损益方式 | 月末处理 |
| 坏账处理 | 采用应收账款余额百分比法 |
| 代垫费用的单据类型 | 其他应收单 |
| 应收账款核算模型 | 详细核算 |
| 现金折扣 | 自动计算 |
| 制单方式 | 明细到客户 |
| 控制科目依据 | 按客户 |
| 销售科目依据 | 按存货 |
| 录入发票 | 显示提示信息 |

2. 基本科目设置

基础科目设置见表6-2。

表6-2 基础科目设置表

| 项目 | 科目代码 | 项目 | 科目代码 |
| --- | --- | --- | --- |
| 应收科目 | 1122 | 商业承兑科目 | 112101 |
| 预收科目 | 2203 | 票据利息科目 | 6603 |
| 销售收入科目 | 6001 | 票据费用科目 | |
| 销售税金科目 | 22210105 | 坏账率 | 0.5％ |
| 银行承兑科目 | 112102 | 坏账准备科目 | 1231（对方科目6701） |

3. 结算方式科目设置

结算方式科目设置见表6-3。

表6-3 结算方式科目设置表

| 结算方式 | 科目 | 结算方式 | 科目 |
| --- | --- | --- | --- |
| 现金结算 | 库存现金 | 电汇 | 工行存款 |
| 现金支票 | 库存现金 | 银行承兑汇票 | 工行存款 |
| 转账支票 | 工行存款 | 商业承兑汇票 | 工行存款 |

4. 账龄区间设置

账龄区间设置见表6-4。

表6-4 账龄区间设置表

| 序号 | 总天数 | 序号 | 总天数 |
| --- | --- | --- | --- |
| 01 | 30 | 03 | 90 |
| 02 | 60 | 04 | 120 |

5. 报警级别设置

报警级别设置见表6-5。

表6-5 报警级别设置表

| 序号 | 总比率 | 级别名称 | 序号 | 总比率 | 级别名称 |
| --- | --- | --- | --- | --- | --- |
| 01 | 10％ | A | 04 | 100％ | D |
| 02 | 30％ | B | 05 | | E |
| 03 | 50％ | C | | | |

6. 期初数据

期初余额包括应收账款和应收票据的期初余额,应收账款期初余额和应收票据期初余额分别见表 6-6 和表 6-7。

表 6-6 应收账款期初余额表

| 单据名称 | 单据类型 | 方向 | 开票日期 | 供应商名称 | 销售部门 | 业务员 | 科目编码 | 货物名称 | 数量 | 增值税发票号 | 价税合计(元) |
|---|---|---|---|---|---|---|---|---|---|---|---|
| 销售发票 | 专用发票 | 借 | 8.23 | 沈阳飞机制造厂 | 本地销售 | 马敏 | 1122 | LY125产品 | 5台 | 33457801 | 292 500 |
| 销售发票 | 专用发票 | 借 | 9.08 | 武汉造船厂 | 本地销售 | 马敏 | 1122 | LY126产品 | 5台 | 33457901 | 163 800 |
| 销售发票 | 专用发票 | 借 | 10.15 | 江西水泥制造厂 | 外地销售 | 高惠荣 | 1122 | LY125产品 | 5台 | 12345678 | 292 500 |
| 销售发票 | 专用发票 | 借 | 11.09 | 北京扬泽公司 | 外地销售 | 高惠荣 | 1122 | LY125产品 | 5台 | 23456789 | 292 500 |
| 销售发票 | 专用发票 | 借 | 11.09 | 福州工贸公司 | 外地销售 | 高惠荣 | 1122 | LY126产品 | 5台 | 34568890 | 163 800 |

表 6-7 应收票据期初余额表(票据编号:YD67890)

| 单据名称 | 单据类型 | 方向 | 开票日期 | 客户名称 | 销售部门 | 业务员 | 科目编码 | 货物名称 | 数量 | 增值税发票号 | 价税合计(元) |
|---|---|---|---|---|---|---|---|---|---|---|---|
| 销售发票 | 专用发票 | 借 | 11.20(三个月银行承兑汇票) | 福州工贸公司 | 外地销售 | 高惠荣 | 112102 | LY125产品 | 5台 | 23456788 | 292 500 |

【任务实施】

一、系统选项设置

在使用应收系统前应设置账套参数,以便系统根据设定的选项进行相应处理。

系统选项设置的具体操作步骤如下:

1. 执行"开始"|"程序"|"用友 ERP-U8V10.1"|"企业应用平台"命令,以李芳的身份注册登录。

2. 执行"业务工作"|"财务会计"|"应收款管理"|"设置"|"选项"命令,进入"账套参数设置"对话框。

3. 单击"编辑"按钮,然后分别单击"常规""凭证""权限与报警""核销设置"选项卡设置所需要的参数。设置好各个账套参数后,单击"确认"按钮保存所选操作,单击"取消"按钮,则可取消所选的操作,如图 6-2 所示。

项目六　应收款管理

图 6-2　应收款管理系统参数设置

## 二、初始设置

### （一）基本科目设置

基本科目是在核算应收款项时经常用到的科目。可以在此定义这些基本科目。若进行业务处理时未在单据中指定相应的科目，则系统制单时自动选取此处设置的基本科目，具体操作步骤如下：

执行"应收款管理"|"设置"|"初始设置"命令，进入"初始设置"界面。单击"设置科目"|"基本科目设置"，录入相关科目，如图 6-3 所示。

| 基础科目种类 | 科目 | 币种 |
| --- | --- | --- |
| 应收科目 | 1122 | 人民币 |
| 预收科目 | 2203 | 人民币 |
| 销售收入科目 | 6001 | 人民币 |
| 税金科目 | 22210105 | 人民币 |
| 商业承兑科目 | 112101 | 人民币 |
| 银行承兑科目 | 112102 | 人民币 |
| 票据利息科目 | 6603 | 人民币 |

图 6-3　基本科目设置

> **注意：**
> (1) 如果用同一个科目核算应收账款和预收账款，则预收账款科目可以和应收账款科目相同。
> (2) 如果为不同的客户（客户分类、地区分类）分别设置了应收款核算科目和预收款核算科目，则在此处不输入这些科目，而是在"控制科目设置"中录入针对不同的客户（客户分类、地区分类）分别设置的会计科目。
> (3) 如果为不同的存货（存货分类）分别设置了销售收入核算科目，则在此处不输入这些科目，而是在"存货销售科目设置"中针对不同的存货（存货分类）分别设置销售收入科目。
> (4) 应收账款、预收科目、商业承兑科目、银行承兑科目必须是已经在科目档案中指定为客户往来辅助核算和应收系统受控的科目。
> (5) 所有设置的科目必须是末级科目。

### （二）控制科目设置

如果在核算客户的赊销欠款时针对不同的客户（客户分类、地区分类）分别设置了不同的应收账款科目和预收账款科目，可以先在系统选项中选择设置的依据（即选择是针对不同的客户设置，还是针对不同的客户分类设置，或者是不同的地区分类设置），然后在此处单击"设置科目"|"控制科目设置"，输入有关的科目信息进行设置，如图6-4所示。系统将依据制单规则，在生成凭证时自动填入设置的科目。

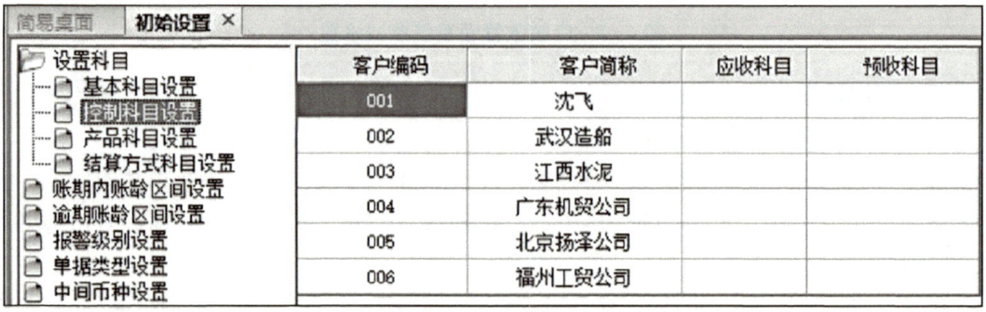

图6-4 控制科目设置

> **注意：**
> 如果某个客户（客户分类、地区分类）的应收账款或预收账款的核算科目与基本科目设置中的一样，则可以不输入。否则，应在此设置。

### （三）产品科目设置

如果需要针对不同的存货（存货分类）分别设置不同的销售收入科目、应交销项税科目和销售退回科目，可以先在系统选项中选择设置的依据，然后在此处单击"设置科目"|"产品科目设置"设置具体科目，如图6-5所示。

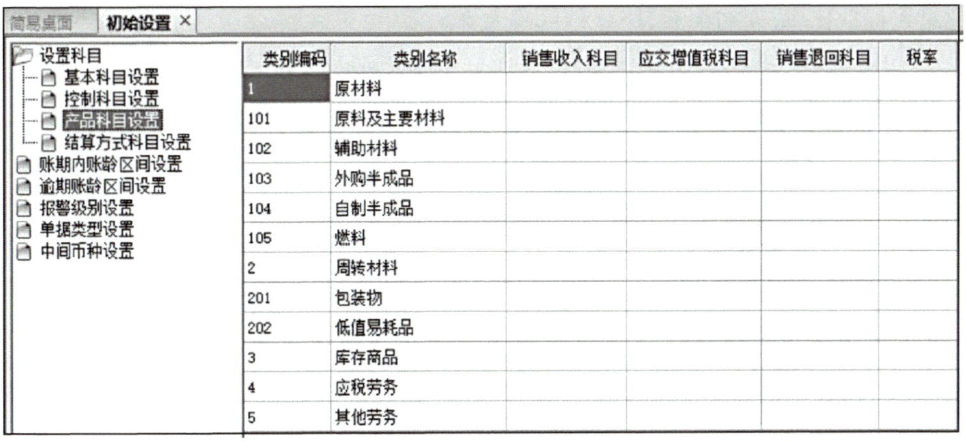
简易桌面
初始设置
设置科目
基本科目设置
控制科目设置
产品科目设置
结算方式科目设置
账期内账龄区间设置
逾期账龄区间设置
报警级别设置
单据类型设置
中间币种设置
类别编码
类别名称
销售收入科目
应交增值税科目
销售退回科目
税率
1 原材料
101 原料及主要材料
102 辅助材料
103 外购半成品
104 自制半成品
105 燃料
2 周转材料
201 包装物
202 低值易耗品
3 库存商品
4 应税劳务
5 其他劳务

图 6-5　产品科目设置

**注意：**

(1) 如果某个存货(存货分类)的科目与常用科目设置中的一样，则可以不输入。

(2) 产品科目不能是已经在科目档案中指定为应收系统或者应付系统的受控科目。

(3) 销售收入科目和销售退回科目可以相同。

### (四) 结算方式科目设置

对于现结的发票、收付款单，系统依据单据上的结算方式查找对应的结算科目，制单时自动填入。可以单击“设置科目”|“结算方式科目设置”，然后通过单击“增加”“删除”按钮，增加或删除相应的科目，还可以为每种结算方式设置一个默认的科目，如图 6-6 所示。

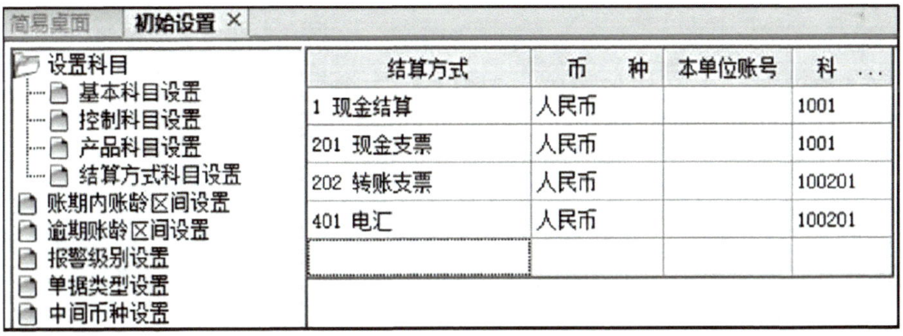
简易桌面
初始设置
设置科目
基本科目设置
控制科目设置
产品科目设置
结算方式科目设置
账期内账龄区间设置
逾期账龄区间设置
报警级别设置
单据类型设置
中间币种设置
结算方式
币　种
本单位账号
科
1 现金结算　人民币　1001
201 现金支票　人民币　1001
202 转账支票　人民币　100201
401 电汇　人民币　100201

图 6-6　结算方式科目设置

### (五) 坏账准备设置

坏账初始设置主要用来定义计提坏账准备比率和设置坏账准备期初余额。坏账初始设置根据应收系统选项中设置的坏账处理方式的不同而进行不同的处理。系统提供两种坏账处理的方式：备抵法和直接转销法。如果选择备抵法，还应该选择具体的方法，即应收余额百分比法、销售收入百分比法和账龄分析法三种方法。当做过任意一种坏账处理业务(坏账计提、坏账发生、坏账收回)后，就不能修改坏账准备数据，只允许查询，具体操作步骤如下：

1. 单击“初始设置”|“坏账准备设置”命令，进入“坏账准备设置”界面，根据企业实际

情况录入提取比率、期初余额、核算科目等内容。

2. 单击"确定"按钮,弹出"储存完毕"提示框,单击"确定"按钮保存数据,如图6-7所示。

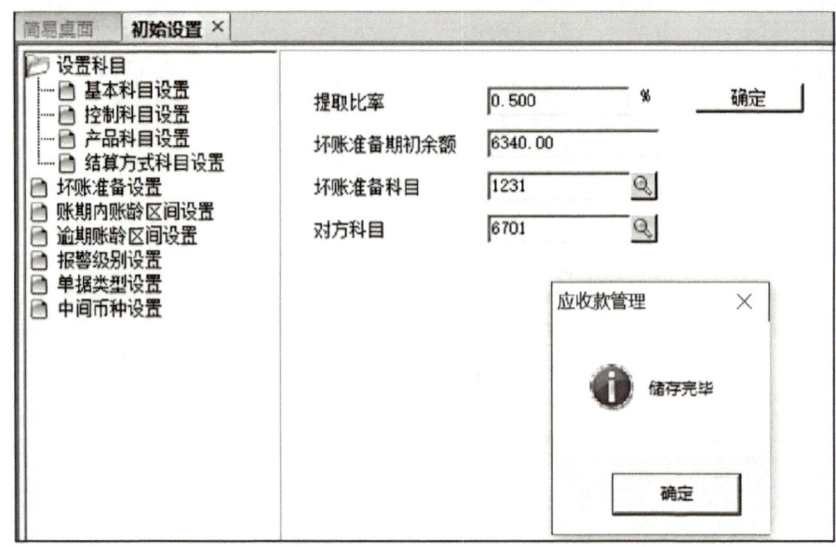

图6-7 坏账准备设置

**(六)账期内账龄区间设置**

账期内账龄区间设置是企业定义账期内应收账款或收款时间间隔的功能,它的作用是根据企业定义的账款时间间隔,进行账期内应收账款或收款的账龄查询和账龄分析,清楚了解在一定期间内发生的应收款、收款情况,具体操作步骤如下:

1. 单击"初始设置"|"账期内账龄区间设置",进入"账期内账龄区间设置"界面。
2. 输入总天数,如"30",按回车键继续录入下一区间的总天数,如图6-8所示。

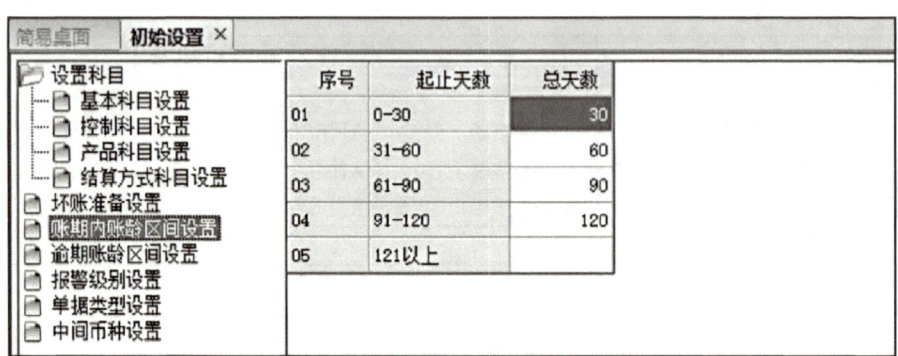

图6-8 账龄区间设置

可以增加、修改和删除相应的区间和项目。当插入或修改一个区间后,该区间后的各区间起止天数会自动调整,最后一个区间不能修改和删除。

**(七)报警级别设置**

可以通过对报警级别进行设置,将客户按照欠款余额与其授信额度的比例分为不同的类型,以便于掌握各个客户的信用情况,具体操作步骤如下:

1. 单击"初始设置"|"报警级别设置",进入"报警级别设置"界面。

2. 根据企业需要进行设置，可以进行增加、修改和删除操作，如图6-9所示。

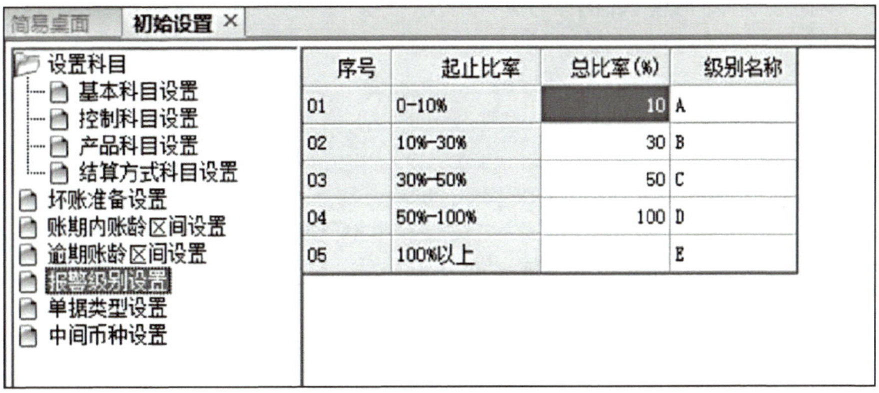

图 6-9　报警级别设置

### （八）单据类型设置

单据类型设置指企业将自己的往来业务与单据类型建立对应关系，达到快速处理业务并进行分类汇总、查询、分析的目的。系统提供发票和应收单两大类型的单据。如果同时使用销售系统，则发票类型单据名称包括销售专用发票、普通发票、销售调拨单和销售日报；如果单独使用应收系统，则单据名称不包括后两种。发票是系统默认类型，不能修改、删除。

应收单记录销售业务之外的应收款情况。在本功能中，企业根据需要，可以将应收单划分为不同的类型，以区分应收货款之外的其他应收款。例如，可以将应收单分为应收代垫费用款、应收利息款、应收罚款、其他应收款等。应收单的对应科目由企业自行定义，具体操作步骤如下：

1. 单击"初始设置"|"单据类型设置"，进入"单据类型设置"界面。
2. 单击工具栏中的"增加"按钮，就可以增加一个新的单据类型，也可以修改和删除。

> 注意：
> （1）应收单中的"其他应收单"为系统默认类型，不能修改、删除，只能增加应收单的类型。
> （2）发票的类型是固定的，不能修改、删除。
> （3）不能删除已经使用过的单据类型。

### 三、期初余额录入

通过期初余额录入功能，可将正式启用账套前的所有应收业务数据录入到系统中作为期初建账的数据，这样既保证了数据的连续性，又保证了数据的完整性。初次使用本系统时，要将上期未处理完全的单据都录入到本系统，以便于以后的处理。当进入第二年度处理时，系统自动将上年度未处理完全的单据转成为下一年度的期初余额。在下一年度的第一个会计期间里可以进行期初余额的调整。

### （一）录入期初余额

录入期初余额的具体操作步骤如下：

1. 执行"应收款管理"|"设置"|"期初余额"命令，弹出"期初余额——查询"对话框，

根据需要指定查询条件,单击"确定"按钮,进入"期初余额明细表"界面。单击"增加"按钮,弹出"单据类别"对话框,如图 6-10 所示。

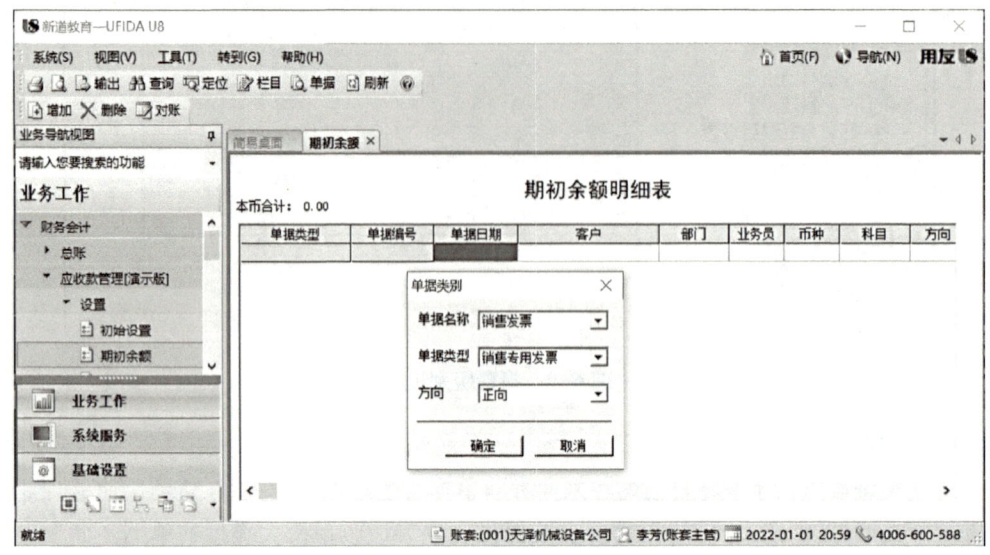

图 6-10　录入期初余额

2. 选择相应单据类型,如"销售专用发票",选择方向"正向",然后单击"确定"按钮,进入销售专用发票录入界面。单击"增加"按钮新增一张发票,如图 6-11 所示。根据企业实际情况录入发票上的相应信息,特别是最后一列的"科目"信息,应注意应收账款和应收票据的区别,如果科目录错,将会导致对账错误。

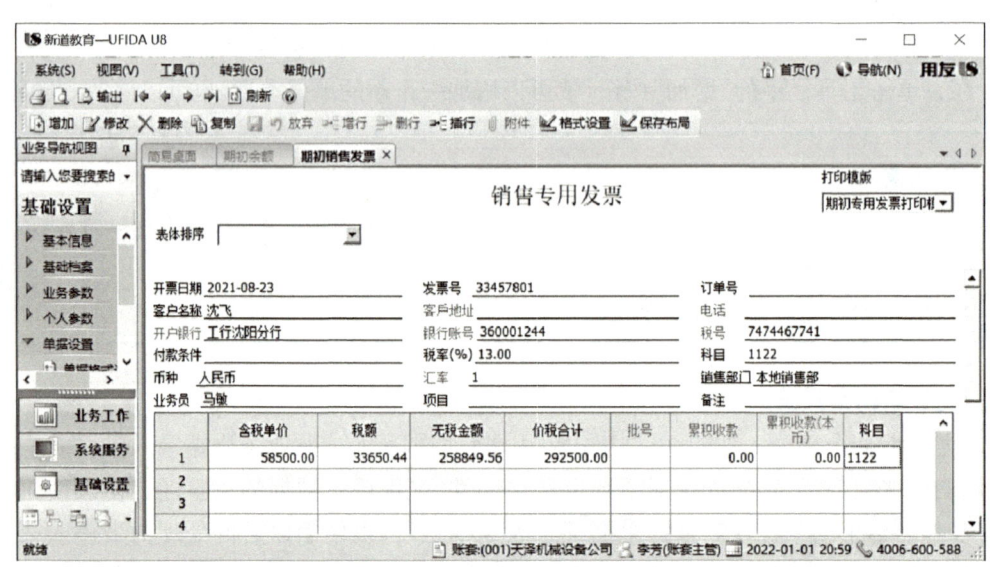

图 6-11　录入销售专用发票

3. 单击"保存"按钮,保存发票数据。保存后可以单击"修改"或"删除"按钮对保存后的发票进行修改或删除。可单击"复制"按钮,系统会自动新增一张发票并复制上张发票信息,可以在此基础上进行修改,从而加快录入速度。

4. 全部发票录入完毕后，单击销售专用发票录入界面右上角的关闭按钮返回"期初余额明细表"界面，此时如果窗口中看不到刚才录入的发票信息，可单击"刷新"按钮，系统会列示所有已录入的发票信息。

5. 如果期初余额中有应收单或者预收款单，可在"期初余额明细表"界面单击"增加"按钮，在弹出的"单据类型"对话框中选择"应收单"|"其他应收单"|"正向"，或者选择"预收款"|"收款单"或"付款单"，单击"确定"按钮，进入相应的单据录入界面，单击"增加"按钮录入相应单据信息，如图 6-12 所示。预收单的录入界面和应收单大致相同。

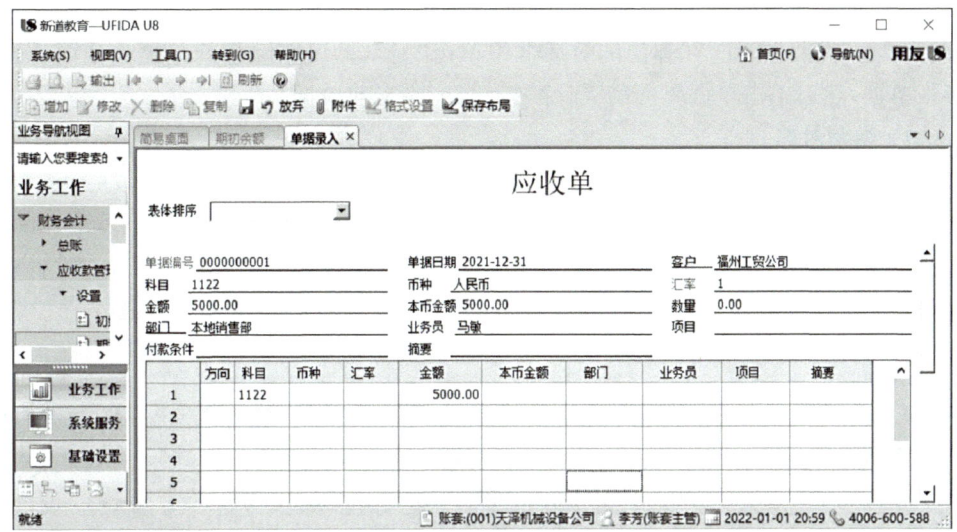

图 6-12 录入应收单

6. 如果期初余额中有应收票据，可在"期初余额明细表"界面单击"增加"按钮，然后在弹出的"单据类型"对话框中选择"应收票据"|"银行承兑汇票"或者"商业承兑汇票"，单击"确定"按钮，进入期初票据录入界面，单击"增加"按钮录入相应的票据信息，如图 6-13 所示。

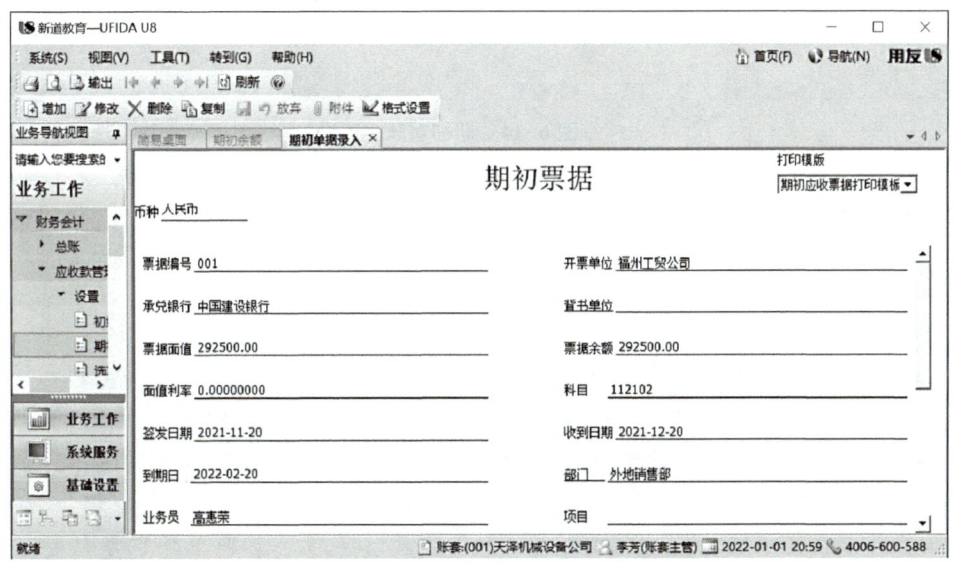

图 6-13 录入应收票据

261

## （二）修改期初余额

修改期初余额的具体操作步骤如下：

1. 在"期初余额明细表"界面双击要修改的单据，进入该单据界面。

2. 单击"修改"按钮，修改当前单据。修改单据界面和录入单据相同，不再赘述。若期初数据已作后续处理，则不允许修改、删除原期初数据。

## （三）删除期初余额

删除期初余额的具体操作步骤如下：

1. 在"期初余额明细表"界面中单击选中要删除的单据。

2. 单击"删除"按钮，在弹出的对话框中单击"是"，即可删除当前单据。也可双击打开某张单据，然后单击单据界面的"删除"按钮，删除当前单据。

## （四）期初对账

期初对账的具体操作步骤如下：

1. 期初余额全部录入完毕之后，返回"期初余额明细表"界面。

2. 单击"对账"按钮，进行总账系统和应收款管理系统期初余额的对账，应收款期初余额与总账期初余额相等表示对账成功，如图6-14所示。

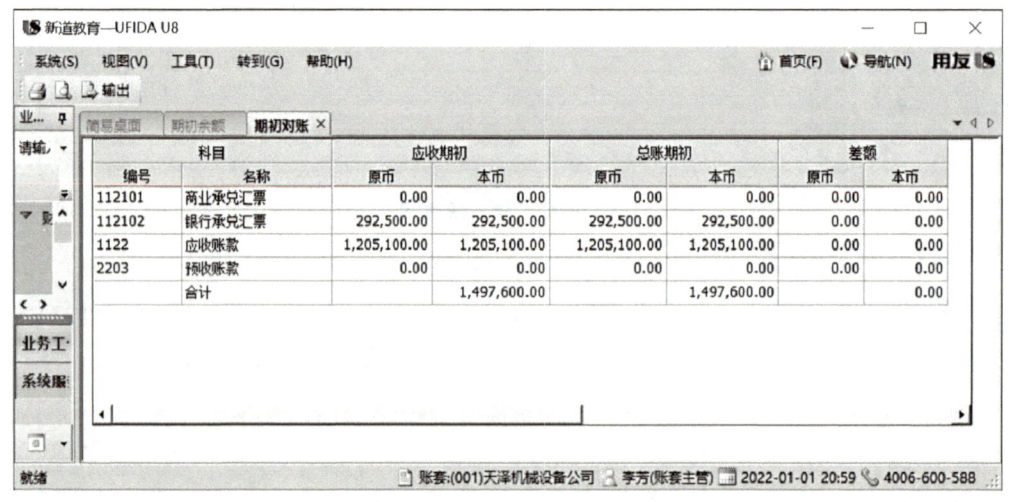

图6-14 期初对账

# 【知识拓展】

### 常规选项设置

1. 应收款核销方式：指设置核销应收款和已收款的方式，包括按单据核销和按产品核销两种。按单据核销方式指在收款结算时，系统将满足条件的未结算单据全部列出，由操作员选择需要结算的单据进行核销；按产品核销方式指系统将满足条件的未结算单据按存货列出，由操作员选择需要结算的存货进行核销。

2. 单据审核日期依据：指确定单据审核日期的依据，包括依据单据日期和依据业务日期两种。当选择单据日期进行审核时,自动将单据的审核日期(即入账日期)记为该单据的单据日期;当选择业务日期进行审核时,自动将单据的审核日期(即入账日期)记为当前业务日期(即登录日期)。

3. 坏账处理方式:有备抵法和直接转销法两种方式。

4. 代垫费用类型:是解决从销售系统传递的代垫费用单在应收款系统中用何种单据接收的功能。系统默认为其他应收单,也可自行定义,还可随时更改。

5. 应收款核算类型:有简单核算和详细核算两种方式,系统缺省时应选择详细核算方式。选择简单核算方式时,应收款系统只是将销售系统传递来的发票生成凭证,再传递给总账系统,在总账系统中以凭证为依据进行往来业务查询;选择详细核算方式时,在应收款系统中可以对往来款项进行详细的核算、控制、查询和分析。可根据自己的核算要求选择相应的核算类型。

### 凭证选项设置

1. 受控科目制单方式:有明细到客户和明细到单据两种方式。明细到客户是指将一个客户的多笔业务合并生成一张凭证时,如果这些业务的科目相同,系统自动将其合并成一条分录,可在总账系统中根据客户来查询其详细信息;明细到单据是指将一个客户的多笔业务合并生成一张凭证时,系统会将每一笔业务形成一条分录,可在总账系统中看到每个客户的详细业务发生情况。

2. 控制科目依据:包括按客户分类、按客户和按地区三种方式。分别表示按客户分类、按客户和按地区来设置不同的应收科目和预收科目。

3. 销售科目依据:指销售科目的依据,有按存货分类和按存货两种方式。

### 初 始 设 置

1. 科目设置:此设置是为了在生成凭证时让系统自动填入业务对应的会计科目,包括基本科目设置、控制科目设置、产品科目设置和结算方式科目设置。

2. 坏账准备设置:设置的内容与前面的坏账处理方式有关。第一年使用应收款系统,坏账准备余额可直接录入,以后由系统自动生成。

3. 账龄区间设置:指根据应收款的欠款时间长短,对应收款进行分级分析,以便掌握客户欠款的情况。

4. 报警级别设置:将客户按照欠款余额与其信用额度的比例分为不同的类型,以便掌握每个客户的信用情况。

5. 单据类型设置:系统提供发票和应收单两大类型的单据。在应收款管理系统中,发票包括专用发票和普通发票;应收单是记录销售业务之外应收款的单据,可以将其分为代垫费用、应收利息、其他应收款等,应收款的对应科目由操作员自己定义。

### 录入期初余额

在启用应收款管理系统时,要将以前尚未处理完的单据全部录入到本系统中,作为本系统的期初余额处理。录入完成后,应进行期初对账工作,查看应收款管理系统与总账管理系统的期初余额是否平衡。如果不平衡,须检查是否录入有误,修改错误达到平衡方可。

# 任务二　应收款管理系统日常业务处理

日常业务主要完成日常应收单和收款单的录入和审核、核销处理、票据处理、转账处理、汇兑损益以及坏账的处理，及时记录应收/收款业务的发生情况，为查询和分析往来业务提供完整、正确的资料。同时加强对往来款项的监督管理，提高工作效率。

## 【任务情景】

天泽机械设备公司应收会计刘明经过一段时间的努力，终于完成了客商档案等基础档案的设置工作和应收款管理系统的初始化设置工作，接下来刘明就可以使用应收款管理系统处理公司的相关业务了。因此，刘明需要掌握应收单、收款单的处理，应收票据的处理，以及坏账的处理等操作。

## 【任务目标】

1. 掌握应收款管理的基本知识；
2. 掌握计提坏账准备的基本方法；
3. 掌握应收单据、收款单据、应收票据、转账处理、坏账处理、制单处理等操作方法；
4. 具备保守财务秘密、建立良好商业信用的职业道德和严谨认真、一丝不苟的职业态度。

## 【任务内容】

天泽机械设备公司2022年1月发生的应收款业务如下：

1. 3日，收到沈阳飞机制造厂归还部分货款5 700元的转账支票一张(678324)。

2. 8日，根据供货合同发给武汉造船厂LY126产品5台，每台32 760元，以转账支票支付给市火车站代垫铁路运费及运输保险费5 000元，已办理托收手续，增值税发票号码(WH40301)。

3. 9日，将多余的电器元件500个卖给扬泽公司，含税单价30元，收到转账支票一张(ZZ19604)，增值税发票号码(BJ70207)。

4. 10日，扬泽公司购买LY125产品5台，每台58 500元；LY126产品5台，每台32 760元。由于资金紧张，双方同意办理银行承兑汇票(523312)，期限45天，增值税发票号码(WH40302)。

## 【任务实施】

### 一、应收单据处理

应收单据处理主要包括单据录入、管理和审核等工作。通过单据录入、审核、管理可记录各种应收业务的内容，查阅各种应收业务单据，完成应收业务的日常管理工作。

一般操作流程是：录入单据→审核单据→单据制单→单据查询。

例如,2022 年 1 月 9 日,本地销售部业务员马敏向江西水泥制造厂销售 LY125 产品 5 台,每台 58 500 元,代垫运杂费 7 000 元。增值税专用发票号码(WH140208)。同日,江西水泥厂采购员持银行汇票前来办理结算。

（一）应收单据录入

销售发票与应收单是应收款管理日常核算的原始单据。如果同时使用应收款管理系统和销售管理系统,则销售发票和代垫费用产生的应收单据由销售系统录入,自动传递到本系统,在本系统中可以对这些单据进行审核、弃审、查询、核销、制单等操作,此时,在应收款管理系统需要录入的单据仅限于应收单。如果没有使用销售管理系统,则各类发票和应收单均应在本系统录入。

应收单据录入的具体操作步骤如下:

1. 在应收款管理系统中,执行"应收单据处理"|"应收单据录入"命令,系统弹出"单据类别"对话框,选择新增单据名称为"销售发票",单据类型为"销售专用发票",方向为"正向",如图 6-15 所示。单击"确定"按钮,进入销售专用发票录入界面。

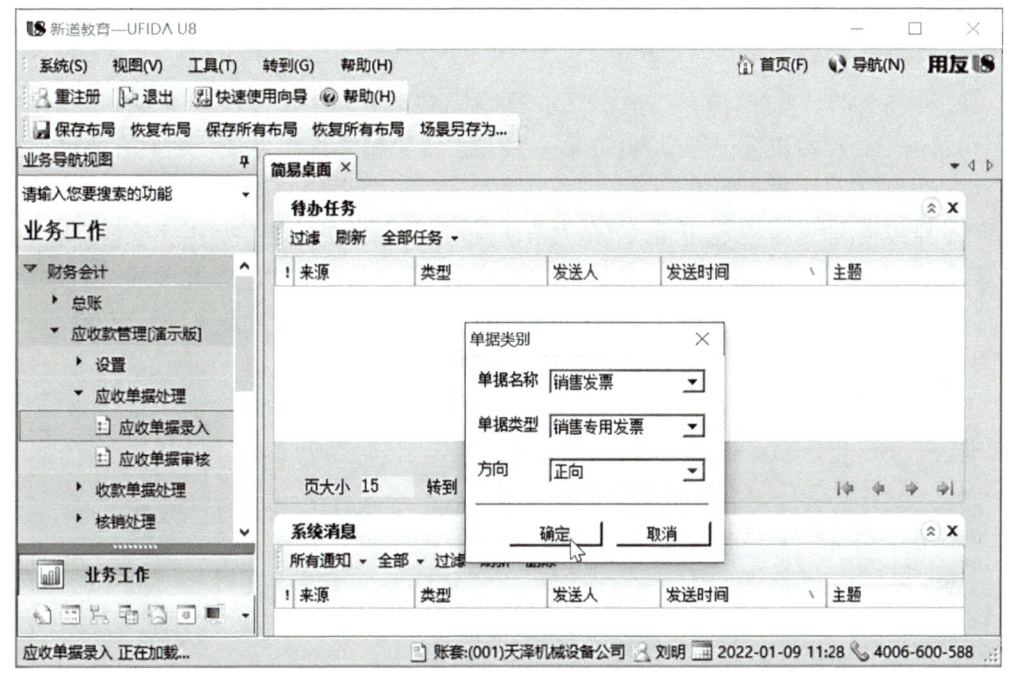

图 6-15　选择单据类别

2. 在销售专用发票录入界面单击"增加"按钮,录入相应的发票信息。在发票号处录入"WH140208",开票日期处录入"2022-01-09",销售类型处参照录入"产品销售",客户简称处参照录入"江西水泥",销售部门处参照录入"本地销售部",业务员处参照录入"马敏",税率处录入"13.00"。在表体存货编码处参照录入"LY125 库存商品",数量处录入"5.00",含税单价处录入"58500.00",其余项目系统会自动计算并填入相应的栏目,如图 6-16 所示。如果行数不够,可单击"增行"按钮新增空白行。

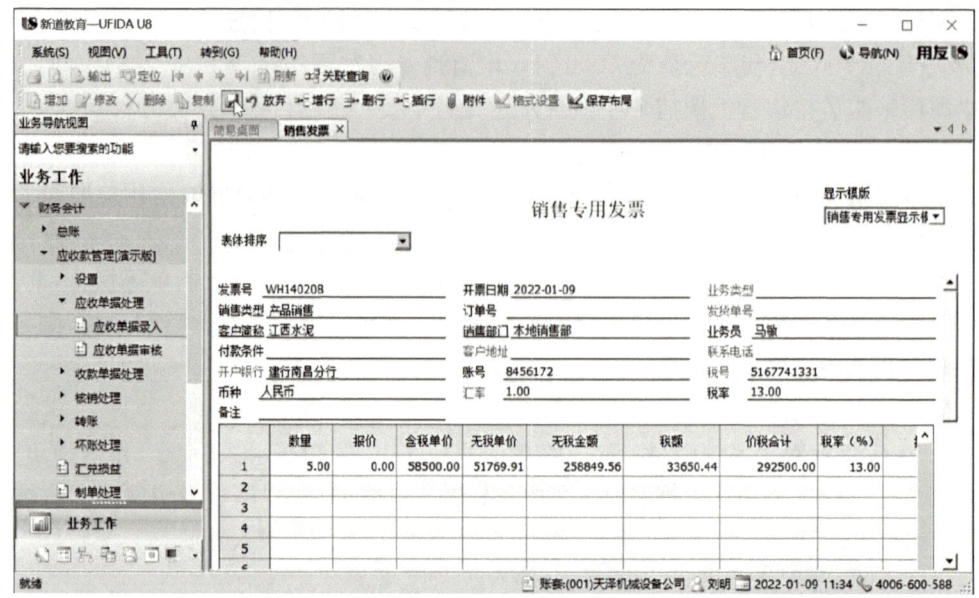

图 6-16　录入销售专用发票

3. 单击"保存"按钮，保存该张发票，单击"放弃"则放弃本次操作。如果发票信息有误，可单击"修改"按钮进行修改，也可单击"删除"按钮删除该张发票。如果发票已经审核或制单，则不可修改和删除。

4. 继续单击"增加"按钮可录入其他发票信息。也可以单击"复制"按钮，系统会新增一张发票并自动复制上一张已保存的发票信息，可在此基础上进行修改，以加快发票录入速度。

5. 发票保存之后，如果确认无误，可以直接在发票录入界面对发票进行审核。单击"审核"按钮，系统弹出"是否立即制单？"提示框，如图 6-17 所示。

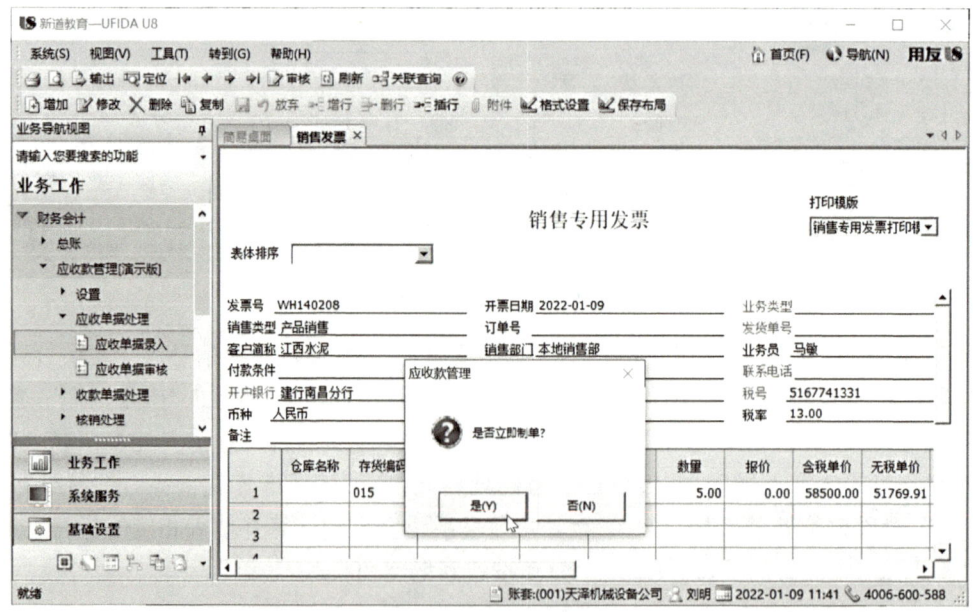

图 6-17　审核发票

6. 如果想立即生成凭证，则单击"是"，系统会自动生成相应凭证，修改相应信息后单击"保存"按钮保存该凭证，如图 6-18 所示。已生成的凭证可以在"单据查询"|"凭证查询"中进行查看和删除等操作。

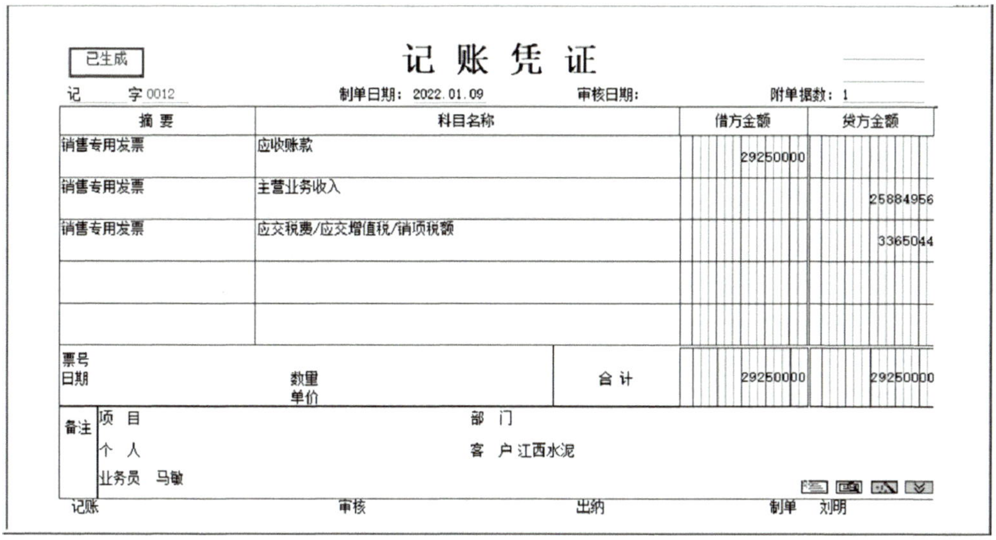

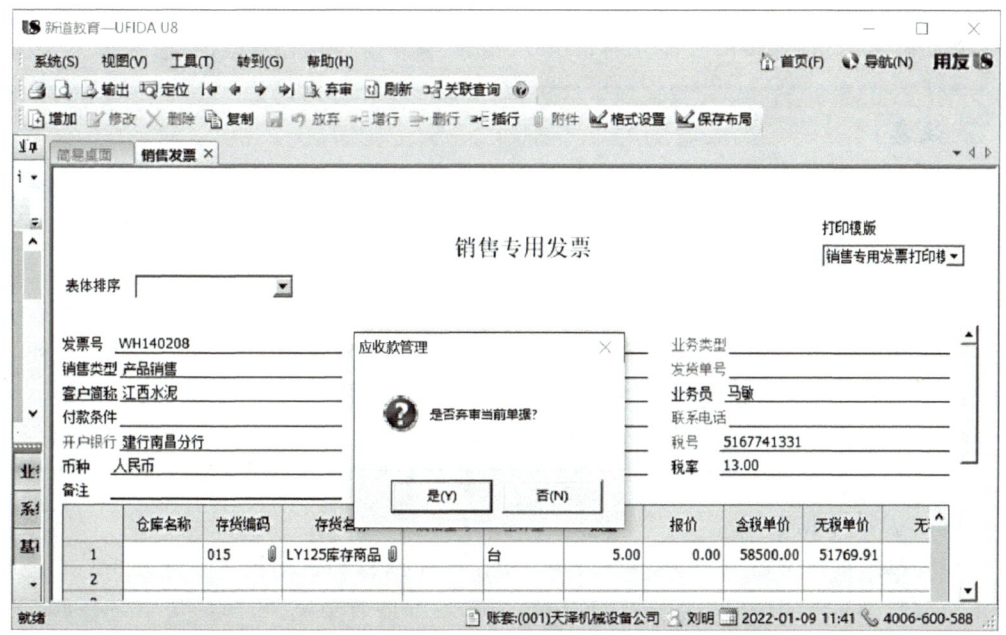

图 6-18　发票生成凭证

7. 如果不想生成凭证，可单击"否"，则系统不会立即生成凭证，此时可到"制单处理"里集中生成凭证。

8. 审核后的发票如果没有进行制单和核销处理，可以根据需要取消审核。在发票录入界面单击"弃审"按钮，系统弹出"是否弃审当前单据？"对话框，单击"是"，则可取消审核，如图 6-19 所示。

图 6-19　弃审单据

9. 本例中的代垫运杂费需要录入其他应收单。执行"应收单据处理"|"应收单据录入"命令,在弹出的"单据类别"对话框中依次选择"应收单""其他应收单""正向",单击"确定"按钮进入其他应收单录入界面,单击"增加"按钮新增一张应收单,依次录入相应信息:单据日期"2022-01-09",客户"江西水泥",金额"7000.00",部门"本地销售部",业务员"马敏",摘要"代垫运杂费"。在表体科目处录入"100201",金额"7000.00",如图6-20所示。

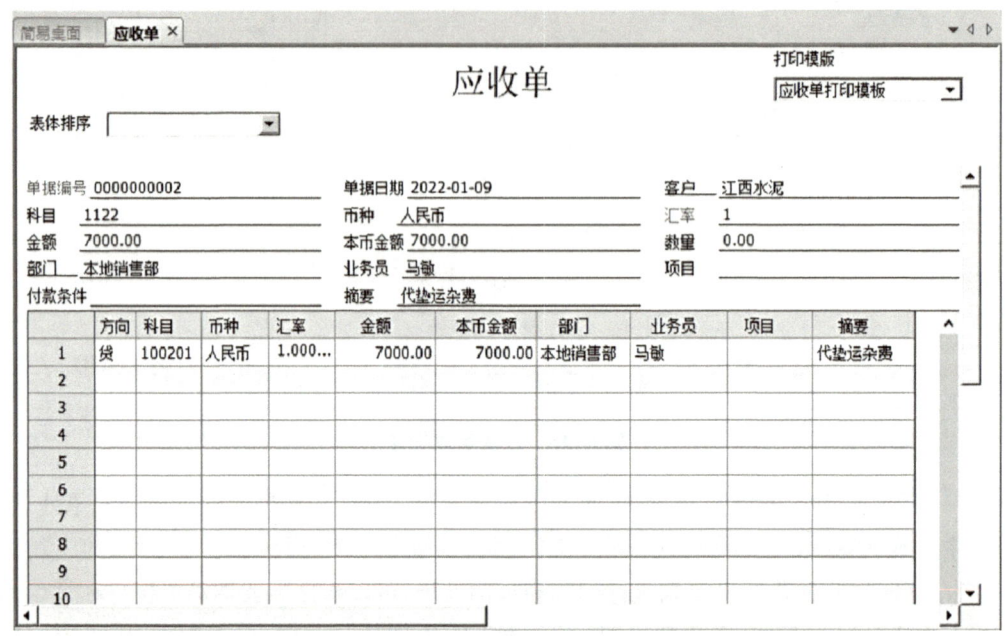

图 6-20 录入应收单

10. 应收单录入完毕后,单击工具栏中的"审核"按钮,系统弹出"是否立即制单?"对话框,选择"否"。应收单的其他处理如修改、删除、弃审等操作和发票相同。

> 注意:
> (1) 应收单据录入界面中上下翻页查找的单据为本系统录入的应收单、发票,包括已审核、未审核单据。已做过后续处理如核销、转账、汇兑损益、坏账处理的单据则需要到"单据查询"中进行查询。
> (2) 若启用销售管理系统,则销售发票在销售管理系统中录入并进行复核,在本系统进行审核记账。在销售管理系统录入的发票在本系统不能修改、删除,只能到销售管理系统中进行修改等操作。
> (3) 已审核的单据在未进行其他处理之前可取消审核后再修改。

(二) 应收单据审核

应收单据审核主要用于批量审核,系统提供手工审核和自动批审两种方式。应收单据审核窗口中显示的单据包括全部已审核、未审核的应收单据,也包括从销售管理系统传入的单据。进行过后续处理如核销、制单、转账等处理的单据不能显示在应收单据审核界面中。

应收单据审核的具体操作步骤如下：

1. 在应收款管理系统中，执行"应收单据处理"|"应收单据审核"命令，系统弹出"应收单查询条件"对话框，如图 6-21 所示。

图 6-21 "应收单查询条件"对话框

2. 输入查询条件后，可以单击"批审"按钮，系统根据当前的过滤条件将符合条件的未审核单据进行审核处理。批审完成后，系统提交单据批审报告，自动批审报告会显示成功的张数，单击右边的箭头可以查看明细的单据审核情况，如图 6-22 所示。

图 6-22 单据批审报告

3. 同时，也可以手工审核。在输入过滤条件后，单击"确定"按钮，进入单据列表界面，如图 6-23 所示。在"选择"标志一栏里，双击鼠标选中或者单击工具栏中的"全选"按钮将所有的单据全部选中，单击工具栏中的"审核"按钮，将所选单据全部审核并显示审核结果，如图 6-24 所示。单击"确定"按钮确认审核结果，此时在应收单据列表中的"审核人"处已签上刘明的名字。

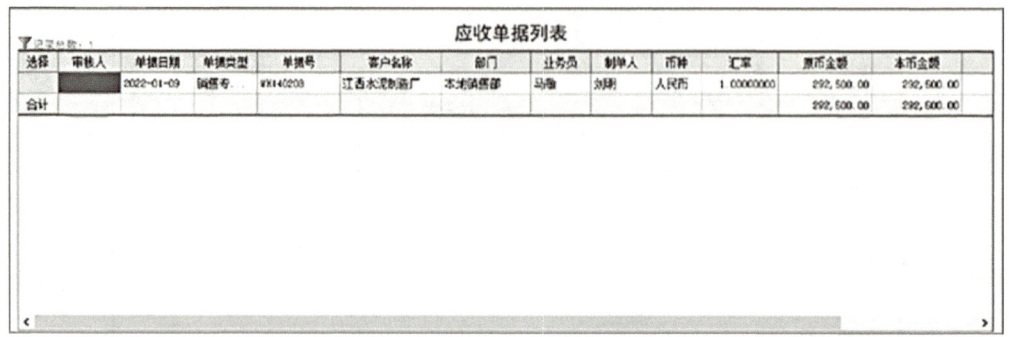

图 6-23　单据审核列表

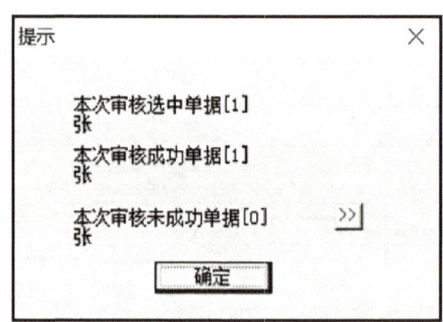

图 6-24　单据审核结果

4. 在应收单据审核列表界面选中要查看的单据，单击"单据"按钮，即可查看该单据的详细情况。单击"弃审"按钮可取消单据的审核。

 注意：
（1）在应收单据审核列表界面也可以进行应收单的增加、删除、弃审等操作。
（2）单据被审核后，将从单据处理主界面中消失，可以在"单据查询"功能中查看这些单据。

### 二、收款单据处理

收款单据处理主要是对结算单据（收款单、付款单）进行管理，包括收款单、付款单的录入、审核以及单张结算单的核销。其中，收款单用来记录企业所收到的客户款项，款项性质包括应收款、预收款、其他费用等，应收款、预收款性质的收款单将与发票、应收单、付款单进行核销勾对。付款单用来记录发生销售退货时,企业开具的退付给客户的款项,该付款单可与应收、预收性质的收款单、红字应收单、红字发票进行核销。

(一) 收款单据录入

收款单据录入是将已收到的客户款项或退回客户的款项录入到应收款管理系统,包括收款单与付款单(即红字收款单)的录入。

在录入收款单时需要指定款项用途,即该款项是客户结算所欠货款、提前支付的货款,还是支付其他费用。系统用款项类型来区别不同的用途,不同用途的款项,系统提供的后续业务处理不同。如果同一张收款单包含不同用途的款项,应在表体记录中分行显示。对于冲销应收账款以及形成预收款的款项,需要进行核销以冲销客户债务的处理,对于其他费用用途的款项则不需要进行核销。同时,若一张收款单中表头客户与表体客户不同,则视表体客户的款项为表头客户代付款。

收款单据录入的具体操作步骤如下:

1. 在应收款管理系统中,执行"收款单据处理"|"收款单据录入"命令,弹出"收付款单录入"界面。

2. 单击"增加"按钮新增收款单,依次录入收款单信息。日期处参照录入"2022-01-09",客户处参照录入"江西水泥",结算方式处参照录入"银行汇票",结算科目处参照录入"100201",金额处录入"299500.00"。表体项目的款项类型处参照录入"应收款",其他项目由系统自动录入,如图6-25所示。

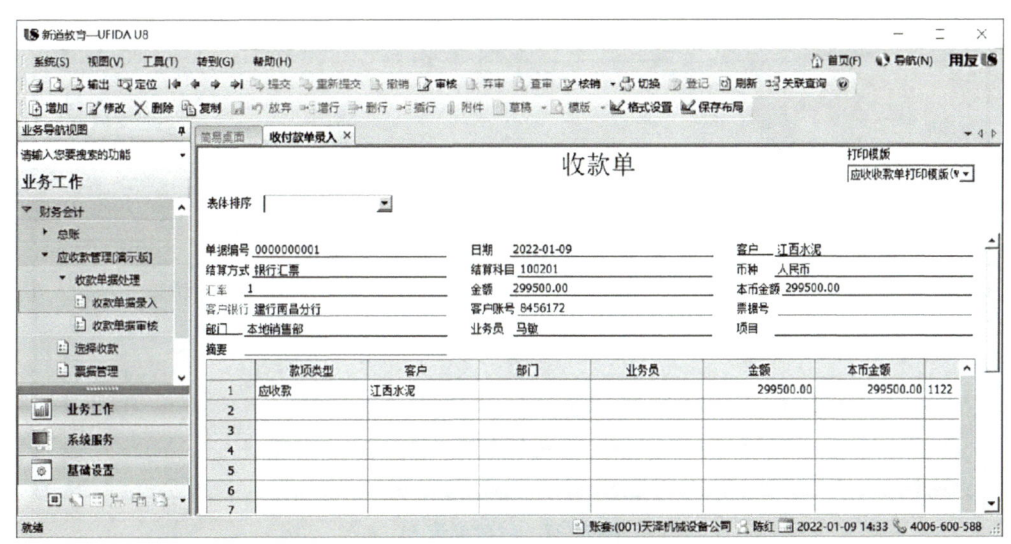

图6-25 录入收款单

3. 单击"保存"按钮,保存该收款单。

4. 单击"审核"按钮对该收款单进行审核,系统弹出"是否立即制单?"对话框,如果想生成凭证,则选择"是",此时系统自动生成收款凭证,如图6-26所示。如果不想生成凭证,可选择"否",然后到"制单处理"里集中生成凭证。

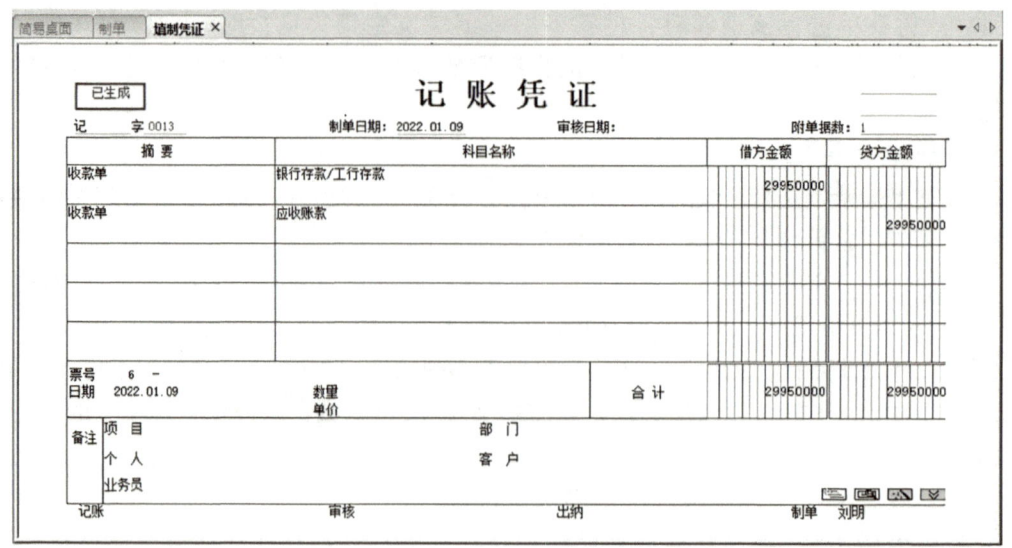

图 6-26 收款单生成凭证

5. 如果收款单录入有误,可单击"弃审"按钮取消审核,然后单击"修改"按钮进行修改,也可单击"删除"按钮删除该收款单。

6. 如果想录入付款单,需要在"收付款单录入"界面先单击"切换"按钮,然后单击"增加"按钮,即可新增付款单,如图 6-27 所示。依据业务内容输入表头和表体项目,录入完毕后单击"保存"按钮即可。

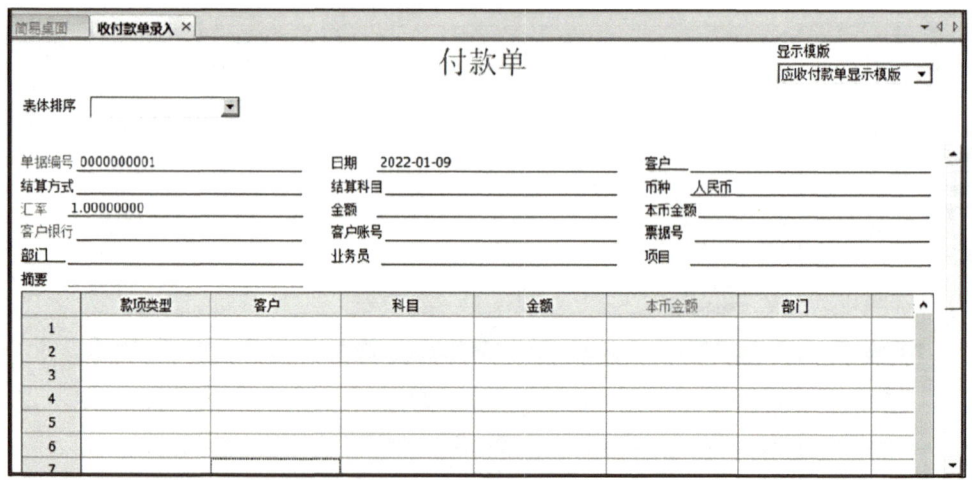

图 6-27 付款单录入

7. 收款单审核后,可单击工具栏中的"核销"按钮右侧的下拉箭头,选择"同币种"按钮实时进行同币种核销,即将币种相同的发票、应收单与收款单进行勾对。若应收与收款的币种不同,可单击"核销—异币种"按钮进行异币种核销。注意:异币种核销只能在"收款单据录入"中进行处理,同币种的核销还可以在"核销处理"中进行批量、自动处理。

(二)收款单据审核

收款单据审核主要用于完成结算单的自动审核、批量审核功能。在"收款单据审核"

界面中显示的单据包括全部已审核、未审核的收款单据。

收款单据审核的操作步骤与应收单据审核基本一致,不再赘述。

### 三、核销处理

核销处理指日常进行的收款与应收款核销的工作。单据核销是收回客商款项后核销该客商应收款的处理,其目的是建立收款与应收款的核销记录,监督应收款及时核销,加强往来款项的管理。

#### (一)核销规则

对应收单据和收款单据进行核销时分为以下四种情况,每种情况又都分为同币种核销和异币种核销。

1. 收款单与原有单据完全核销:如果收款单的数额等于应收单据的数额,则收款单与原有单据完全核销。

2. 在核销时使用预收款:如果客户预付了一部分款项,在业务完成后又付清了剩余的款项,并且要求这两笔款项同时结算,则在核销时需要使用预收款。如果预收款的币种与需要核销的应收单的币种不一致,需要将预收款的金额折算成中间币种后进行核销。

3. 单据仅得到部分核销:如果收到的款项小于原有应收单据的数额,那么单据仅能得到部分核销,未核销的余款留待下次核销。

4. 预收款余款退回:如果预收往来单位款项大于实际结算的货款,可以将余款退付给往来单位。处理方法为按余款数额输入付款单,与原收款单核销。

#### (二)手工核销

手工核销是指手工确定收款(付款)单与它们对应的应收单的核销工作。

手工核销的具体操作步骤如下:

1. 在应收款管理系统中,执行"核销处理"|"手工核销"命令,弹出"核销条件"设置对话框,如图 6-28 所示。

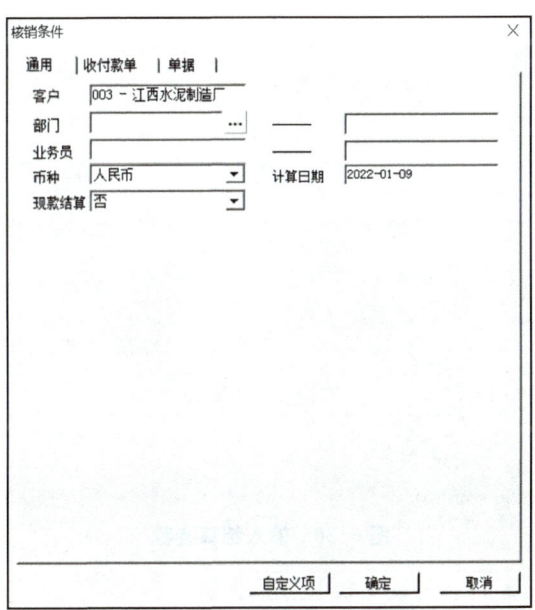

图 6-28 "核销条件"对话框

2. 选择需要进行核销处理的客户,输入结算单、被核销单据过滤条件,单击"确定"按钮,进入"单据核销"界面,如图 6-29 所示。上方列表显示该客户可以核销的结算单记录,下方列表显示该客户符合核销条件的对应应收单据。款项类型为其他费用的记录不允许在此作为核销记录,核销时可以选择其中一条表体记录进行。余额已经为零的表体记录不在此列表中显示。

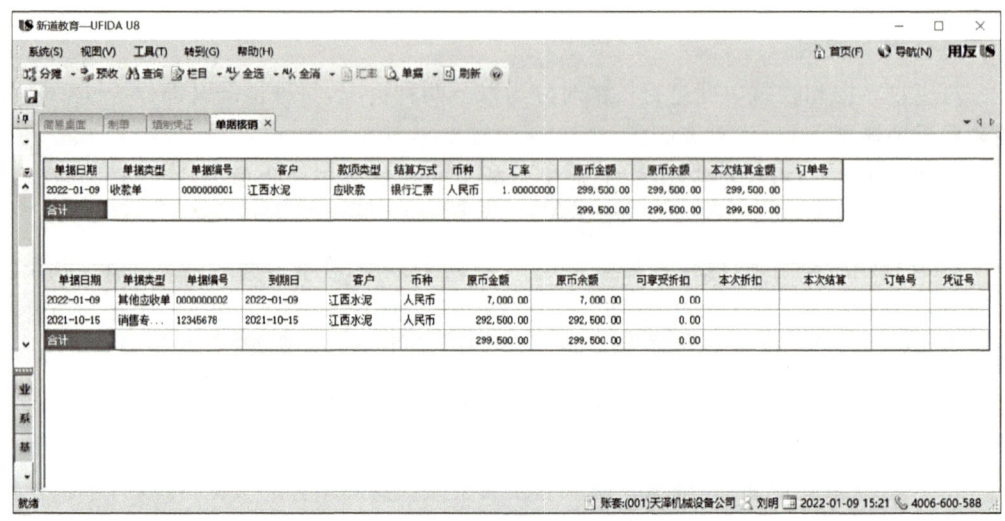

图 6-29 "单据核销"界面

3. 在上方的收款单列表中手工输入本次结算金额"299500.00",同时选择下方应收单列表中对应的其他应收单和销售专用发票,并在本次结算栏中分别输入结算金额"7000.00"和"292500.00",如图 6-30 所示。核销时可以修改本次结算金额,但是不能大于该记录的原币余额。上下列表中的结算金额合计必须保持一致。

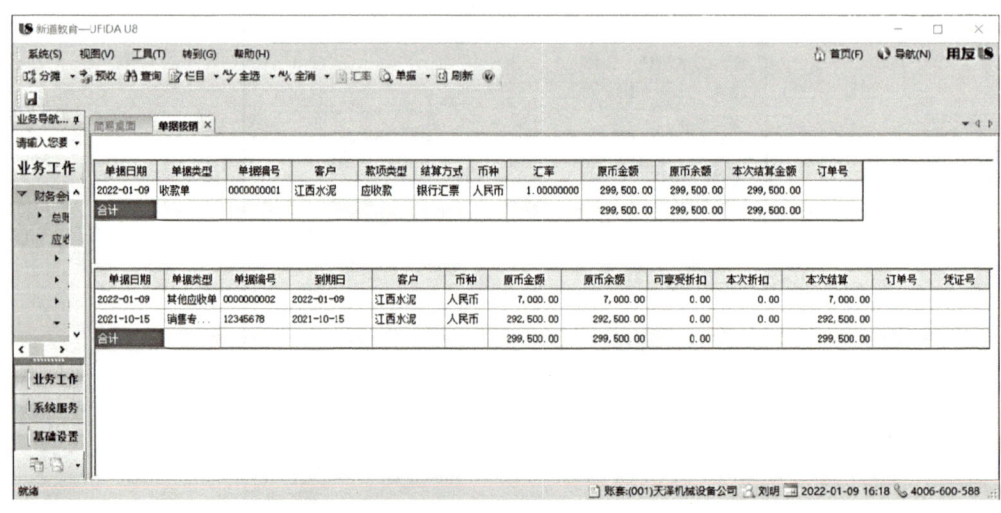

图 6-30 输入结算金额

4. 单击"保存"按钮,即可完成本次核销操作。
5. 也可手工输入本次结算金额后单击"分摊"按钮,系统将当前结算单列表中的本次结算金额合计自动分摊到被核销单据列表的本次结算栏中。核销顺序依据被核销单据的排序顺序。完成后单击"保存"按钮,系统自动保存该结算单核销信息。

> **注意：**
> （1）手工核销时一次只能显示一个客户的单据记录,若需要对代付款进行处理,则需要在过滤条件中输入代付单位后进行核销。
> （2）一次只能对一种结算单类型进行核销,即手工核销的情况下需要将收款单和付款单分开核销。
> （3）手工核销保存时,若结算单列表的本次结算金额合计不等于被核销单据列表的本次结算金额合计,系统将提示"结算金额不相等,不能保存"。
> （4）若发票中同时存在红蓝记录,则核销时会先进行单据的内部对冲。

### （三）自动核销

自动核销指确定收款（付款）单与它们对应的应收（应付）单后由系统自动进行核销,可以提高往来款项核销的效率。

自动核销的具体操作步骤如下：

1. 在应收款管理系统中,执行"核销处理"|"自动核销"命令,打开核销过滤条件设置对话框。

2. 输入对应的过滤条件,单击"确认"按钮,系统弹出"是否进行自动核销？"对话框,单击"是",系统自动核销,同时提供进度条,以便及时了解核销进程。

3. 核销完成后,系统会提交自动核销报告,显示已核销单据的情况及核销金额和未核销的原因,如图6-31所示。

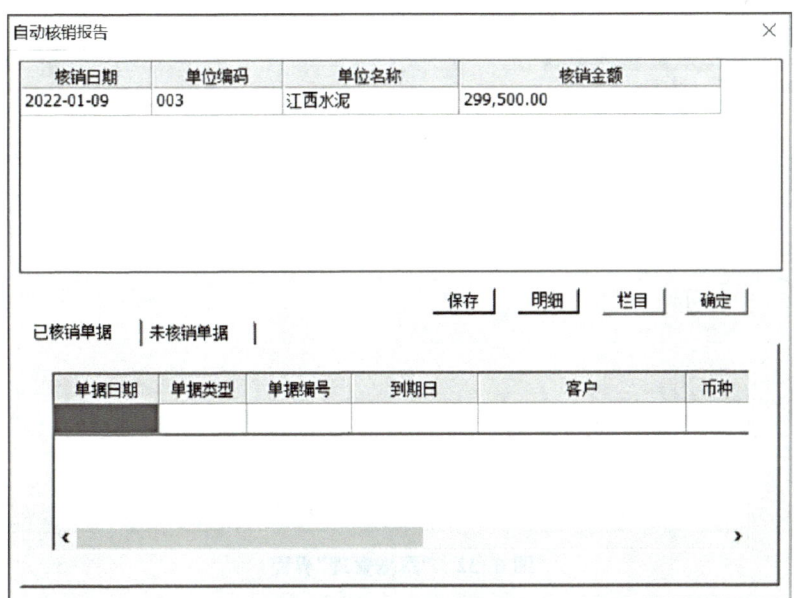

图6-31　自动核销报告

4. 单击"确定"按钮退出。

> **注意:**
> 自动核销可对多个客户进行核销处理,可以在"取消"操作中按客户分别取消核销处理。

### 四、票据管理

票据管理主要对银行承兑汇票和商业承兑汇票进行管理,包括记录和查询票据详细信息和处理情况。

收到票据后,在票据管理中录入相关信息,系统保存当前票据,并生成一张收款单自动传递到收款单据审核处,可打开"收款单据审核"界面对该票据生成的收款单进行审核,也可以在"收款单据录入"中进行查询,并与应收单据进行核销勾对,冲减客户应收账款。在票据管理中,可以对该票据进行计息、贴现、转出、结算、背书等后续处理。

下面以"2022 年 1 月 10 日,向扬泽公司销售 LY125 产品 5 台,每台 58 500 元;LY126 产品 5 台,每台 32 760 元。由于资金紧张,双方同意办理银行承兑汇票(523312),期限 45 天。增值税发票号码(No. WH40302)"业务为例进行介绍,具体操作步骤如下:

#### (一)票据的增加、修改和删除

1. 在应收款管理系统中,执行"票据管理"命令,打开"过滤条件选择"对话框。
2. 单击"过滤"按钮进入"票据管理"界面,如图 6-32 所示。

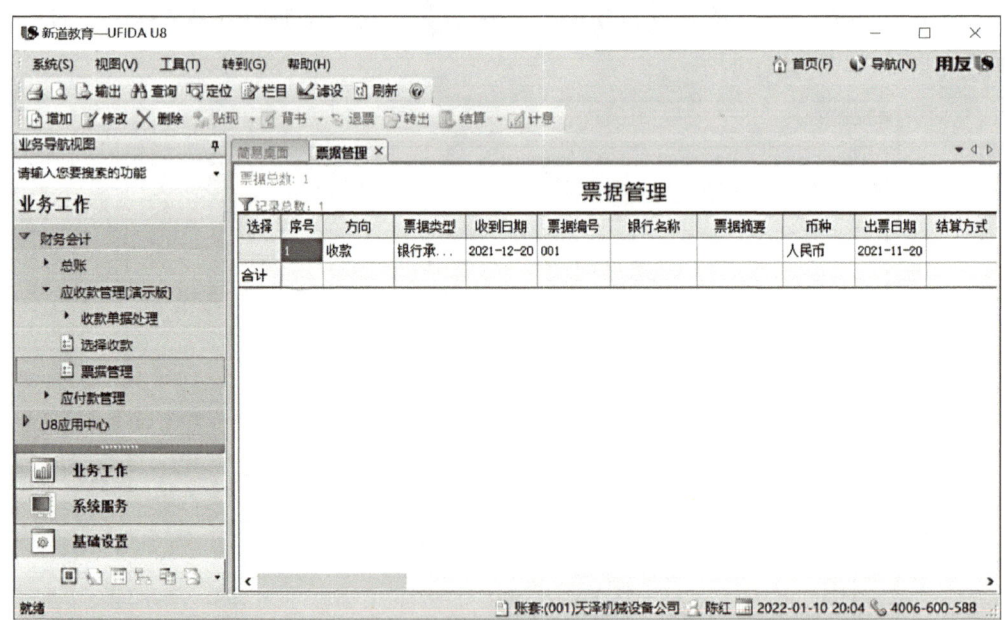

图 6-32 "票据管理"界面

3. 单击工具栏上的"增加"按钮,进入票据录入界面。按照业务内容依次录入各项信息,输入完毕后单击工具栏中的"保存"按钮,保存当前票据,如图 6-33 所示。

项目六　应收款管理

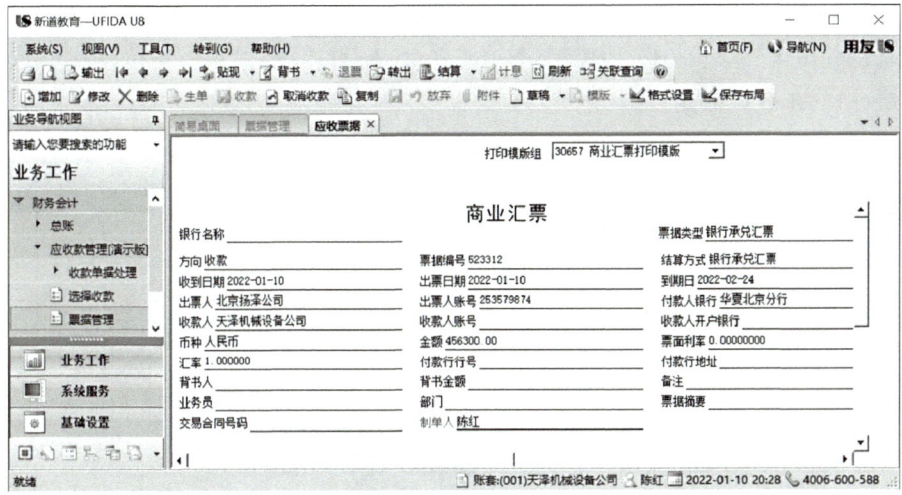

图 6-33　应收票据录入

4. 如果票据录入错误，可单击"修改"按钮进行修改。单击"删除"按钮可删除该票据。单击"增加"或"复制"按钮可继续录入其他商业汇票。

> 💡 注意：
> （1）如果要进行票据科目的管理，必须将应收票据科目设置为应收受控科目。
> （2）收到日期在已经结账月份的票据不能被删除，票据所形成的收款单已经核销的或者已经进行过计息、结算、转出等处理的票据不能被删除，也不能被修改。

（二）票据贴现

1. 在票据录入界面中保存票据后，可根据需要对票据进行贴现，单击工具栏中的"贴现"按钮，或者在"票据管理"界面中选中需要贴现的票据，单击工具栏中的"贴现"按钮，弹出"票据贴现"对话框，如图 6-34 所示。

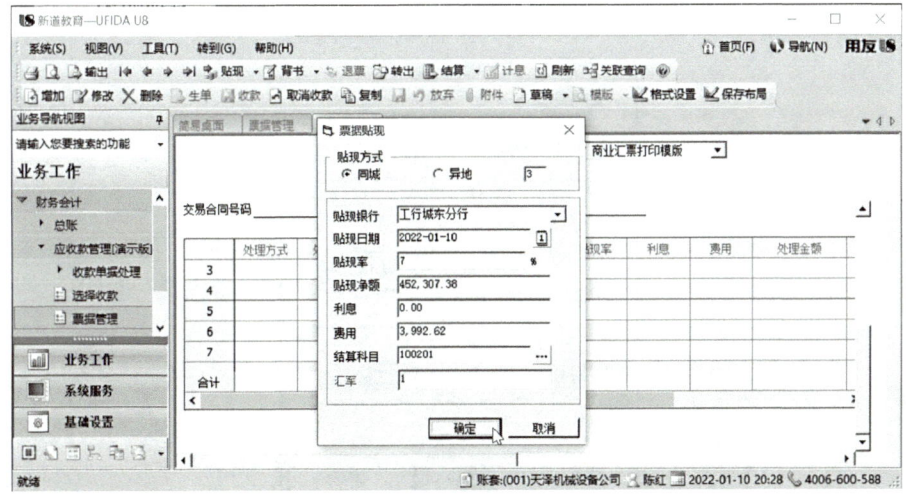

图 6-34　票据贴现

277

2. 输入各栏目信息后单击"确定"按钮,系统弹出"是否立即制单?"对话框,如果需要立即制单,则单击"是",生成票据贴现的记账凭证,如图6-35所示。也可选择"否",然后到"制单处理"中集中制单。

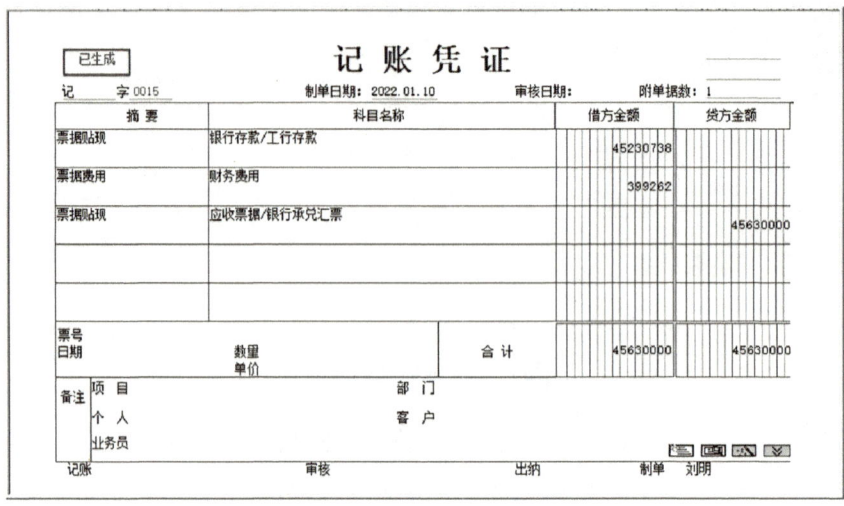

图6-35 生成贴现凭证

>  注意：
> 
> 票据贴现后,将不能再对其进行其他处理。

（三）票据背书

票据背书时可以选择冲销应付账款,也可以选择其他。

在"票据管理"界面中选中需要背书的票据,单击工具栏中的"背书"按钮,弹出"票据背书"对话框,如图6-36所示。根据业务内容依次录入各栏目信息,然后单击"确定"按钮,系统会自动将相应的信息写入票据登记簿中。

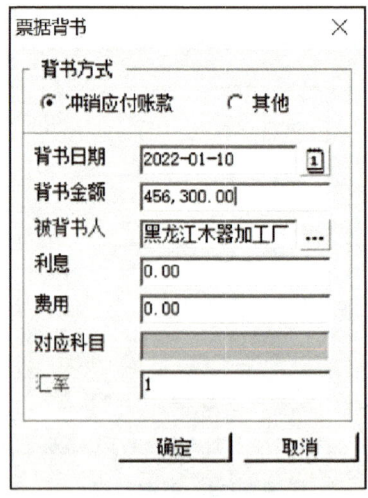

图6-36 票据背书

票据背书后,将不能再对其进行其他处理。当背书方式为"冲销应付账款"时,如果背书金额大于应付账款,则将剩余金额记为供应商的预付款,并结清该张票据。

(四)票据的计息、结算和转出

计息是指带息票据到期时,承兑人按票据面额及应计利息之和向收款人付款。票据结算即票据兑现。转出是指某种原因导致票据迟迟没有结算,需要重新恢复应收账款的情况。

在"票据管理"界面中选中需要计息、结算和转出的票据,单击工具条上的相应按钮进入对应的操作界面,根据业务内容依次录入各栏目信息,然后单击"确定"按钮即可完成操作,如图6-37所示。

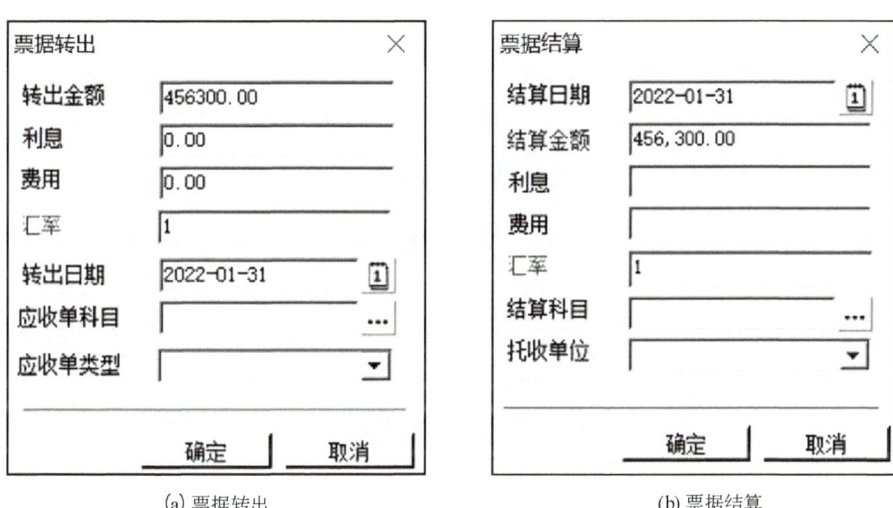

(a) 票据转出　　　　　　　　　　　　(b) 票据结算

图6-37　票据的转出、结算

## 五、转账处理

转账处理包括以下四种情况:

(一)应收冲应收

应收冲应收是指将一家客户的应收款转到另一家客户中。以"经协商,将北京扬泽公司的期初应收账款292 500元转给福州工贸公司"为例进行介绍,具体操作步骤如下:

1. 在应收款管理系统中,执行"转账处理"|"应收冲应收"命令,弹出"应收冲应收"对话框。

2. 设定日期"≤2022-01-31",选中"货款""其他应收款"项目。在转出户中参照录入"北京扬泽公司",在转入户中参照录入"福州工贸公司"。

3. 单击对话框右侧的"查询"按钮,系统会将该转出户中所有满足条件的单据全部列出,可在单据栏目的最后一列"并账金额"栏中手工输入本次并账金额"292500.00",如图6-38所示。手工输入并账金额时,金额应大于零且小于等于余额。

279

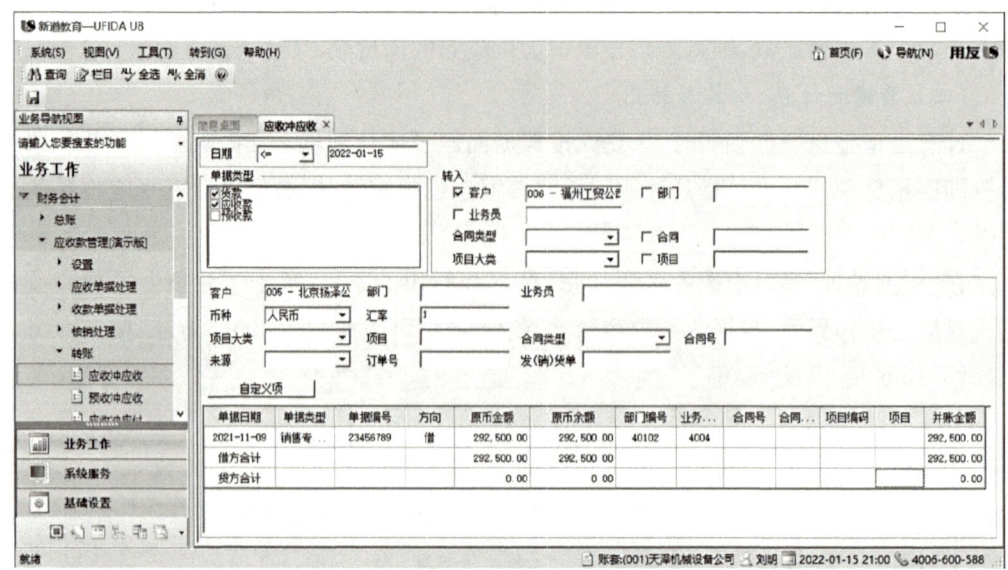

图 6-38 应收冲应收

4. 输入完有关信息后单击"确认"按钮,系统会自动进行转出、转入处理并弹出"是否立即制单?"对话框。如果需要制单,可以选择"是",生成如图 6-39 所示的凭证。也可单击"否",暂不制单。

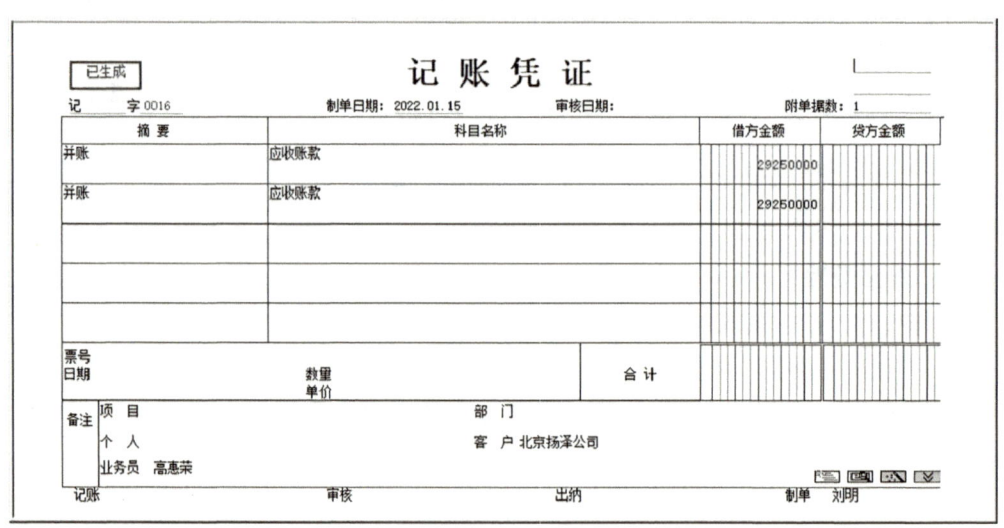

图 6-39 应收冲应收生成凭证

(二)预收冲应收

预收冲应收用于处理客户的预收款(红字预收款)与该客户应收欠款(红字应收款)之间的核算业务,具体操作步骤如下:

1. 在应收款管理系统中,执行"转账处理"|"预收冲应收"命令,弹出"预收冲应收"对话框,直接单击"自动转账"按钮,系统自动进行成批的预收冲抵应收款操作。

2. 也可以进行单个客户的预收冲抵应收款操作。单击"预收款"页签,在"预收款"页签中输入过滤信息,单击"过滤"按钮,系统会将该客户所有满足条件的预收款的日期、转账方式、金额等项目列出,在"转账金额"一栏里输入每一笔预收款的转账金额。

3. 单击"应收款"页签,过滤相关单据,操作方法与预收款的过滤相同。

4. 输入完有关预收款和应收款的信息后,单击"确认"按钮,系统会自动将两者对冲。

5. 上述两个页签均可以通过直接输入转账总金额后,单击"分摊"按钮,由系统自动分摊该转账总金额到具体单据上,且分摊好的各单据转账金额允许修改。

(三) 应收冲应付

应收冲应付指用某客户的应收账款冲抵某供应商的应付款项。系统通过应收冲应付功能将应收款业务在客户和供应商之间进行转账,实现应收业务的调整,完成应收债权与应付债务的冲抵。操作步骤和前面类似,不再赘述。

(四) 红票对冲

红票对冲可实现将客户的红字应收单据与其蓝字应收单据、收款单与付款单之间进行冲抵的操作。系统提供自动对冲和手工对冲两种处理方式。

六、坏账处理

坏账处理指计提坏账准备、坏账发生、坏账收回等的处理。系统提供的计提坏账的方法主要有销售收入百分比法、应收账款百分比法和账龄分析法。在进行坏账处理之前,首先要在系统选项中选择坏账处理的方法,然后在初始设置中设置有关参数。

(一) 计提坏账准备

计提坏账准备采用应收账款百分比法处理的具体操作步骤如下:

1. 在应收款管理系统中,执行"坏账处理"|"计提坏账准备"命令,进入坏账准备计提界面。系统自动计算应收账款总额,并根据初始设置中设定的计提比率及坏账准备期初余额计算出本次计提金额,如图 6-40 所示。

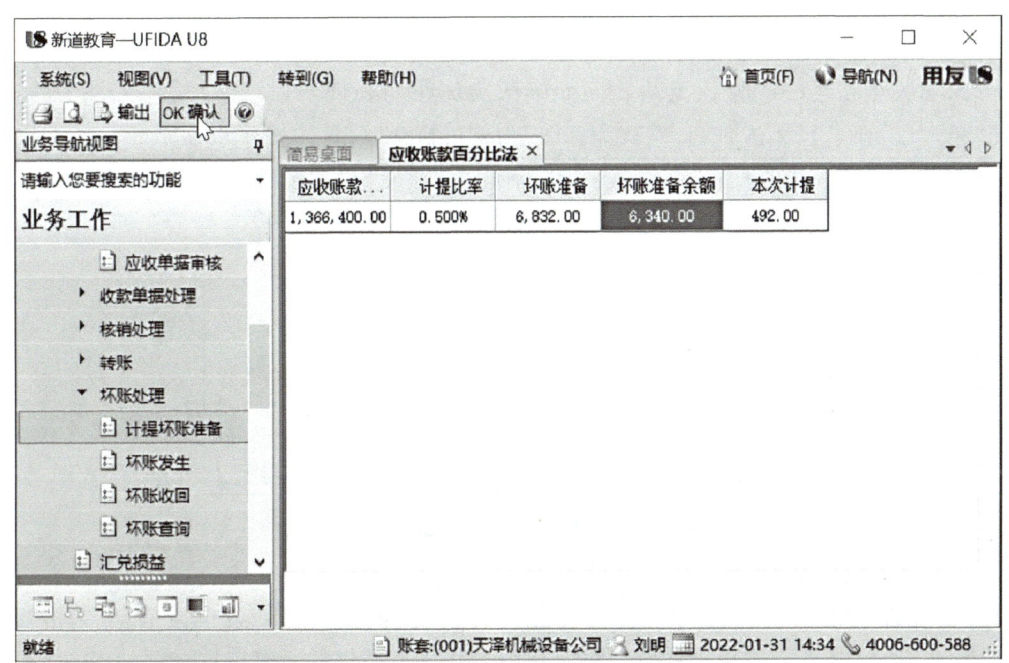

图 6-40 计提坏账准备

2. 如果确认计算无误,则单击工具栏中的"确认"按钮确认此次操作,系统提示"是否立即制单?",若选"是",则会生成一张凭证,修改后保存即可,如图6-41所示。确认后,本年度将不能再次计提坏账准备,并且不能修改坏账参数。如果没有单击"确认"按钮就直接退出,则此次操作无效。

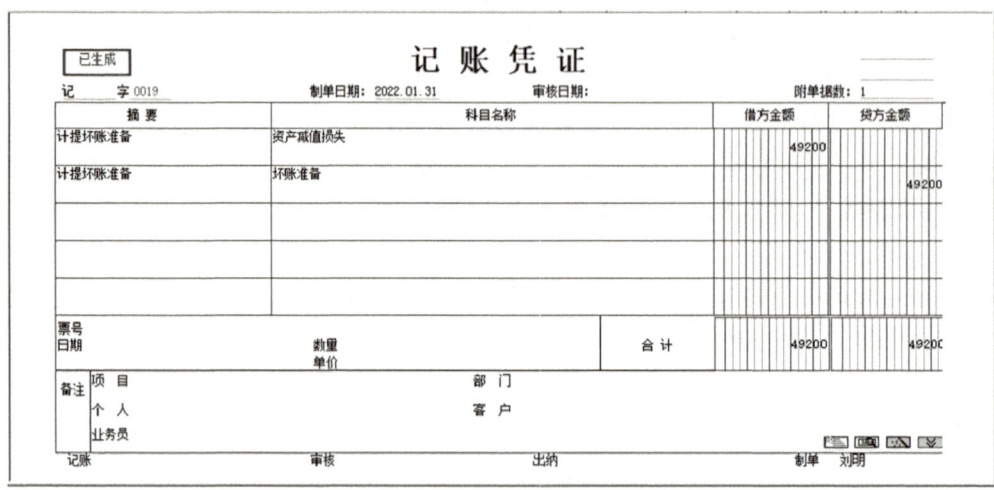

图 6-41 计提坏账准备凭证

> 注意:
> 初次计提时,应在初始设置中进行预先设置。设置的内容包括提取比率、坏账准备期初余额等。

(二)坏账发生

坏账发生指某些应收款无法收回而确认为坏账的处理。以"武汉造船厂前欠货款 163 800 元经确认已无法收回,确认为坏账"为例进行介绍,具体操作步骤如下:

1. 执行"坏账处理"|"坏账发生"命令,弹出"坏账发生"对话框,如图6-42所示。

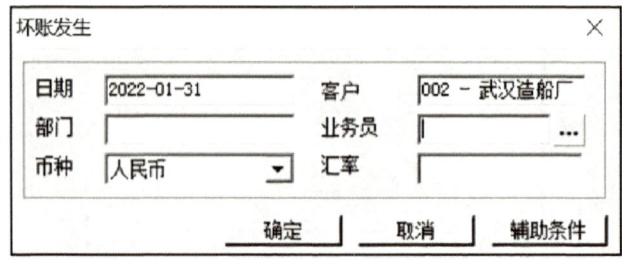

图 6-42 坏账发生

2. 在客户处参照录入"002-武汉造船厂",然后依次输入其他各栏目信息,单击"确定"按钮,进入"坏账发生单据明细"界面,系统会将满足条件的所有单据全部列出。

3. 在发生坏账明细单据列表中,选择单据编号为"33457901"的单据,在本次发生坏账金额栏中直接输入"163800.00"。也可以单击"全选"按钮,系统将明细单据中的余额自动填入本次发生坏账金额,单击"全消"按钮可将本次发生坏账金额清空,如图 6-43 所示。

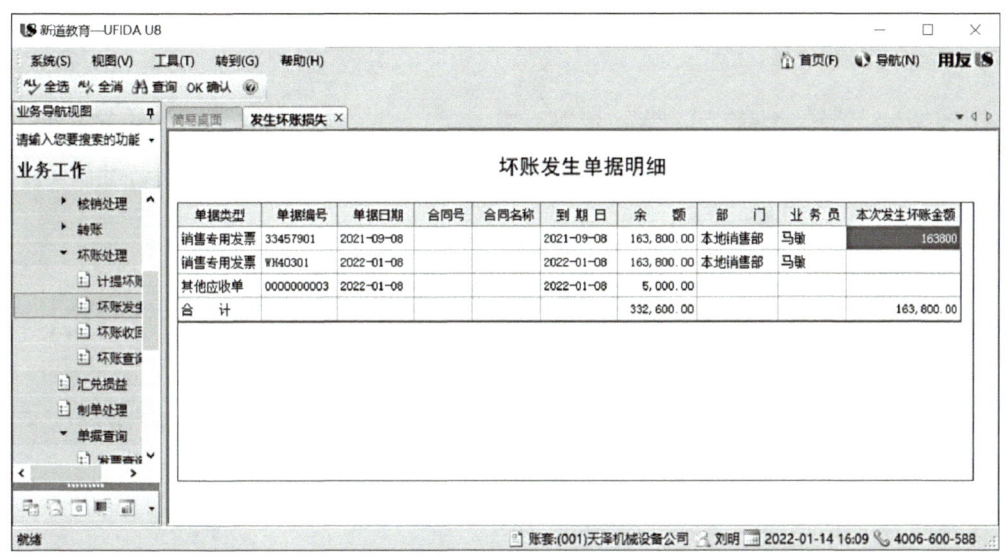

图 6-43　输入坏账发生金额

4. 输入完成后,单击工具栏中的"确认"按钮对所选的发票进行坏账处理。处理完毕后系统弹出"是否立即制单?"对话框,单击"是",生成如图 6-44 所示的凭证。

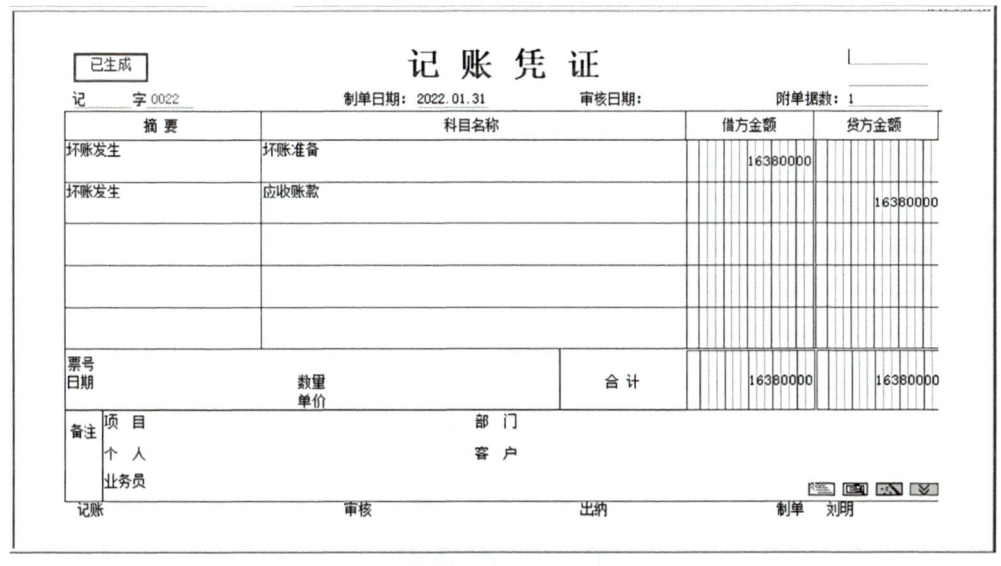

图 6-44　坏账发生凭证

### (三)坏账收回

坏账收回指系统提供的对应收款已确定为坏账后又被收回的业务处理功能。以"此前确认的武汉造船厂已发生的坏账 163 800 元又重新收回"为例进行介绍,具体操作步骤如下:

1. 执行"收款单据处理"|"收款单据录入"命令,根据坏账收回情况录入一张收款单,如图 6-45 所示。需要注意的是,该收款单不需要进行审核。

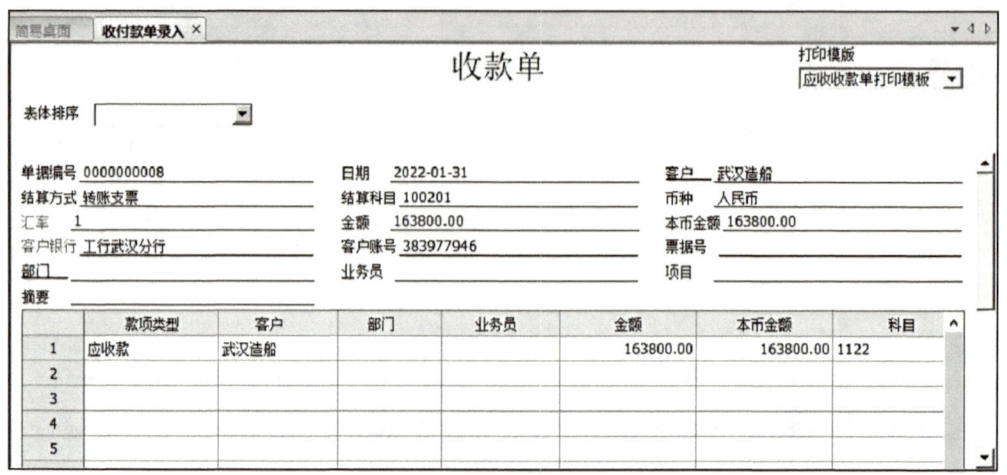

图 6-45  录入坏账收回收款单

2. 执行"坏账处理"|"坏账收回"命令,在弹出的"坏账收回"对话框中输入相关信息,如图 6-46 所示。

图 6-46  坏账收回

3. 单击"确定"按钮,在弹出的"是否立即制单?"对话框中选择"是",生成如图 6-47 所示的凭证。

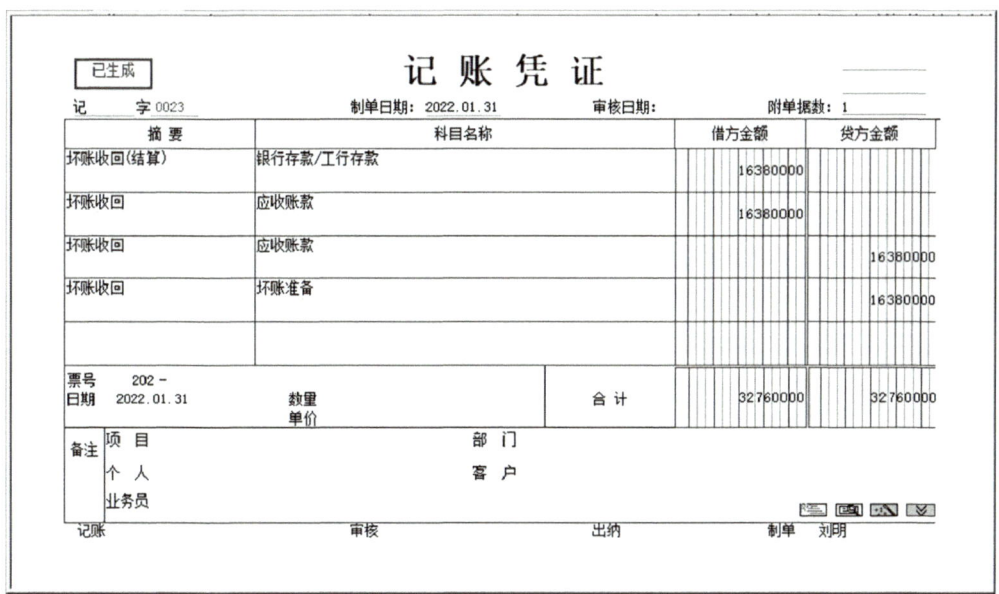

图 6-47 坏账收回凭证

> 注意:
> (1) 当收回一笔坏账时,应首先在"收款单据录入"功能中录入一张收款单,该收款单的金额即为收回的坏账金额,该收款单不需要审核。
> (2) 在录入一笔坏账收回的款项时,应注意不要把该客户的其他的收款业务与该笔坏账收回业务录入到同一张收款单中。例如,×月×日××客户付了一笔货款,同时还付了一笔以前的坏账款项,这时,应录入两张收款单,分别记录收到的货款和收到的坏账款项。
> (3) 坏账收回制单不受系统选项中"方向相反分录是否合并"选项控制。

### (四)坏账查询

坏账查询指系统提供的对系统内进行应收坏账业务的处理过程和处理结果的查询功能,可以加强对坏账的监督。

## 七、汇兑损益

汇总损益功能可以用于计算外币单据的汇兑损益并对其进行相应的处理。

### (一)月末计算汇兑损益

月末对外汇核算时需进行汇兑损益的处理,具体操作步骤如下:

1. 在应收款管理系统中,执行"汇兑损益"命令,弹出"汇兑损益"对话框,如图 6-48 所示。

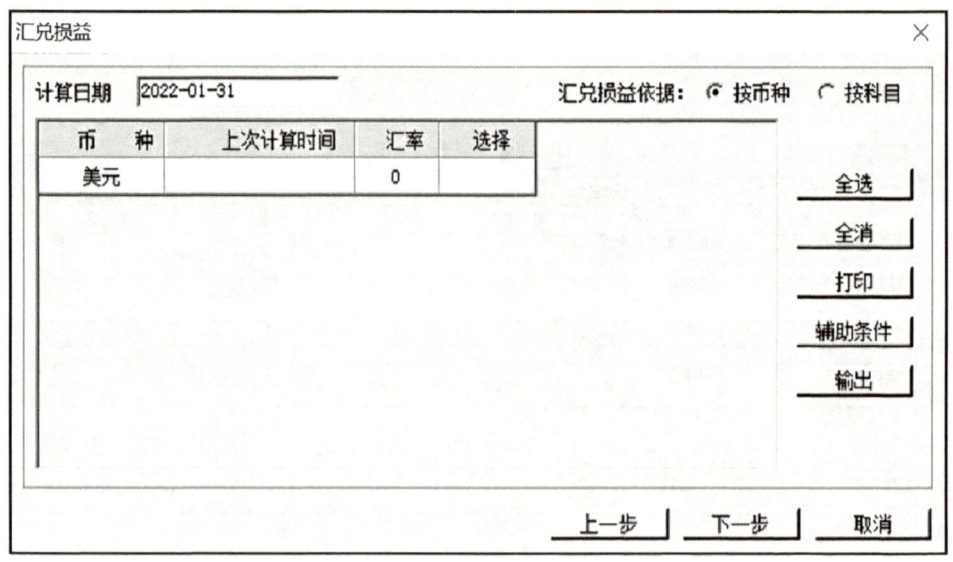

图 6-48 "汇兑损益"对话框

2. 输入日期。屏幕列示了所有的外币币种和本月内该币种上次计算汇兑损益的时间。如果要选择或取消选择某个币种，在某个币种的"选择"标志列双击即可，也可以单击"全选"按钮选中全部币种。

3. 单击"下一步"按钮，进入试算表界面。屏幕会显示所选择的所有币种汇兑损益的计算情况，包括币种的外币余额、本币余额、调整后的本币金额及两者的差额。

4. 如果对当前的试算结果满意，可单击"确认"按钮保存此次计算。如果对当前的计算结果不满意，可单击"取消"按钮取消此次操作。

5. 如果想要查看汇兑损益处理的详细情况，在试算平衡表界面的下拉框中可选择按币种、单据、客户、科目进行查询，屏幕会显示所选择的汇兑损益的明细记录。

(二) 单据结清时计算汇兑损益

采用单据结清时计算处理汇兑损益的具体操作步骤如下：

1. 输入需要计算汇兑损益的日期。输入的日期应该小于等于第一个未结账月月末并且小于等于当前业务日期，大于已结账月。

2. 屏幕列示了所有外币币种，如果要选择或取消选择某个币种，可以在某个币种的"选择标志"一栏内双击，也可以单击"全选"按钮选中全部币种，单击"全消"按钮取消所有的选择。

3. 选择完成后，单击"下一步"按钮，进入试算表界面。

4. 屏幕会显示所选择的币种的所有单据的类型、编号、客户名称、币种和本币金额。可单击"取消"按钮，取消所作的选择。如果对当前的显示结果满意，可单击"确认"按钮保存此次结果。系统会提示"是否立即制单?"，可以继续作出选择。如果想重新选择币种，可以单击"上一步"按钮返回币种选择界面。

## 八、制单处理

制单即生成凭证,并将凭证传递至总账系统。系统在各个业务处理的过程中都提供了实时制单的功能。除此之外,系统还提供了一个统一制单的平台,可以在此快速、成批生成凭证,并可依据规则进行合并制单等处理。

制单处理的具体操作步骤如下:

1. 在应收款管理系统中,执行"制单处理"命令,打开"制单查询"对话框,如图 6-49 所示。

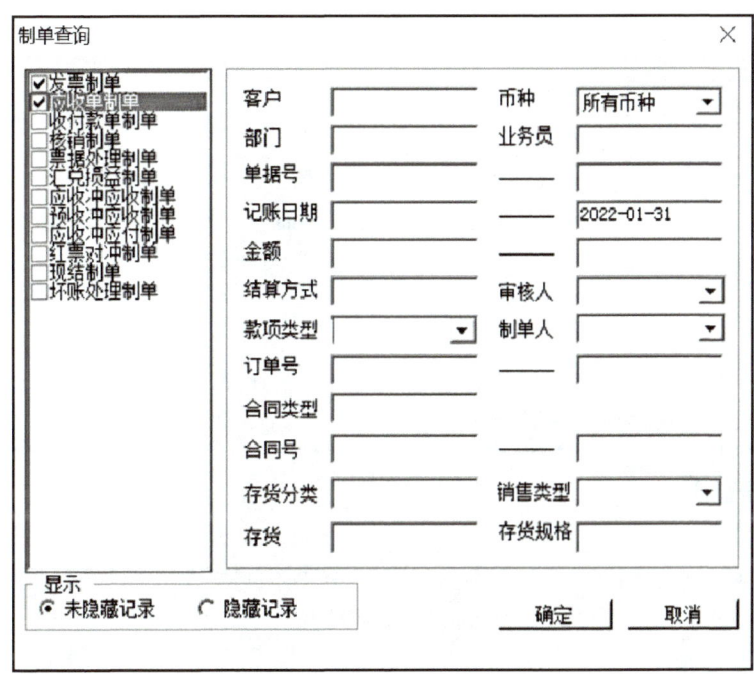

图 6-49 "制单查询"对话框

2. 在左侧制单类型栏目列表中单击选择"发票制单""应收单制单""收付款单制单"。

3. 录入制单日期。

4. 输入查询条件后,单击"确定"按钮,进入"制单"界面,系统将符合条件的所有未制单单据全部列出。

5. 单击"凭证类别"下拉框,为每一个制单类型设置一个默认的凭证类别,在"制单日期"处设置凭证日期。

6. 选择要进行制单的单据,在"选择标志"一栏双击,系统会在双击的栏目处给出一个序号,表明要将该单据制单,可以修改系统给出的序号。例如,系统给出的序号为 1,可以改为 2。相同序号的记录会制成一张凭证,如图 6-50 所示。也可以单击"全选"按钮选择当前列表中所有的单据,这时,所有单据的序号是不一致的,默认不合并制单,可以单击"合并"按钮将所选单据合并生成一张凭证。

7. 选择所有的条件后,单击"制单"按钮,进入凭证界面,单击"保存"按钮可以将当前凭证传递到总账系统。

图 6-50 "制单"界面

注意：

一张原始单据制单后将不能再次制单。如果同时使用了总账系统，则所输入的制单日期应该满足总账制单序时要求。

### 九、单据查询

系统提供对应收单、结算单、凭证等单据的查询功能，可以查询各类单据、详细核销信息、报警信息、凭证等内容。在查询列表中，系统提供自定义显示栏目、排序等功能，可以通过单据列表操作来制作符合要求的单据的列表。

（一）发票查询

发票查询的具体操作步骤如下：

1. 在应收款管理系统中，执行"单据查询"|"发票查询"命令，弹出"发票查询"对话框。输入相应查询条件后，单击"确定"按钮，进入查询结果界面，如图 6-51 所示。

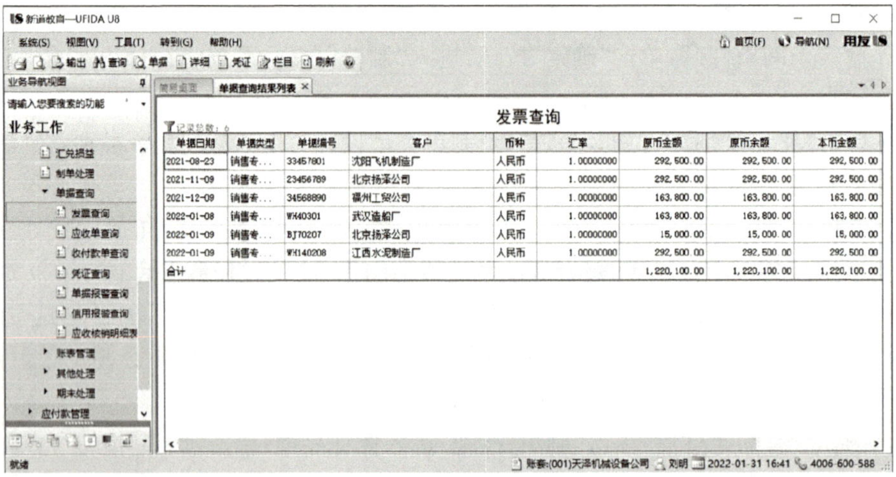

图 6-51 查询结果界面

2. 在查询结果界面单击"查询"按钮,重新输入查询条件,单击"单据"按钮,查看当前的发票。原始单据界面中提供打印、预览功能。单击"详细"按钮,查看当前的发票的详细结算情况;单击"栏目"按钮可以设置当前查询列表的显示栏目、栏目顺序、栏目名称、排序方式,且可以保存当前设置的内容;单击"凭证"按钮则可查看该单据生成的相应记账凭证。

(二) 其他单据的查询

其他单据的查询与发票查询方法基本一致,不再赘述。

(三) 凭证查询

可以通过凭证查询来查看、修改、删除、冲销应收款管理系统生成的凭证,具体操作步骤如下:

1. 在应收款管理系统中,执行"单据查询"|"凭证查询"命令,弹出"凭证查询条件"对话框。设置相应条件后,单击"确定"按钮,进入"凭证查询"列表界面,如图6-52所示。

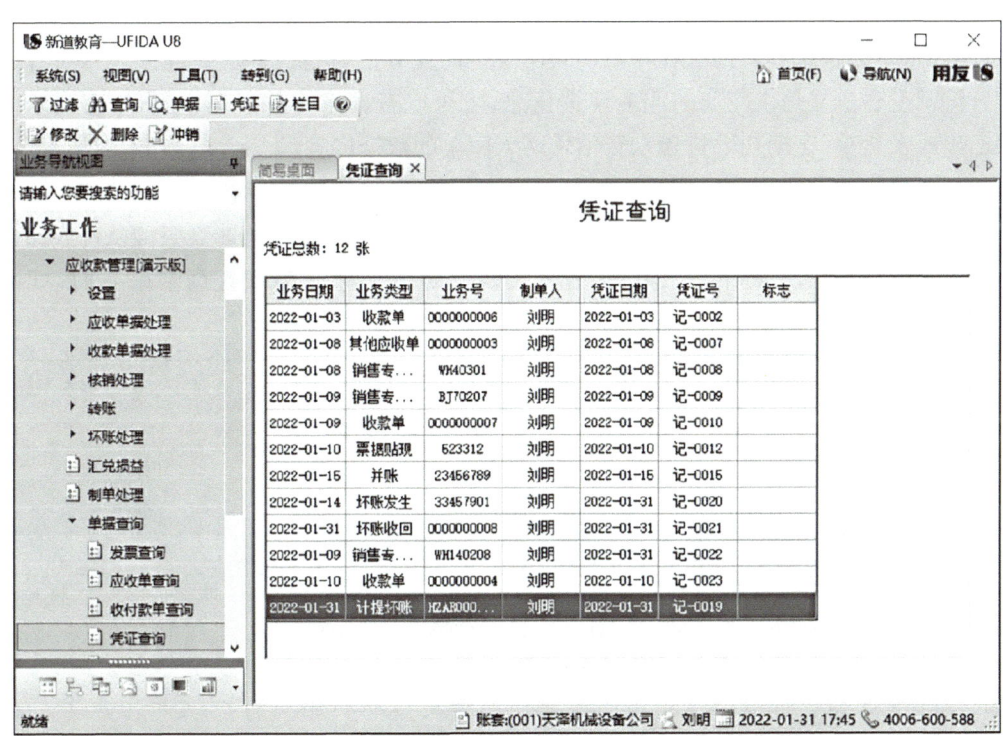

图6-52 "凭证查询"列表

2. 单击选中相应凭证后,可单击工具栏中的"修改""删除""冲销"按钮进行相应的处理,单击"单据"按钮可联查对应的原始单据,单击"凭证"按钮则可打开凭证。

> **注意：**
> （1）如果要对一张凭证进行删除操作，该凭证的凭证日期不能在本系统的已结账月内。例如，本系统生成一张 2 月 27 日的凭证后在 2 月份执行了月末结账，那么在查询该张凭证时就不能删除该张凭证。
> （2）在凭证查询时，若已启用客户、部门数据权限控制，则查询凭证时只能查询有权限的凭证。
> （3）一张凭证被删除后，它所对应的原始单据可以重新制单，对应操作处理可以重新进行。例如，一张发票所生成的凭证被删除后可以重新对发票生成凭证。
> （4）只有未审核、未经出纳签字的凭证才能删除。

### 十、账表管理

账表管理功能主要包括业务账表查询、统计分析表查询和科目账查询等。

#### （一）业务账表查询

业务账表功能提供业务总账、业务余额表、业务明细账和对账单的查询。

其中，业务总账可以查询在一定期间内发生的业务汇总情况。应收业务总账可以完整查询既是客户又是供应商的业务单据信息，也可以查询未审核单据，还可以查询未开票已出库发货单（含期初发货单）、暂估采购入库单的数据内容。

业务总账查询的具体操作步骤如下。

1. 执行"账表管理"|"业务账表"|"业务总账"命令，弹出应收总账表查询条件界面。

2. 选择相应查询条件后，单击"过滤"按钮，进入应收总账表查询结果界面，如图 6-53 所示。

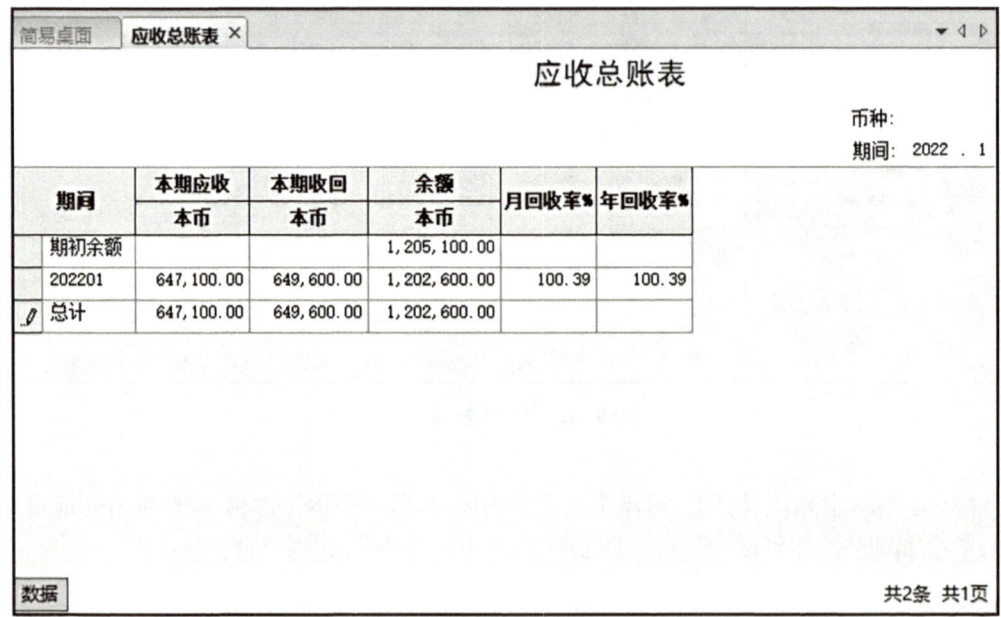

图 6-53 应收总账表查询

### （二）统计分析表查询

统计分析功能主要用于对应收业务进行账龄分析。通过统计分析，企业可以按定义的账龄区间进行一定期间内应收账款账龄分析、收款账龄分析、往来账龄分析，了解各个客户应收款的周转天数和周转率，了解各个账龄区间内应收款、收款及往来情况，便于企业及时发现问题，加强对往来款项的动态管理。

其中，欠款分析可以查询截止到某一日期，客户、部门或业务员的欠款金额以及欠款组成情况。

欠款分析查询的具体操作步骤如下：

1. 执行“账表管理”|“统计分析”|“欠款分析”命令，弹出欠款分析查询条件界面。

2. 选择相应查询条件后，单击“确定”按钮，进入欠款分析查询结果界面，如图 6-54 所示。

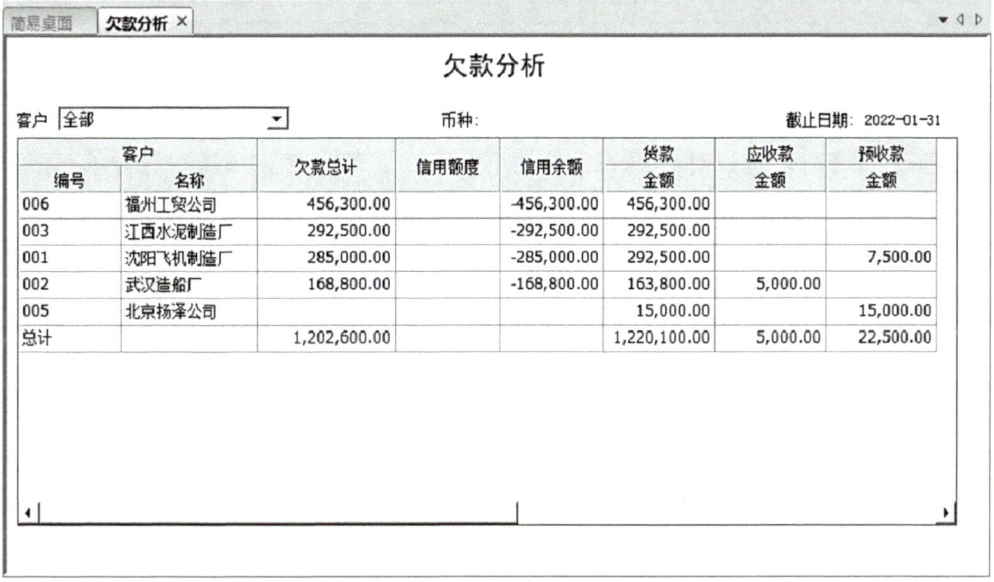


| 客户 | | 欠款总计 | 信用额度 | 信用余额 | 货款 | 应收款 | 预收款 |
|---|---|---|---|---|---|---|---|
| 编号 | 名称 | | | | 金额 | 金额 | 金额 |
| 006 | 福州工贸公司 | 456,300.00 | | -456,300.00 | 456,300.00 | | |
| 003 | 江西水泥制造厂 | 292,500.00 | | -292,500.00 | 292,500.00 | | |
| 001 | 沈阳飞机制造厂 | 285,000.00 | | -285,000.00 | 292,500.00 | | 7,500.00 |
| 002 | 武汉造船厂 | 168,800.00 | | -168,800.00 | 163,800.00 | 5,000.00 | |
| 005 | 北京扬泽公司 | | | | 15,000.00 | | 15,000.00 |
| 总计 | | 1,202,600.00 | | | 1,220,100.00 | 5,000.00 | 22,500.00 |

图 6-54　欠款分析查询

### （三）科目账查询

科目账功能主要用于查询科目明细账、科目余额表等，显示用友 ERP-U8V10.1 软件中所有的受控科目信息。

其中，科目明细账用于查询指定科目下各往来客户的明细账情况。

科目明细账查询的具体操作步骤如下：

1. 执行“账表管理”|“科目账查询”|“科目明细账”命令，弹出客户往来科目明细账查询条件界面。

2. 输入相应查询条件，单击“确定”按钮，进入科目明细账查询结果界面，如图 6-55 所示。

| 年 | 月 | 日 | 凭证号 | 科目编号 | 科目名称 | 客户编号 | 客户名称 | 摘要 | 借方本币 | 贷方本币 | 方向 | 余额本币 |
|---|---|---|---|---|---|---|---|---|---|---|---|---|
| 2022 | 01 | 10 | 记-0012 | 112102 | 银行承兑汇票 | 005 | 北京扬泽公司 | 票据贴现 | | 456,300.00 | 贷 | 456,300.00 |
| 2022 | 01 | | | 112102 | 银行承兑汇票 | 005 | 北京扬泽公司 | 本月合计 | | 456,300.00 | 贷 | 456,300.00 |
| 2022 | 01 | | | 112102 | 银行承兑汇票 | 005 | 北京扬泽公司 | 本年累计 | | 456,300.00 | 贷 | 456,300.00 |
| | | | | 112102 | 银行承兑汇票 | 006 | 福州工贸公司 | 期初余额 | | | 借 | 292,500.00 |
| | | | | 112102 | 银行承兑汇票 | | | 合　计 | | 456,300.00 | 贷 | 163,800.00 |
| | | | | 112102 | 银行承兑汇票 | | | 累　计 | | 456,300.00 | 贷 | 163,800.00 |
| | | | | 1122 | 应收账款 | 001 | 沈阳飞机制造厂 | 期初余额 | | | 借 | 292,500.00 |
| 2022 | 01 | 03 | 记-0002 | 1122 | 应收账款 | 001 | 沈阳飞机制造厂 | 收款单 | | 7,500.00 | 借 | 285,000.00 |
| 2022 | 01 | | | 1122 | 应收账款 | 001 | 沈阳飞机制造厂 | 本月合计 | | 7,500.00 | 借 | 285,000.00 |
| 2022 | 01 | | | 1122 | 应收账款 | 001 | 沈阳飞机制造厂 | 本年累计 | | 7,500.00 | 借 | 285,000.00 |
| | | | | 1122 | 应收账款 | 002 | 武汉造船厂 | 期初余额 | | | 借 | 163,800.00 |
| 2022 | 01 | 08 | 记-0007 | 1122 | 应收账款 | 002 | 武汉造船厂 | 其他应收单 | 5,000.00 | | 借 | 168,800.00 |
| 2022 | 01 | 08 | 记-0008 | 1122 | 应收账款 | 002 | 武汉造船厂 | 销售专用发票 | 163,800.00 | | 借 | 332,600.00 |
| 2022 | 01 | 31 | 记-0020 | 1122 | 应收账款 | 002 | 武汉造船厂 | 坏账发生 | | 163,800.00 | 借 | 168,800.00 |
| 2022 | 01 | 31 | 记-0021 | 1122 | 应收账款 | 002 | 武汉造船厂 | 坏账收回 | 163,800.00 | | 借 | 332,600.00 |
| 2022 | 01 | 31 | 记-0021 | 1122 | 应收账款 | 002 | 武汉造船厂 | 坏账收回 | | 163,800.00 | 借 | 168,800.00 |
| 2022 | 01 | | | 1122 | 应收账款 | 002 | 武汉造船厂 | 本月合计 | 332,600.00 | 327,600.00 | 借 | 168,800.00 |

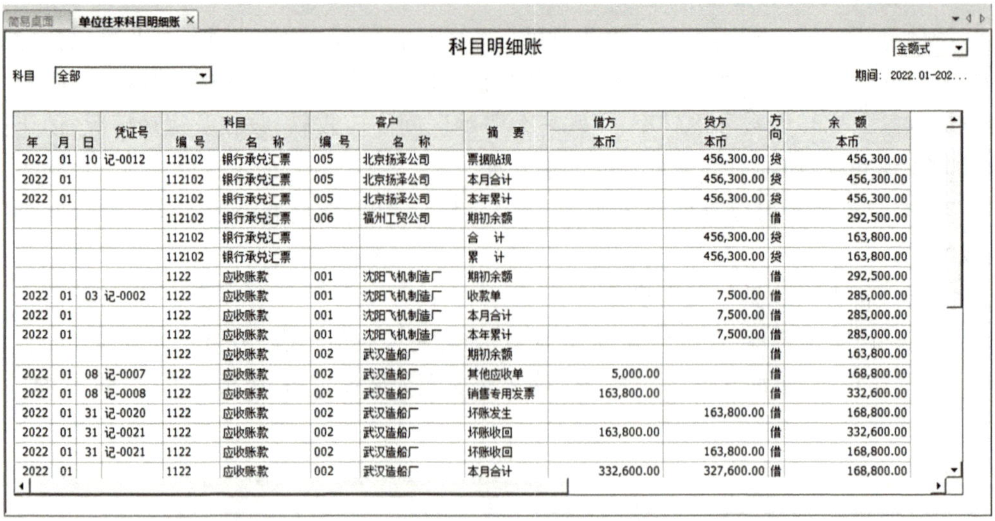

图 6-55　科目明细账查询

## 十一、取消操作

在应收业务处理过程中，如果在对原始单据进行了审核，或对收款单进行了核销，对应收票据进行了贴现等操作后发现操作失误，可通过取消操作的功能将其恢复到操作前的状态，以便进行修改。

取消操作的具体操作步骤如下：

1. 在应收款管理系统中，执行“其他处理”|“取消操作”命令，弹出“取消操作条件”对话框，如图 6-56 所示。

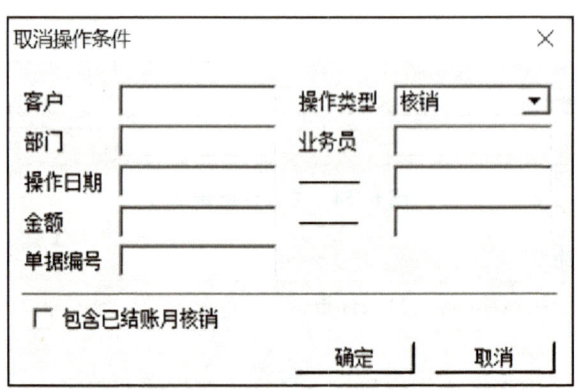

图 6-56　取消操作对话框

2. 根据需要，在“操作类型”下拉框中选择需要恢复的操作类型，主要包括恢复单据核销前状态、恢复票据处理前状态、恢复坏账处理前状态、恢复转账处理前状态、恢复计算汇兑损益前状态等。

3. 依次指定其他条件，单击“确定”按钮，进入“取消操作”界面。

4. 在“选择标志”处双击选中需要处理的单据或操作类型，单击工具栏中的“确认”按钮，完成取消操作，如图 6-57 所示。

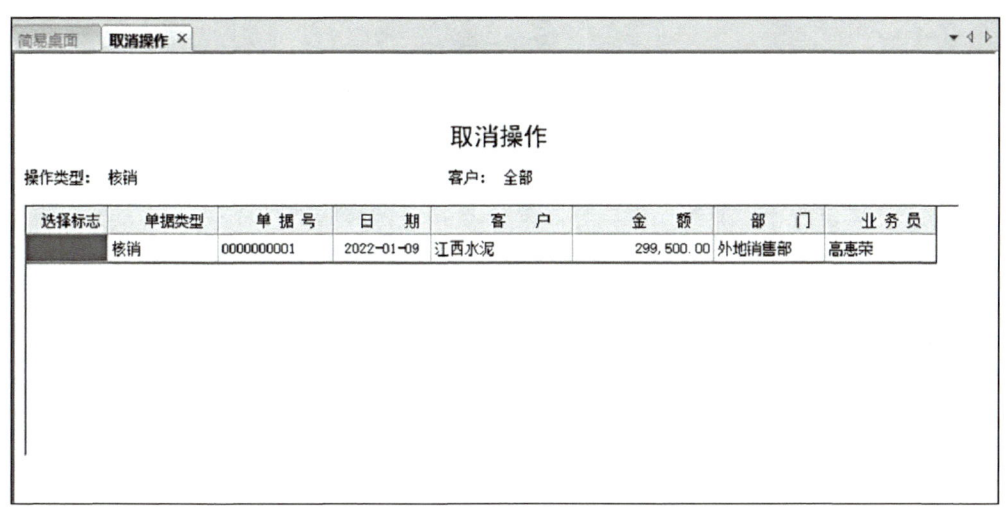

图 6-57 "取消操作"界面

## 【知识拓展】

### 应收单据处理

应收单据的处理包括应收单据的增加、修改和审核。

应收单据与销售发票都是应收款管理系统日常核算的原始单据。应收款管理系统单独使用时，销售发票、其他应收单等单据均在本系统录入、审核并生成凭证；与销售管理系统、总账系统、应付款管理系统等同时使用时，销售发票、调拨单以及代垫费用单等单据均在销售管理系统填制并传递到应收款管理系统，由应收款管理系统接收、审核单据并由此生成凭证向总账系统传递，同时对发票进行收款结算处理。

应收单据的名称和类型不能修改，只能删除该张单据后再增加一张新的单据，其他项目可以修改。已经审核或已生成凭证的单据不能修改和删除。

单据录入完成后必须经过审核，系统才会正式认为该笔应收款有效。审核成功后可以直接制单，也可以暂不制单，在期末批量生成凭证。审核过的单据在没有生成凭证前可直接取消审核，如果已经生成凭证，则应先删除该凭证再进行弃审。

### 收款单据处理

收款单据处理分为录入和审核两步。录入收款单据时，款项类型有应收款项和预收款项两种，要根据业务具体情况来分别录入。审核收款单据的方法与前面应收单据处理相同。

### 核销处理

核销处理是将收回的客户款同应收款核销，建立收款与应收款的核销记录，监督应收款及时核销，加强往来款项的管理。

核销处理有手工核销和自动核销两种方式。手工核销是指用户手工确定收款单与应收单的核销工作；自动核销是指由系统自动确定收款单与应收单的核销工作。

#### 转 账

转账是会计意义上的冲账,包括应收冲应收、预收冲应收、应收冲应付和红票对冲。

#### 坏 账 处 理

坏账处理包括坏账准备计提和坏账发生与收回。坏账准备的计提方法在初始设置中定义,主要有销售收入百分比法、应收账款百分比法和账龄分析法。发生坏账时,执行坏账发生操作;收回一笔坏账时,执行坏账收回操作。

#### 制 单 处 理

对于已录入的单据,在审核后要进行制单处理形成凭证,并传递至总账管理工作系统中。

#### 票 据 管 理

票据管理可以对银行承兑汇票和商业承兑汇票进行管理,可记录票据的详细信息和处理情况,查询应收票据。

## 任务三  应收款管理系统期末业务处理

期末处理主要是指期末结账工作,只有月末结账后才可以开始下月工作。

### 【工作情景】

刘明经过一个月的忙碌工作,终于圆满完成了本月的应收款管理工作,同时还对本月的应收款账龄进行了分析,为企业销售政策的管理和完善提供了及时、准确的数据。接下来刘明还需要进行月末结账,为下个月的工作作好准备。

### 【工作目标】

1. 掌握应收款管理系统月末结账的知识,了解企业结账的条件;
2. 具备月末结账和反结账的能力;
3. 养成保守财务秘密的职业道德和严谨认真、一丝不苟的职业态度。

### 【工作内容】

进行月末结账处理和取消结账操作。

### 【工作实施】

#### 一、月末结账

如果确认本月的各项业务处理已经结束,可以选择执行月末结账。执行月末结账后,该月将不能再进行任何处理。

月末结账的具体操作步骤如下：

1. 在应收款管理系统中，执行"期末处理"|"月末结账"命令，显示月末结账向导，如图 6-58 所示。

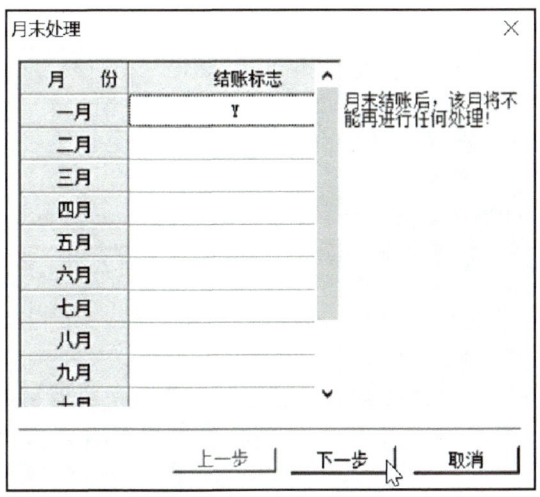

图 6-58　月末结账向导

2. 选择结账月份，双击"结账标志"一栏，在"结账标志"处打上"Y"标记，表示选择该月进行结账。注意：如果前一个月没有结账，则本月不能结账。一次只能选择一个月进行结账。

3. 单击"下一步"按钮，系统显示月末结账的检查结果，如图 6-59 所示。

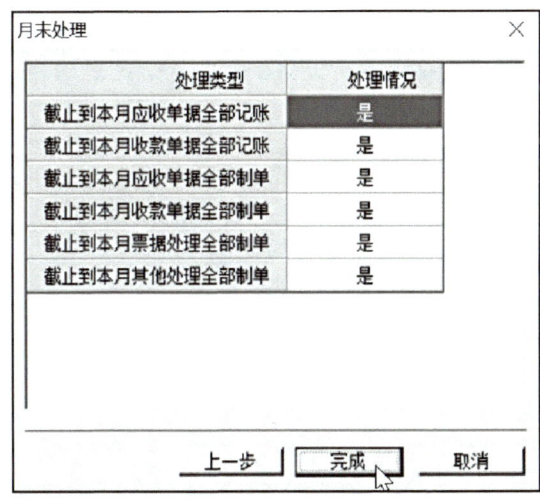

图 6-59　月末结账检查结果

4. 单击"完成"按钮，系统提示"1月份结账成功"，单击"确定"按钮完成结账。

## 二、取消结账

取消结账功能可以取消最近月份的结账状态，具体操作步骤如下：

1. 在应收款管理系统中，执行"期末处理"|"取消结账"命令，弹出"取消月结"对

话框。

2. 选择需要取消结账的月份，单击"确认"按钮，系统弹出"取消月结成功"提示框，单击"确定"按钮完成取消结账。

## 【知识拓展】

如果应收款管理系统与销售管理系统同时使用，应在销售管理系统结账后再对应收款管理系统进行结账处理。

当选项中设置审核日期为单据日期时，本月的单据（发票和应收单）应该全部在结账前审核；当选项中设置审核日期为业务日期时，截止到本月月末还有未审核单据（发票和应收单）仍可进行月结处理。

如果本月还有未审核的结算单，则不能结账。

当选项中设置"月结时必须将当月单据以及处理业务全部制单"，则月结时若当月有未制单的记录不能进行月结处理；当选项中设置"月结时不用检查是否全部制单"，则无论当月有无未制单的记录，均可以进行月结处理。

如果是本年度最后一个期间结账，应将本年度进行的所有核销、坏账、转账等处理全部制单。

### 账套数据备份

在电脑中建立一个文件夹并按日期命名，然后将账套输出备份到这个文件夹中。在账套的备份和使用过程中，要养成良好的数据安全和保密意识。

# 项目七

# 应付款管理

## 项目综述

用友 ERP-U8V10.1 软件中,应付款管理系统主要用于核算和管理供应商往来款项。通过录入发票、其他应付单、付款单等单据对企业的往来账款进行综合管理,及时、准确地提供供应商的往来账款余额资料。根据管理程度的不同,系统提供"详细核算"和"简单核算"两种应用方案。如果采购业务及应付账款业务繁多,或者需要追踪每一笔业务的应付款、付款等情况,可以选择详细核算方案,否则可选择简单核算方案。应付款管理系统既可独立运行,也可与采购管理、库存管理、存货核算及总账等其他系统结合运用,为企业提供完整的业务处理和财务管理信息。

其主要功能如下:

1. 对应付款管理系统进行初始化:在应付款管理系统中进行基础档案设置、系统选项设置、初始设置,录入期初余额。

2. 对应付款管理系统进行日常业务处理:录入应付单据,审核应付单据;录入付款单,审核付款单;对应付单据和付款单进行核销处理;票据管理;进行转账处理,包括应付冲应付、预付冲应付、应付冲应收、红票对冲;汇兑损益处理;制单处理;单据查询;账表管理。

3. 对应付款管理系统进行期末业务处理:进行月末结账。必要时,可以取消结账处理。

## 职业能力培养

通过项目的实施及运营,了解应付款管理系统的初始化设置、日常业务处理和期末处理的相关知识。熟练掌握应付款管理系统的初始化设置等操作方法,熟练进行应付单据处理、付款单据处理、核销处理、转账处理和制单处理,熟练进行单据查询和账表管理,熟练掌握月末结账和取消结账等操作方法。在项目实施过程中培养学生严谨认真、一丝不苟的职业态度和提高技能、强化服务等职业素养,注重加强应付款管理,及时清偿应付款项,具有履约意识和信用意识。

> 📁 **思政园地**
>
> 　　请大家思考并讨论如何在经济社会中维护个人和组织的信用形象。想一想如果到期不能偿还应付款项，致使信用受损，会有什么影响和后果？
>
> 　　2022年12月，在浙江丽水凛冽的寒风中，92岁"诚信奶奶"陈金英的羽绒服店又开张了。她说，因为自己年纪大了，想今年卖完剩下的羽绒服就结束了。
>
> 　　1983年，陈金英52岁，在丽水创办了一家羽绒服厂，取名"兴华羽绒"，意为振兴中华。她以3000元起家，艰难创业。工厂经营20多年，营收一度突破千万元。但在2008年经济危机过后，企业遭遇困难，至2011年欠下2077万元巨款。有朋友劝陈金英破产清算，时年80岁的她却表示要自己承担。为了还债，老人将厂房低价转手，又卖掉了名下的两套房子，还了1800万元，还剩欠款277万元。
>
> 　　之后10年间，陈金英顶着寒风摆地摊、开小店，到2021年，老人90岁时，终于还清了所有债务。陈金英高龄偿债的行为，不仅让债主们非常感动，也得到了社会的广泛赞誉。浙江丽水当地都知道有她这样一位"诚信奶奶"。
>
> 　　从这个案例中，我们感受到对应付款项的态度和行动非常重要，它可以维护良好的信用关系，树立良好的人格形象，促进商业活动的健康有序开展，对维护社会稳定的经济秩序起到了正面引导作用。

 **典型工作任务**

1. 系统初始化：录入基础档案，设置系统选项，进行初始设置，录入期初余额。
2. 应付单据处理：录入应付单据，审核应付单据。
3. 付款单据处理：录入付款单据，审核付款单据。
4. 核销处理。
5. 票据管理。
6. 转账处理：应付冲应付，预付冲应付，应付冲应收，红票对冲。
7. 汇兑损益：月末计算汇总损益，单据结清时计算汇兑损益。
8. 制单处理。
9. 单据查询：发票查询，其他单据查询，凭证查询。
10. 账表管理。
11. 期末处理：月末结账，取消结账。

应付款管理系统具体工作流程如图7-1所示。

项目七 应付款管理

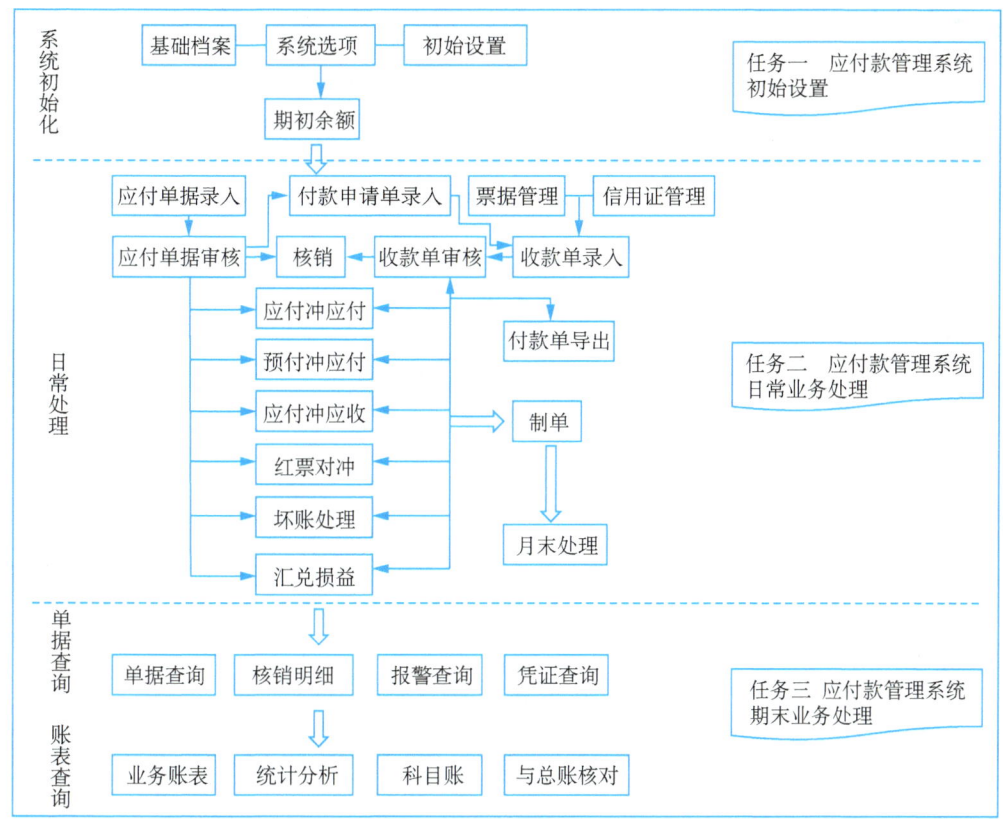

图 7-1 应付款管理系统操作流程

## 任务一 应付款管理系统初始设置

【任务场景】

天泽机械设备公司根据本公司供应商往来款项的具体情况和应付款管理的要求，决定启用应付款管理系统进行供应商往来款项管理，并指定财务人员李芳负责应付款的日常核算和管理工作。李芳需要了解公司目前的供应商往来情况，根据公司的采购及应付款业务的管理要求进行应付款管理系统的初始化设置，为顺利开展应付款管理工作作准备。

【任务目标】

1. 掌握应付款管理系统选项设置、核算科目设置、账龄区间设置、报警级别设置等基本知识；
2. 掌握期初余额的录入方法；
3. 具备应付款管理系统初始化的能力。

299

【任务内容】

1. 业务控制参数

按单据核销应付账款,按供应商控制科目,产品采购科目依据存货,按余额核销预付款;制单方式:明细到单据;汇兑损益方式:月末处理;显示现金折扣。

2. 基本科目设置

基本科目设置见表7-1。

表7-1 基本科目设置

| 科目类型 | 编码 | 科目类型 | 编码 |
|---|---|---|---|
| 应付科目 | 2202 | 预付科目 | 1123 |
| 采购科目 | 1401 | 采购税金科目 | 22210101 |
| 银行承兑科目 | 220102 | 商业承兑科目 | 220101 |
| 票据费用科目 | 6603 | 现金折扣科目 | 6603 |

3. 结算方式科目设置

结算方式科目设置见表7-2。

表7-2 结算方式科目设置

| 结算方式 | 对应科目 | 结算方式 | 对应科目 |
|---|---|---|---|
| 现金结算 | 库存现金 | 现金支票 | 工行存款 |
| 转账支票 | 工行存款 | 电汇 | 工行存款 |
| 银行承兑汇票 | 工行存款 | 商业承兑汇票 | 工行存款 |
| 托收承付 | 工行存款 | | |

4. 账龄区间设置

账龄区间设置见表7-3。

表7-3 账龄区间设置

| 序号 | 总天数 | 序号 | 总天数 |
|---|---|---|---|
| 01 | 30 | 03 | 90 |
| 02 | 60 | 04 | 120 |

5. 报警级别设置

报警级别设置见表7-4。

表7-4 报警级别设置

| 序号 | 总比率 | 级别名称 | 序号 | 总比率 | 级别名称 |
|---|---|---|---|---|---|
| 01 | 10% | A | 04 | 100% | D |
| 02 | 30% | B | 05 | | E |
| 03 | 50% | C | | | |

6. 期初数据

天泽机械设备公司应付账款、应付票据账户的期初余额见表7-5、表7-6。

表7-5 应付账款余额

| 单据名称 | 单据类型 | 方向 | 开票日期 | 名称 | 业务员 | 科目编码 | 货物名称 | 数量 | 单位成本（元） | 增值税发票号 | 价税合计（元） |
|---|---|---|---|---|---|---|---|---|---|---|---|
| 采购发票 | 专用发票 | 贷 | 10.13 | 沈铁 | 高洁 | 2202 | 铸铁件 | 20吨 | 3 200 | 3346784 | 72 320 |
| 采购发票 | 专用发票 | 贷 | 10.13 | 沈铁 | 高洁 | 2202 | 铸铝件 | 10吨 | 33 000 | 1236784 | 372 900 |
| 采购发票 | 专用发票 | 贷 | 10.13 | 沈铁 | 高洁 | 2202 | 钢材 | 20吨 | 7 900 | 2236784 | 178 540 |
| 采购发票 | 专用发票 | 贷 | 11.20 | 海淀交化 | 高洁 | 2202 | 油漆等 | 4 200千克 | 12 | 4236784 | 56 952 |
| 电汇 | 电汇单 | 借 | 12.05 | 南京商贸 | 高洁 | 1123 | 电机 | 200台 | | | 180 000 |

表7-6 应付票据余额（票据编号：SD54321）

| 单据名称 | 单据类型 | 方向 | 开票日期 | 供应商名称 | 业务员 | 科目编码 | 货物名称 | 数量 | 单位成本（元） | 增值税发票号 | 价税合计（元） |
|---|---|---|---|---|---|---|---|---|---|---|---|
| 采购发票 | 专用发票 | 贷 | 11.30（三个月商业承兑汇票） | 洛轴 | 高洁 | 220101 | 轴承 | 500套 | 350 | 4432579 | 197 750 |

## 【任务实施】

### 一、系统选项设置

在使用应付款管理系统进行业务核算之前，首先应设置系统参数，以便系统根据所设定的选项进行相应的处理。

系统选项设置的具体操作步骤如下：

1. 执行"开始"|"程序"|"用友ERP-U8V10.1"|"企业应用平台"，以李芳的身份注册登录。

2. 执行"业务工作"|"财务会计"|"应付款管理"|"设置"|"选项"命令，进入"账套参数设置"对话框。

3. 单击"编辑"按钮，然后分别单击"常规""凭证""权限与预警""核销设置"等选项卡进行所需要的参数设置。设置好各个账套参数后，单击"确认"按钮保存所选操作，单击"取消"按钮则可取消所选的操作，如图7-2所示。

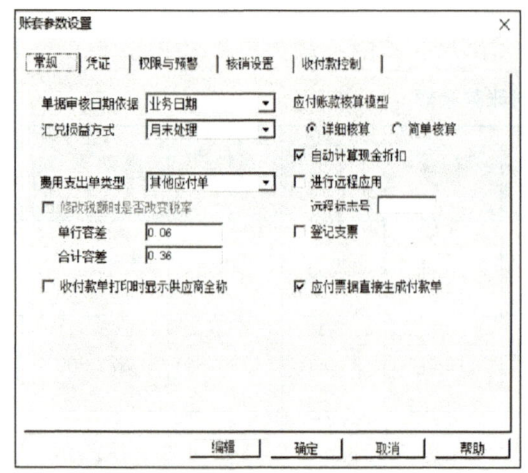

(a)"常规"选项卡　　　　　　　　(b)"凭证"选项卡

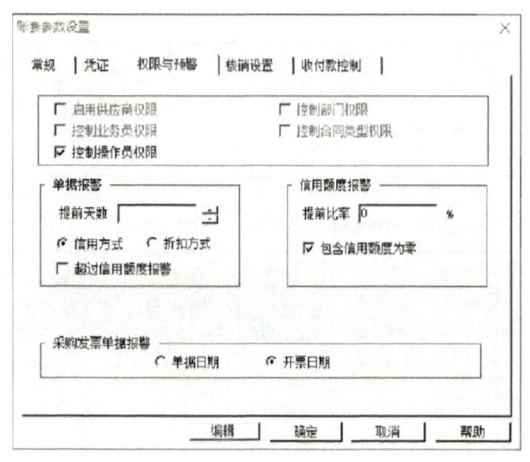

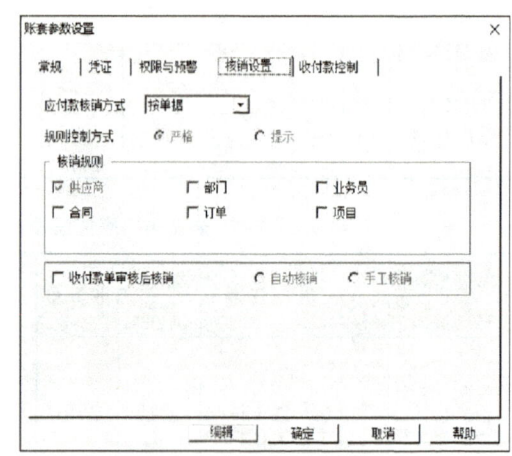

(c)"权限与预警"选项卡　　　　　　(d)"核销设置"选项卡

图7-2　应付款管理系统参数设置

## 二、初始设置

### (一)基本科目设置

基本科目是在核算应付款项时经常用到的科目,可以在此处设置常用科目。系统依据制单业务规则,在生成凭证时自动填入设置的科目。

基本科目设置的具体操作步骤如下:

1. 执行"应付款管理"|"设置"|"初始设置"命令,进入"初始设置"界面。

2. 执行"设置科目"|"基本科目设置"命令,单击"增加"按钮,按表7-1的资料录入相关科目,如图7-3所示。

项目七　应付款管理

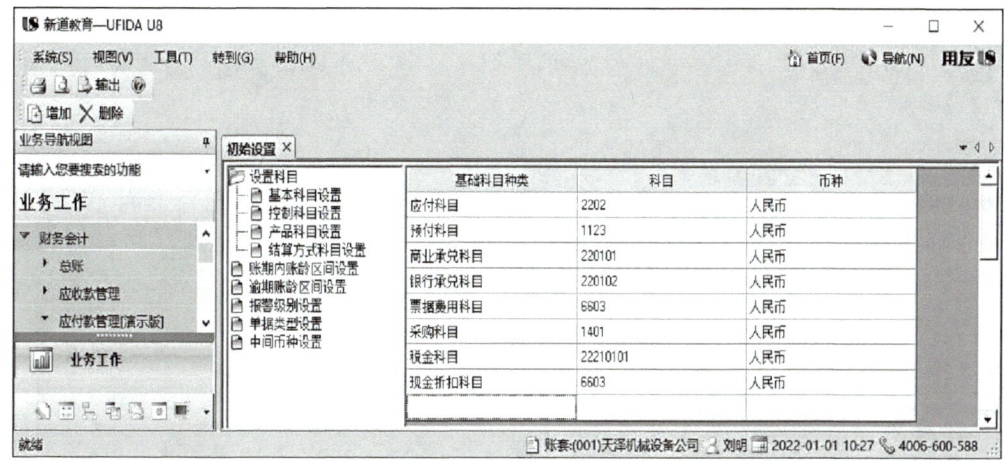

图 7-3　基本科目设置

>  注意：
> (1) 如果用同一个科目核算应付账款和预付账款，则预付账款科目可以和应付账款科目相同。
> (2) 如果为不同的供应商(供应商分类、地区分类)分别设置了应付款核算科目和预付款核算科目，则在此处可以不输入这些科目。系统提供了针对不同的供应商(供应商分类、地区分类)分别设置科目的功能，详见控制科目设置。
> (3) 如果为不同的存货(存货分类)分别设置了采购核算科目，在此处可以不输入这些科目，系统提供了针对不同的存货(存货分类)分别设置科目的功能，详见产品科目设置。
> (4) 应付票据科目必须是已经在科目档案中指定为应付系统的受控科目，其他科目必须是非应收/应付的受控科目。
> (5) 设置的科目必须是末级科目。

(二) 控制科目设置

如果在核算供应商的赊购欠款时，针对不同的供应商(供应商分类、地区分类、采购类型、存货分类、存货)分别设置了不同的应付账款科目和预付账款科目，可以先在账套参数中选择设置的依据(即选择是针对不同的供应商设置，还是针对不同的供应商分类设置，或者是不同的地区分类设置等)，然后再在此处进行设置。系统依据制单业务规则，在生成凭证时自动填入设置的科目。

控制科目设置的具体操作步骤如下：
1. 执行"设置科目"|"控制科目设置"命令，打开"控制科目设置"界面。
2. 输入有关的科目信息，如图 7-4 所示。

303

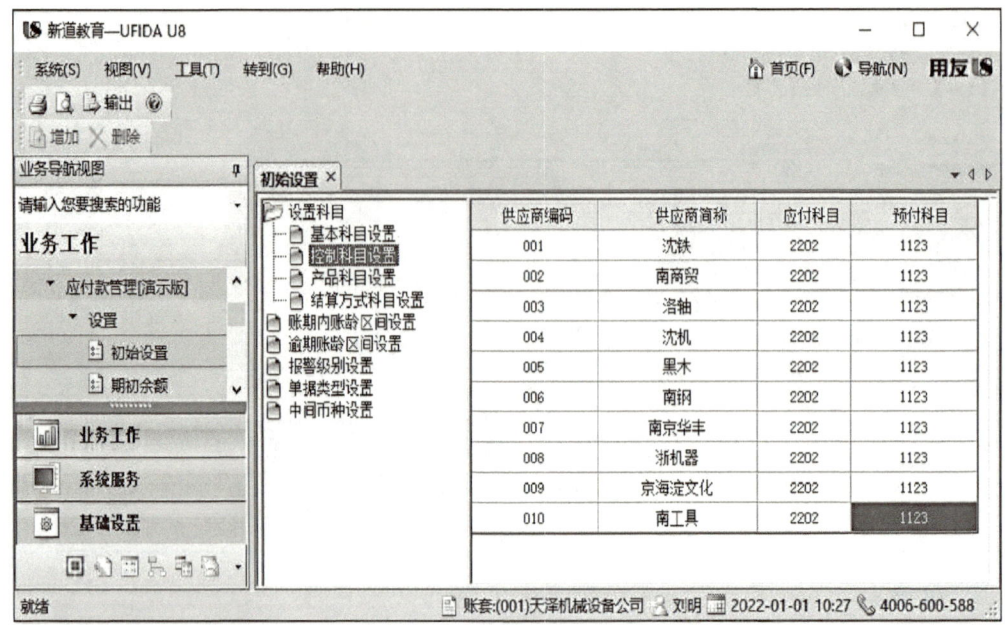

图 7-4 控制科目设置

> **注意：**
> (1) 如果某个供应商(供应商分类、地区分类、采购类型、存货分类、存货)的核算应付账款或预付账款的科目与常用科目设置中的一样，可以不输入；否则，应在此设置。
> (2) 应付和预付科目必须是已经在科目档案中指定为应付系统的受控科目。

### (三) 产品科目设置

如果要针对不同的存货(存货分类、供应商分类、供应商、采购类型)分别设置不同的采购科目、应交进项税科目，可以先在账套参数中选择设置的依据，然后再在此处设置。系统依据制单业务规则，在生成凭证时自动填入设置的科目。

产品科目设置的具体操作步骤如下：

1. 单击"设置科目" | "产品科目设置"，打开"产品科目设置"界面。
2. 按照企业需求设置相应的科目，如图 7-5 所示。

> **注意：**
> (1) 如果某个存货(存货分类、供应商分类、供应商、采购类型)的科目与常用科目设置中的一样，可以不输入；否则，应在此设置。
> (2) 存货销售科目不能是已经在科目档案中指定为应收系统或者应付系统的受控科目。
> (3) 如果按存货分类进行科目设置，可以按"存货分类＋税率"进行科目的设置。

项目七 应付款管理

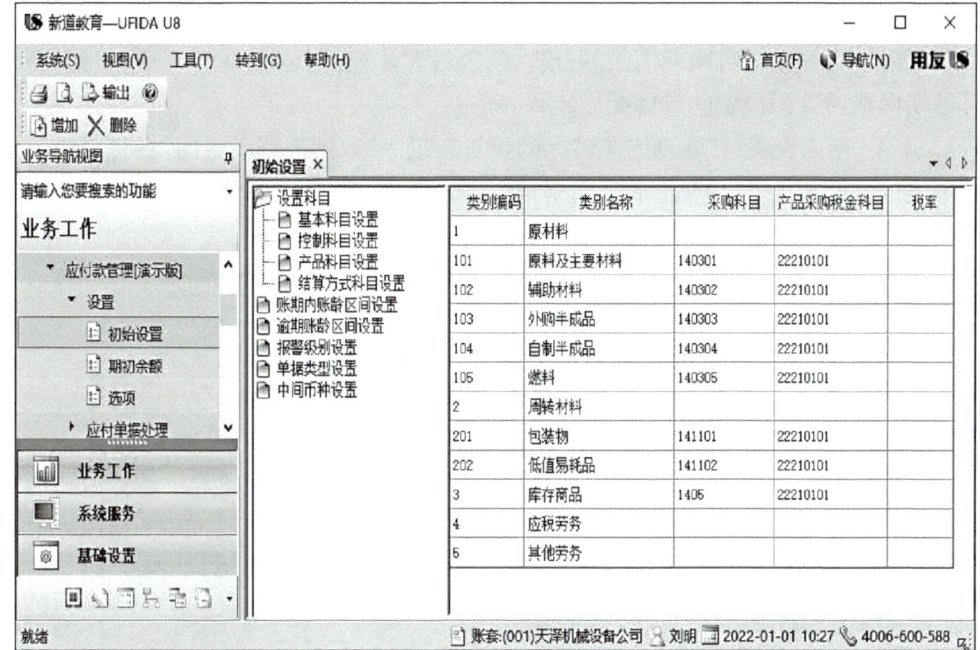

图 7-5 产品科目设置

（四）结算方式科目设置

企业不仅可以设置常用的科目，还可以为每种结算方式设置一个默认的科目。系统依据制单业务规则，在生成凭证时自动填入设置的科目。

结算方式科目设置的具体操作步骤如下：

1. 单击"设置科目"|"结算方式科目设置"，打开"结算方式科目设置"界面。

2. 单击工具栏中的"增加""删除"按钮，增加或删除相应的科目，如图 7-6 所示。

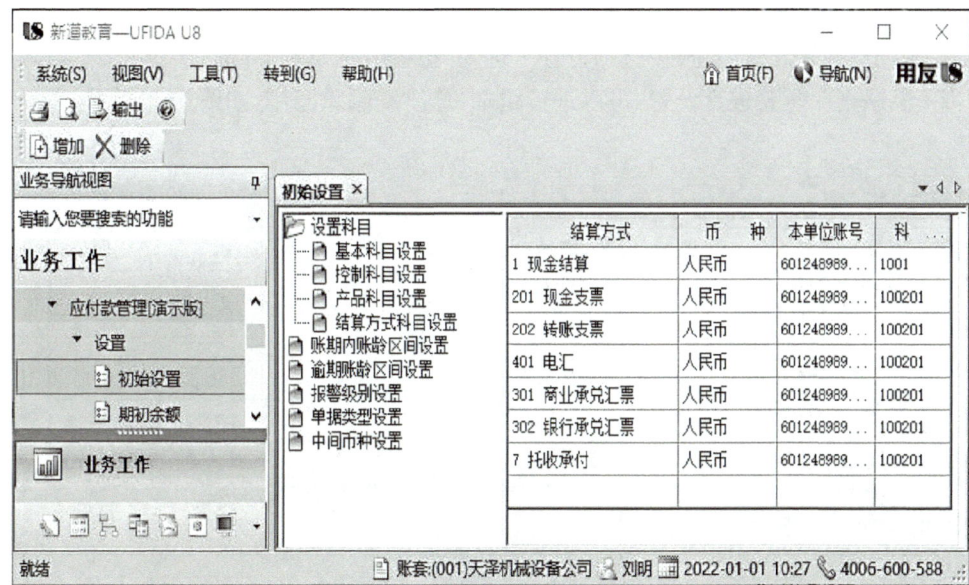

图 7-6 结算方式科目设置

### (五）账期内账龄区间设置

为了对应付账款进行账期内账龄分析，需要设置账期内账龄区间。

账期内账龄区间设置的具体操作步骤如下：

1. 单击"初始设置"|"账期内账龄区间设置"，进入"账期内账龄区间设置"界面。
2. 输入总天数，如"30"，然后按回车键继续录入下一区间的总天数，如图 7-7 所示。

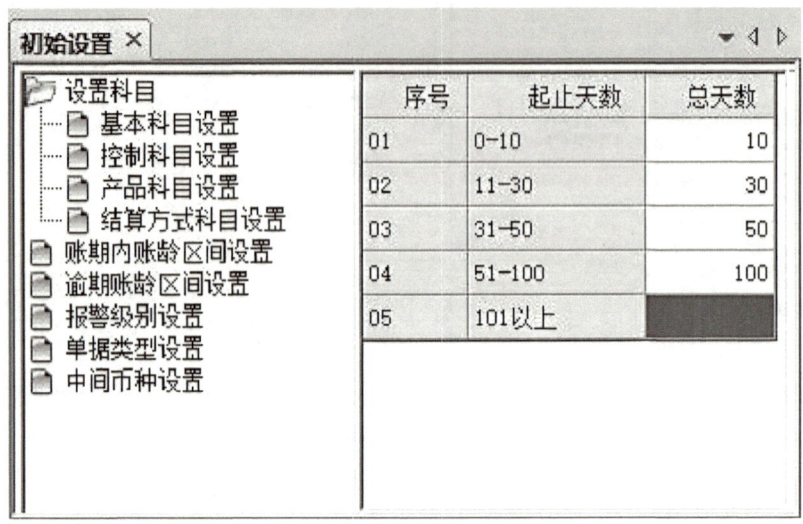

图 7-7　账龄区间设置

可以增加、修改和删除相应的区间和项目。当插入或修改一个区间后，该区间后的各区间起止天数会自动调整，最后一个区间不能修改和删除。

### （六）报警级别设置

报警级别设置的具体操作步骤如下：

1. 单击"初始设置"|"报警级别设置"，进入"报警级别设置"界面。
2. 根据企业需要进行设置，可以进行增加、修改和删除操作，如图 7-8 所示。

| 序号 | 起止比率 | 总比率(%) | 级别名称 |
|---|---|---|---|
| 01 | 0-10% | 10 | A |
| 02 | 10%-30% | 30 | B |
| 03 | 30%-50% | 50 | C |
| 04 | 50%-100% | 100 | D |
| 05 | 100%以上 |  | E |

图 7-8　报警级别设置

## 项目七 应付款管理

### （七）单据类型设置

单据类型设置是指将往来业务与单据类型建立对应关系,达到快速处理业务以及进行分类汇总、查询、分析的目的。系统提供发票和应付单两大类型的单据。如果同时使用采购系统,则发票的类型包括采购专用发票、普通发票、运费发票和废旧物资收购凭证等;如果单独使用应付系统,则发票类型只包括专用发票和普通发票。发票是系统默认类型,不能修改和删除。

应付单记录采购业务之外的应付款情况,可以将应付单划分为不同的类型以区分应付货款之外的其他应付款。例如,可以将应付单分为应付费用款、应付利息款、应付罚款、其他应付款等。

单据类型设置的具体操作步骤如下:

1. 单击"初始设置"|"单据类型设置",进入"单据类型设置"界面。

2. 单击工具栏中的"增加"按钮,增加一个新的单据类型,也可以修改和删除,如图 7-9 所示。

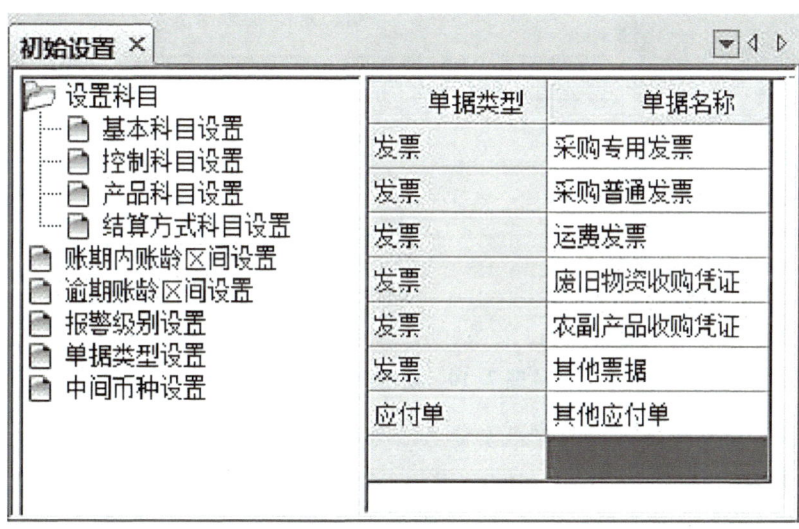

图 7-9 单据类型设置

> 注意:
> (1) 应付单中的"其他应付单"为系统默认类型,不能删除、修改。
> (2) 只能增加应付单的类型,发票的类型是固定的,不能修改、删除。
> (3) 不能删除已经使用过的单据类型。

### 三、期初余额录入

通过期初余额功能,可将正式启用应付款管理模块前的所有应付业务数据录入到系统中,作为期初建账的数据,系统即可对其进行管理,这样既保证了数据的连续性,又保证了数据的完整性。初次使用本系统时,要将上期未处理完全的单据都录入到系统中,以便于以后的处理。当进入第二年度时,系统自动将上年度未处理完全的单据转成为下一年度的期初余额。在下一年度的第一个会计期间里，可以进行期初余额的调整。

（一）录入期初余额

录入期初余额的具体操作步骤如下：

1. 执行"业务工作"|"财务会计"|"应付款管理"|"设置"|"期初余额"命令，弹出"期初余额—查询"对话框，根据需要指定查询条件，单击"确定"按钮，进入"期初余额明细表"界面。

2. 单击"增加"按钮，弹出"单据类别"对话框，如图 7-10 所示。

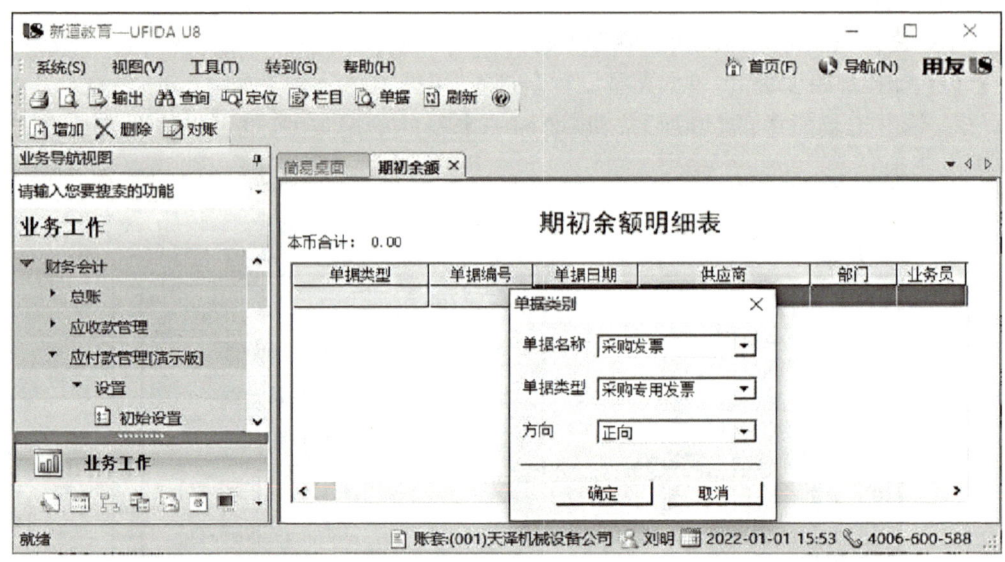

图 7-10 期初余额录入

3. 选择相应单据类型，如"采购发票""采购专用发票"，方向"正向"，单击"确定"按钮，进入采购专用发票录入界面。单击"增加"按钮新增一张发票，如图 7-11 所示。根据企业实际情况录入发票上的相应信息，特别是表体项目最后一列的"科目"信息，应注意应付账款和应付票据的区别，如果科目录错将会导致对账错误。

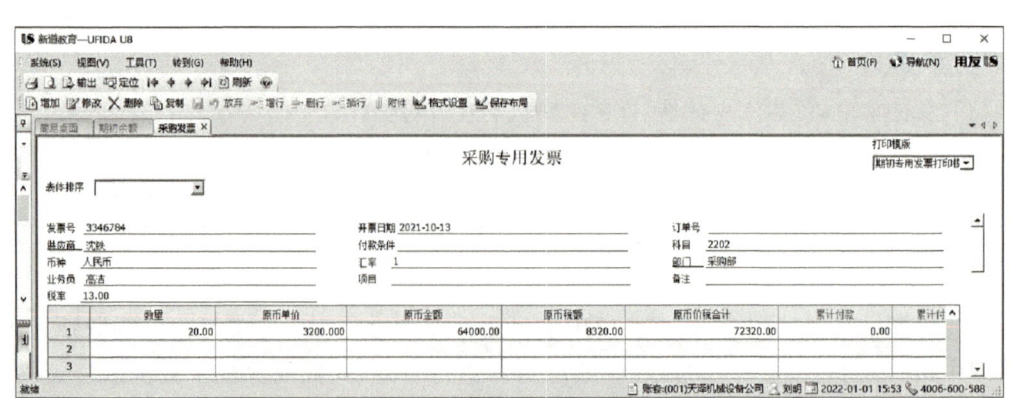

图 7-11 录入采购专用发票

4. 单击"保存"按钮保存发票数据。保存后可以单击"修改"或"删除"按钮对保存后的发票进行修改或删除。可单击"复制"按钮,系统会自动新增一张发票并复制上张发票信息,可以在此基础上进行修改,从而加快录入速度。

5. 全部发票录入完毕后,单击采购专用发票录入界面右上角的关闭按钮返回"期初余额明细表"界面,此时如果窗口中看不到刚才录入的发票信息,可单击"刷新"按钮,系统会列示所有已录入的发票信息。

6. 如果期初余额中有预付款数据,可在"期初余额明细表"界面单击"增加"按钮,在弹出的"单据类型"对话框中选择"预付款"|"付款单",单击"确定"按钮,进入相应的单据录入界面,单击"增加"按钮录入相应单据信息。全部录入完毕之后,单击"保存"按钮保存单据信息,如图 7-12 所示。

图 7-12 录入付款单

7. 如果期初余额中有应付票据,可在"期初余额明细表"界面单击"增加"按钮,在弹出的"单据类型"对话框中选择"应付票据"|"商业承兑汇票"或者"银行承兑汇票",单击"确定"按钮,进入期初票据录入界面,然后单击"增加"按钮录入相应的票据信息,如图 7-13 所示。

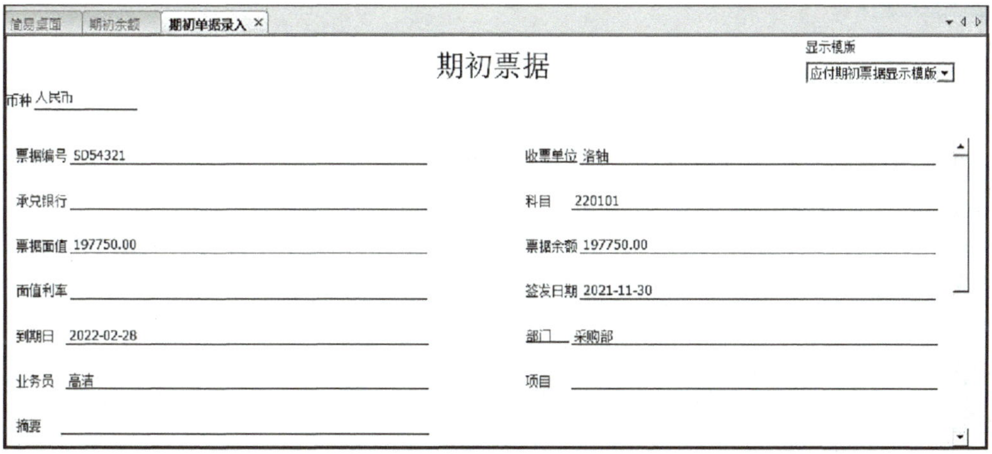

图 7-13 录入应付票据

### (二)修改期初余额

修改期初余额的具体操作步骤如下:

1. 在"期初余额明细表"界面中双击要修改的单据,进入该单据界面。

2. 单击"修改"按钮,即可以修改当前单据。修改单据界面和录入单据界面相同,不再赘述。若期初数据已作后续处理,则不允许修改、删除原期初数据。

### (三)删除期初余额

删除期初余额的具体操作步骤如下:

1. 在"期初余额明细表"界面中单击选中要删除的单据。

2. 单击"删除"按钮,在弹出的对话框中单击"是",即可删除当前单据。也可双击打开某张单据,然后单击单据界面的"删除"按钮,删除当前单据。

### (四)期初对账

期初对账的具体操作步骤如下:

1. 期初余额全部录入完毕之后,返回"期初余额明细表"界面。

2. 单击"对账"按钮,进行总账系统和应付款管理系统期初余额的对账,应付款期初余额与总账期初余额相等表示对账成功,如图7-14所示。

| 编号 | 名称 | 应付期初 原币 | 应付期初 本币 | 总账期初 原币 | 总账期初 本币 | 差额 原币 | 差额 本币 |
|---|---|---|---|---|---|---|---|
| 1123 | 预付账款 | -180,000.00 | -180,000.00 | -180,000.00 | -180,000.00 | 0.00 | 0.00 |
| 220101 | 商业承兑汇票 | 197,750.00 | 197,750.00 | 197,750.00 | 197,750.00 | 0.00 | 0.00 |
| 220102 | 银行承兑汇票 | 0.00 | 0.00 | 0.00 | 0.00 | 0.00 | 0.00 |
| 2202 | 应付账款 | 680,712.00 | 680,712.00 | 680,712.00 | 680,712.00 | 0.00 | 0.00 |
| | 合计 | | 698,462.00 | | 698,462.00 | | 0.00 |

图 7-14 期初对账

## 【知识拓展】

### 常规选项设置

1. 应付款核销方式:指设置核销应付款和已付款的方式,具体核销方式包括按单据核销和按产品核销两种。

2. 单据审核日期依据:指确定单据审核日期的依据,包括依据单据日期和依据业务日期两种。因为单据审核后才能记账,单据审核日期依据单据日期还是业务日期,将决定业务总账、业务明细账、余额表等的查询期间取值。如果使用单据日期为审核日期,则月末结账时单据必须全部审核,因为下月无法以单据日期为审核日期;使用业务日期为审核日期则无此要求。

3. 应付款核算类型:当选择简单核算方式时,应付款管理系统只是将采购系统传递来的发票生成凭证,再传递给总账系统,在总账系统中以凭证为依据进行往来业务查询;当选择详细核算方式时,在应付款管理系统中可以对往来款项进行详细的核算、控制、查询和分析。可根据自己的核算要求来选择相应的核算类型。

### 凭证选项设置

1. 受控科目制单方式:有明细到供应商和明细到单据两种方式。明细到供应商是指将一个供应商的多笔业务合并生成一张凭证时,如果核算这些业务的科目相同,系统自动将其合并成一条分录,可在总账系统中根据供应商来查询其详细信息;明细到单据是指将一个供应商的多笔业务合并生成一张凭证时,系统会将每一笔业务形成一条分录,可在总账管理系统中查看到每个供应商的详细业务发生情况。

2. 控制科目依据:包括按供应商分类、按供应商和按地区等方式。分别表示按供应商分类、按供应商和按地区来设置不同的应付科目和预付科目。

3. 采购科目依据:指设置存货采购科目的依据,有按存货分类和按存货两种方式。

### 权限与预警设置

为提高企业的信用度,可在此功能下对应付账款进行各种控制设置。

### 初 始 设 置

1. 科目设置:此设置是为了在生成凭证时让系统自动填入业务对应的会计科目,包括基本科目设置、控制科目设置、产品科目设置和结算方式科目设置。

2. 账龄区间设置:指根据应付款的欠款时间长短,对应付账款进行分级分析,以便掌握用户欠款的情况。

3. 报警级别设置:将应付账款按照欠款余额与其账龄区间分为不同的类型,并报警提醒,以便掌握对每个供应商的欠款情况。

4. 单据类型设置:系统提供采购发票、付款单和应付单几种类型的单据。在应付款管理系统中,采购发票和应付单都是日常核算的原始单据,如果应付款系统与采购系统同时使用,则采购发票在采购系统填制,然后传递至应付款管理系统;在应付款管理系统中只能增加应付单,不能增加采购发票,但可以进行查询、核销、制单等操作。如果账套只启用了应付款管理系统而没有启用采购管理系统,那么在应付款管理系统中增加应付单据则既可以增加应付单,又可以增加采购发票。

### 录入期初余额

在启用应付款管理系统时,要将以前尚未处理完的单据全部录入到本系统中,作为本系统的期初余额处理。录入完成后,应进行期初对账工作,查看应付款管理系统与总账管理系统的期初余额是否平衡。如果不平衡,须检查是否录入有误,修改错误达到平衡方可。

## 任务二　应付款管理系统日常业务处理

日常业务处理是应付款管理系统的重要组成部分,主要完成企业日常的应付/付款业务录入、应付/付款业务核销、应付并账、汇兑损益等的处理,及时记录应付/付款业务的发生情况,为查询和分析往来业务提供完整、正确的资料。同时加强对往来款项的监督管理,提高工作效率。

### 【任务场景】

天泽机械设备公司的应付会计李芳经过一段时间的努力,终于完成了供应商档案等基础档案的设置工作和应付款管理系统的初始化设置工作,接下来李芳就可以使用应付款管理系统处理公司的相关业务了。因此,李芳需要掌握应付单、付款单等单据的录入、审核、制单,应付票据的处理,以及转账处理等操作。

### 【任务目标】

1. 掌握应付款管理的基本知识;
2. 掌握应付款管理模块的操作方法;
3. 掌握应付单据、付款单据、应付票据、转账处理、制单处理等操作方法。

### 【任务内容】

天泽机械设备公司2022年1月份的发生的应付款业务如下:

1. 2日,以电汇方式归还沈阳铁合金厂部分欠款35 000元。

2. 5日,从洛阳轴承厂购入轴承400件的货款用上月15日申请签发的银行汇票结算,实际结算额为158 200元,余款39 550元形成预付账款,增值税发票号码(7533000)。

3. 6日,从沈阳铁合金厂购入铸铁件、铸铝件和钢材,供应商代垫铁路运杂费7 000元。材料验收入库。由于资金紧张,双方当日签订商业承兑汇票,期限为3个月,发票号码(ZZ20207)。

4. 12日,从黑龙江木器加工厂购入包装用木箱200个,开出转账支票付讫92 660元,支票号(ZZ9621)。

5. 20日,浙江机械器械加工厂发来电动机200台,材料已验收入库,并结清预付款,差额暂欠,增值税发票号码(SY70207)。

6. 26日,与洛阳轴承厂协议,企业以"应收抵应付"结算部分欠款158 200元,其中应收账款282 500元,应付账款199 750元。

## 【任务实施】

### 一、应付单据处理

应付单据处理主要是对应付单据（采购发票、应付单）进行管理，包括应付单据的录入、审核。

一般操作流程是：录入单据→审核单据→单据制单→单据查询。

例如，2022年1月6日，从沈阳铁合金厂购入铸铁件20吨，单价3 000元；铸铝件10吨，单价32 000元；钢材50吨，单价8 150元，增值税发票号码（ZS20207）。供应商代垫铁路运杂费7 000元。材料验收入库。由于资金紧张，双方当日签订商业承兑汇票，期限为三个月，商业承兑汇票号码（ZZ20207）。

#### （一）应付单据录入

应付单据录入是应付款管理业务处理的起点。如果同时使用应付款管理系统和采购系统，则发票由采购系统录入，在本系统可以对这些单据进行审核、弃审、查询、核销、制单等操作。此时，在本系统需要录入的单据仅限于应付单。如果没有使用采购系统，则各类发票和应付单均应在本系统录入。

应付单据录入的具体操作步骤如下：

1. 执行"业务工作"|"财务会计"|"应付款管理"|"应付单据处理"|"应付单据录入"命令，系统弹出"单据类别"对话框。

2. 选择新增单据名称为"采购发票"，单据类型为"采购专用发票"，方向为"正向"，如图7-15所示。单击"确定"按钮，进入采购专用发票录入界面。

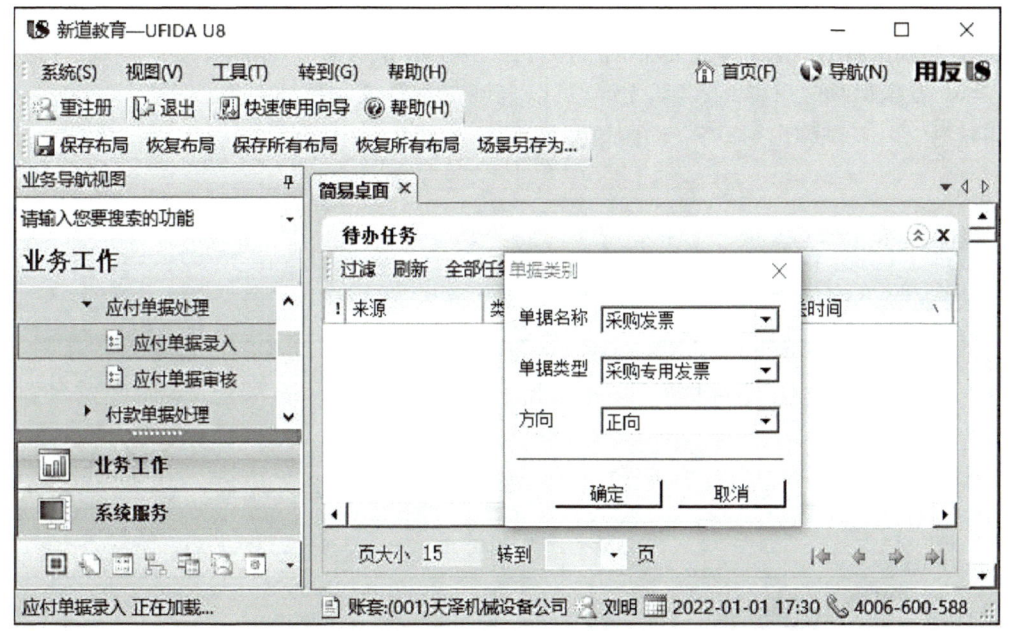

图7-15 选择单据类别

3. 在采购专用发票录入界面单击"增加"按钮，录入相应的发票信息。在发票号处录入"ZS20207"，开票日期处录入"2022-01-06"，供应商处参照录入"沈铁"，部门名称处参照录入"采购部",业务员处参照录入"高洁"。在表体存货名称处参照录入"铸铁件",数量处录入"20.00",原币单价处录入"3000.00",其余项目系统会自动计算并填入相应的栏目。在第二行中录入"铸铝件",数量"10.00",原币单价"32000.00"。在第三行中录入"钢材",数量"50.00",原币单价"8150.00",如图7-16所示。如果行数不够,可单击"增行"按钮新增空白行。

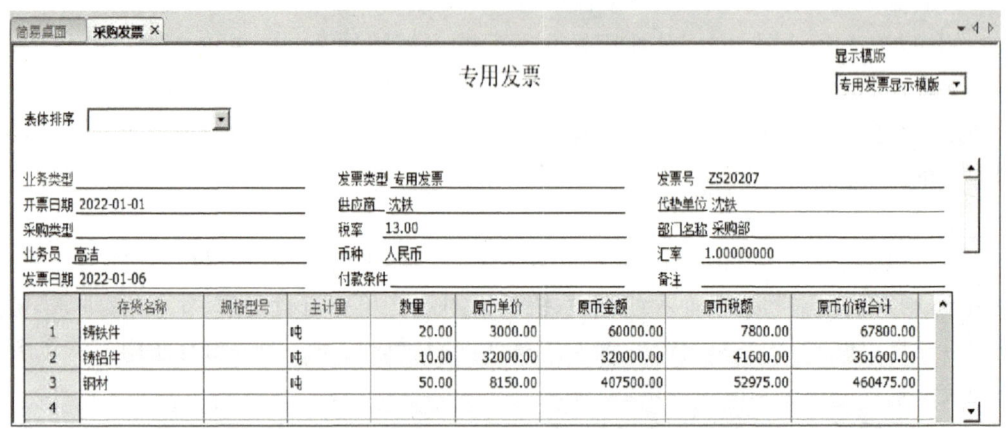

图 7-16 录入采购专用发票

4. 单击"保存"按钮,保存该张发票,单击"放弃"则放弃本次操作。如果发票信息有误,可单击"修改"按钮进行修改,也可单击"删除"按钮删除该张发票。如果发票已经审核或制单,则不可修改和删除。

5. 继续单击"增加"按钮可录入其他发票信息。也可以单击"复制"按钮,系统会新增一张发票并自动复制上一张已保存的发票信息,可在此基础上进行修改,以加快发票录入速度。

6. 发票保存之后,如果确认无误,可以直接在发票录入界面对发票进行审核。单击"审核"按钮,系统弹出"是否立即制单?"提示框,如图7-17所示。

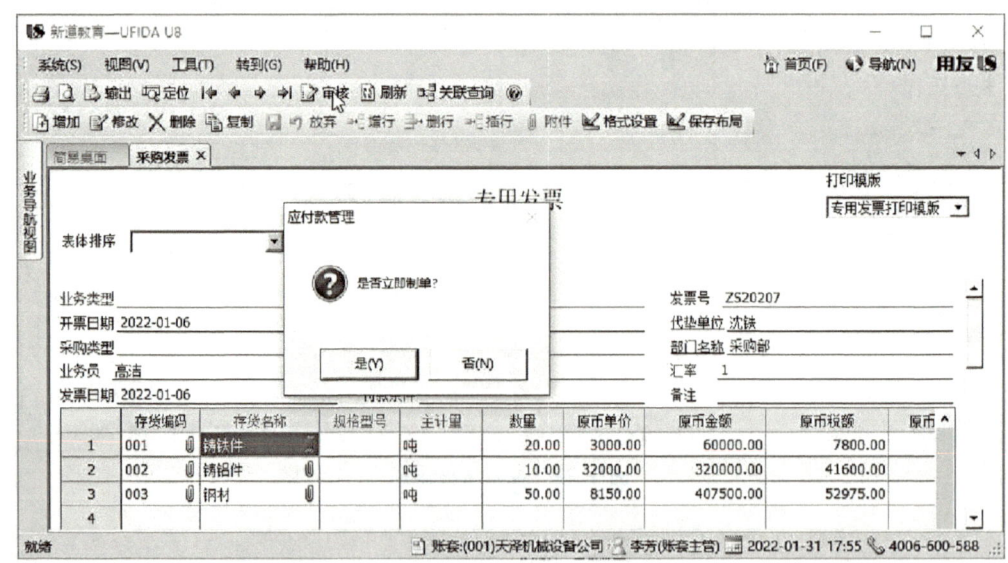

图 7-17 审核发票

7. 如果想立即生成凭证,则单击"是",系统会自动生成相应凭证,修改相应信息后单击"保存"按钮保存该凭证,如图 7-18 所示。已生成的凭证可以在"单据查询"|"凭证查询"中进行查看和删除等操作。

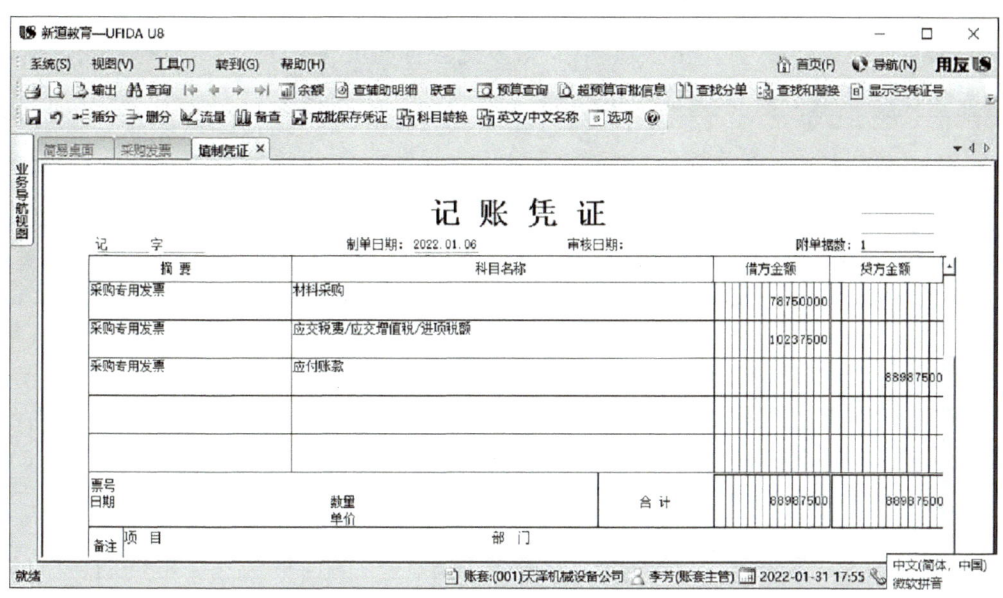

图 7-18　发票生成凭证

8. 如果不想生成凭证,可单击"否",则系统不会立即生成凭证,此时可到"制单处理"里集中生成凭证。

9. 审核后的发票如果没有进行过制单和核销处理,可以根据需要取消审核。在发票录入界面单击"弃审"按钮,系统弹出"是否弃审当前单据?"对话框,单击"是",则可取消审核,如图 7-19 所示。

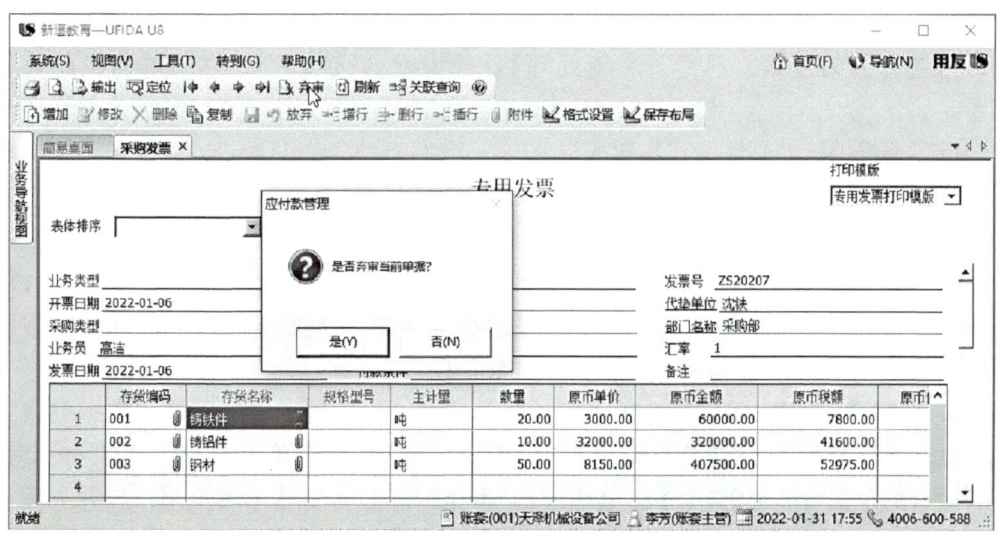

图 7-19　弃审单据

10. 本例中的代垫运杂费需要录入其他应付单。执行"应付单据处理"|"应付单据录入"命令,在弹出的"单据类别"对话框中依次选择"应付单""其他应付单""正向",单击"确定"按钮进入其他应付单录入界面,单击"增加"按钮新增一张应付单,依次录入相应信息:单据日期"2022-01-06",供应商"沈铁",金额"7000.00",部门"采购部",业务员"高洁",摘要"代垫运杂费"。单击表体第一行,系统会自动填入相关信息,全部录入完毕后单击"保存"按钮保存数据,如图7-20所示。

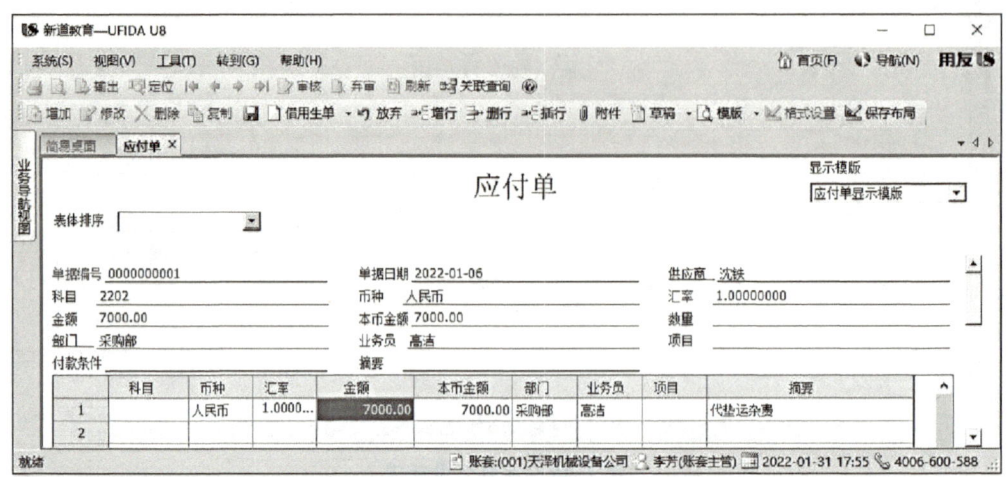

图7-20 录入应付单

11. 应付单录入完毕后,单击工具栏中的"审核"按钮,系统弹出"是否立即制单?"对话框,选择"否"。应付单的其他处理如修改、删除、弃审等操作和专用发票相同。

(二)应付单据审核

应付单据审核主要用于批量审核,系统提供手工审核和自动批审两种方式。应付单据审核窗口中显示的单据包括全部已审核、未审核的应付单据,也包括从采购管理系统传入的单据。进行过后续处理如核销、制单、转账等处理的单据在此处不显示。

应付单据审核的具体操作步骤如下:

1. 在应付款管理系统中,执行"应付单据处理"|"应付单据审核"命令,系统弹出"应付单据过滤条件"对话框。

2. 输入查询条件后,可以单击"批审"按钮,系统根据当前的过滤条件将符合条件的未审核单据进行审核处理。批审完成后,系统提交单据批审报告,自动批审报告会显示成功的张数,单击右边的箭头可以查看明细的单据审核情况。

3. 同时,也可以手工审核。在输入过滤条件后,单击"确定"按钮,进入单据列表界面,如图7-21所示。在"选择"标志一栏里,双击鼠标选中或者单击工具栏中的"全选"按钮将所有的单据全部选中,单击工具栏中的"审核"按钮,将所选单据全部审核并显示审核结果,如图7-22所示。单击"确定"按钮确认审核结果,此时在应付单据列表中的"审核人"处已签上李芳的名字。

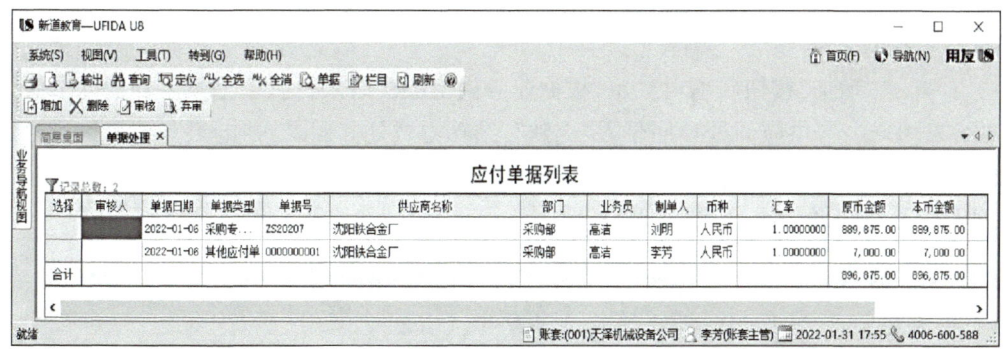

图 7-21　单据审核列表

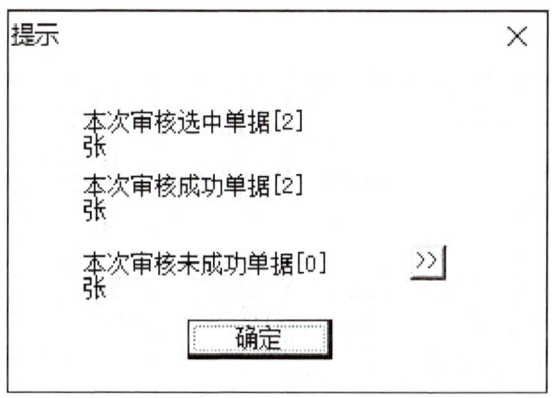

图 7-22　单据审核结果

4. 在应付单据审核列表界面选中要查看的单据,单击"单据"按钮,即可查看该单据的详细情况。单击"弃审"按钮可取消单据的审核。

> 注意:
> (1) 在应付单据审核列表界面也可以进行应付单的增加、删除等操作。
> (2) 单据被审核后,将从单据处理主界面中消失,可以在"单据查询"功能中查看这些单据。

### 二、付款单据处理

付款单据处理主要是对结算单据(付款单、收款单)进行管理,包括付款单、收款单的录入、审核。其中,付款单用来记录企业所支付的款项,收款单用来记录发生采购退货时,企业所收到的供应商退款。

#### (一) 付款单据录入

付款单据录入是将支付供应商款项、供应商退回的款项录入到应付款管理系统,包括付款单与收款单(即红字付款单)的录入。

以"2022 年 1 月 2 日,以汇兑方式支付前欠沈阳铁合金厂部分货款 35 000 元"业务为例进行介绍,付款单据录入的具体操作步骤如下:

1. 在应付款管理系统中,执行"付款单据处理"|"付款单据录入"命令,弹出"收付款单录入"界面。

2. 单击"增加"按钮新增付款单,根据业务内容依次录入付款单信息。日期处参照录入"2022-01-02",供应商处参照录入"沈铁",结算方式处参照录入"电汇",结算科目处参照录入"100201",金额处录入"35000.00",表体项目的款项类型处参照录入"应付款",其他项目由系统自动录入,如图7-23所示。

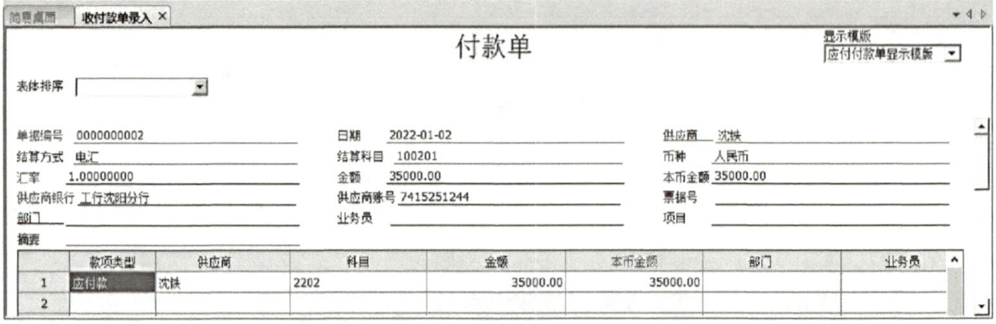

图 7-23 付款单录入

3. 单击"保存"按钮,保存该付款单。

4. 单击"审核"按钮对该付款单进行审核,系统弹出"是否立即制单?"对话框,如果想生成凭证,则选择"是",此时系统自动生成付款凭证,如图7-24所示。如果不想生成凭证,可选择"否",然后到"制单处理"里集中生成凭证。

5. 如果付款单录入有误,可单击"弃审"按钮取消审核,然后单击"修改"按钮进行修改,也可单击"删除"按钮删除该付款单。

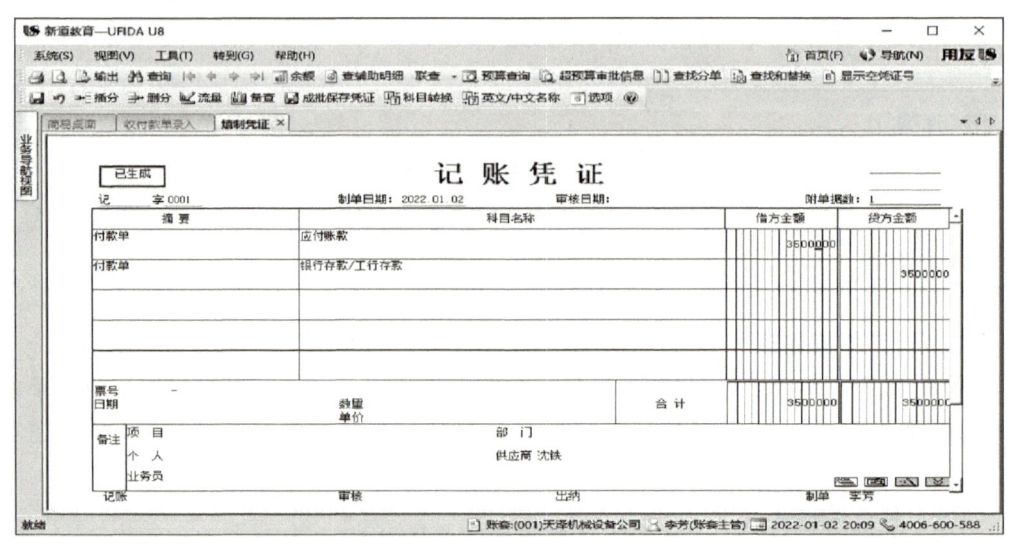

图 7-24 付款单生成凭证

6. 如果想录入收款单,需要在"收付款单录入"界面先单击"切换"按钮,然后单击"增加"按钮,即可新增收款单。依据业务内容输入表头和表体项目,录入完毕后单击"保存"

按钮。

7. 付款单审核后,可单击工具栏中的"核销"按钮右侧的下拉箭头,选择"同币种"按钮实时进行同币种核销,即将币种相同的采购发票、应付单与付款单进行勾对。若应付与付款的币种不同,可单击"核销—异币种"按钮进行异币种核销。注意:异币种核销只能在"付款单据录入"中进行处理,同币种的核销还可以在"核销处理"中进行批量、自动处理。

（二）付款单据审核

付款单据审核主要用于完成结算单的自动审核、批量审核功能。在"付款单据审核"界面中显示的单据包括全部已审核、未审核的付款单据。

付款单据审核的操作步骤与应付单据审核基本一致,不再赘述。

三、核销处理

核销处理指日常进行的付款与应付款核销的工作。单据核销是付款后核销应付款的处理,其目的是建立付款与应付款的核销记录,监督应付款及时核销,加强往来款项的管理。

（一）手工核销

手工核销指由相关人员手工确定付款单与它们对应的应付单核销的工作。可以根据查询条件选择需要核销的单据,然后手工核销,提高往来款项核销的灵活性。

手工核销的具体操作步骤如下:

1. 在应付款管理系统中,执行"核销处理"|"手工核销"命令,弹出"核销条件"设置对话框,如图 7-25 所示。

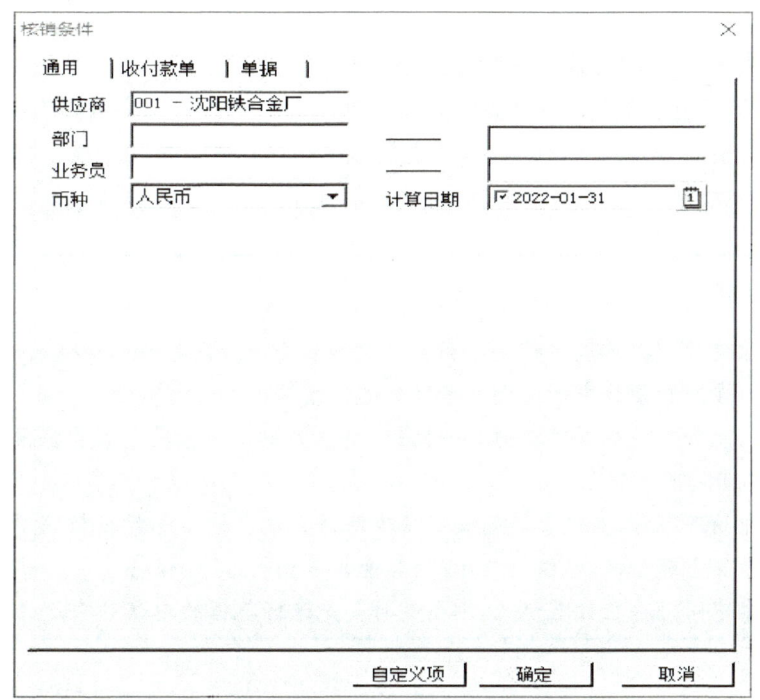

图 7-25 "核销条件"对话框

2. 选择需要进行核销处理的供应商,输入结算单、被核销单据过滤条件,单击"确定"按钮,进入"单据核销"界面,如图7-26所示。上方列表显示该供应商可以核销的结算单记录,下方列表显示该供应商符合核销条件的应付单据。款项类型为其他费用的记录不允许在此作为核销记录,核销时可以选择其中一条表体记录进行。余额已经为零的表体记录不在此列表中显示。

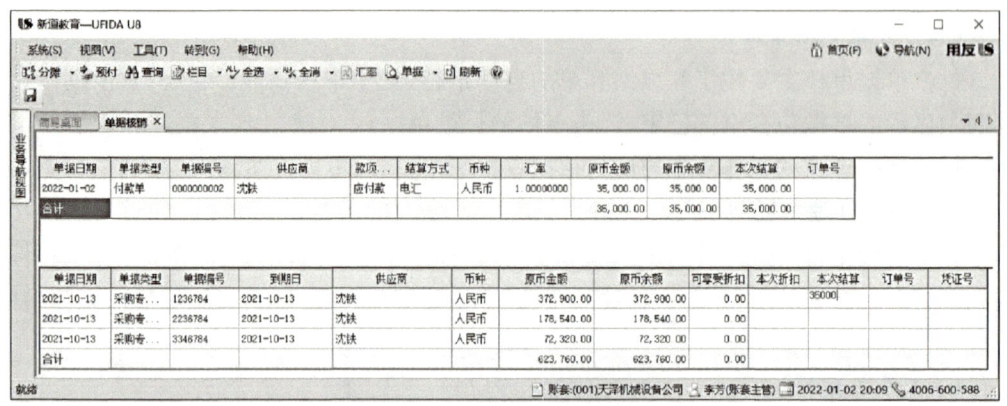

图7-26 "单据核销"界面

3. 在上方的付款单列表中手工输入本次结算金额"35000.00",同时选择下方应付单列表中对应的其他应付单和采购专用发票,并在本次结算栏中分别输入结算金额"35000.00"。核销时可以修改本次结算金额,但是不能大于该记录的原币余额。上下列表中的结算金额合计必须保持一致。

4. 单击"保存"按钮,即可完成本次核销操作。

5. 也可手工输入本次结算金额后单击"分摊"按钮,系统将当前结算单列表中的本次结算金额合计自动分摊到被核销单据列表的本次结算栏中。核销顺序依据被核销单据的排序顺序。完成后单击"保存"按钮,系统自动保存该结算单核销信息。

> **注意:**
> (1) 手工核销时一次只能显示一个供应商的单据记录,若需要对代付款进行处理,则需要在过滤条件中输入代付单位后进行核销。
> (2) 一次只能对一种结算单类型进行核销,即手工核销的情况下需要将付款单和收款单分开核销。
> (3) 手工核销保存时,若结算单列表的本次结算金额合计不等于被核销单据列表的本次结算金额合计,系统将提示"结算金额不相等,不能保存"。
> (4) 若发票中同时存在红蓝记录,则核销时会先进行单据的内部对冲。

### (二) 自动核销

自动核销指确定付款(收款)单与它们对应的应付(应收)单后由系统自动进行核销,

可以提高往来款项核销的效率。

自动核销的具体操作步骤如下：

1. 在应付款管理系统中，执行"核销处理"|"自动核销"命令，打开核销过滤条件设置对话框。

2. 输入对应的过滤条件，单击"确认"按钮，系统弹出"是否进行自动核销？"对话框，单击"是"，系统自动核销，同时提供进度条，以便及时了解核销进程。

3. 核销完成后，系统将提交自动核销报告，显示已核销单据的情况及核销金额和未核销的原因，如图7-27所示。

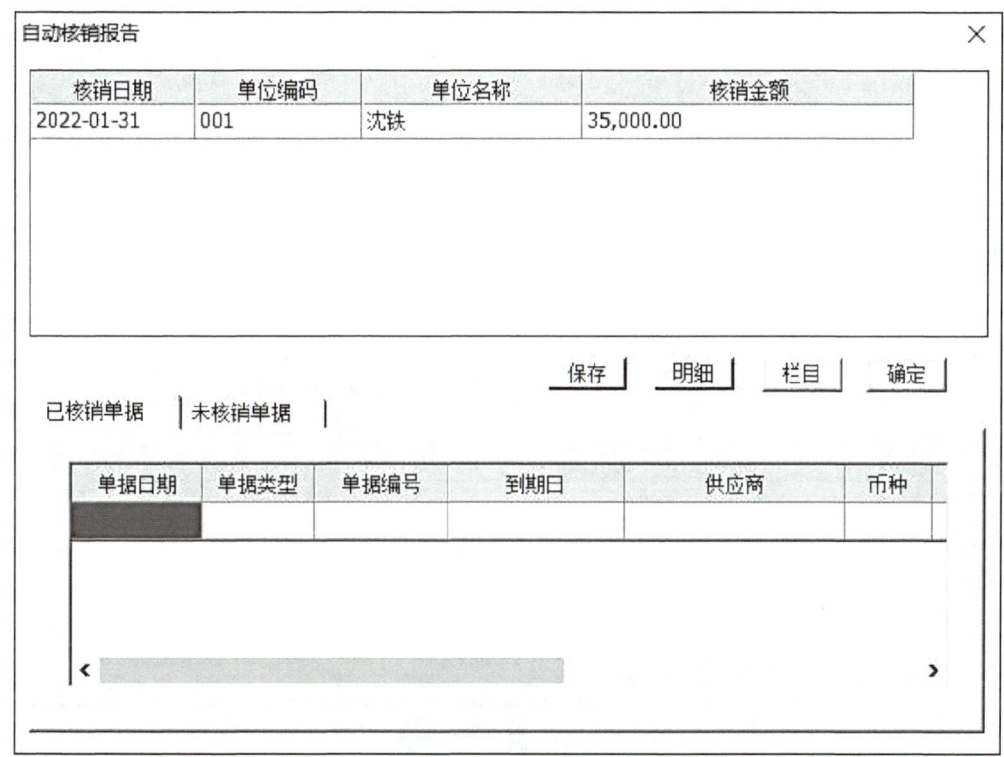

图 7-27　自动核销报告

4. 单击"确定"按钮退出。

注意：

　　自动核销可对多个供应商进行核销处理，可以在"取消"操作中按供应商分别取消核销处理。

### 四、票据管理

支付给供应商商业汇票后，应将该商业汇票录入应付款管理系统的票据管理中。如果系统选项中选了"应付票据直接生成付款单"，则系统将在保存当前票据的同时生成一张付款单；如果未选中该选项，则需要点"付款"按钮生成付款单。可以在"付款单据录入"中进行查询，并与应付单据进行核销勾对。在票据管理中，还可以对该票据进行计息、结算、转出等处理。

在此录入票据后,系统保存当前票据并生成一张付款单自动传递到付款单据审核处,可打开"付款单据审核"界面对该票据生成的付款单进行审核。

下面仍以"2022年1月6日,从沈阳铁合金厂购入铸铁件20吨,单价3 000元;铸铝件10吨,单价32 000元;钢材50吨,单价8 150元,增值税发票号码(ZS20207)。供应商代垫铁路运杂费7 000元。材料验收入库。由于资金紧张,双方当日签订商业承兑汇票,期限为三个月,商业承兑汇票号码(ZZ20207)。"业务为例进行介绍,具体操作步骤如下:

(一) 增加、修改、删除应付票据

1. 在应付款管理系统中,执行"票据管理"命令,打开"过滤条件选择"对话框,单击"过滤"按钮进入"票据管理"界面。

2. 单击工具栏上的"增加"按钮,进入票据录入界面。按照业务内容依次录入各项信息,输入完毕后单击工具栏中的"保存"按钮,保存当前票据,如图7-28所示。

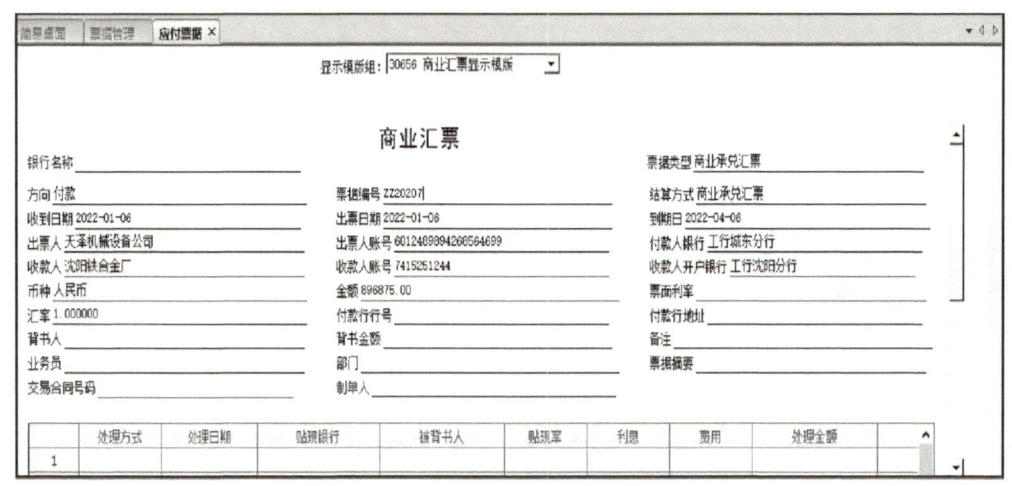

图7-28 应付票据录入

3. 如果票据录入错误,可单击"修改"按钮进行修改。单击"删除"按钮可删除该票据,单击"增加"或"复制"按钮可继续录入其他商业汇票。

 注意:
(1) 如果要进行票据科目的管理,必须将应付票据科目设置为应付受控科目。
(2) 票据所形成的付款单已经核销的或者已经进行过计息、结算、转出等处理的票据不能被删除,也不能被修改。

(二) 审核由应付票据生成的付款单

在应付款管理系统中,执行"付款单据处理"|"付款单据审核"命令,打开"付款单据

过滤条件"对话框,单击"确定"按钮,进入"收付款单列表"界面,选中刚才生成的付款单,单击工具栏中的"审核"按钮,完成付款单审核,如图7-29所示。

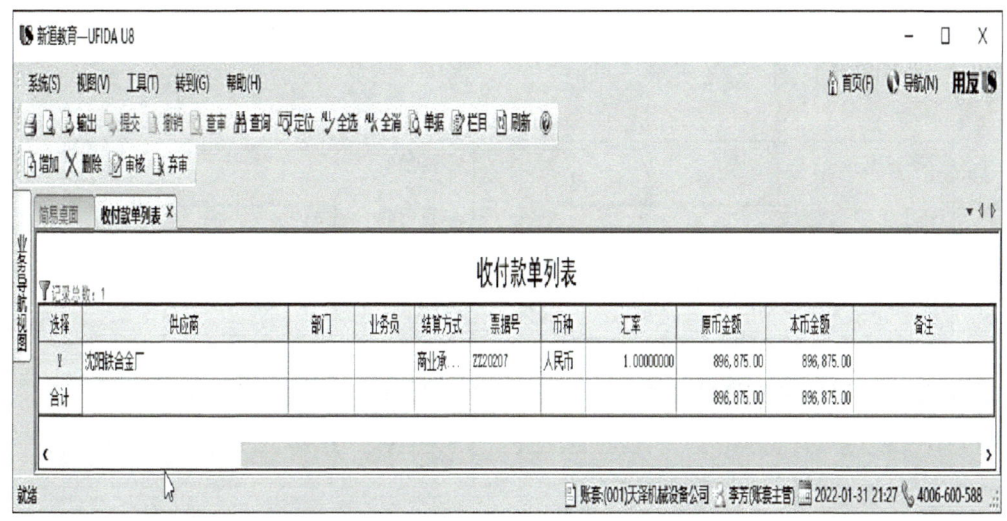

图7-29 审核付款单

**(三)对该笔付款业务进行核销**

在应付款管理系统中,执行"核销处理"|"手工核销"命令,进入"单据核销"界面,在对应单据的"本次结算"栏中输入结算金额,如图7-30所示。单击"保存"按钮进行核销。

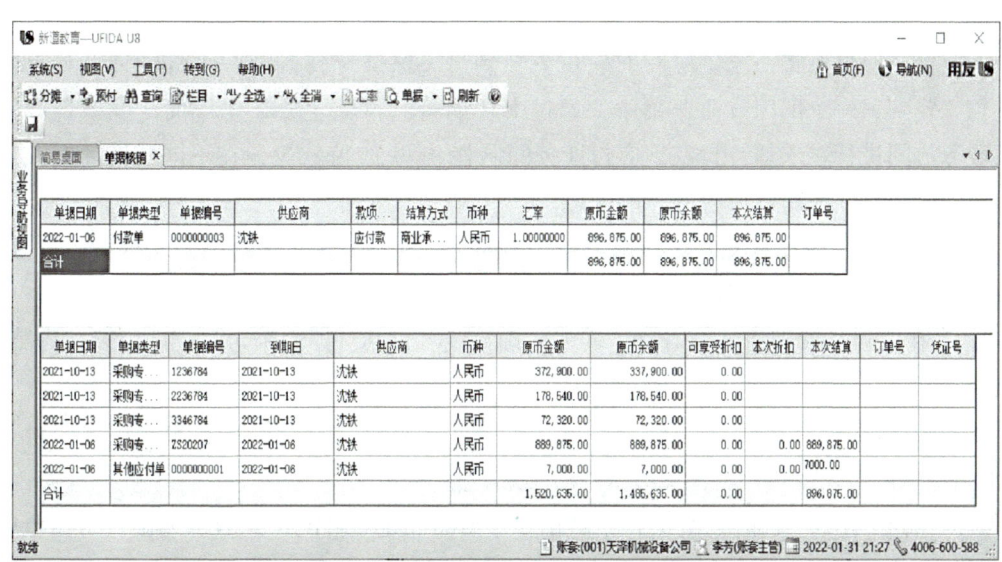

图7-30 核销

**(四)票据的计息、结算和转出**

计息是指带息票据到期时,承兑人按票据面额及应计利息之和向收款人付款。票据结算即票据兑现。票据转出是指某种原因导致票据迟迟没有结算,需要重新恢复应收账款的情况。

在"票据管理"界面中,选中需要计息、结算和转出的票据,单击工具条上的相应按钮进入对应的操作界面,根据业务内容依次录入各栏目信息,然后单击"确定"按钮即可完成操作,如图7-31、图7-32所示。

图7-31 票据转出

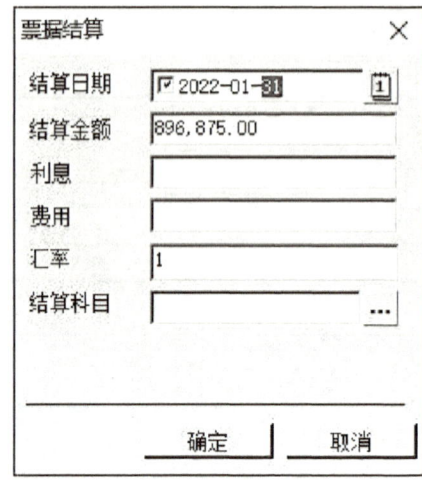
图7-32 票据结算

### 五、转账处理

转账处理包括以下四种情况:

#### (一) 应付冲应付

应付冲应付指将一家供应商的应付款转到另一家供应商或把一个部门或业务员的应付款转到另一个部门或业务员中。通过本功能将应付款业务在供应商之间或部门间或业务员间进行转入、转出,实现应付业务的调整,解决应付款业务在不同供应商间或部门间或业务员间入错户或合并户的问题。

以"经协商,各方愿将前欠洛阳轴承厂应付账款158 200元转给沈阳铁合金厂"为例进行介绍,应付冲应付的具体操作步骤如下:

1. 在应付款管理系统中,执行"转账处理"|"应付冲应付"命令,弹出"应付冲应付"对话框。

2. 设定日期"≤=2022-01-31",选中"货款""应付款"项目,在转出户中参照录入"洛阳轴承厂",在转入户中参照录入"沈阳铁合金厂"。

3. 单击"查询"按钮,系统会将该转出户中所有满足条件的单据全部列出。可在单据栏目的最后一列"并账金额"栏中手工输入本次并账金额"158200.00",如图7-33所示。手工输入并账金额时,金额应大于零且小于等于余额。

4. 输入完有关信息后单击"确认"按钮,系统会自动进行转出、转入处理并弹出"是否立即制单?"对话框。如果需要制单,可以选择"是",也可单击"否",暂不制单。

项目七　应付款管理

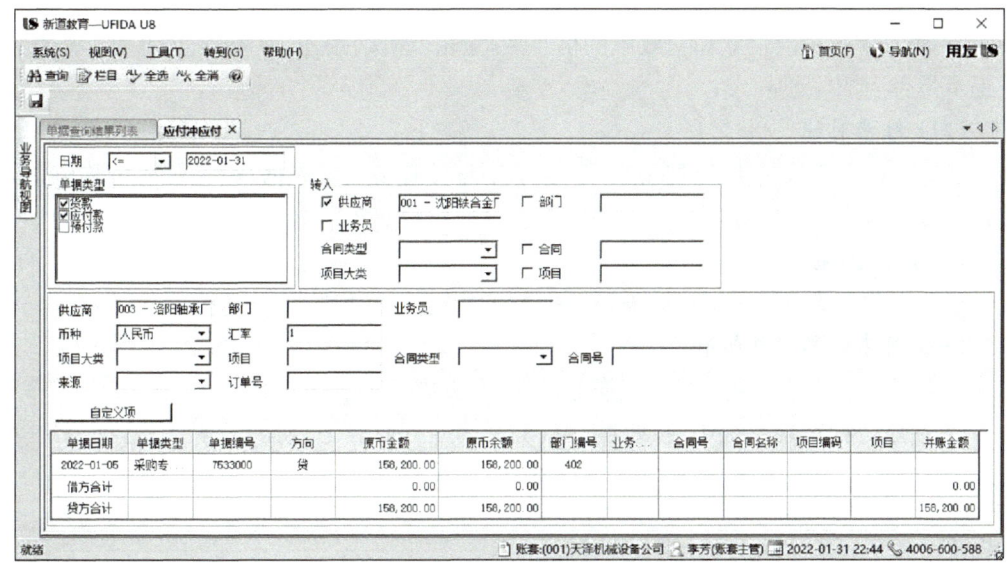

图 7-33　应付冲应付

(二) 预付冲应付

预付冲应付用于处理企业的预付款和应付款间的转账核销业务,具体操作步骤如下:

1. 在应付款管理系统中,执行"转账处理"|"预付冲应付"命令,弹出"预付冲应付"对话框,直接单击"自动转账"按钮,系统自动进行成批的预付冲抵应付款操作。

2. 也可以进行单个客户的预付冲抵应付款操作。单击"预付款"页签,在"预付款"页签中输入过滤信息,单击"查询"按钮,系统会将该供应商所有满足条件的预付款的日期、转账方式、金额等项目列出,在"转账金额"一栏里输入每一笔预付款的转账金额。

3. 单击"应付款"页签,过滤相关单据,操作方法与预付款的过滤相同。

4. 输入完有关预付款和应付款的信息后,单击"确认"按钮,系统会自动将两者对冲。

5. 上述两个页签均可以通过直接输入转账总金额后,单击"分摊"按钮,由系统自动分摊该转账总金额到具体单据上,且分摊好的各单据转账金额允许修改。

(三) 应付冲应收

应付冲应收指用某客户的应收账款冲抵某供应商的应付款项。系统通过应付冲应收功能将应付款业务在客户和供应商之间进行转账,实现应付业务的调整,完成应收债权与应付债务的冲抵。

应付冲应收的具体操作步骤如下:

1. 在应付款管理系统中,执行"转账处理"|"应付冲应收"命令,弹出"应付冲应收"对话框。

2. 单击"应付款"页签,在"应付款"页签中输入供应商"沈阳铁合金厂",单击"过滤"按钮,系统会将该供应商所有满足条件的应付单据列出,在"转账金额"一栏里输入转账金额。

3. 单击"应收款"页签,在客户处输入客户名称,单击"查询"按钮,系统会将该客户所有满足条件的应收单据列出。选中销售专用发票并在"转账金额"栏中输入转账金额,选

325

中其他应收单并输入转账金额。

4. 输入完有关应付款和应收款的信息后，单击"确认"按钮，系统会自动将二者对冲，并提示是否生成凭证。

### （四）红票对冲

红票对冲可实现将供应商的红字应付单据与其蓝字应付单据、收款单与付款单中间进行冲抵的操作。系统提供自动对冲和手工对冲两种处理方式。

## 六、汇兑损益

汇兑损益功能可以用于计算外币单据的汇兑损益并对其进行相应的处理。

### （一）月末计算汇兑损益

月末对外汇核算时需进行汇兑损益的处理，具体操作步骤如下：

1. 在应付款管理系统中，执行"汇兑损益"命令，弹出"汇兑损益"对话框，如图7-34所示。

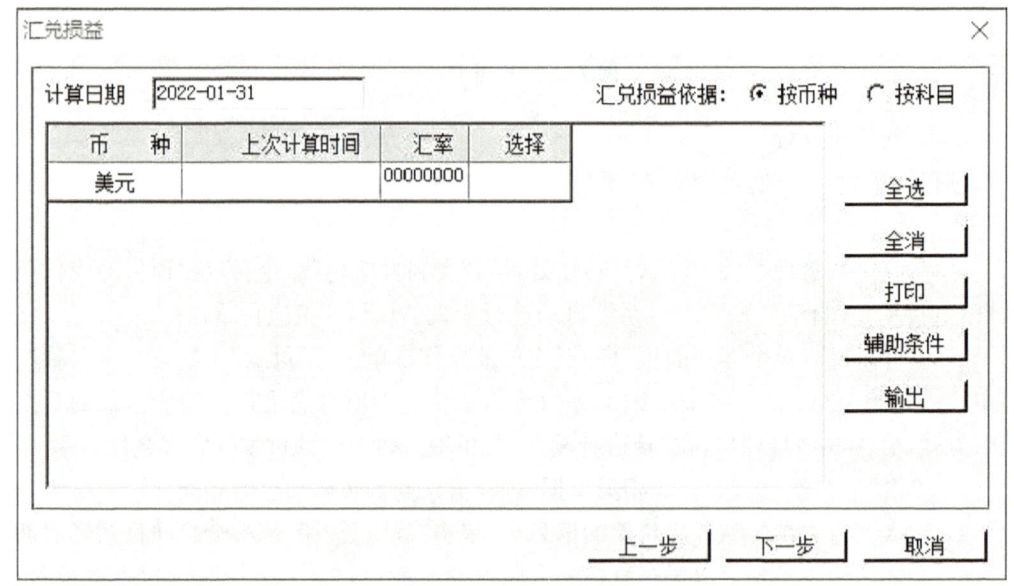

图7-34 "汇兑损益"对话框

2. 输入日期。屏幕列示了所有的外币币种和本月内该币种上次计算汇兑损益的时间。如果要选择或取消选择某个币种，在某个币种的"选择"标志列双击即可，也可以单击"全选"按钮选中全部币种。

3. 单击"下一步"按钮，进入试算表界面。屏幕会显示所选择的所有的币种的汇兑损益的计算情况，包括币种的外币余额、本币余额、调整后的本币金额及二者的差额。

4. 如果对当前的试算结果满意，可单击"确认"按钮保存此次计算。如果对当前的计算结果不满意，可单击"取消"按钮取消此次操作。

5. 如果想要查看汇兑损益处理的详细情况，在试算平衡表界面的下拉框中可选择按币种、单据、供应商、科目进行查询，屏幕会显示所选择的汇兑损益的明细记录。

### （二）单据结清时计算汇兑损益

单据结清时计算处理汇兑损益的具体操作步骤如下：

1. 输入需要计算汇兑损益的日期。输入的日期应该小于等于第一个未结账月月末并且小于等于当前业务日期,大于已结账月。

2. 屏幕列示了所有外币币种,如果要选择或取消选择某个币种,可以在某个币种的"选择标志"一栏内双击,也可以单击"全选"按钮选中全部币种,单击"全消"按钮取消所有的选择。

3. 选择完成后,单击"下一步"按钮,进入试算表界面。

4. 屏幕会显示所选择的币种的所有单据的类型、编号、供应商名称、币种和本币金额,也可单击"取消"按钮,取消所作的选择。如果对当前的显示结果满意,可单击"确认"按钮保存此次结果。系统会提示"是否立即制单?",可以继续作出选择。如果想重新选择币种,可以单击"上一步"按钮返回币种选择界面。

### 七、制单处理

制单即生成凭证,并将凭证传递至总账系统。系统在各个业务处理的过程中都提供了实时制单的功能。除此之外,系统还提供了一个统一制单的平台,可以在此快速、成批生成凭证,并可依据规则进行合并制单等处理。

制单处理的具体操作步骤如下:

1. 在应付款管理系统中,执行"制单处理"命令,打开"制单查询"对话框,如图 7-35 所示。

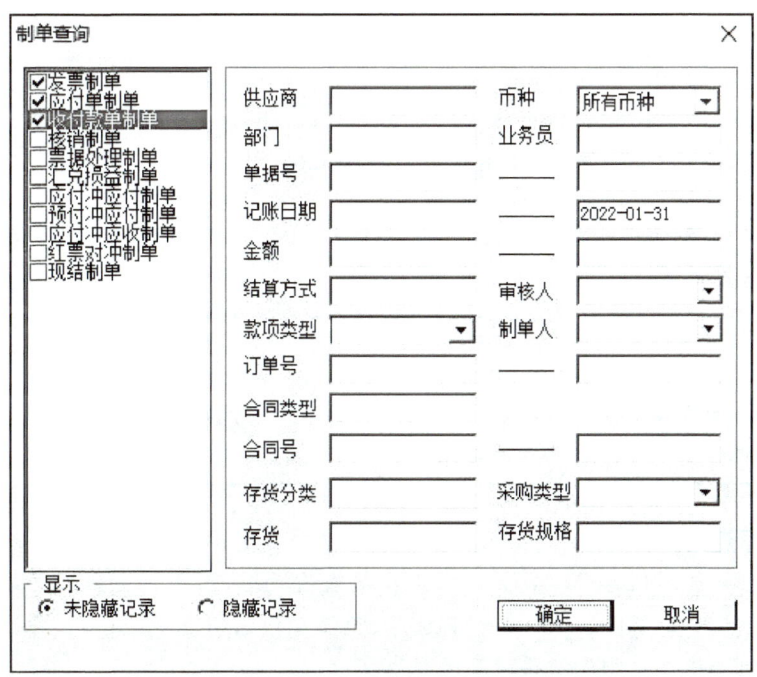

**图 7-35 "制单查询"对话框**

2. 在左侧制单类型栏目列表中单击选择"发票制单""应付单制单""收付款单制单"。

3. 录入制单日期。

4. 输入查询条件后,单击"确定"按钮,进入"制单"界面,系统将符合条件的所有未制单单据全部列出。

5. 单击"凭证类别"下拉框,为每一个制单类型设置一个默认的凭证类别,在"制单日期"处设置凭证日期。

6. 选择要进行制单的单据,在"选择标志"一栏双击,系统会在双击的栏目处给出一个序号,表明要将该单据制单,可以修改系统给出的序号。例如,系统给出的序号为1,可以改为2。相同序号的记录会制成一张凭证,如图7-36所示。也可以单击"全选"按钮选择当前列表中所有的单据,这时,所有单据的序号是不一致的,默认不合并制单,可以单击"合并"按钮将所选单据合并生成一张凭证。

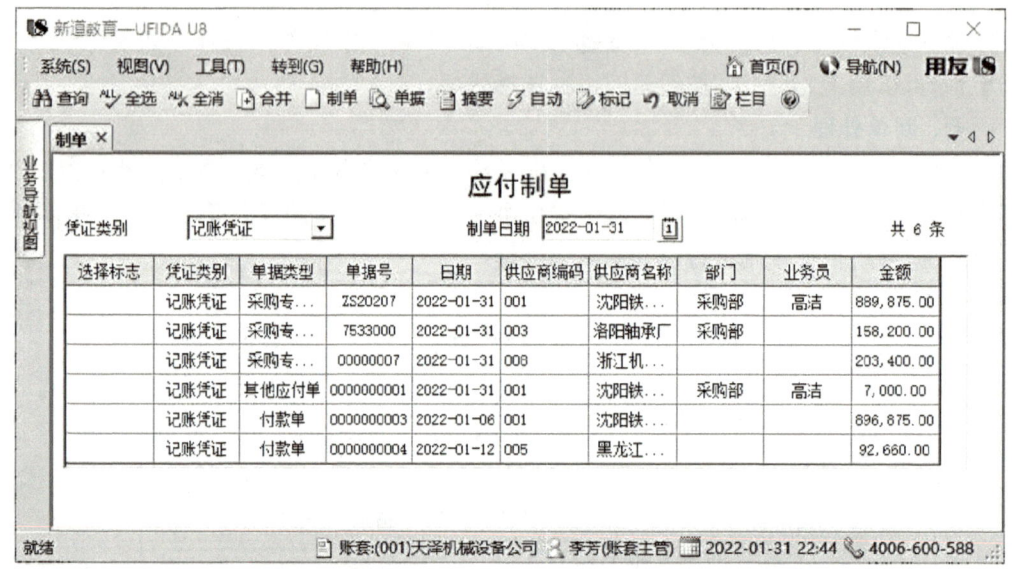

图7-36 "制单"界面

7. 选择所有的条件后,单击"制单"按钮,进入凭证界面,单击"保存"按钮可以将当前凭证传递到总账系统。

> **注意:**
> 一张原始单据制单后将不能再次制单。如果同时使用了总账系统,则所输入的制单日期应该满足总账制单序时要求。

### 八、单据查询

系统提供对应付单、结算单、凭证等单据的查询功能,可以查询各类单据、详细核销信息、报警信息、凭证等内容。在查询列表中,系统提供自定义显示栏目、排序等功能,可以通过单据列表操作来制作符合要求的单据的列表。

(一)发票查询

发票查询的具体操作步骤如下:

1. 在应付款管理系统中,执行"单据查询"|"发票查询"命令,弹出"发票查询"对话框。输入相应查询条件后,单击"确定"按钮,进入查询结果界面,如图7-37所示。

项目七　应付款管理

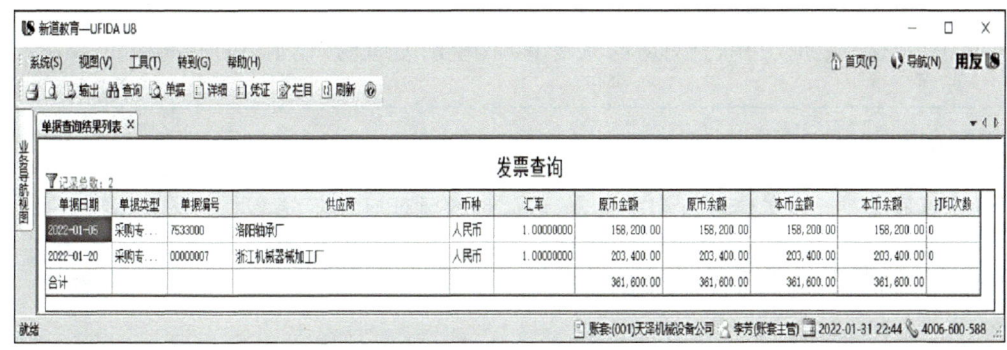

图 7-37　查询结果界面

2. 在查询结果界面单击"查询"按钮,重新输入查询条件,单击"单据"按钮,查看当前的发票。原始单据界面中提供打印、预览功能。单击"详细"按钮,查看当前的发票的详细结算情况;单击"栏目"按钮,可以设置当前查询列表的显示栏目、栏目顺序、栏目名称、排序方式,且可以保存当前设置的内容;单击"凭证"按钮则可查看该单据生成的相应记账凭证。

(二) 其他单据的查询

其他单据的查询与发票查询方法基本一致,不再赘述。

(三) 凭证查询

可以通过凭证查询来查看、修改、删除、冲销应付款管理系统生成的凭证,具体操作步骤如下:

1. 在应付款管理系统中,执行"单据查询"|"凭证查询"命令,弹出"凭证查询条件"对话框。设置相应条件后,单击"确定"按钮,进入"凭证查询"列表界面,如图 7-38 所示。

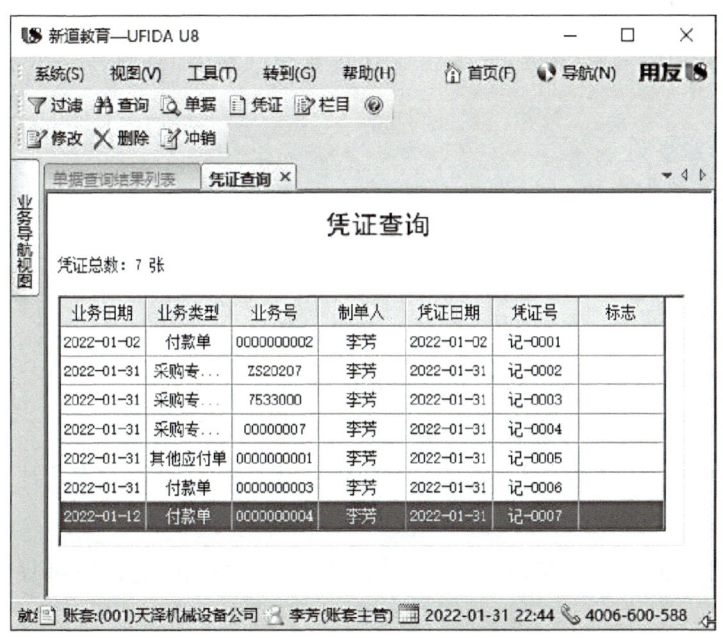

图 7-38　"凭证查询"列表

329

2. 单击选中相应凭证后,可单击工具栏中的"修改""删除""冲销"按钮进行相应的处理,单击"单据"按钮则可联查对应的原始单据,单击"凭证"按钮则可打开凭证。

> **注意:**
> (1) 如果要对一张凭证进行删除操作,该凭证的凭证日期不能在本系统的已结账月内。例如,本系统生成一张2月27日的凭证后在2月份执行了月末结账,那么在查询该张凭证时就不能删除该张凭证。
> (2) 在凭证查询时,若已启用供应商、部门数据权限控制,则查询凭证时只能查询有权限的凭证。
> (3) 一张凭证被删除后,它所对应的原始单据可以重新制单,对应操作处理可以重新进行。例如,一张发票所生成的凭证被删除后可以重新对发票生成凭证。
> (4) 只有未审核、未经出纳签字的凭证才能删除。

### 九、账表管理

账表管理功能主要包括业务账表查询、统计分析表查询和科目账查询等。

#### (一) 业务账表查询

业务账表功能提供业务总账、业务余额表、业务明细账和对账单的查询。

#### (二) 统计分析表查询

通过统计分析,企业可以按定义的账龄区间进行一定期间内应付款账龄分析、付款账龄分析、往来账龄分析,了解各个应付款周转天数和周转率,了解各个账龄区间内应付款、付款及往来情况,便于企业及时发现问题,加强对往来款项动态的监督管理。

#### (三) 科目账查询

主要用于查询科目明细账、科目余额表等,显示用友ERP-U8V10.1软件中所有的受控科目信息。

其中,科目明细账用于查询供应商往来科目下各供应商的往来明细账,包括科目明细表、供应商明细账、三栏式明细账、多栏式明细账、供应商分类明细账、业务员明细账、部门明细账、项目明细账、地区分类明细账九种查询方式。

科目明细账查询的具体操作步骤如下:

1. 执行"账表管理"|"科目账查询"|"科目明细账"命令,弹出供应商往来科目明细账查询条件界面。

2. 输入相应查询条件,单击"确定"按钮,进入科目明细账查询结果界面,如图7-39所示。

| 年 | 月 | 日 | 凭证号 | 科目编号 | 科目名称 | 供应商编号 | 供应商名称 | 摘要 | 借方本币 | 贷方本币 | 方向 | 余额本币 |
| --- | --- | --- | --- | --- | --- | --- | --- | --- | --- | --- | --- | --- |
| 2022 | 01 | 02 | 记-0001 | 2202 | 应付账款 | 001 | 沈铁 | 付款单 | 35,000.00 | | 贷 | 588,760.00 |
| 2022 | 01 | 31 | 记-0002 | 2202 | 应付账款 | 001 | 沈铁 | 采购专用发票 | | 889,875.00 | 贷 | 1,478,635.00 |
| 2022 | 01 | 31 | 记-0005 | 2202 | 应付账款 | 001 | 沈铁 | 其他应付单 | | 7,000.00 | 贷 | 1,485,635.00 |
| 2022 | 01 | 31 | 记-0006 | 2202 | 应付账款 | 001 | 沈铁 | 付款单 | 896,875.00 | | 贷 | 588,760.00 |
| 2022 | 01 | | | 2202 | 应付账款 | 001 | 沈铁 | 本月合计 | 931,875.00 | 896,875.00 | 贷 | 588,760.00 |
| 2022 | 01 | | | 2202 | 应付账款 | 001 | 沈铁 | 本年累计 | 931,875.00 | 896,875.00 | 贷 | 588,760.00 |
| 2022 | 01 | 31 | 记-0003 | 2202 | 应付账款 | 003 | 洛轴 | 采购专用发票 | | 158,200.00 | 贷 | 158,200.00 |
| 2022 | 01 | | | 2202 | 应付账款 | 003 | 洛轴 | 本月合计 | | 158,200.00 | 贷 | 158,200.00 |
| 2022 | 01 | | | 2202 | 应付账款 | 003 | 洛轴 | 本年累计 | | 158,200.00 | 贷 | 158,200.00 |

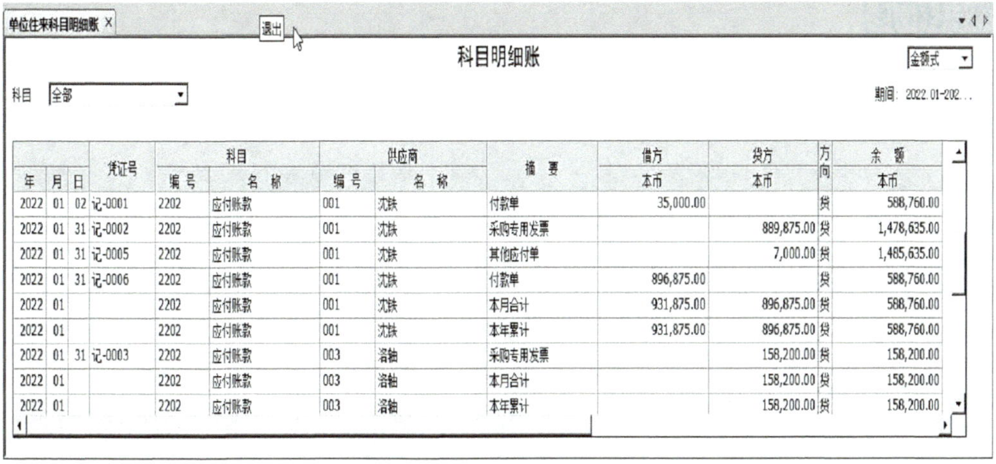

图 7-39　科目明细账查询

## 十、取消操作

如果在对原始单据进行了审核，或对付款单进行了核销等操作后发现操作失误，利用此功能可将其恢复到操作前的状态，以便进行修改。

取消操作的具体操作步骤如下：

1. 在应付款管理系统中，执行“其他处理”|“取消操作”命令，弹出“取消操作条件”对话框。

2. 根据需要，在“操作类型”下拉框中选择需要恢复的操作类型，主要包括恢复付款单核销前状态、恢复票据处理前状态、恢复转账处理前状态、恢复计算汇兑损益前状态、恢复并账处理前状态。

3. 依次指定其他条件，单击“确定”按钮，进入“取消操作”界面。

4. 在“选择标志”处双击选中需要处理的单据或操作类型，单击工具栏中的“确认”按钮，完成取消操作，如图 7-40 所示。

| 选择标志 | 单据类型 | 单据号 | 日期 | 供应商 | 金额 | 部门 | 业务员 |
| --- | --- | --- | --- | --- | --- | --- | --- |
| Y | 核销 | 0000000003 | 2022-01-31 | 沈铁 | 896,875.00 | 采购部 | 高洁 |
| Y | 核销 | 0000000002 | 2022-01-31 | 沈铁 | 35,000.00 | 采购部 | 高洁 |

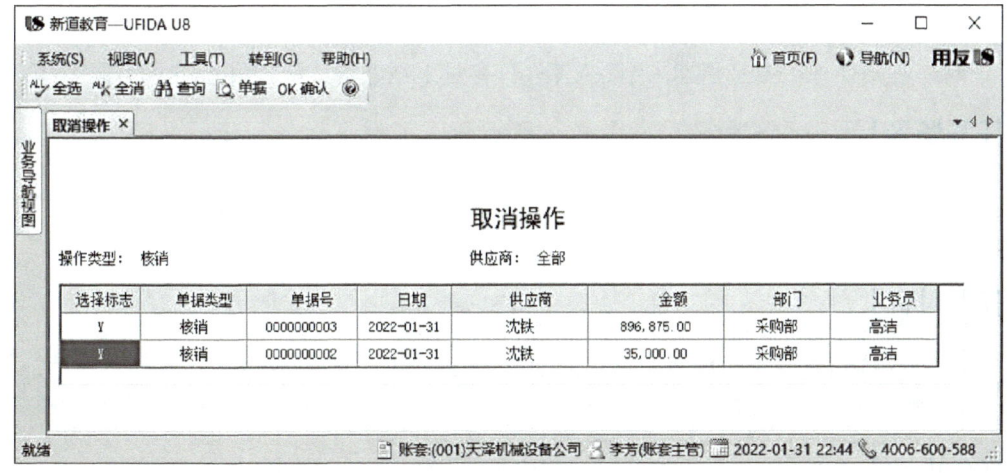

图 7-40　“取消操作”界面

## 【知识拓展】

#### 应付单据处理
可增加采购发票和应付单。修改时不能修改单据的名称和类型。应付单据录入完成后必须经过审核,系统才会正式认为该笔应付款有效。

#### 付款单据处理
付款单据处理分为录入和审核两步。录入付款单据时,款项类型有应付款项和预付款项两种。

#### 核销处理
核销处理是指日常进行的已付款与应付款的核销。单据核销的作用是处理已付款核销应付款,建立已付款与应付款的核销记录,监督应付款的及时核销,从而加强往来款项的管理。可通过手工核销和自动核销两种方式进行。

#### 票据管理
在应付款管理系统中,票据管理可以对银行承兑汇票和商业承兑汇票进行管理,记录票据的详细信息和处理情况,查询应付票据。

#### 转账
应付款的转账是会计意义上的冲账,包括应付冲应付、预付冲应付等工作,其原理与应收款管理系统中的转账相同。

#### 制单处理
对于已录入的单据,在审核后要进行制单处理形成凭证,并传递至总账管理工作系统中。

## 任务三 应付款管理系统期末业务处理

期末业务处理主要是指期末结账工作,只有月末结账后才可以开始下月工作。

### 【任务场景】

李芳经过一个月的忙碌工作,终于圆满完成了本月的应付款管理工作。接下来李芳还需要进行月末结账,为下个月的工作作好准备。

### 【任务目标】

1. 掌握应付款管理系统月末结账的知识,了解企业结账的条件;
2. 具备月末结账和反结账的能力。

### 【任务内容】

进行月末结账处理取消结账操作。

## 【任务实施】

### 一、月末结账

如果确认本月的各项业务处理已经结束,可以选择执行月末结账。执行月末结账后,该月将不能再进行任何处理。

月末结账的具体操作步骤如下:

1. 在应付款管理系统中,执行"期末处理"|"月末结账"命令,显示月末结账向导,如图 7-41 所示。

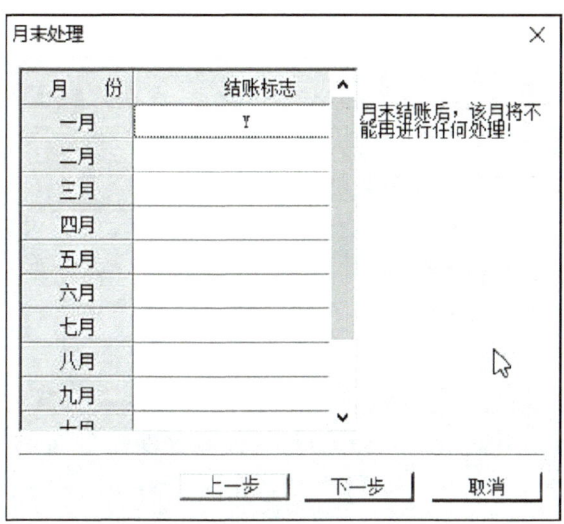

图 7-41 月末结账向导

2. 选择结账月份,双击"结账标志"一栏,在"结账标志"处打上"Y"标记,表示选择该月进行结账。注意:如果前一个月没有结账,则本月不能结账。一次只能选择一个月进行结账。

3. 单击"下一步"按钮,系统显示月末结账的检查结果,如图 7-42 所示。

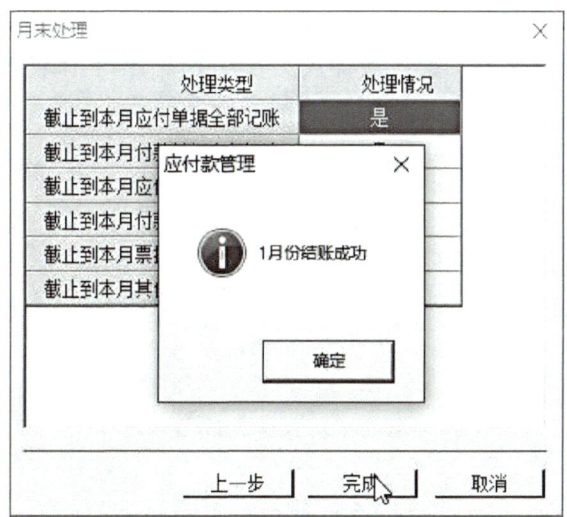

图 7-42 月末结账检查结果

4. 单击"完成"按钮,系统提示"1月份结账成功",单击"确定"按钮完成结账。

## 二、取消结账

取消结账功能可以取消最近月份的结账状态,具体操作步骤如下:

1. 在应付款管理系统中,执行"期末处理"|"取消结账"命令,弹出"取消月结"对话框。

2. 选择需要取消结账的月份,单击"确认"按钮,系统弹出"取消月结成功"提示框,单击"确定"按钮完成取消结账。

## 【知识拓展】

如果应付款管理系统与采购管理系统同时使用,应在采购管理系统结账后再对应付款管理系统进行结账处理。

当选项中设置审核日期为单据日期时,本月的单据(发票和应付单)应该全部在结账前审核;当选项中设置审核日期为业务日期时,截止到本月月末还有未审核单据(发票和应付单)仍可进行月结处理。

如果本月还有未审核的合同结算单,仍可进行月结处理;如果本月还有未审核的付款单,则不能结账。

当选项中设置"月结时必须将当月单据以及处理业务全部制单",则月结时若检查当月有未制单的记录时不能进行月结处理;当选项中设置"月结时不用检查是否全部制单",则无论当月有无未制单的记录,均可以进行月结处理。

如果是本年度最后一个期间结账,应将本年度进行的所有核销、转账等处理全部制单。

### 账套数据备份

在电脑中建立一个文件夹并按日期命名,然后将账套输出备份到这个文件夹中。在账套的备份和使用过程中,要养成良好的数据安全和保密意识。

# 财务报表编制

## 项目综述

UFO(User Friend Office)报表系统是用友 ERP-U8V10.1 软件中一个相对独立的子系统,具有自定义报表功能和数据处理功能,并内置了多个行业的报表模板。其主要功能是自定义会计报表,利用模板生成财务报表,对报表进行日常管理,生成图表等。

报表系统的主要任务是设计报表的格式和编制公式,从总账系统或其他业务系统取得相关的会计数据,自动编制各种会计报表,对报表进行审核、汇总,生成各种分析图,并按预定的格式输出各种会计报表。报表系统主要包括以下功能:

1. 提供各行业报表模板。提供 33 个行业的标准财务报表模板,可轻松生成复杂报表。提供自定义模板的功能,可以根据本单位的实际需要定制模板。

2. 文件管理功能。提供各类文件管理功能,并且能够进行不同文件格式的转换,包括 txt 文本文件、.mdb 文件、Excel 文件、Lotus1-2-3 文件。支持多个窗口同时显示和处理,可同时打开的文件和图形窗口多达 40 个。提供标准财务数据的导入和导出功能,可以和其他流行财务软件交换数据。

3. 格式管理功能。提供丰富的格式设计功能,如设组合单元、画表格线(包括斜线)、调整行高和列宽、设置字体和颜色、设置显示比例等,可以制作各种要求的报表。

4. 数据处理功能。UFO 以固定的格式管理大量不同的表页,能将多达 99 999 张具有相同格式的报表资料统一在一个报表文件中管理,并且在每张表页之间建立有机的联系。提供排序、审核、舍位平衡、汇总功能;提供绝对单元公式和相对单元公式,可以方便、迅速地定义计算公式;提供种类丰富的函数,可以从账务、应收、应付、工资、固定资产、销售、采购、库存等用友产品中提取数据,生成财务报表。

5. 打印功能。"所见即所得",报表和图形都可以打印输出。报表打印时,可以选择打印格式或数据,设置财务表头和表尾,在 0.3 到 3 倍之间缩放打印,横向或纵向打印等等。提供打印预览,可以随时观看报表或图形(包括 UFO 生成的图表对象和 UFO 中的嵌入和链接对象)的打印效果。

6. 二次开发功能。提供批命令和自定义菜单,自动记录命令窗中输入的多个命令,可将有规律性的操作过程编制成批命令文件。提供 Windows 风格的自定义菜单,综合利用批命令,可以在短时间内开发出本企业的专用系统。

## 职业能力培养

通过项目的实施及运营,了解自定义报表和报表模板的特点。熟练掌握自定义报表的生成方法,熟练使用报表模板生成财务报表,熟练设置报表公式和财务函数。在项目实施过程中培养学生严谨认真、一丝不苟的工作作风,注重提高技能、强化职业判断能力,具备数据思维,树立系统观念,注重数据安全,具有保密意识。

请大家思考并讨论财务报表在整个会计工作中的地位和意义。财务报表的阅读是否要经过一定的授权?除了上市公司的财务报表需要强制对外披露外,其他公司的财务报表是否可以随便翻看?

"孟晚舟事件"曾一度举世瞩目。2018年12月1日,孟晚舟在加拿大温哥华转机时被拘留。事件发生时,孟晚舟担任华为CFO要职。

在这一事件中,汇丰银行出卖客户的信息,把孟晚舟、华为在汇丰银行里的流水账单等信息透露给了美国政府。美国政府以华为涉嫌与伊朗开展商业贸易违反美对伊朗制裁法案为由,指使加拿大逮捕孟晚舟。

经过中国政府的不懈外交斗争,"孟晚舟事件"以孟晚舟无罪释放而胜利解决。孟晚舟于2021年9月25日乘坐中国政府包机返回祖国。同日,人民日报评孟晚舟回国:没有任何力量能够阻挡中国前进的步伐。

从这一事件中,我们一方面感受到中国政府对国民的关爱之情,另一方面也认识到企业的会计数据和会计信息是企业重要的资产,应当妥善保管。遵守职业道德,替客户保守商业机密,应当是每一个经济主体的良知和自觉行为。

## 典型工作任务

1. 自定义报表:报表格式设计,报表公式定义,报表数据处理。
2. 利用报表模板生成报表:设置报表模板,调整报表模板。
3. 会计数据备份与档案管理。

报表管理系统具体工作流程如图8-1所示。

# 项目八 财务报表编制

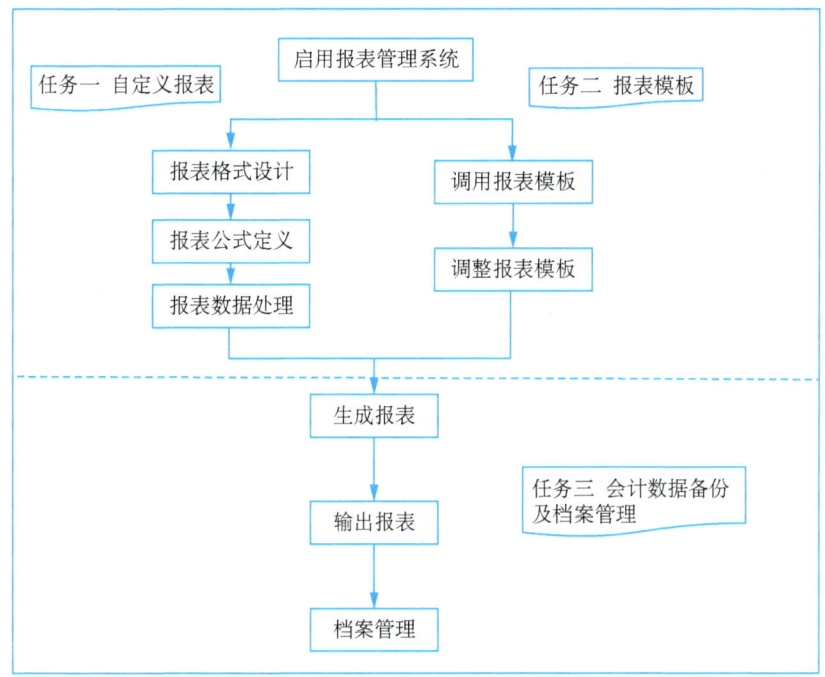

图 8-1 报表管理系统操作流程

## 任务一 自定义报表

### 【任务场景】

天泽机械设备公司已经使用用友 ERP-U8V10.1 软件完成了系统初始化、总账系统设置等操作,总账会计李芳在完成了日常会计核算工作后,每个会计期末都要编制会计报表,及时提供财务信息,为公司经营决策作出贡献。现在李芳需要了解在会计信息化环境下,如何完成会计报表的编制。

### 【任务目标】

1. 了解会计报表管理系统中有关的基本概念及特点,了解自定义报表编制的内容;
2. 理解报表编制的原理,掌握自定义报表编制的流程、方法及操作步骤;
3. 掌握报表格式设计、公式定义的操作方法等知识;
4. 具备熟练运用报表管理系统进行常用会计报表的制作、编辑和数据处理的能力。

337

## 【任务内容】

表8-1 货币资金表

编制单位：　　　　　　　　　　　　　年　　月　　日　　　　　　　　　　　　　单位：元

| 项目 | 行次 | 期初数 | 期末数 |
|---|---|---|---|
| 库存现金 | 1 | | |
| 银行存款 | 2 | | |
| 合计 | 3 | | |

本表是固定表，固定表是指表的行数和列数是固定的，在这类表中，表的总单元数不变，也称为不含可变区的表。

表文件名：货币资金表.rep；标题：货币资金表；关键字：编制单位和日期中的年、月、日；公式单元：期初数和期末数下的项目；从总账系统取数，生成本月份的货币资金表。

## 【任务实施】

### 一、启用报表管理系统

启用报表系统，建立新表的具体操作步骤如下：

1. 执行"开始"|"程序"|"用友ERP-U8V10.1"|"企业应用平台"命令。

2. 进入系统登录界面后，进行企业门户注册，输入操作员"01"，选择账套"001天泽机械设备公司"，操作日期为"2022-01-31"，密码为空，单击"确定"按钮。

3. 选择"业务工作"|"财务会计"|"UFO报表"命令，进入"UFO报表"系统。

4. 启动报表系统后，执行"文件"|"新建"命令，系统自动创建一个空白报表，报表名默认为"report1"，如图8-2所示。

图8-2　新建UFO报表

## 二、报表格式设计

### (一)设置报表尺寸

设置报表尺寸是指设置报表的行数和列数,具体操作步骤如下:

1. 在"UFO报表"窗口单击"左下角的格式/数据"按钮,进入"格式"状态。

2. 执行"格式"|"表尺寸"命令,弹出"表尺寸"对话框,在对话框中输入报表的行数和列数,如图8-3所示。单击"确认"后当前处理的报表将按照设置的表尺寸显示。

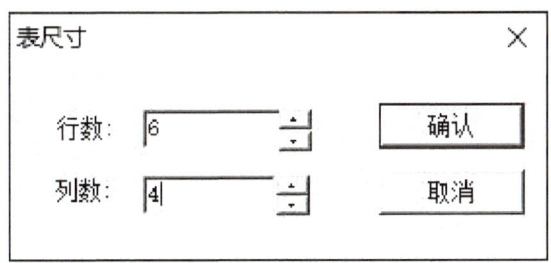

图8-3 表尺寸设置

3. 修改表尺寸时,重复上述操作。

### (二)设置组合单元

组合单元就是将几个具体单元组合成一个大的单元,以便输入和显示相关信息,如报表标题、编制单位等信息。定义组合单元的具体操作步骤如下:

1. 在"格式"状态下,选取要设置为组合单元的区域,执行"格式"|"组合单元"命令,打开"组合单元"对话框。

2. 选择组合方式"整体组合"或"按行组合"按钮设置组合单元,该单元即合并成一个单元格,如图8-4所示。

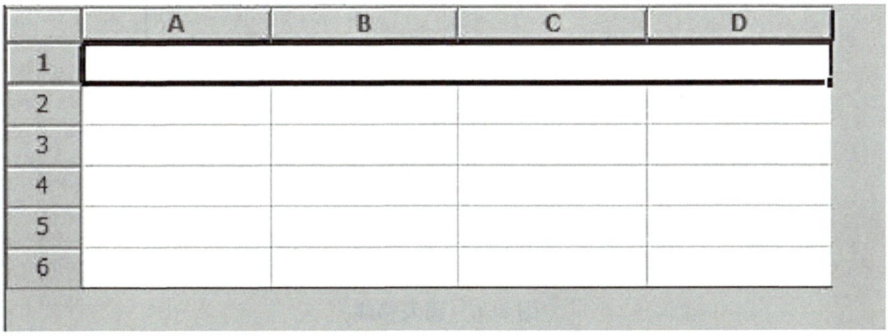

图8-4 组合单元设置

3. 同理,可选取要取消组合的组合单元,单击"格式"|"组合单元"菜单,打开"组合单元"对话框,单击"取消组合"按钮即可。

### (三)定义行高和列宽

根据报表的大小和文字、数据的多少来设计行高和列宽,行高和列宽的单位为毫米。定义行高与列宽的操作类似,以设置行高为例来说明,具体操作步骤如下:

1. 单击"格式/数据"按钮,进入"格式"状态。

2. 选择要调整行高的单元格。

3. 执行"格式"|"行高"命令,打开"行高"对话框,输入所要设置的行高,如图 8-5 所示。单击"确认"后选定行将按照设置的行高显示。

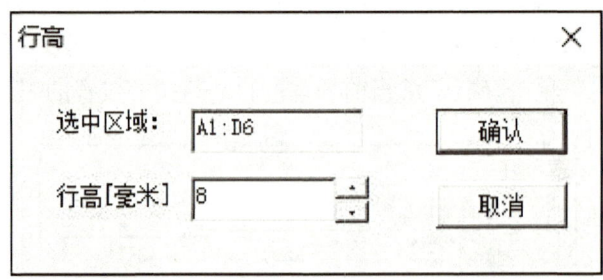

图 8-5　定义行高

### (四) 画表格线

为了满足查询和打印的需要,要给报表画上表格线。UFO 的画线类型有网线、横线、竖线、框线、正斜线、反斜线 6 种。

画表格线的具体操作步骤如下:

1. 单击"格式/数据"按钮,进入"格式"状态。

2. 选取报表需要画线的区域。

3. 执行"格式"|"区域画线"命令,打开"区域画线"对话框。

4. 在"画线类型"和"样式"中选择一种即可,单击"确认"按钮,如图 8-6 所示。

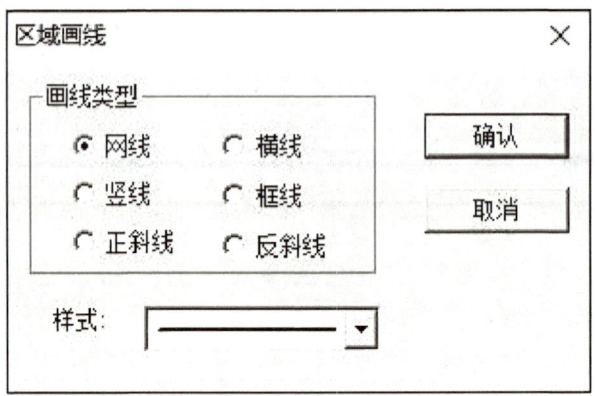

图 8-6　画表格线

5. 重复前三步操作后,在"区域画线"对话框中选择"样式"为"空线",可删除区域中的表格线。

### (五) 定义单元属性

单元属性主要指单元的类型、数字格式、边框线以及单元内容的字体、字号、字形、对齐方式、颜色图案等。

定义单元属性的具体操作步骤如下:

1. 单击"格式/数据"按钮,进入"格式"状态。

2. 选取要设置单元属性的区域，执行“格式”|“单元属性”命令，打开“单元格属性”对话框。

3. 单击“字体图案”选项卡，在“字体”下拉框中选择“黑体”，在“字型”下拉框中选择“粗体”，在“字号”下拉框中选择“14”。单击“对齐”选项卡，分别单击“水平方向”和“垂直方向”后的“居中”选项，单击“确定”按钮，如图 8-7 所示。

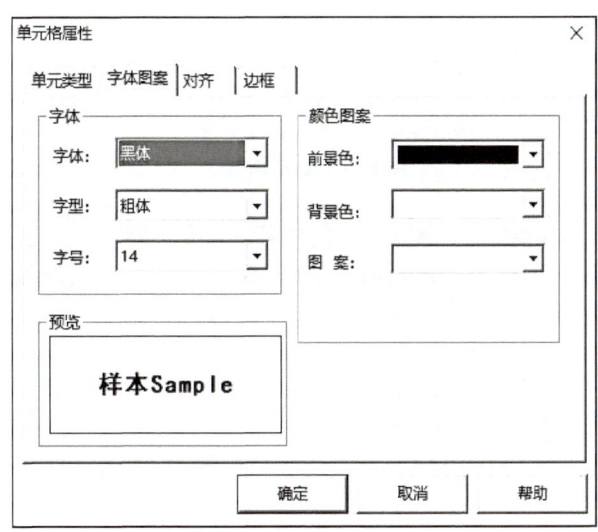

图 8-7　定义单元属性

### （六）输入项目内容

报表的文字内容主要包括表头内容、表体项目和表尾项目等。根据所给资料直接在对应单元中输入所有项目内容，如图 8-8 所示。

| | A | B | C | D |
|---|---|---|---|---|
| 1 | 货币资金表 | | | |
| 2 | | | | 单位：元 |
| 3 | 项目 | 行次 | 期初数 | 期末数 |
| 4 | 库存现金 | | | |
| 5 | 银行存款 | | | |
| 6 | 合计 | | | |

图 8-8　输入项目

### （七）设置关键字

关键字主要有单位名称、单位编号、年、季、月、日等，还可以根据需要自定义关键字。如果关键字的位置不合适，可以通过设置偏移量的方式来调整关键字的位置。

设置关键字的具体操作步骤如下：

1. 单击“格式/数据”按钮，进入“格式”状态。

2. 执行“数据”|“关键字”|“设置”命令，弹出“设置关键字”对话框，选择其中的一个关键字，如图 8-9 所示。单击“确定”后在选定单元中关键字名称显示为红色。

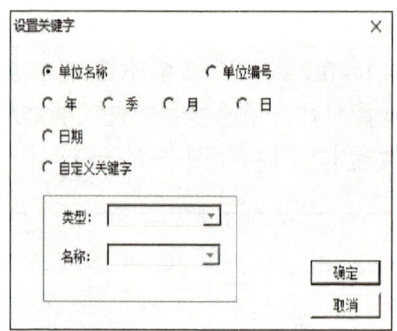

图 8-9 设置关键字

3. 执行"数据"|"关键字"|"偏移"命令，弹出"定义关键字偏移"对话框，在需要调整位置的关键字后面输入偏移量，负数表示向左偏移，正数表示向右偏移，如图 8-10 所示。

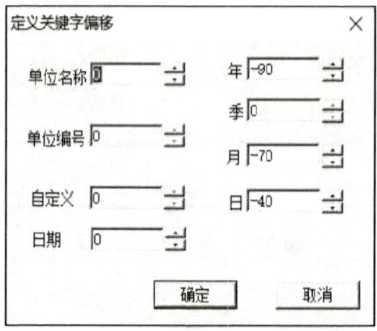

图 8-10 定义关键字偏移

### 三、报表公式定义

录入单元公式的具体操作步骤如下：

1. 在"UFO 报表"窗口单击"格式/数据"按钮，进入"格式"状态。

2. 选中 C4 单元格，执行"数据"|"编辑公式"|"单元公式"命令，或者单击工具栏中的 ƒx 按钮，打开"定义公式"对话框，如图 8-11 所示。

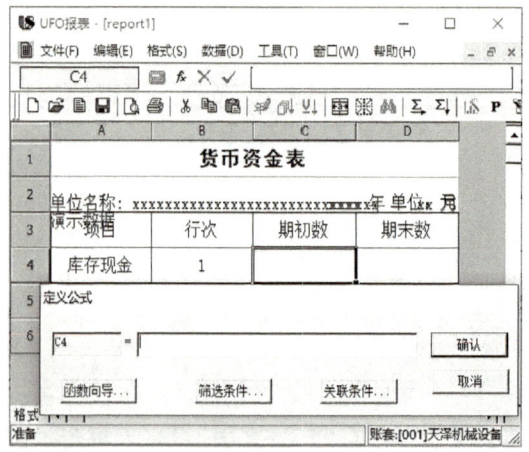

图 8-11 定义公式

3. 在"定义公式"窗口中,单击"函数向导"按钮,打开"函数向导"对话框,在左侧的"函数分类"栏中选择"用友账务函数",在右侧的"函数名"栏中选择"期初(QC)",如图 8-12 所示。单击"下一步"按钮,打开"用友账务函数"对话框,如图 8-13 所示。单击"参照"按钮,打开"账务函数"对话框,单击"科目"栏右侧的按钮,参照选择会计科目,如图 8-14 所示。根据提示录入公式。

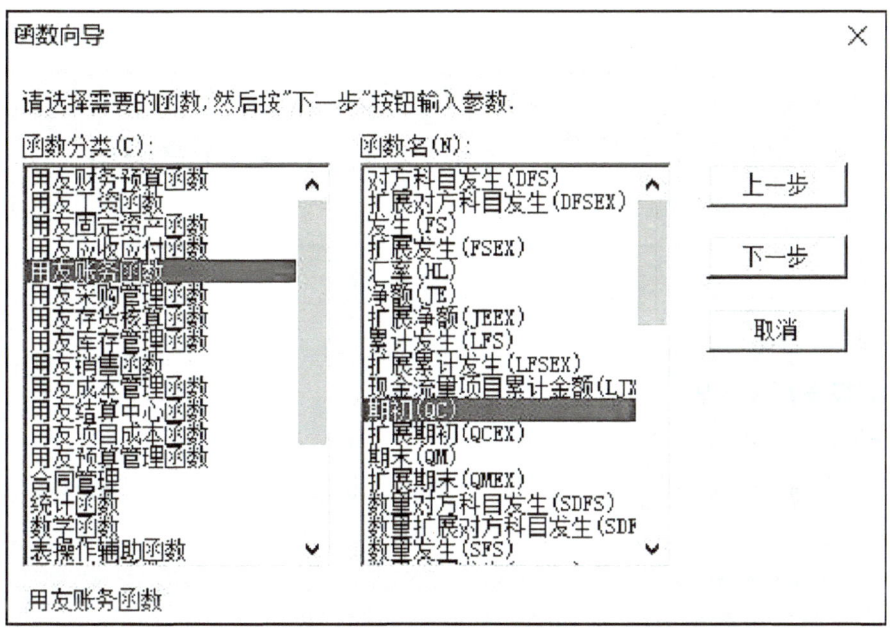

图 8-12 函数向导

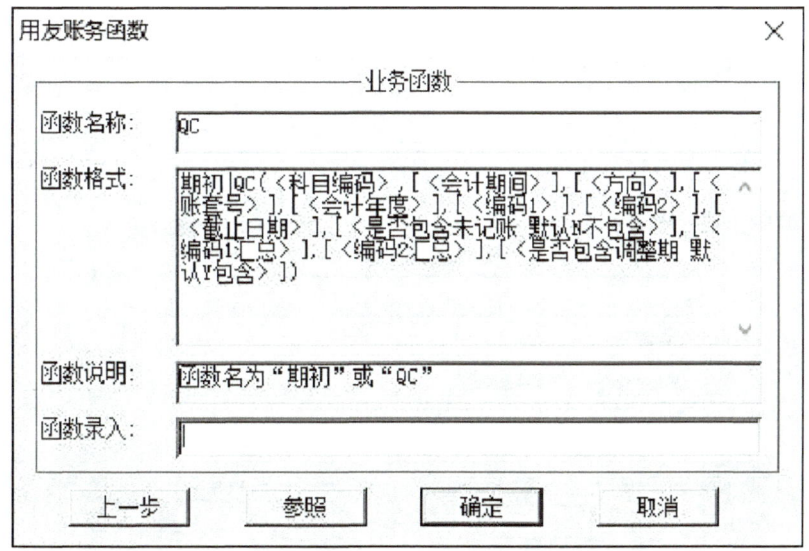

图 8-13 用友财务函数

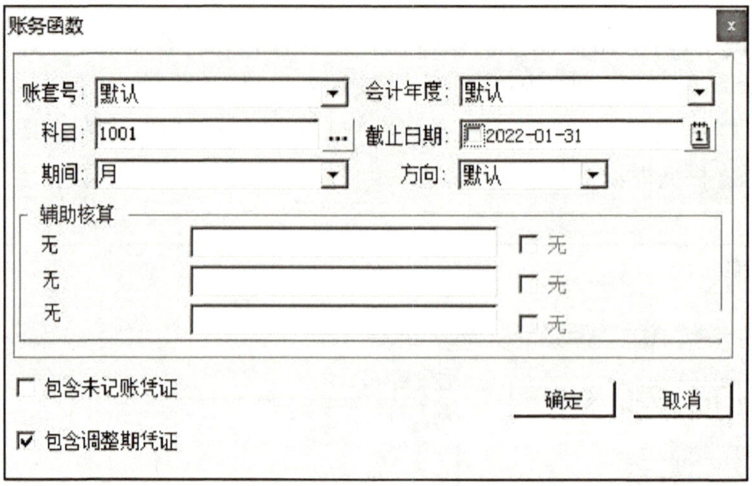

图 8-14 财务函数

4. 单击"确定"按钮保存公式,并按此方法录入其余公式。

**四、报表数据处理**

**(一)打开报表**

在"UFO 报表"窗口执行"文件"|"打开"命令或单击"打开"按钮,选择路径并打开相应的报表文件。

**(二)录入关键字**

录入关键字的具体操作步骤如下:

1. 在"UFO 报表"窗口单击"格式/数据"按钮,使其当前状态为"数据"状态。

2. 执行"数据"|"关键字"|"录入"命令,弹出"录入关键字"对话框,在已定义的关键字编辑框中录入关键字的值,如输入单位名称"天泽机械设备公司",年"2022",月"1",季"1",日"31",如图 8-15 所示。

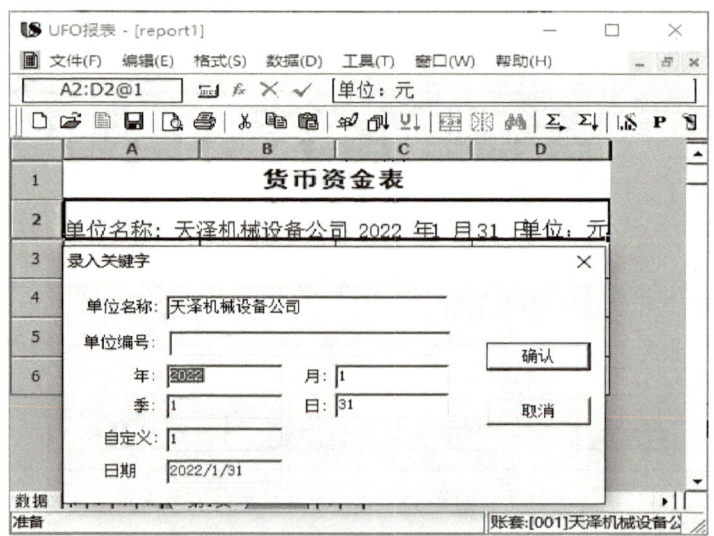

图 8-15 录入关键字窗口

3. 如果要修改关键字的值,重复上述操作。

### (三) 整表重算

整表重算的具体操作步骤如下:

1. 在"UFO 报表"窗口单击"格式/数据"按钮,使其当前状态为"数据"状态。

2. 执行"数据"|"整表重算"命令,当前表页的单元公式将自动运算并显示结果,如图 8-16 所示。

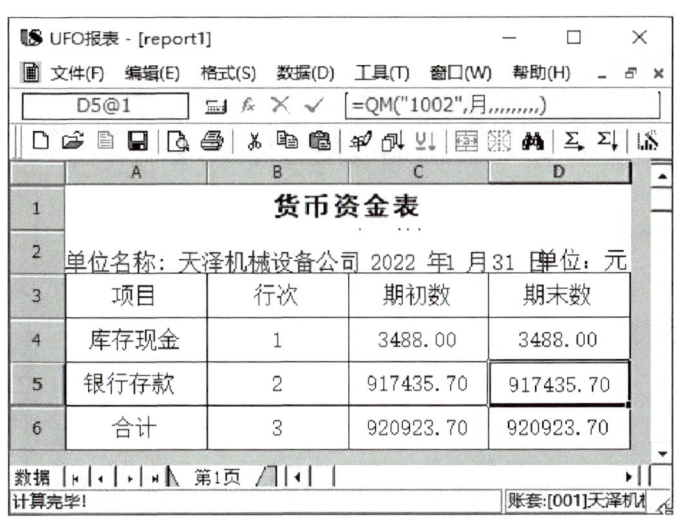

图 8-16 货币资金表生成

### (四) 增加表页

增加表页分为插入表页和追加表页两种方式,插入表页是在当前页的前面插入一张新表页,追加表页是在已有表页的后面增加一张新表页。

增加表页的具体操作步骤如下:

1. 执行"编辑"|"追加"|"表页"命令,打开"追加表页"对话框,输入"追加表页数量",如图 8-17 所示。单击"确认"后追加相应的表页。用友 ERP-U8V10.1 软件教学演示版表页最多为 4 页。

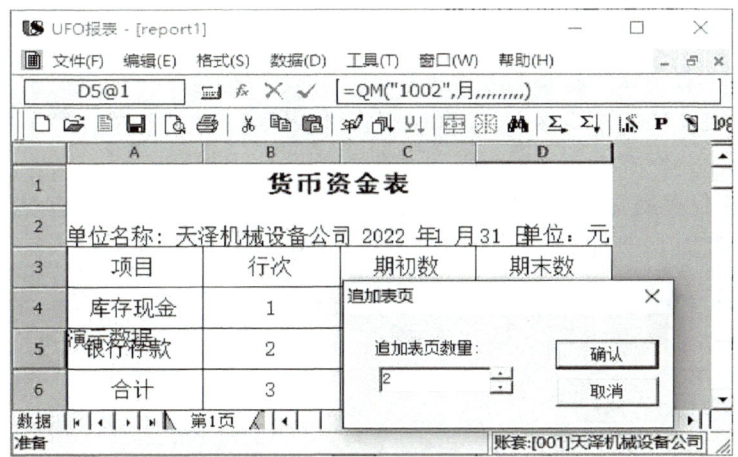

图 8-17 追加表页

2. 切换到第2张表页,选择"数据"|"关键字"|"录入"命令,输入月"2",日"28",即可得到2月份的报表。

（五）审核报表

审核报表的具体操作步骤如下：

1. 在"格式"状态下,执行"数据"|"编辑公式"|"审核公式"命令,弹出"审核公式"对话框,输入相应公式,如图8-18所示。

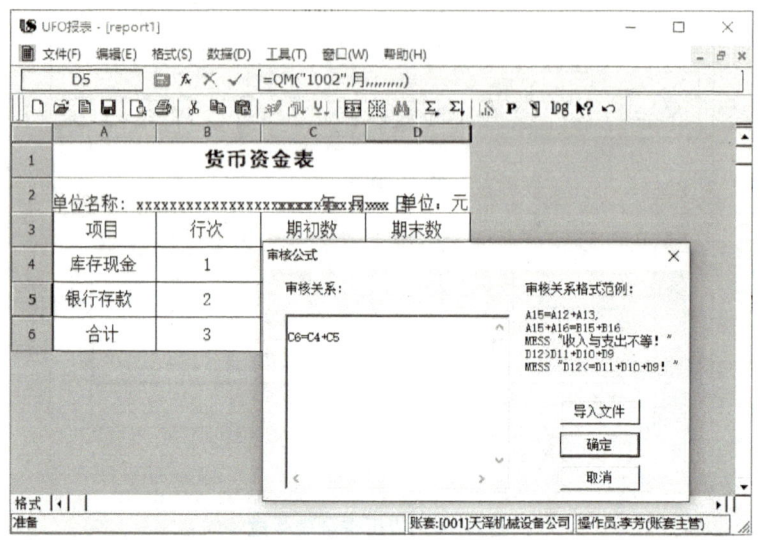

图8-18 定义审核公式

2. 单击"格式/数据"按钮,进入"数据"状态。
3. 执行"数据"|"审核"命令,系统将按照审核公式逐条审核表内的关系。

注意：
(1) 审核公式在格式状态下编辑,在数据状态下执行。
(2) 如果没有通过审核,则弹出审核公示中设置的文字提示信息窗口。

（六）保存报表

保存报表的具体操作步骤如下：

1. 执行"文件"|"保存"命令,打开"保存为"列表框,如果不是第一次保存,则打开"另存为"对话框。
2. 选择要保存的文件夹,输入报表文件名"货币资金表",选择保存类型"报表文件(*.rep)",如图8-19所示。

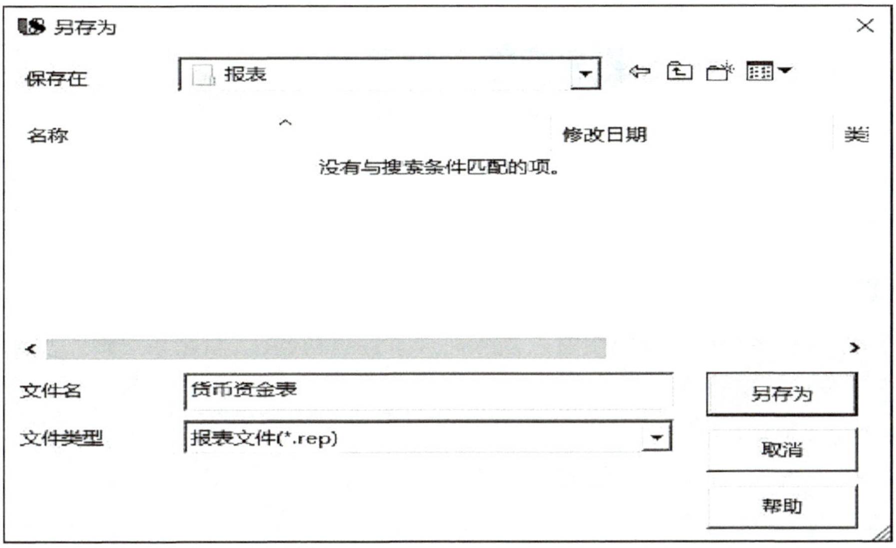

图 8-19 保存报表

3. 单击"另存为"按钮。

## 【知识拓展】

UFO 报表是用友报表处理的工具,在 UFO 报表中可以设计报表的格式和定义公式,从总账系统或其他子系统中读取有关的财务信息,自动编制各种会计报表,对报表进行审核、汇总,生成各种分析报表(如企业财务指标分析表)并按预定格式输出各种会计报表。

在 UFO 报表系统中,报表有格式状态和数据状态两种状态。

在格式状态下,仅显示报表的格式,报表的数据全部隐藏。在此状态下所做的操作对本报表所有的表页都起作用,但不能进行数据的录入、计算等操作。

在数据状态下,显示报表的全部内容,包括格式和数据。在此状态下,可管理报表的数据,如输入关键字、计算表页等,但不能修改报表的格式。

格式设置指自定义生成报表时,可以利用 UFO 报表提供的丰富的格式设计功能,根据企业实际需要设置报表的格式,比如定义组合单元、画表格线、调整行高和行宽等。

关键字指 UFO 报表中特殊的数据单元,可以作为一个表页的唯一标识,方便快捷地选择表页。关键字的显示位置在格式状态下设置,其值在数据状态下录入,每个报表可以定义多个关键字。

一个 UFO 报表最多可容纳 99 999 张表页,每一张表页是由许多单元组成的,一个报表中的所有表页具有相同的格式,但其中的数据不同。在用友 ERP-U8V10.1 软件教学演示版中,一个报表最多只允许设置 4 张表页。

## 任务二　报表模板

用友ERP-U8V10.1软件提供了大量的会计报表模板,企业只需要调用会计报表模板并根据本企业的需要略加修改,就可以快速生成相关报表。

### 【任务场景】

天泽机械设备公司已经使用财务软件完成了系统初始化、总账系统填制凭证、出纳签字、审核凭证、记账和期末业务处理的操作,现在需要调用新会计制度科目中的资产负债表用于企业核算,并依据模板生成当月的资产负债表。会计刘明需要了解在会计信息化环境中如何完成会计报表的编制以及应注意的问题。

### 【任务目标】

1. 了解报表模板的内容;
2. 掌握利用模板编制报表的流程、方法及操作步骤等相关知识;
3. 具备熟练利用报表模板编制会计报表的能力。

### 【任务内容】

表8-2　资产负债表

单位名称:天泽机械设备公司　　　2022年01月31日　　　　　　　　　　会企01表
单位:元

资产部分

| 资产 | 行次 | 年初数 | 期末数 |
|---|---|---|---|
| 流动资产: | | | |
| 货币资金 | 1 | QC("1001",全年,,年,,)＋<br>QC("1002",全年,,年,,)＋<br>QC("1009",全年,,年,,) | QM("1001",月,,,年,,)＋<br>QM("1002",月,,,年,,)＋<br>QM("1009",月,,,年,,) |
| 交易性金融资产 | 2 | QC("1101",全年,,年,,)－<br>QC("1102",全年,,年,,) | QM("1101",月,,,年,,)－<br>QM("1102",月,,,年,,) |
| 应收票据 | 3 | QC("1121",全年,,年,,) | QM("1121",月,,,年,,) |
| 应收账款 | 4 | QC("1122",全年,,年,,)－<br>QC("1231",全年,,年,,) | QM("1122",月,,,年,,)－<br>QM("1231",月,,,年,,) |
| 预付账款 | 5 | QC("1123",全年,,年,,) | QM("1123",月,,,年,,) |
| 应收利息 | 6 | QC("1132",全年,,年,,) | QM("1132",月,,,年,,) |
| 应收股利 | 7 | QC("1131",全年,,年,,) | QM("1131",月,,,年,,) |
| 其他应收款 | 8 | QC("1221",全年,,年,,) | QM("1221",月,,,年,,) |

续表

| 资产 | 行次 | 年初数 | 期末数 |
|---|---|---|---|
| 存货 | 10 | QC("1401",全年,,,年,,)+<br>QC("1402",全年,,,年,,)+<br>QC("1403",全年,,,年,,)+<br>QC("1405",全年,,,年,,)+<br>QC("1406",全年,,,年,,)+<br>QC("1408",全年,,,年,,)+<br>QC("1411",全年,,,年,,)+<br>QC("5001",全年,,,年,,)+<br>QC("1404",全年,,,年,,) | QM("1401",年,,年,,)+<br>QM("1402",年,,年,,)+<br>QM("1403",年,,年,,)+<br>QM("1405",年,,年,,)+<br>QM("1406",年,,年,,)+<br>QM("140 8",年,,,年,,)+<br>QM("1411",年,,年,,)+<br>QM("5 001",年,,,年,,)+<br>QM("1404",年,,年,,) |
| 一年内到期的非流动资产 | 20 | | |
| 其他流动资产 | 21 | | |
| 流动资产合计 | 26 | ptotal(?C6:?C16) | ptotal(?D6:?D16) |
| 非流动资产: | | | |
| 可供出售金融资产 | 28 | QC("1503",全年,,,年,,) | QM("1503",月,,,年,,) |
| 持有至到期投资 | 29 | QC("1501",全年,,,年,,) | QM("1501",月,,,年,,) |
| 长期应收款 | 30 | QC("1531",全年,,,年,,) | QM("1531",月,,,年,,) |
| 长期股权投资 | 32 | QC("1511",全年,,,年,,) | QM("1511",月,,,年,,) |
| 固定资产 | 35 | QC("1601",全年,,,年,,)−<br>QC("1602",全年,,,年,,)−<br>QC("1603",全年,,,年,,) | QM("1601",月,,,年,,)−<br>QM("1602",月,,,年,,)−<br>QM("1603",月,,,年,,) |
| 在建工程 | 37 | QC("1604",全年,,,年,,) | QM("1604",月,,,年,,) |
| 工程物资 | 38 | QC("1605",全年,,,年,,) | QM("1605",月,,,年,,) |
| 固定资产清理 | 40 | QC("1606",全年,,,年,,) | QM("1606",月,,,年,,) |
| 无形资产 | 45 | QC("1701",全年,,,年,,)−<br>QC("1702",全年,,,年,,)−<br>QC("1703",全年,,,年,,) | QM("1701",月,,,年,,)−<br>QM("1702",月,,,年,,)−<br>QM("1703",月,,,年,,) |
| 长期待摊费用 | 48 | QC("1801",全年,,,年,,) | QM("1801",月,,,年,,) |
| 递延所得税资产 | 50 | QC("1811",全年,"借",,年,,) | QM("1811",月,"借",,年,,) |
| 其他非流动资产 | 51 | | |
| 非流动资产合计 | 52 | ptotal(?C18:?C30) | ptotal(?D18:?D30) |
| 资产总计 | 55 | ?C17+?C31 | ?D17+?D31 |

负债及所有者权益部分

| 负债及所有者权益 | 行次 | 年初数 | 期末数 |
|---|---|---|---|
| 流动负债： | | | |
| 短期借款 | 61 | QC("2001",全年,,,年,,) | QM("2001",月,,,年,,) |
| 交易性金融负债 | 62 | QC("2101",全年,,,年,,) | QM("2101",月,,,年,,) |
| 应付票据 | 63 | QC("2201",全年,,,年,,) | QM("2201",月,,,年,,) |
| 应付账款 | 64 | QC("2202",全年,,,年,,) | QM("2202",月,,,年,,) |
| 预收账款 | 66 | QC("2203",全年,,,年,,) | QM("2203",月,,,年,,) |
| 应付职工薪酬 | 68 | QC("2211",全年,,,年,,) | QM("2211",月,,,年,,) |
| 应交税费 | 69 | QC("2221",全年,,,年,,) | QM("2221",月,,,年,,) |
| 应付利息 | 70 | QC("2231",全年,,,年,,) | QM("2231",月,,,年,,) |
| 应付股利 | 71 | QC("2232",全年,,,年,,) | QM("2232",月,,,年,,) |
| 其他应付款 | 73 | QC("2241",全年,,,年,,) | QM("2241",月,,,年,,) |
| 一年内到期的非流动负债 | 75 | | |
| 其他流动负债 | 78 | | |
| 流动负债合计 | 80 | ptotal(?G6:?G17) | ptotal(?H6:?H17) |
| 非流动负债： | | | |
| 长期借款 | 82 | QC("2501",全年,,,年,,) | QM("2501",月,,,年,,) |
| 应付债券 | 84 | QC("2502",全年,,,年,,) | QM("2502",月,,,年,,) |
| 长期应付款 | 86 | QC("2701",全年,,,年,,) | QM("2701",月,,,年,,) |
| 专项应付款 | 87 | QC("2711",全年,,,年,,) | QM("2711",月,,,年,,) |
| 预计负债 | 88 | QC("2801",全年,,,年,,) | QM("2801",月,,,年,,) |
| 递延所得税负债 | 90 | QC("2901",全年,"贷",,年,,) | QM("2901",月,"贷",,年,,) |
| 其他非流动负债 | 91 | | |
| 非流动负债合计 | 95 | ptotal(?G20:?G26) | ptotal(?H20:?H26) |
| 负债合计 | 96 | ?G18+?G27 | ?H18+?H27 |
| 所有者权益： | | | |
| 实收资本 | 98 | QC("4001",全年,,,年,,) | QM("4001",月,,,年,,) |
| 资本公积 | 100 | QC("4002",全年,,,年,,) | QM("4002",月,,,年,,) |
| 盈余公积 | 103 | QC("4101",全年,,,年,,) | QM("4101",月,,,年,,) |
| 未分配利润 | 105 | QC("4103",全年,,,年,,)+QC("410406",全年,,,年,,) | QM("4103",月,,,年,,)+QM("410406",月,,,年,,) |
| 所有者权益合计 | 108 | ptotal(?G30:?G33) | ptotal(?H30:?H33) |
| 负债及所有者权益合计 | 110 | ?G28+?G34 | ?H28+?H34 |

表 8-3　利润表

编制单位:天泽机械设备公司　　　　2022 年 01 月 31 日

会企 02 表　单位:元

| 项目 | 行次 | 本月数 | 本年累计 |
|---|---|---|---|
| 一、营业收入 | 1 | fs(6001,月,"贷",,年)＋fs(6051,月,"贷",,年) | ?C5＋select(?D5,年@＝年 and 月@＝月＋1) |
| 减:营业成本 | 4 | fs(6401,月,"借",,年)＋fs(6402,月,"借",,年) | ?C6＋select(?D6,年@＝年 and 月@＝月＋1) |
| 　税金及附加 | 5 | fs(6403,月,"借",,年) | ?C7＋select(?D7,年@＝年 and 月@＝月＋1) |
| 　销售费用 | 14 | fs(6601,月,"借",,年) | ?C8＋select(?D8,年@＝年 and 月@＝月＋1) |
| 　管理费用 | 15 | fs(6602,月,"借",,年) | ?C9＋select(?D9,年@＝年 and 月@＝月＋1) |
| 　财务费用 | 16 | fs(6603,月,"借",,年) | ?C10＋select(?D10,年@＝年 and 月@＝月＋1) |
| 加:投资收益 | 17 | fs(6111,月,"贷",,年) | ?C11＋select(?D11,年@＝年 and 月@＝月＋1) |
| 二、营业利润 | 19 | C5－C6－C7－C8－C9－C10＋C11 | ?C12＋select(?D12,年@＝年 and 月@＝月＋1) |
| 加:营业外收入 | 23 | fs(6301,月,"贷",,年) | ?C13＋select(?D13,年@＝年 and 月@＝月＋1) |
| 减:营业外支出 | 25 | fs(6711,月,"借",,年) | ?C14＋select(?D14,年@＝年 and 月@＝月＋1) |
| 三、利润总额 | 27 | C12＋C13－C14 | ?C15＋select(?D15,年@＝年 and 月@＝月＋1) |
| 减:所得税费用 | 28 | fs(6801,月,"借",,年) | ?C16＋select(?D16,年@＝年 and 月@＝月＋1) |
| 四、净利润 | 30 | C15－C16 | ?C17＋select(?D17,年@＝年 and 月@＝月＋1) |

【任务实施】

### 一、设置报表模板

可以通过设置报表模板功能设计格式、定义单元公式、设置关键字、提取数据来完成报表的编制。

设置报表模板的具体操作步骤如下:

1. 执行"业务工作"|"财务会计"|"UFO 报表"命令,进入"UFO 报表"窗口。
2. 执行"文件"|"新建"命令,打开报表"格式"状态窗口。
3. 执行"格式"|"自定义模板"命令,如图 8-20 所示。

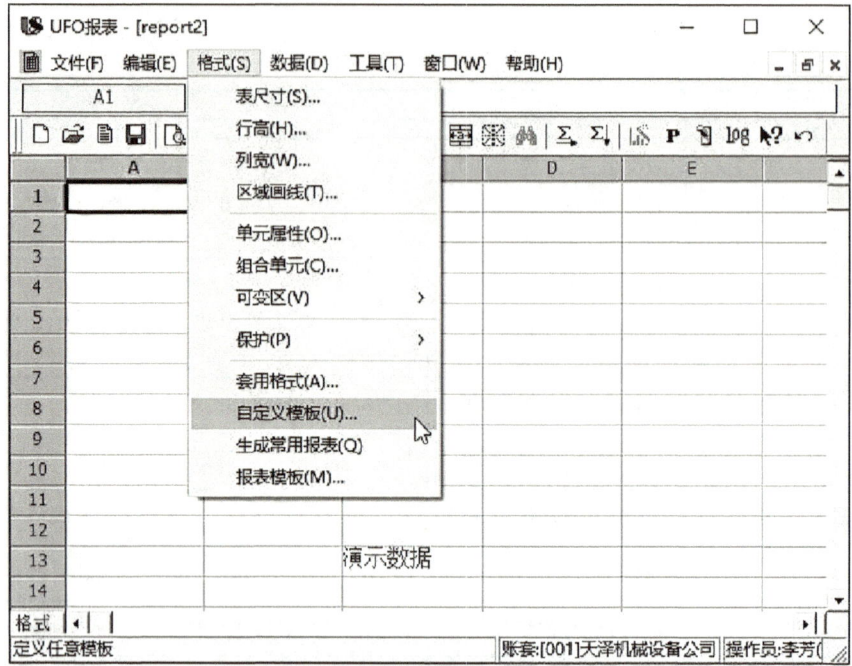

图 8-20 选择自定义报表模板

4. 在"自定义模板"窗口,选择"2007年新会计制度科目",单击"下一步"按钮,如图 8-21 所示。

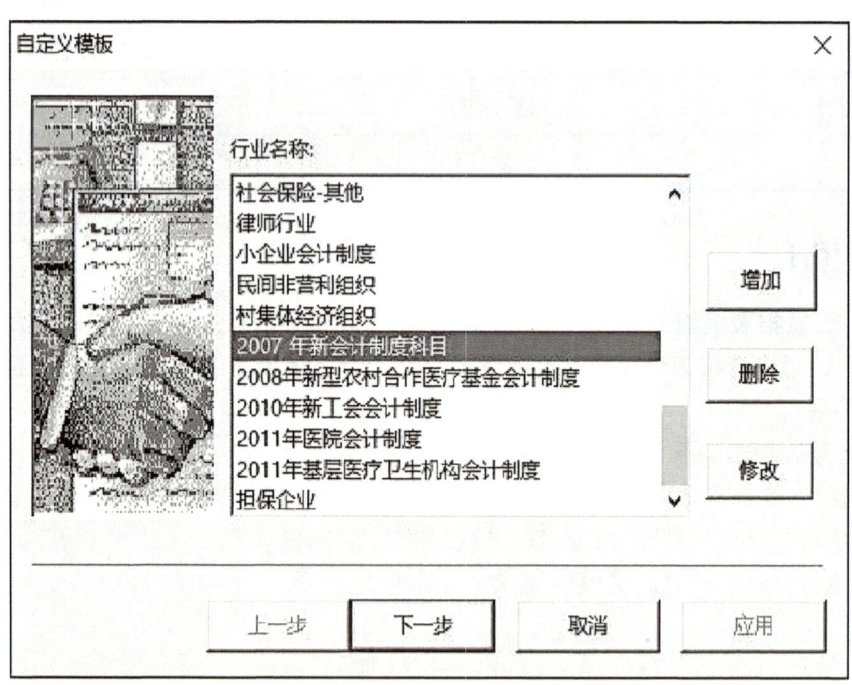

图 8-21 自定义报表模板 1

5. 在"自定义模板"窗口选择"资产负债表",单击"完成"按钮,如图 8-22 所示。

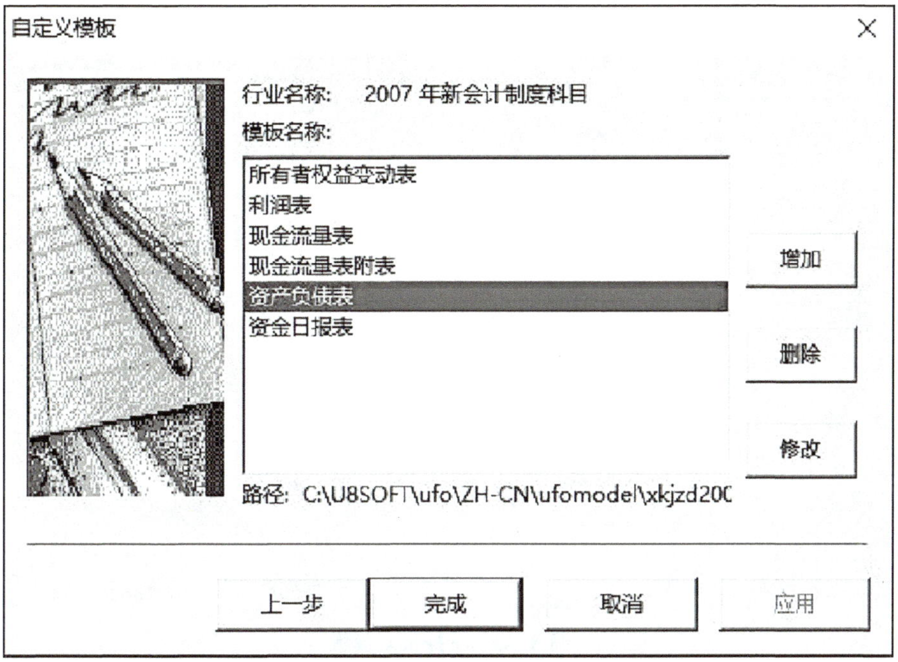

图 8-22  自定义报表模板 2

6. 设计表尺寸、设计格式、定义单元公式、设置关键字、提取数据。与之前自定义报表的操作步骤类似,不再赘述。

报表模板设置好以后就可以直接调用生成相应的报表,提高编制效率。

### 二、调用报表模板

#### (一)调用报表模板

编制一张报表需要设计格式、定义单元公式、设置关键字、提取数据等,比较复杂,系统已为我们设计多达 33 个行业的会计报表模板,只要调用适合本单位的会计报表就可以轻松进行报表编制了。

调用报表模板的具体操作步骤如下:

1. 执行"业务工作"|"财务会计"|"UFO 报表"命令,进入"UFO 报表"窗口。

2. 执行"文件"|"新建"命令,打开报表"格式"状态窗口。

3. 执行"格式"|"报表模板"命令,弹出"报表模板"对话框,在"您所在的行业:"下拉列表框中选择"2007 年新会计制度科目","财务报表"下拉列表框中选择"资产负债表",如图 8-23、图 8-24 所示。

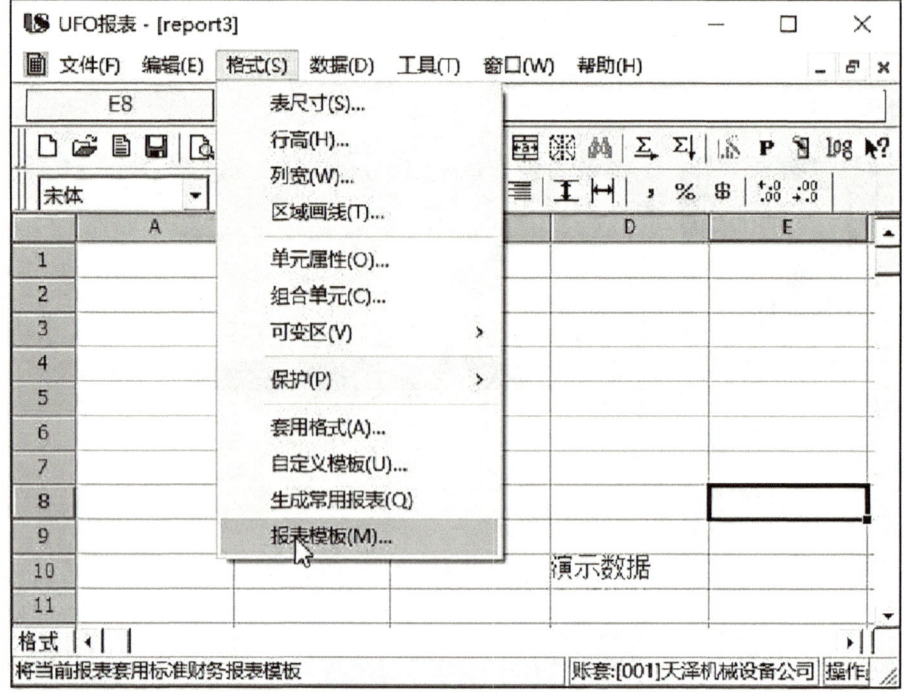

图 8-23　选择报表模板

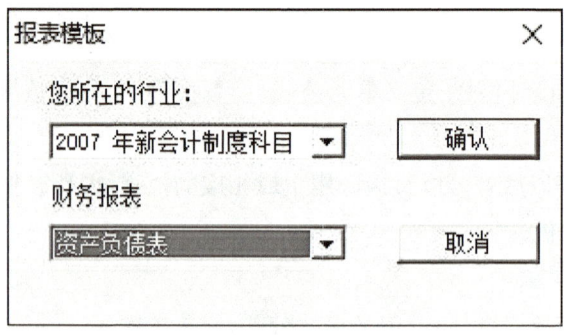

图 8-24　选择资产负债表模板

4. 单击"确认"按钮,弹出"模板格式将覆盖本报表格式！是否继续？"提示框,单击"确定"按钮即可打开"资产负债表"模板。

(二)调整报表模板

调整报表模板的具体操作步骤如下：

1. 在"编制单位"栏中输入"天泽机械设备公司",单击报表左下角的"格式/数据"按钮,弹出"是否确定全表重算？"的信息提示对话框,单击"否"按钮,进入"数据"状态。

2. 根据本企业的实际情况,调整报表格式,修改报表公式。

3. 保存调整后的报表模板。

(三)生成报表数据

生成报表数据的具体操作步骤如下：

1. 执行"数据"|"关键字"|"录入"命令,弹出"录入关键字"对话框。输入年"2022",月"1",季"1",日"31",如图 8-25 所示。

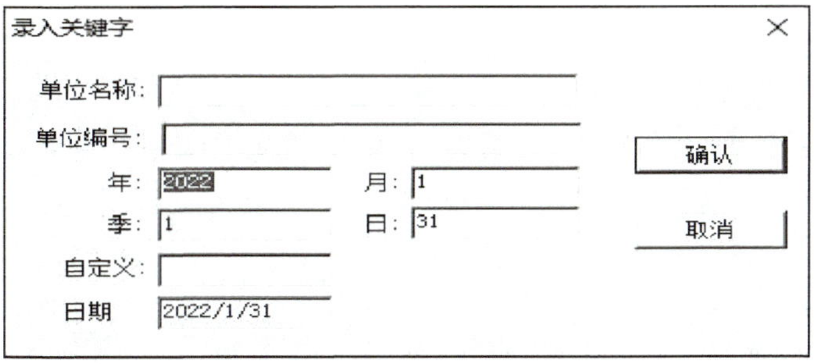

图 8-25　录入关键字

2. 单击"确认"按钮,弹出"是否重算第1页?"的提示框。
3. 单击"是"按钮,系统自动根据单元公式计算1月份数据,生成资产负债表,如图 8-26 所示。

图 8-26　生成资产负债表

4. 单击"保存"按钮,选择要保存的文件夹,输入报表文件名"资产负债表",选择保存类型"报表文件(*.rep)"。

## 【知识拓展】

报表模板是预先设立了标准格式和各单元的计算公式的会计报表,可大大减少报表格式设置和公式定义的工作量。

利用报表模板可以生成资产负债表、利润表、现金流量表和股东权益变动表。在报表模板中预置了大量的报表公式,在公式定义中又使用了大量的用友财务函数。

在提取资产负债表的项目金额时主要提取两个不同时点的数据,即期初数与期末数,各自对应的函数名为"QC()"和"QM()"。利润表各项目对应的账户为损益类账户,在提取项目金额时应提取发生额,对应的函数名为"FS()"。利用用友财务函数,可以快速高效地进行公式定义。

UFO报表系统提供了33个行业的会计报表模板,用户可以从中查找适合本企业的报表模板,生成自己的会计报表。

## 任务三 会计数据备份及档案管理

### 【任务场景】

企业在使用用友 ERP-U8V10.1 软件进行报表处理的过程中,一些不可预见的原因可能会导致报表数据丢失。为确保企业报表数据安全,财务工作人员需要在平时的工作中加强数据备份和档案管理,尽量避免损失,减少负面影响。

### 【任务目标】

1. 掌握会计数据备份的方法;
2. 理解会计数据备份及档案管理的意义;
3. 在掌握专业知识的基础上能够熟练利用备份数据恢复会计数据,确保企业报表数据的安全稳定。

### 【任务内容】

1. 数据备份:报表输出,报表打印。
2. 档案管理。

### 【任务实施】

#### 一、数据备份

我国《企业会计信息化工作规范》第三十八条规定:企业应当建立电子会计资料备份

管理制度,确保会计资料的安全、完整和会计信息系统的持续、稳定运行。

会计报表是企业的重要会计资料和会计档案,必须要加强数据备份和档案管理工作,及时进行数据备份和输出,交由专人负责保管,按照我国会计法的相关规定,严格管理会计档案。

(一) 报表输出

报表输出是常见的数据备份方式。把报表以不同种类的文件格式存储在多个存储介质上,当发生数据灾难的时候,可以及时地进行数据还原,降低数据损失的负面影响,有效保护会计数据的安全。

报表系统的输出功能十分强大,能够实现不同格式的文件之间的转换,报表系统默认的报表文件格式是后缀为".rep"的文件,报表文件包括一页或者多页格式相同但数据不同的表页。

报表文件能转换为 Access 文件、Excel 文件、txt 文本文件、Lotus1-2-3 文件、xml 文件、html 文件,上述格式的文件也可以转换为 UFO 报表文件。

报表输出的具体操作步骤如下:

1. 在报表的"数据"状态下,选中要输出的表页,执行"文件"|"另存为"命令,打开"另存为"窗口。输入文件名,在文件类型下拉箭头选择"MS Excel 文件(*.xls)",如图 8-27 所示。

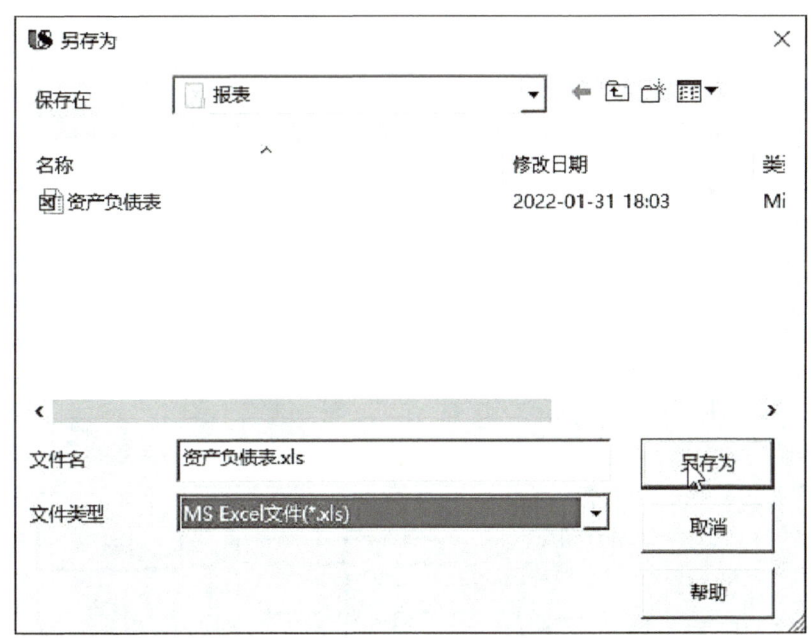

图 8-27 "另存为"窗口

2. 单击"另存为"按钮,系统弹出"是否同时将格式转换为 Excel? 转换格式可能需要很长时间。"对话框,如图 8-28 所示。

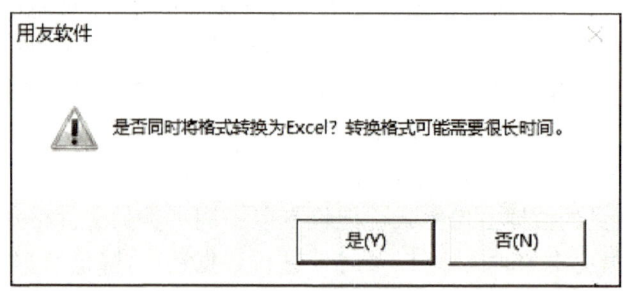

图 8-28　格式转换为 Excel

3. 单击"是"按钮,完成报表格式转换输出。

如果执行"文件"|"表页另存为"命令,则可以把当前表页转换为其他文本格式。

(二) 报表打印

报表打印是将编制出来的报表以纸介质的形式进行输出与保存,以便后续报送有关部门。报表打印也是一种有效的数据备份方式。

报表打印之前需要进行页面设置,可以设置报表的页边距、缩放比例、页首和页尾。

页面设置的具体操作步骤如下:

1. 激活要进行页面设置的报表文件的窗口。
2. 单击"文件"|"页面设置",弹出"页面设置"窗口。
3. 在对应页边距编辑框中输入页边距的值。
4. 在"缩放比例"编辑框中输入缩放倍数,缩放倍数范围在0.3倍到3倍之间。
5. 在"页首页尾"中选择页首和页尾的类型和范围,如图8-29所示。

进行页面设置之后,报表窗口并没有变化,在"打印预览"中可以查看页面设置效果。

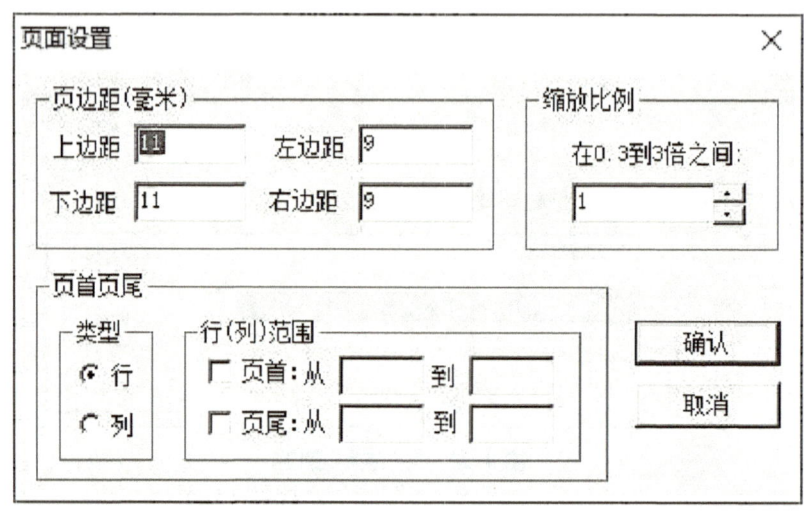

图 8-29　"页面设置"窗口

> **注意：**
> (1) 页边距：页边距以毫米为单位。上、下边距范围：4～106 毫米，缺省为 11 毫米。左、右边距范围：4～88 毫米，缺省为 9 毫米。
> (2) 缩放比例：缩放倍数在 0.3 倍到 3 倍之间。
> (3) 页首页尾类型：选择"行"则以行为页首和页尾，选择"列"则以列为页首和页尾。
> (4) 页首页尾行(列)范围：单击前面的复选框，则相应的编辑框变亮，在其中输入页首范围和页尾范围。如果类型为行，则在编辑框中输入起始行和终止行的数字。如果类型为列，则在编辑框中输入起始列和终止列的字母。根据需要进行具体参数的设置。

页面设置完成以后，接下来进行打印设置。打印设置包括设置打印机、打印纸、打印质量等。

打印设置的具体操作步骤如下：

1. 激活要打印的报表文件或图表的窗口。
2. 如果要打印报表，则点击要打印表页的页标，使其成为当前表页。
3. 单击"文件"|"打印"，弹出"打印设置"对话框。
4. 在"打印"对话框中设置打印机、打印纸的大小、打印方向、纸张来源、图像的分辨率、图像抖动、图像的浓度、打印品质、打印到文件、打印范围。如果不想打印报表中的某些行或某些列，进入"格式"状态，把行高或列宽调整为"0"即可。

在打印之前，可以利用打印预览随时观看报表或图表的实际打印效果。

打印预览的具体操作步骤如下：

1. 激活要打印的报表文件或图表的窗口。
2. 如果要预览报表，点击要预览的表页的页标，使其成为当前表页。
3. 单击"文件"|"打印预览"，进入"打印预览"屏幕。

"打印预览"屏幕上方有一排按钮，单击这些按钮有不同的效果。

"打印"按钮：单击此按钮后，弹出"打印"对话框，在其中可进行打印设置。

"关闭"按钮：单击此按钮后，关闭打印预览，回到原窗口。

进入打印预览时，打印纸的显示比例为最小。当鼠标指针在模拟打印纸上移动时，鼠标指针将变为放大镜形状，单击鼠标按钮可放大显示比例。放大两次后，显示比例达到最大，鼠标指针恢复为通常形状。此时单击鼠标指针，打印纸的显示比例还原为最小。

## 二、档案管理

会计信息化环境下生成的会计资料是企业重要的会计档案，企业应严格遵守相关规定，对会计档案进行妥善保管和严格管理，以确保我国企业会计信息的安全稳定。

企业会计信息系统数据服务器的部署应当符合国家有关规定。数据服务器部署在境外的，应当在境内保存会计资料备份，备份频率不得低于每月一次。境内备份的会计资料应当能够在境外服务器不能正常工作时独立满足企业开展会计工作的需要以及外部会计信息的需要。

企业不得在非涉密信息系统中存储、处理和传输涉及国家秘密、关系国家经济信息安全的电子会计资料；未经有关主管部门批准，不得将其携带、寄运或者传输至境外。

企业内部生成的会计凭证、账簿和辅助性会计资料，同时满足下列条件时，可以不输出纸面资料：

1. 所记载的事项属于本企业重复发生的日常业务；
2. 由企业信息系统自动生成；
3. 可及时在企业信息系统中以人类可读形式查询和输出；
4. 企业信息系统具有防止相关数据被篡改的有效机制；
5. 企业对相关数据建立了电子备份制度，能有效防范自然灾害、意外事故和人为破坏的影响；
6. 企业对电子和纸面会计资料建立了完善的索引体系。

## 【知识拓展】

会计报表是财务工作的重要成果，反映了企业在资产负债表日的财务状态和一定时期的经营成果和现金流量。会计报表编制好以后，一定要及时备份归档并妥善保管。

报表格式在设置过程中，切记要随时保存，以防电脑故障导致编辑结果丢失，也便于以后随时调用。如果没有保存就退出，系统会提示"是否保存报表？"以防止误操作。

报表文件的输出格式在用友UFO报表系统中常用的是.rep文件，除此之外，还包括.xls、.mdb、.txt和.wk4等格式文件。报表可以以电子形式存储，也可以打印出来加以归档保管。

在网络病毒四处潜伏和数据风险无处不在的时代背景下，会计工作人员应强化风险防范意识，加强对重要财务数据的备份工作，将会计报表以不同的介质储存并安全保管，为单位的高质量发展提供财务数据动能，贡献决策有用的会计数字化力量。

### 账套数据备份

在电脑中建立一个文件夹并按日期命名，然后将账套输出备份到这个文件夹中。在账套的备份和使用过程中，要养成良好的数据安全和保密意识。

# 参 考 文 献

[1] 杨华,孔祥坤.会计电算化[M].郑州:河南科学技术出版社,2015.
[2] 李爱红,刘振威.用友 ERP-U8.72 财务业务一体化实训教程[M].郑州:郑州大学出版社,2013.
[3] 孙义,柏宏伟.会计信息化综合模拟实训[M].北京:高等教育出版社,2019.
[4] 李爱红,许捷.会计信息系统应用(用友 U8V10.1 版)[M].2 版.北京:高等教育出版社,2021.
[5] 牛永芹,刘大斌,杨琴.ERP 财务业务一体化实训教程(用友 U8V10.1 版)[M].北京:高等教育出版社,2016.